스놉

Snoop: What Your Stuff Says About You

Copyright © 2008 by Sam Gosling
All rights reserved.
First Published in the United States by Basic Books, a member of the Perseus Books Group.
Korean translation copyright © 2010 by The Korea Economic Daily & Business Publications, Inc.
through Duran Kim Agency.

이 책의 한국어판 저작권은 듀란킴 에이전시를 통한
Basic Books와의 독점계약으로 한국경제신문 ㈜한경BP에 있습니다.
저작권법에 의하여 한국 내에서 보호를 받는 저작물이므로 무단 전재와 복제를 금합니다..

상대를 꿰뚫어보는 힘

스눕
Snoop

샘 고슬링 지음 · 황상민 감수 · 김선아 옮김

한국경제신문

감수의 글

'척 보면 아는' 통찰의 예술

우리는 점쟁이들이 처음 본 사람들에 관해 정확하게 이야기하는 것을 보고 신기해한다. 어떻게 이것이 가능할까? 이 책《스눕(*Snoop*)》은 이러한 신기한 과정이 어떻게 일어나는지 알려준다. 인간에 대한 '엿보기' 심리분석서다. 몰래 훔쳐본다는 의미가 아니다. 어떤 사람이 살고 있는 장소나 소지품만으로 그 사람의 내면 특성을 파악한다는 뜻이다. 사실 우리가 알고 있는 많은 점쟁이들은, 그들이 설사 학문이 깊거나 영(靈)을 받아 신기(神氣)가 있다고 해도 매우 숙련된 '스누퍼(snooper)'들이라 할 수 있다.

상대의 마음을 꿰뚫어보고 싶다는 욕구는 인간의 본능이다. 상대의 지적 수준, 취향, 성향 등을 미리 알면 보다 원활히 소통할 수 있기 때문이다. 이를 역으로 활용하면 상대로 하여금 '내가 원하는 모습의 나'로 보게 할 수도 있다.

소지품으로 그 사람의 성격을 파악하는 방법과 과정을 소개하는 이 책이 그렇다고 독심술이나 심령술을 말하는 것은 전혀 아니다. 상대방을 직접 만나지 않고 단지 생활하는 장소나 소지품을 보는 것만으로 그 사람에 대해 알 수 있는 방법, 즉 '스누핑(snooping)'을 소개하는 이 책의 테마는 사람들의 다양한 성격 차이 그리고 일상생활에서 우리가 타인에 대해 가지는 인상 형성 과정에 대한 스킬이다. 점쟁이들이 '척 보고' 많은 것을 이야기할 수 있다는 사실이 전혀 놀랍지 않은 이유다.

스누핑은 마술이 아니다. 인간은 본능적으로 사물로부터 의미를 유추해내려고 한다. 우리 자신이 그렇게 한다는 사실을 의식하지는 못하지만, 이는 분명 무척 자연스럽고 쉽게 무의식적으로 일어난다. 처음 누군가를 만났을 때 각종 정보(헤어스타일, 거실 벽에 걸린 지도, 처음 꺼낸 말 한마디, 악수할 때 손에 힘이 얼마나 들어가는지 등)를 종합해서 그 사람에 대한 인상을 만든다는 것을 우리는 의식하지 못한다. 내면의 매우 복잡 미묘한 심리학적 과정이지만 우리는 타인의 이미지를 의식에 새기게 된다.

스누핑이란 말이 나오게 된 배경은 인간의 성격을 탐색하는 심리학자의 돌출적인 연구 결과다. 그는 사람을 통하지 않고 그 사람이 살고 있는 공간을 살펴보는 것만으로도 알 수 있다는 흥미로운 생각을 하면서 연구를 시작했다. 그러면서 스누핑 방법을 개발하게 되었다. 스누핑의 세계는 점쟁이나 범죄 프로파일러의 활동과 유사하다. 상대가 치밀한지 가족적인지 사교적인지 지적인지와 같은 성격이나 라이프 스타일을 알아낸다. 심지어 과거 그 사람이 무엇을 했으며, 현재 삶을 어떤 방식으로 꾸려 가는지도 찾아낸다.

사람들이 자신의 생활공간에서 의식하지 못하는 형태로 늘어놓은 다양한 단서들을 통해 그 사람의 보이지 않은 심리적 특성을 파악해 내는 것이다. 전술가들이 수백 년 동안 활용해왔던 생활 속 심리기법이다. 현재는 범죄 프로파일러나 마켓 리서치 영역 등에서 활용되기도 한다.
　저자인 샘 고슬링 박사는 이 책에서 특정 개인과 관련된 장소를 통해 개인의 성향이나 이미지를 파악할 수 있는 노하우를 다양한 사례를 들며 흥미롭게 소개한다. 직관과 통찰에 가까울 것 같은 스누핑 활동에 대해 저자가 제시하는 심리학적인 원리는 '스누핑이 기술이 아니라 과학'이라는 사실을 다시 한번 확인시켜준다.
　그는 스누핑을 사람들이 드러내는 '자기 정체성 주장'과 '감정조절 장치' 그리고 '행동양식의 잔유물'이라는 3가지 개념에 기초해 설명한다. '자기 정체성 주장'이라는 개념은 스누핑이 가능한 핵심 이유이기도 하다. 사람들은 자신이 원하는 모습이 아니라 있는 그대로의 모습을 보여주길 원한다. 생활공간은 바로 특정 자기 정체성을 외부로 드러내는 공간이자 그 사람만의 방식을 나타내는 장소다. 때로 자신이 가진 정체성과 다른 모습을 보이기도 하지만, 그것은 숙련된 스누퍼라면 찾아낼 수 있다. 아이러니컬하게도 차와 찻잔이 있는 주방에서 주인이 차를 그리 애호하지 않는다는 사실을 쉽게 확인할 수 있다. 차의 유효기간이 지났다는 단서를 통해서.
　생활공간에 놓여 있는 다양한 물건들은 개인의 감정과 욕구를 표현하는 하나의 상징적 장치다. 스누핑은 실내공간을 장식하는 다양한 물건이나 사진 또는 소품들이 개인의 정체성을 알리는 목적보다 '감정조절 장치'로 활용된다는 사실을 응용한다. 특정 인간의 욕구와 동기를 파악할 수 있는 다양한 창들이 그 개인의 생활공간 속에 놓여 있는 것이다. 감성적인 사람일수록 다양한 감정조절 장치를 가지려 하는 것이 당연하다.

심리학자로서 또 스누퍼로서 저자의 생각은 '행동양식의 잔여물'이라는 흥미로운 개념을 통해 잘 나타난다. 일상의 행동을 통해 우리는 생활공간에 다양한 물리적 흔적들을 남긴다. 바로 우리 자신을 나타내는 흔적들이다. 책상 위에 놓인 커피 찌꺼기나 말라붙은 빈 커피잔이, 씻기 귀찮아하는 어떤 사람의 생활방식을 알려주는 흔적이 된다. 진정한 우리 자신의 성격이 의심할 여지없이 다양한 단서들로 외부에 드러난다. 우리 자신이 누구인지에 대한 단서를 끊임없이 남기는 것이다.

저자는 사람을 파악하는 일에서 우리가 가진 일반적인 통념에 대해서도 자신의 아픈 경험을 통해 흥미롭게 소개한다. 대표적인 사례가 면접을 통해 사람을 평가하려는 것이다. 치밀하고 체계적으로 기획되지 않은 경우 대다수의 조직에서 실시하는 면접은 입사지원서에 적혀 있는 정보를 근거로 판단하는 것보다 오히려 도움이 되지 않는다고 주장한다. 왜냐하면 실제 면접관들은 자신의 눈앞에 보이는 많은 정보를 가지고 있지만, 정작 그 정보를 어떻게 적용할지 제대로 알지 못하기 때문이다. 낯선 사람의 생활공간을 보고 그 사람의 성격을 누구나 파악할 수는 없듯이, 면접관이라고 해서 제대로 된 스누핑을 할 수 없는 경우가 많다.

　스누핑이 무엇인가를 소개하는 이 책에는 보다 뛰어난 스누퍼가 되기 위한 전문가적인 조언도 들어 있다. 우리가 이미 가지고 있는 인간에 대한 심리적 틀, 심지어 우리의 편견 또는 정형화된 유형조차도 인간 이해를 위한 심리학적인 지름길로 활용할 수 있다는 조언이다. 이런 유형들이 어느 정도의 진실에 근거해 있다면, 그보다 더 나은 증거가 없을 때 이것들이 인간에 대해 잘 이해할 수 있는 유용한 정보가 되는 까닭이다.

　다시 말해 자신이 직면하는 경험과 대조해볼 수 있는 인간 이해의 패턴이 되기 때문이다. 따라서 스누핑의 과학에 관심을 갖고 있다면 누구든지 정형화된 인간 유형이나 성격 특성에 대한 이해가 필요하다는 것을 강조한다. 마지막으로 저자는 스누핑이라는 예술에 열정을 갖고 헌신해보라고 제안한다. '과학'이라 하지 않고 '예술'이라 했다. 스누핑은 '다른 성격을 가진 사람들은 세상을 다른 관점에서 본다'는 진리와 같은 사실에 근거한 과학적 탐색이기 때문이다.

　또한 그는 스눕의 현상들이 단지 개인이 지닌 성격의 본질을 파악하는 수준에서 그치지 않는다고 주장한다. CSI 과학수사대나 FBI 프로파일링 수사관들의 활동과 같은 심각한 범죄 해결이 아니더라도, 고객에 맞는 건축이나 실내장식을 디자인하는 작업까지 아무 연관성 없어 보이는 다양한 단서들을 체계적으로 종합해 고객에 맞는 성격을 새롭게 창조하는 다양한 작업에 응용될 수 있다는 것이다. 고객이 어떤 사람인지 알기 위한 새롭고도 강력한 마케팅 기법이 될 수 있는 것이다.

우리는 점쟁이에게 자신의 성격이나 인생 문제를 상담할 게 아니라 스스로 자신이나 타인에 대한 전문적인 스누핑을 할 필요가 있다. 저자는 이런 욕구와 동기를 가진 사람들에게 끊임없이 질문을 던지라고 주문한다.

저자가 발견해낸 사실들은 가히 놀랍다. 소지품이나 흔적이 상대방의 모든 성격적 요소에 대해 사적이고 친밀한 대화보다 더 많은 것을 알려준다는 사실은 무척 매혹적이다.

샘 고슬링 박사는 이 도발적이고 재기 넘치는 책에서 자신의 연구팀이 이끌어낸 실험결과를 제시하고 이 비밀스러운 관찰학을 마스터하는 방법을 알려준다. 셜록 홈즈와 에르큘 포와르 같은 추리소설 속 명탐정이 보여주는 통찰력의 비밀을 공개하고 있다. 독창적인 연구와 흥미진진한 이야기로 가득한 이 책이 사람을 읽는 예리한 안목을 키워줄 것이다. 이 책을 통해 우리 사회에서 인간에 대한 이해의 수준이 확장되기를 기대한다.

황상민
연세대학교 심리학과 교수

인트로

당신의 흔적이 당신의 모든 것을 말해준다

사무실에 들어서니 페덱스 소포 상자가 나를 기다리고 있었다. 다른 것들과 별반 다를 바 없는 전형적인 소포 상자였다. 크기는 구두 상자와 비슷하지만 모양은 정사각형에 가까웠다.

이 소포 상자가 특이했던 이유는 딱 하나, 함께 배달된 범상치 않은 지시사항 때문이었다.

"열어도 좋다는 허락이 떨어질 때까지 상자를 열지 말 것."

혹시 내가 의혹을 품을까봐 뚜껑에는 검정 잉크로 '열지 마시오'라는 글자가 또렷하게 찍혀 있었다. 음성사서함에 남겨진 지시사항에 따르면 미리 정해진 시간에 내가 상자를 여는 장면을 비디오로 녹화해야 했다. 나는 지시사항 대로 다음날 오후 3시에 비디오카메라가 설치된 작은 방으로 상자를 가져갔다. 상자를 향해 카메라를 고정시키고 스위치를 켰다. 그리고 렌즈에 잘 잡히도록 위치를 조정하고 호주머니에서 전화번호를 적어둔 메모지를 꺼내 전화를 걸었다.

"샘 고슬링입니다. 게리라는 분과 통화하고 싶은데요."

"연결해드리겠습니다."

딸칵 소리가 들린 후 잠시 기다림이 이어졌다.

"게리입니다."

"샘입니다, 준비되었습니다."

"자, 그럼 이제 상자를 열어보시죠."

드디어 판도라의 상자를 열어보고 싶은 강렬한 호기심을 채울 수 있게 된 나는 서둘러 포장을 뜯고 상자 뚜껑을 열었다.

"안에 어떤 사람의 개인용품들이 있을 겁니다."

게리가 설명했다. "모두 어떤 사람의 욕실에 있던 물건들이지요."

나는 게리가 '그' 또는 '그녀'라는 표현을 쓰지 않기 위해 매우 주의하고 있음을 눈치 챘다. 그가 이어서 말했다.

"물건들을 한 개씩 꺼내보시고, 그 물건들의 소유자에 대해 무엇을 알 수 있을지 제게 말해주시겠습니까?"

나는 물건을 하나씩 꺼냈다. 작은 튜브형 스킨크림, 약간 긁힌 자국이 있는 음악 CD, 갈색 플라스틱 머리빗, 마지막으로 이 물건이 있던 욕실 세면대 주변이 찍힌 폴라로이드 사진이 들어 있었다. 나는 물건 주인에 대한 실마리를 찾기 위해 그것들을 하나씩 살펴본 다음 카메라를 향해 내가 추리해낸 내용을 설명했다.

"흠, 이 머리빗은 꽤 크군요. 아마도 남자 것인 듯 싶어요."

세면대 주변을 찍은 사진이 이런 나의 추리를 뒷받침해주었다. 싱크대 주변에는 달콤한 향내가 날 것 같은 물건들은 전혀 보이지 않았다. 어질러지고 지저분한 정도로 보아 남자의 욕실인 듯 싶었다. 나는 머리빗 사이에 끼여 있는 머리카락이 짧고 뻣뻣하며 검은색인 데 주목했다. 아마도 아시아나 히스패닉계 사람이겠지. 사진 속 욕실 서랍장은 제대로 닫혀 있지 않았고 헤어드라이어 코드가 삐죽 튀어 나와 있었다. 튜브형 스킨크림은 끝이 아니라 중간에서부터 눌러 사용했고 뚜껑에는 찌꺼기가 딱딱하게 말라붙어 있었다. CD는 하우스뮤직으로 구성되었는데 흔히 게이클럽에서 많이 틀어주는 장르다. 이런 정황들 그리고 그(이제 나는 물건들의 주인이 남성이라고 확신했다)가 외모에 상당히 신경을 쓴다는 점을 종합해보니 점차 하나의 모습이 떠오르기 시작했다. 몇 분 후 게리가 물었다.

"자, 이 물건들의 주인에 대해 무엇을 말해주실 수 있겠습니까?"

나는 그가 20대 초반이나 중반의 아시아 남성이며 게이일 확률이 높다고 말했다. 그런데 나이 부분에서는 내가 틀렸다. 그는 30대 초반이었다. 하지만 나머지 사항들은 내가 추리한 그대로였고 게리는 매우 만족한 듯했다.

'도대체 무슨 일이 일어나고 있는 거야? 내가 왜 얼굴도 모르는 사람과 이런 이상한 상황에서 대화를 하고 있지? 내 말이 뭐가 쓸모가 있다는 거지?'

마침내 그가 자신의 정체를 밝혔다. 자신은 TV 방송국 프로듀서이고 리얼리티 시리즈를 기획하고 있다고 했다. 그가 기획하고 있는 리얼리티 시리즈는 매우 익숙하고 거의 불가항력적이라 할 수 있는 인간의 욕망, 즉 훔쳐보고 기웃거리고 싶은 욕망과 관련된 것이었다. 만약 여러분이 나와 조금이라도 비슷한 사람이라면 어떤 사람의 거실에 들어갔을 때 주변을 슬쩍 둘러보는 것만으로는 만족하지 못할 것이다. 나도 모르게 방도 훑어보고 벽에는 뭐가 걸려 있는지 살피고 탁자 위의 액자를 들었다 놓는다. 이윽고 방주인인 그녀가 말한다.

"잠깐 화장실 좀 다녀올게요."

두말하면 잔소리지. 자, 이제 방주인도 자리를 떴겠다. 좋았어, 책장으로 돌진이다!

책장에 꽂혀 있는 책들을 훑는다.《마다가스카르로 떠나는 알뜰 여행》, 버지니아 울프의 《혼자만의 방》 선물용 에디션이라. 흥미롭군. 다음은 사진이다. 하나 빼고 전부 친구들과 찍은 건데 모두 흥겨운 모습이다. 꾸물댈 시간이 없다. 화장실 물 내리는 소리가 들리는데 아직 CD 컬렉션은 보지 못했다. 게다가 다음에는 욕실 약품선반을 봐야 하는데… 콧잔등에 분이라도 바른다는 핑계라도 대서 말이지(약품선반은 본질적으로 누구나 훔쳐보게 되는 곳이다. 나는 이곳에 일부러 '방문객 안내서'를 놓아두고 몰래 선반을 열어보는 사람들을 깜짝 놀라게 하면 얼마나 재미있을까 생각하곤 했다).

그 TV 프로듀서는 이렇게 엿보고 싶어 하는 사람들의 일반적인 심리를 논리적인 결론으로 이끌어갈 계획이었다. 한 번도 만나보지 않은 낯선 이의 물리적 공간이 그 사람에 대해 어떤 것을 알려줄 수 있을 것인가? 이것이 그 새 프로그램의 착안점(MTV의 인기 쇼 프로그램 '가택침입자들(Room Raiders)'과 차별을 두기 위해)이었고, 엿보기의 과정에 대한 통찰력을 제공할 전문가를 영입하는 것도 프로그램 아이디어 중 일부였다.

그런데 왜 프로듀서가 나를 선택했을까? 아마도 내가 텍사스대학교 심리학 교수이고, 전공분야가 각기 다른 성격의 차이 그리고 일상생활에서 사람들이 타인에 대한 인상을 형성하게 되는 과정을 연구하고 있어서일 것이다. 내 연구논문들은 이 TV쇼의 기획의도와 똑같은 질문에 중점을 두고 출발했다. 상대를 직접 만나거나 그의 지인들로부터 얻은 정보보다, 상대의 소유물에서 그 사람의 성격에 대해 더 많은 사실을 알 수 있는지 말이다. 실제로 나는 UC버클리 학부생 시절에 이 주제에 대한 연구를 처음 시작했다. 프로듀서가 기획하고 있는 프로그램의 과학적인 접근 방법이었다고 할 수 있었다. 이 연구는 실제로 한 번도 만나보지 못한 낯선 남자나 여자의 침실을 살펴보는 것만으로 관찰자들이 방주인에 대해 어떤 사실을 알아낼 수 있는지를 고찰하는 것이었기 때문이다.

'침실연구'라고 불리게 된 이 연구는 연구 자체만으로도 매우 흥미진진한 발견들을 얻었다(잠시 후 이 발견들에 대해 자세히 살펴보도록 하자). 그리고 놀랍게도 이 연구 프로젝트와 그 바탕이 된 아이디어들에 대한 뜨거운 관심은 지식의 전당인 대학에만 국한되지 않고 더 널리 퍼져나갔다. 몇몇 심리학자들은 짧은 비디오 동영상이나 간단한 대화 등의 단편적인 정보를 통해 타인의 성격에 대한 인상을 어떻게 판단하는지에 대해 연구한 적은 있었지만, 침실을 연구한 이는 아무도 없었다. 그리고 아무도 이렇게 아낌없이 풍부한 정보들을 접하게 된 적도 없었다. 대중매체들은 신이 나서 우리 연구결과를 앞 다투어 보도했다. '물건들이 가르쳐주는 사실들', '적진의 배후 너머에서', '단서로 가득한 침실' 같은 헤드라인으로 연구에 관한 이야기를 보도했다. 어떤 저널리스트는 나를 '엿보기계의 수장'이라 명명하기도 했다.

  나는 대학원에서도 이 연구를 계속했고, 1999년 텍사스대학교에서 강의를 시작할 때까지도 계속 발전시켜왔다. 나는 대학원생 학생들과 일상에서 표출되는 성격에 관한 많은 연구를 진행했다. 우리는 침대 밑을 엿보고 옷장 안을 들여다봤으며 CD 컬렉션을 훑어봤다. 또 페이스북(Facebook, 우리나라의 싸이월드 같은 커뮤니티 사이트—옮긴이)의 자기소개란을 샅샅이 분석했다. 우리는 수많은 기숙사(정확히 말하자면 83개의 방)를 방문했고 거의 100군데의 은행 사무실과 부동산중개소, 비즈니스스쿨 사무실, 광고 에이전시 사무실, 건축설계 사무실 등을 찾아갔다. 그리고 우리는 사람들이 인터넷 커뮤니티 사이트, 독서 목록, 일상대화에 사용하는 단어들 그리고 일상적이고 평범한 환경에서 어떻게 자신들의 성격을 드러내게 되는지 조사했다. 몇 년에 걸쳐 이런 연구를 해오다 보니, 나와 연구원들은 기웃거리기의 달인이 되어 있었다. 우리는 조사 대상인 어떤 사람의 진정한 실체를 알려줄 수 있는 단서를 재빨리 찾아내는 안목을 키웠다.

  버지니아 울프 전집은 내 친구가 열성적인 페미니스트라는 것을 보여주는 걸까, 아니면 단순히 그녀의 영문학 수업 교재일 뿐일까? 술에 취해 흥겨운 모습을 담은 사진은 그녀가 음주를 현실도피의 수단으로 생각하고 있다는 뜻일까, 아니면 그저 파티를 즐겼던 것뿐일까? 십여 년 동안 연구를 진행하면서 우리는 엄청난 양의 정보를 종합했는데, 이 중 대부분은 예상하지 못한 것이었고 동시에 사람들의 성격을 묘사하고 무심결에 드러내 보이는 소중한 정보였다. 그러니 아마도 이 TV 프로그램 기획자들은 올바른 선택을 한 건지도 몰랐다. 나라면 이 주제에 대해 쓸모 있는 조언을 해줄 수 있을 것 같았다.

* * *

그 비밀의 상자가 도착한 지 2주가 지난 뒤 나는 LA에 도착했다. 다음날 프로그램의 파일럿 에피소드를 찍기로 되어 있었다. 할리우드대로(Hollywood Boulevard)의 맨즈 차이니즈 극장(Mann's Chinese Theater) 앞 보도 위에 찍힌 그 유명한 발자국들을 내려다보면서, 내가 이 프로그램에 어떻게 기여할 수 있을지 생각했다. 자신이 차지하는 공간에서 사람들이 어떻게 각자 다른 형태로 행동의 발자취를 남기게 되는지 그 차이점을 설명할 수 있기를 바랐다. 또한 프로그램에 참가하는 다른 논쟁자들이 한 가지 단서에 근거해 성급히 결론을 내리거나, 쉽게 주목을 끌게 마련인 사실들로 인해 잘못된 결론을 내리는 따위의 흔한 판단오류를 범하지 않도록 내가 올바로 이끌어줄 수 있기를 바랐다. 그리고 이 모든 것들을 안락의자의 점성술이나 디너파티에서의 꿈풀이처럼, 심리학의 과학성을 폄훼하지 않으며 해낼 수 있기를 희망했다.

이러한 생각을 하는 동안 나는 이 다양한 종류의 기웃거리기 연구들을 하나로 통합한 자료가 전무하다는 사실을 깨닫게 되었다. 그래서 나는 LA에서의 모험을 마치고 연구를 계속하기 위해 텍사스로 돌아오자마자 이 책을 쓰기 위한 계획을 세우기 시작했다.

내 연구의 도전과제(요컨대 이 책《스눕》이 제시하는 바와 같은)는 누구나 맞닥뜨리게 되는, 우리가 사는 환경을 이해하려는 노력과 별반 다르지 않다. 다시 말해 우리는 본능적으로 사물로부터 의미를 유추하려 한다. 물론 자신이 그렇게 한다는 사실을 의식하지는 못한다. 왜냐하면 그것은 무척 자연스럽고 너무 쉽게 무의식적으로 일어나기 때문이다. 누군가를 처음 만났을 때 각종 정보(헤어스타일, 거실 벽에 걸린 지도, 처음 꺼낸 말 한마디, 악수할 때 손에 힘이 얼마나 들어가는지 등)를 종합해서 그 사람에 대한 인상을 확립하는 과정을 우리는 의식하지 못한다. 그러나 겉으로 보기에 너무도 자연스럽게 일어나는 것처럼 보이는 이 현상은, 사실 내면의 매우 복잡미묘한 심리학적 과정을 통해 이루어진다. 이렇게 타인의 이미지를 의식에 새기는 복잡한 심리학적 과정들이 체계적으로 연구되기 시작한 것은 아주 최근의 일이다.

게다가 가끔 이런 과정들은 잘못된 결론을 내릴 수도 있다. 예를 들어 우리의 기숙사 엿보기 대원들, 즉 '스누퍼(Snooper)'들은 그저 방을 둘러보는 것만으로도 방주인의 정치적 성향에 대해 꽤 쉽게 결론을 내리곤 했다. 그러나 그런 판단들이 언제나 옳지는 않았다. 관찰자들은 명백한 정치적 성향의 장식품, 가령 자동차 범퍼에 붙이는 말콤 X(Malcolm X), 체 게바라(Che Guevara), 로널드 레이건(Ronald Reagan) 스티커 같은 정치적 아이콘 등을 뚜렷하게 눈에 띄는 단서로 올바르게 활용했다. 그러나 고려하지 말았어야 함에도 불구하고 고려된 단서들이나, 판단 근거로 활용해야 했는데 그냥 무시하고 지나간 단서들도 있었다.

　우리가 진행한 연구들에서 관찰자들은 예술품이나 예술관련 도서를 좌파적 성향의 상징이라고 생각했다. 그러나 사람들이 일반적으로 그렇게 생각함에도 불구하고, 이런 상징들은 정치적 성향과는 아무런 관련이 없다. 실제로 (보수적인) 정치적 성향을 내포한 단서들은 의외로 스포츠와 관련된 장식품들이었지만, 우리 실험의 관찰자들은 이 단서들을 철저히 무시하고 넘어갔다. 이런 사실들은 우리의 상식적인 판단이 옳을 때가 많긴 하지만 동시에 상식이라는 것이 함정에 빠뜨릴 수도 있다는 것을 말해준다. 그리고 이런 연구를 통해 증명된 사실들 없이는 상식을 올바르게 적용하고 있는지 그렇지 않은지 알 길이 없다.

　더욱이 상식적인 생각은 이러한 연구결과들이 우리가 이미 알고 있는 사실들을 그저 재확인해줄 뿐이라고 착각하게 만들 수도 있다. 나는 최근 프레젠테이션 중에 이 결과론적인 편견에 충격을 받은 적이 있다. 발표를 시작하기 전 나는 청중에게 침실연구가 어떤 사실을 보여주는지 먼저 짐작해보라고 말했는데, 이는 꽤 어려운 과제로 판명되었다. 몇몇 사람들은 침실 주인의 매력도를 쉽게 짐작할 수 있었지만 소심한 성격의 소유자들은 파악하기 어려워했다. 그런데 이 발표 때만은 사전에 이런 질문을 던지지 않고 우리가 발견한 사항들을 먼저 발표하는 실수를 저지르고 말았다. 흔히 볼 수 있었던 "아아~"나 "어머나~" 같은 반응이 아니라, 연구결과에 대해 전혀 놀라지 않은 듯 보였다. 이처럼 어떤 사실들을 알고 나서는 그것이 완벽하게 논리적이고 당연한 것으로 여겨진다 해도, 그것이 처음부터 명백했던 것은 아니라는 사실을 나는 다시 한번 깨달았다. 앞으로 살펴볼 장들에서 어떻게 기웃거리기, 즉 '스누핑(Snooping)'이 이 모든 '당연한 듯한' 결론에 새로운 견해를 제시하는지를 보여줄 것이다.

* * *

실내장식 분석조사나 성격 자체의 본질적인 특성을 연구하는 다른 과학자들의 연구는, (마치 셜록 홈즈나 FBI의 프로파일링 수사관들처럼) 사람들이 남기는 겉보기엔 아무 연관성이 없어 보이는 단서들을 체계적으로 종합해 각자의 성격적 초상을 창조하는 작업이다. 내가 비밀의 상자에서 알아냈던 것(성별, 나이, 인종 등)처럼 비교적 쉽게 식별 가능한 기본적인 사항들 외에도, 그저 그들의 집이나 사무실을 자세히 살펴보는 것만으로 어떻게 그 사람의 특징과 성격, 가치와 습관, 꿈과 희망을 포착해낼 수 있는지 말하고자 한다.

이 책의 집필 목적 중 하나는 내가 '스누폴로지(Snoopology)'라 이름 붙인 이 특별한 종류의 관음증을 통해 알아낸 사실들을 함께 나누고, 어떻게 하면 여러분도 스누퍼가 될 수 있는지 설명하고자 하는 것이다. 그러므로 다음번에 어떤 사람의 사무실을 방문하거나, 채용을 위해 면접을 할 때, 데이트 상대의 집을 재빨리 훑어볼 때 스스로 다음과 같은 질문을 할 수 있을 것이다.

컴퓨터 모니터 위에 달려 있는 저 싸구려 장식품은 컴퓨터 주인에 대해 어떤 사실을 말해주고 있을까? 왜 장식품들이 모두 방문객용 의자 쪽을 향하고 있을까? 화장대 거울 위에 붙여놓은 저 메시지 이면에는 어떤 의미가 숨어 있을까?

이 책을 통해 여러분은 이런 사소한 물건들(자질구레한 사무실 장식품이든 거실 벽에 걸려 있는 그림이든)을 해석해 그것들의 주인이 외향적인지 내성적인지, 친절한지 깐깐한지, 성실한지 나태한지, 의지가 강한지 약한지 파악해내는 방법을 배우게 될 것이다.

또한 가식적으로 꾸며진 메시지들을 구별하는 방법과, 여러분을 속이기 위해 배치된 선전물 너머의 진실을 훔쳐보는 방법을 배우게 될 것이다. 사람들은 실제 자신의 본 모습을 숨기기 위해 무엇이든 한다. 하지만 그들의 방은 오랜 시간에 걸쳐 단서들이 계속해서 쌓이기 때문에 그 본질을 위장하기란 훨씬 더 어렵다. 더군다나 거의 대부분의 사람들은 책상 밑에 쌓여 있는 신발꾸러미나 구석에서 시들어가고 있는 화분 아니면 전등에 달려 흔들리는 작은 닭 모양 고무인형이 자기 자신에 대해 어떤 사실을 말해주고 있는지 생각조차 해보지 않는다.

사람들은 다른 사람들이 자신에게서 받는 인상을 조작할 수 있을까? 만약 그럴 수 있다면 얼마나 자주 그렇게 할까? 그리고 다른 이들의 눈을 속이기 위해 어떤 힌트들을 남길까? 이런 질문들에 대한 답을 들으면 아마도 여러분은 깜짝 놀랄 것이다. 또한 내가 그랬던 것처럼 특정 단서들과 그것들의 의미 사이에 명확한 상관관계가 존재하지 않는다는 사실에도 놀랄지 모른다. 너저분하게 어질러진 책상이 늘 어수선한 마음을 나타내는 것은 아니다(그런 결론에 도달하기까지는 더 많은 단서들이 필요하다). 그리고 맨틀피스(mantlepiece, 벽난로의 윗면에 설치한 장식용 선반—옮긴이) 위의 그리스도상이 여러분의 친구가 성인이라는 것을 의미하지도 않는다.

스누퍼들은 각종 물건(운동기구, CD 컬렉션, 자동차 등)에서부터 단서들을 걸러낼 수 있다. 그러나 이 모든 물건들이 상징하는 바를 동일선상에 놓고 판단해서는 안 된다. 만약 여러분이 데이트 상대의 의존적 성격에 대해 알고 싶다면 CD 컬렉션은 별 도움이 되지 않는다. 그 부분은 상대의 관심사나 추구하는 가치를 알아보는 데 더 적합하다. 그러나 만약 상대의 정치적 성향을 알고 싶다면 아파트를 방문한 지 단 2분 만에 짐작할 수도 있다. 여러분이 거기까지 가게 될지는 알 수 없지만.

어느 곳에서 어떻게 성격에 대한 단서들을 찾을 수 있을지 파악하는 것은 스누폴로지라는 비밀스런 관찰학을 마스터하는 데 있어 핵심적인 부분이다. 반대로 여러분이 남기는 단서를 다른 사람들이 어떻게 해석하는가 하는 문제는 어떤가? 여러분의 사무실은 상사에게 여러분이 당연히 승진할 만한 사람이라는 것을 보여주는가? 또는 영원히 칸막이 지옥에 갇히는 게 마땅한 사람이라 말하고 있는가? 여러분이 미리 세팅해둔 자동차 라디오 채널은 음악적인 취향 말고도 다른 정보를 내포하고 있을까? 어째서 여러분의 데이트 상대는 여러분의 아파트를 한 번 둘러보자마자 급하게 자리를 떠날 변명거리를 만들어내고, 영영 여러분의 인생에서 사라져버리는 걸까? 성공적인 스누퍼가 된다는 것은 세련되고 정통한 관찰 대상자인 '스누피(Snoopee)' 가

되는 법을 알게 된다는 뜻이기도 하다.

물론 과학적인 스누핑이란 단순히 벽에 걸려 있는 게 무엇인지, 침대 밑에 뭐가 있는지를 관찰하는 것보다 훨씬 더 많은 것을 의미한다. 또한 과학적인 스누핑을 위해서는 지난 세기 동안 심리학자들이 인간의 행동양식에 대해 연구조사 결과 알아낸 사실들을 종합적으로 통찰해볼 필요도 있다. 이 책에서 나는 이러한 다양한 연구조사 사례를 소개한다. 우리는 스누핑의 과학으로부터 발전되어온 흥미롭고 새로운 아이디어들을 함께 탐험할 것이다.

그 과정에서 나는 스누폴로지가 어떻게 여러분의 특정 취향이나 버릇이 성격을 알아가는 데 특히 중요한 시발점이 되는지 보여줄 것이다. 어떤 사람을 아주 잘 안다는 게 도대체 무슨 의미인지, 그저 안면만 있던 사이에서 절친한 친구가 되기까지 어떤 요건들이 필요한지 살펴볼 것이다. 우리는 이상한 병적인 수집증과 알쏭달쏭한 개인 홈페이지의 세계도 들여다보고, 어째서 편견을 가지는 게 비난을 받게 되는지도 알아볼 것이다. 마지막으로 사람들의 성격에 맞추어 집을 설계해주는 놀랍고도 새로운 서비스를 제공하는 기업에 대해 내가 알게 된 사실들을 여러분과 함께 나눌 것이다. 하지만 이 모든 것 이전에 우리는 가장 근본적인 출발점으로 돌아가 비밀스럽게 스누핑하는 방법을 배워야 한다.

content

감수의 글_ '척 보면 아는' 통찰의 예술   5
인트로_ 당신의 흔적이 당신의 모든 것을 말해준다   11

chapter 01 타인의 흔적을 알아채는 기술

타인이 남긴 흔적들   31
소지품에 담겨 있는 자기정체성   33
감정을 읽을 수 있는 물건들   47
흔적이 드러내는 성격 패턴   54
예리한 스누퍼가 되는 방법   65

chapter 02 오션즈 파이브 : 5가지 성격 유형

고대 그리스인과 현대인의 성격 비교   70
5대 성격 유형   73
레오나르도 다 빈치의 '개방성'   85
로보캅의 '성실성'   88
비버리 힐스 캅의 '외향성'   92
미스터 로저의 '동조성'   94
우디 앨런의 '신경성'   97

chapter 03 스누핑이 필요한 순간

성격을 이해하기 위한 과정   102
정체성: 성격의 근원적인 기반   118
성격의 수수께끼   130

chapter 04 의미 있는 단서만을 골라내는 방법

명탐정들의 방식	135
단서들의 출처	140
단서들의 향연	144
직관을 넘어서	148

chapter 05 골라낸 단서를 구체화하는 통찰의 기술

성격의 탄생	152
단서가 주는 의미	155
가공된 단서들	168
일상생활과 단서	172
성격 24/7	180

chapter 06 스누핑을 방해하는 가짜 단서들

날조된 단서	194
고프맨을 기다리며	204
수건이 있어야 마땅한 자리	210
그럴싸한 단서 vs. 진짜 단서	217
인터넷: 거짓의 왕국	219
나를 한번 속여봐	223
앙 가르드!	226

chapter 07 고정관념이라는 이름의 착각

호랑이 꼬리를 가진 두더지 230
지역마다 다른 성격 235
정치적 성향과 고정관념 243
직감의 이면 246
고정관념의 지뢰밭 250
섹스와 마약 그리고 록큰롤 257
진실의 사육장 270

chapter 08 옳은 판단이 잘못된 판단이 되는 이유

단서가 숨겨진 방 278
과유불급의 딜레마 285
거주 공간과 근무 공간 292
얼룩점에 담긴 지혜 302

chapter 09 올바른 통찰을 가로막는 5가지 함정

함정 1: 첫인상은 강력한 최면이다 306
함정 2: 엉뚱한 단서에서 의미를 유추한다 313
함정 3: 상관없는 단서를 활용한다 319
함정 4: 틈새에 맹점이 있다 322
함정 5 : 아는 만큼만 보인다 325

chapter 10 그 사람의 참모습을 알아간다는 것

스누핑이 준 선물 331
좋은 의도가 제대로 실행되지 못했을 때 340
스누핑으로 그린 성격 그림 344
감정이 만들어낸 성격 348

chapter 11 스누핑의 진정한 매력

성격을 반영한 공간 설계 358
나만의 비밀 상자 363
내가 원하는 모습의 나 365

주 368
찾아보기 385

chapter 01

타인의 흔적을
알아채는 기술

Less Than Zero
Acquaintance

1960년 어느 빛나는 9월의 아침, 존 스타인벡(John Steinbeck)과 그의 애견인 푸들 찰리가 대망의 미국 여행길에 올랐다. 대문호와 그의 애견은 이후 3개월 동안 특별한 원정을 위해 개조한 트럭을 타고 미국 전역을 여행했다. 둘이 함께 진정한 미국을 만나기 위한 원정을 시작한 것이다. 이 여행의 기록이 바로 《찰리와의 여행(Travels with Charley)》이라는 책이다.

잠시 함께 그의 여행 속으로 들어가보자. 스타인벡은 여행 중간에 짬을 내 시카고에서 아내와 잠시 만나 시간을 보낼 계획이었다. 하지만 너무 일찍 도착하는 바람에 그가 묵을 방이 미처 준비되어 있지 않았다. 호텔 측은 그의 요청을 받아들여 잠시 목욕을 하고 쉴 수 있도록 임

시로 방을 제공하기로 했다. 이 위대한 작가가 잠시 휴식을 취할 수 있도록 다른 투숙객이 일찍 체크아웃한, 아직 청소를 마치지는 않았지만 비어 있는 방으로 안내했다. 스타인벡은 옷을 갈아입는 동안 그 방에 묵었던 낯선 이가 남긴 흔적에 주의를 빼앗기게 되었다. 그는 그 낯선 이를 '외로운 해리'라고 이름 붙였다.

■ 동물이 머물거나 지나간 자취는 풀밭의 짓눌린 흔적이나 발자국, 배설물 따위로 알 수 있다. 반면 하룻밤 어느 방에 묵어간 사람은 자신의 성격, 인생, 최근의 행적 그리고 가끔은 자신의 미래 계획과 희망까지도 자취로 남긴다.
심지어 마치 그의 성격이 벽으로 스며들었다가 천천히 흘러나오고 있는 것처럼 느껴진다. 아직 정돈되지 않은 방에 앉아 있는 동안, 외로운 해리는 점점 더 입체적인 형태를 갖추기 시작했다. 나는 여기저기 그가 남긴 흔적의 조각에서 방금 전에 이 방을 떠난 손님을 느낄 수 있었다.

스타인벡은 사람들이 머물렀던 주변은 그들의 성격이나 추구하는 가치 또는 라이프스타일에 관한 풍부한 정보들로 가득 차 있다는 것을 직관적으로 간파했다. 세탁 영수증, 휴지통에 구겨넣은 쓰다 만 편지, 빈 버번 술병, 그 외 여러 가지 다른 단서들을 모아 스타인벡은 외로운 해리의 초상을 그려낸 것이다.

::: 표 1-1 소지품과 물건이 성격을 반영하는 3가지 이유

1. 우리는 소지품을 통해 자신을 드러낸다
사람은 본능적으로 자신이 누구인지 드러내려는 성향이 있다. 자신이 생활하는 공간을 꾸밀 때 무의식적이든 의식적이든 '자기정체성을 주장'한다. 벽에 붙인 포스터와 상장, 사진, 나아가 자질구레한 기념품 등으로 자신을 나타낸다. 또한 자기 스스로를 위해서도 상징적인 표현을 한다. 이를 '자기 내면을 향한 자기정체성 주장'이라고 하는데, 존경하는 인물의 사진이나 격언 등을 잘 보이는 곳에 붙여서 스스로를 독려한다.

2. 우리는 자신의 물건에 감정을 담는다
소지품과 물건은 우리의 감정을 표출하거나 감추는 '감정 조절 장치'로도 이용된다. 가족사진, 기념품, CD 컬렉션 같은 것들은 지난 행복한 시간을 추억할 수 있게 해주고, 중요한 과제에 집중하거나 기분을 전환해주기도 한다. '아빠 사랑해요', '당신은 최고예요' 같은 문구가 적힌 사진 액자는, 가족을 생각하며 힘을 내고 싶은 감정을 표현하는 장치가 된다.

3. 우리는 언제나 자신의 공간에 흔적을 남긴다
사람은 일상의 행동을 통해 생활공간에 물리적인 흔적들을 남긴다. 이를 '행동양식의 잔여물'이라고 한다. 예컨대 커피 찌꺼기가 바닥에 말라붙은 빈 커피잔은 게으름의 흔적이 된다. 물론 모든 행동이 물리적인 흔적을 남기는 것은 아니다. 미소는 흔적을 남기지 않는다. 걷거나 대화를 하는 것도 마찬가지다. 그러나 그 흔적을 남기게 되는 행동들의 잔여물은 그 사람의 특성과 가치, 목표 등에 대해 많은 것을 알려준다.

타인이 남긴 흔적들

우리 모두는 매일 비슷한 과제와 마주한다. 주위 사람들에 대해 찾아낼 수 있는 여러 조각의 단서들을 종합해 어떤 이미지를 형성해내는 것이다. 절친한 오랜 친구에 대해서는 그와 함께한 긴 시간에 근거해 상황을 판단하기도 하고, 아주 짧은 사회적 관계(말하자면 일면식도 없는 상황)에서도 극히 단편적인 행동을 보고 순간적으로 그 사람에 대한 판단을 내리기도 한다. 만약 여러분이 스누퍼라면 한 번도 보지 못한 사람이 남긴 단서들도 분석하게 될 것이다.

우리는 끊임없이 새로운 정보를 종합하고 현재의 생각을 수정하고 더 그럴듯한 새로운 가설을 세운다. 그럼 대체 어떤 성격이 더 쉽게 외부로 표출되는 것일까? 또한 거기에는 어떤 원리가 숨어있는 것일까? 사람들은 도대체 어떻게 외부로 신호를 보내는 걸까? 내 첫 연구는 이런 질문들에서부터 출발했다.

나는 1997년 처음으로 스누핑의 과학을 발전시키는 데 도움을 받고자 환경분석가들로 팀을 구성해 연구조사를 시작했다. 우리의 연구 목적 중 하나는 사람들이 개인적인 공간에 영향을 끼치는 방법들을 알아보는 것이었다.

사람들은 자신의 성격에 관한 어떤 단서를 공간에 남길까? 성격의 어떤 요소들이 가장 흔적을 남기기 쉬울까? 지도교수와의 긴 토론 끝에 나는 연구계획을 세운 뒤 조사에 착수했다. 우선 정해진 시간에 방을 비워주기로 한 자원자 그룹을 모집 했다. 그리고 그들이 방을 비운 동안 분석팀이 그 빈방에 들어가 거기에 남겨진 단서들만을 바탕으로 방주인에 대한 인상을 그려냈다. 다음으로 다른 분석팀을 보내 방의 물리적인 특징들을 분석하게 했다. 또한 방주인들을 대상으로 성격 테스트를 하고 그들의 친구들로부터 정보를 수집했다.

가난한 대학원생으로서 내가 자원자들에게 제공할 수 있었던 혜택이라고는, 그들의 방을 보고 관찰자들이 어떤 분석을 내렸는지 말해주는 것이 전부였다. 그런데 놀랍게도 거의 100명에 가까운 학생들이 지원했고, 이 연구조사에 대한 소문이 퍼지면서 참가를 원하는 사람들이 더 생겨났다. 실제로 그들은 참가하고 싶다고 거의 애원하다시피 했다.

연구 대상인 첫 방에 발을 들여놓자마자 나는 우리가 이 연구에서 뭔가 특별한 발견을 하게 되리라는 것을 직감했다. 내 예상보다도 방들은 훨씬 더 다채로웠다. 단지 물건의 가짓수뿐만 아니라 물건 자체들도 굉장히 다양했다.

구석에 놓인 수수한 침대 외에 별다른 것이 없는 방이 있는가 하면, 조사자들이 실수로 물건들을 밟아 뭉개버리는 일이 없도록 각별히 주의해야 할 정도로 물건이 가득한 방도 있었다. 게다가 그렇게 물건들로 넘쳐나는 방들에서도 책장, 의자, 침대, 바닥, 창틀 등의 구역별로 배치된 물건들의 종류는 매우 다양했다.

어떤 방은 입이 쩍 벌어질 만큼 굉장한 스타워즈(Star Wars) 컬렉션으로 장식되어 있었다. 스타워즈 테마가 벽과 천장을 가득 채우고 있는 포스터에서도 공통적으로 반복되고 있었다. 놀랄 만큼 많은 방에서 곰돌이 푸와 친구들(Winnie the Pooh and friends) 장식이 발견되었다. 꼼꼼하고 철저하게 정리된 방이 있는가 하면, 어떤 방들은 방주인이 생각하는 정리정돈이란 그저 방 어딘가에 물건들이 있어주기만 하면 되는 수준이 아닐까 하는 생각이 들 만큼 난잡했다. 어떤 공간은 어둡고 음침했으며 어떤 곳은 밝고 쾌적했다. 안락한 방이 있는가 하면 삭막한 방도 있었다.

우리는 방을 검토해나가면서 방주인들이 남긴 심리학적 자취를 알 수 있었고, 그들의 성격이 표현된 각기 다른 방식들을 어렴풋이나마 파악할 수 있었다. 이는 크게 3가지 분류, 즉 '자기정체성', '감정 조절', '행동양식' 의 흔적이 주로 사람들이 주변 환경을 다루는 메커니즘인 듯했다([표 1-1] 참조). 이런 메커니즘은 특히 내가 신디(Cindy), 던컨(Duncan) 그리고 기드온(Gideon)이라 이름 붙인 사람들의 방에서 눈에 띄게 두드러졌다.

소지품에 담겨 있는 자기정체성

사람들은 상당 시간을 개인적인 공간에서 보낸다. 하지만 개인적인 공간을 장식해야만 하는 뚜렷한 기능적인 이유는 없다. 딸기 무늬가 수놓인 누비이불이 달콤한 잠을 보장하지도 않고, 컴퓨터 모니터 위에 달린 피라니아(Piranha, 남아메리카에 사는 육식성 민물고기—옮긴이) 인형이 카피라이터에게 톡톡 튀는 광고문안을 떠올리게 해주는 것도 아니다. 그럼에도 불구하고 우리는 지속적으로 우리 주위의 공간을 장식한다. 그리고 이런 장식들은 절대 무작위로 아무렇게나 하는 것이 아니다. 얼핏 보면 그저 '비실용적' 으로 보이지만, 공간을 변화시키는 이 행위가 실은 그곳에서 실행되는 일들에 큰 영향을 끼칠 수도 있다.

실제로 《갤럽매니지먼트저널(Gallup Management Journal)》에서 실시한 노동자들의 안락함과 업무와의 상관관계에 관한 설문조사에 따르면 "편안한 환경에서 근무하는 노동자들은 그렇지 않은 사람보다 업무에 더 집중하고 회사의 경제적인 성공에 보다 긍정적인 기여"를 한다. 이 설문조사는 조심스럽게 "편안함이 물리적인 조건에만 국한되지 않음"을 지적했다.

사람들이 만들어내는 심리적인 환경도 매우 중요했다. 물론 우리가 관찰한 결과들과도 일치했다. 수많은 관찰 대상자들이 자신의 공간을 장식하고 변화를 주고자 지속적이고 광범위한 노력을 하고 있었다. 이는 그들이 심리적 상황을 조정하고자 하는 강한 욕구가 있음을 나타내는 것이었다.

사람들이 주변 공간을 자신만의 것으로 만드는 방법 중 하나는 의도적으로 어떤 상징들을 표현하는 장식(포스터, 상장, 사진, 자질구레한 기념품 등)으로 치장하는 것이다. 그것으로 '자기정체성을 주장' 하는 것이다. 신디의 방은 이런 상징들로 가득 차 있었는데, 우리 조사팀은 방에 들어서기 전부터 벌써 감을 잡았다. 방문 앞에 붙은 여대생클럽 스티커는 자신이 속한 그룹에 대한 충성심을 보여주고 있었으며, "네 자신이 스스로의 여신이 되어라"고 적힌 자동차 범퍼 스티커는 페미니스트 경향을 나타내는 동시에, 외부를 향한 자아 확인을 나타냈다.

문지방을 넘자마자 우리는 더 많은 단서들을 발견했다. 화이트보드에는 니체의 《권력에의 의지(Wille zur Macht)》에서 인용한 "권력에 대한 의지가 없으면 퇴락밖에 없다"라는 글귀가 크게 대문자로 적혀 있었고, 그 밑에는 "긍정적으로 생각하자"라고 쓰여 있었다. 벽에는 치어리더 폼폼(Pompom, 응원용 수술—옮긴이)이 달려 있었다.

자기정체성의 주장은 다른 사람들을 향한 것일 수도 있고, 자기 자신을 향한 것일 수도 있다. 타인을 향한 자기정체성 주장을 위한 신호(신디의 치어리더용 폼폼이나 자동차 범퍼의 여신 스티커 따위의 상징)는 외부에 보이고 싶은 자신의 모습을 표현하기 위한 것이다. 외부를 향한 자기정체성 주장은 일반적으로 사람들이 의미를 공유하는 물건들에 의해 표현된다. 자동차 범퍼 스티커는 여성성에 대한 신디의 자긍심을 표현하고 폼폼은 대학에 대한 충성심을 보여준다.

직장에서, 사무실 문 앞(또는 요즘에는 큐비클 칸막이 벽 앞)은 사람들이 어떻게 자신을 드러내고 있는지 볼 수 있는 훌륭한 예다. 다음번 누군가의 사무실을 방문할 기회가 있다면, 복도를 둘러보면서 사람들이 자신에 대해 외부로 알리고자 하는 메시지가 얼마나 되는지 세어보기 바란다. 여러분의 복도 답사가 만약 내 사무실 문 앞까지 미치게 된다면, 내 사무실 문 앞에 커다랗게 걸려 있는 절망닷컴(despair.com)이라는 포스터를 볼 수 있을 것이다. 절망닷컴이라는 회사는 팀워크, 신뢰 그리고 다른 여러 가지 긍정적 가치들을 고취시키는 포스터를 패러디한 것이다. 내 포스터는 눈부신 석양을 배경으로 한 피사의 사탑을 찍은 근사한 사진이다. 그 밑에는 이런 메시지가 적혀 있다.

"평범함. 어떤 일을 평범하게 대충 해버리면 시간을 훨씬 절약할 수 있다. 또한 시간이 많이 흘러 어떻게 손쓸 수 없게 될 때까지는 대부분의 사람이 평범한 것과 비범함의 차이를 눈치 채지조차 못한다."

처음에 이 포스터를 걸 때 나는 그것의 상징적인 가치를 별로 깊게 생각해보지 않았다. 하지만 이내 나는 깨달았다. 내가 아이러니컬한 유머감각을 지닌 사람이라는 이미지를 전달함과 동시에, 자기만족에 빠지는 것에 전반적으로 경계심을 품고 있다는 것을 표현하려고 했다는 것을 말이다. 사무실 문 밖에 걸린 포스터는 (사무실 주인을 향해 문 안쪽으로 걸린 포스터와는 반대로) 특히 흥미롭다. 그 이유는 사무실 주인은 정작 그것을 볼 일이 거의 없기 때문이다. 그러므로 그것들은 남들을 향해 자기정체성을 주장하는 전형적인 방법이다.

추후에 살펴보겠지만 이런 자기표현들은 대체로 자기 자신에 대한 솔직한 메시지를 전달하려는 의도를 지니고 있다. 그러나 때로는 전략적이거나 의도적인 위장일 수도 있다. 브루스 리(Bruce Lee), 투팍(Tupac) 같은 아이콘의 이미지나 〈저수지의 개들(Reservoir dogs)〉과 같은 컬트영화 포스터로 기숙사 방을 장식하는 학생이라면, 분명히 방문객들이 자신을 멋지고 근사한 사람으로 봐주길 바랄 것이다. 물론 그 학생이 정말 얼마나 멋진지는 조금 더 살펴봐야 알 수 있겠지만.

외부를 향한 자기정체성의 주장은 메시지를 전달하고자 하는 대상이 누구냐에 따라 달라진다. 상사를 감탄시키려 하는 행동과 애인을 감동시키기 위해 하는 행동 사이에는 공통점이 적다. 하지만 요즘은 메시지를 전달하고자 하는 대상들을 각각 구분하기가 점점 더 어려워지고 있는 추세다. 프리랜서 TV 프로듀서인 콜린 클러츠(Colleen Kluttz)의 경험처럼 말이다.

《뉴욕데일리뉴스》에 실린 기사에 따르면, 클러츠의 친구가 자신의 마이스페이스(My Space, 글로벌 커뮤니티 사이트—옮긴이) 프로필 란에 반쯤 게슴츠레 눈을 감고 찍은 클러츠의 사진을 올렸다. 그런 다음 그녀가 마약을 했다는 내용의 사진 제목을 달았다. 물론 사진과 사진 제목은 순전히 두 친구 사이의 장난에 불과했다.

그러나 그녀를 고용하려고 검토하던 고용주들이 구글에서 그녀의 이름을 검색하는 것을 막을 수는 없었다. 그 결과 클러츠는 몇몇 채용 기회에서 마지막 순간에 고배를 마시고 말았다. 클러츠는 자신의 직업 세계와 사생활의 영역이 부딪쳤기 때문은 아닐까 생각하게 되었고 결국 그 사진을 삭제해버렸다.

온라인에서 맺게 되는 인간관계들이 점점 더 다양해지면서 자신의 각기 다른 모습을 구분지어 드러내는 일이 나날이 어려워지고 있다. 특정인을 대상으로 자신이 보이고자 하는 모습만을 노출하는 것은 더 어려운 일이 되었다. 나는 사람들이 나를 매우 인상적이고도 멋지고 신비스러우며 세련된, 국제적인 인물로 봐주기를 바란다. 하지만 그들은 인터넷 검색 몇 번만으로 너무나 손쉽게, 숙맥 범생이에 멋진 것과는 거리가 멀었던 내 고교 시절 사진을 찾아낼 수 있다. 그래서 영 찜찜하다.

다른 사람들이 나를 이렇게 봐주었으면 하는 모습을 외부로 표현하는 것 외에, 우리는 자신을 위해서도 상징적인 표현을 한다. 이를 자기 내면을 향한 자기정체성 주장이라고 한다. 이것은 우리가 자기 자신에 대해 스스로 생각하고 있는 이미지를 강화하는 것이다. 신디의 방 책상 위에는 증정 받은 의사봉과 시장선거 후보에 대한 지지를 나타내는 배지가 있었다. 그것들은 신디가 쉽게 볼 수 있는 위치에 자리 잡고 있어, 그 물건들이 주로 그녀 자신을 위한 것임을 나타냈다(아마도 토론팀에서의 활약상과 지난 지역선거에서 자원봉사자로 참가했던 것을 기념하기 위해 서일 듯하다). 2가지 상징은 모두 신디의 정체성의 핵심적인 특성에 대한 가설을 세울 수 있는 근거가 된다. 물론 보다 많은 물증들을 통해 이 가설에 대한 확신을 얻거나 다시 수정해야 할 수도 있을 것이다.

대량생산된 포스터는 문화적 상징의 훌륭한 원천이다. 내 예전 동료 중 한 사람은 사무실 벽에 마틴 루터 킹(Martin Luther King, Jr.) 목사의 작은 포스터를 걸어두었다. 신디의 의사봉이나 정치적인 배지처럼, 그녀의 책상 위에 걸려 있던 마틴 루터 킹 사진의 위치는 의미심장했다. 방문객의 입장에서는 포스터를 보지 못하고 지나치기 쉬웠다. 사진이 걸려 있는 곳이 컴퓨터 모니터로 일부 가려져 있었기 때문이다. 그러나 그녀가 앉아 있는 자리에서는 그 사진을 보기 위해 고개조차 돌릴 필요가 없었다. 그저 컴퓨터에서 문서를 읽다가 흘깃 시선을 돌리는 것만으로도 그녀는 자신의 영웅을 볼 수 있었다.

이런 배치는 그녀가 자신의 영웅을 보면서 진보적인 생각과 가치를 스스로 고취시키고, 자아상을 북돋우는 용도로 사용하고 있음을 암시한다. 그 포스터는 다른 사람들에게 보이기 위한 것이라기보다는 그녀 자신을 위한 것이었다.

다른 여러 문화적 상징과 마찬가지로 마틴 루터 킹이 상징하는 바는 상당히 명확하다. 그러나 이와 달리, 다른 사람들에게는 의미가 불분명한 물건이 자기정체성을 나타내는 데 사용될 수도 있다. 개인적인 의미가 있는 한, 무엇이든 상징물로서의 기능은 충분하다. 예컨대 모로코에서 보낸 휴가 중에 바닷가에서 주운 조약돌은 모로코 여행의 추억을 나타낸다. 고등학교 과학박람회 참가자들에게 수여된 만년필이, 화학자가 된 현재의 자신을 만들어 준 계기일 수도 있다.

이런 개인적인 물품들은 그것이 얼마나 중요한지까지는 알 수 없을지 몰라도, 스누퍼들에게 폭넓은 메시지를 제공한다. 다른 물건들과 조합해볼 때 조약돌과 만년필은 물건 주인이 삶의 특정 시기에 관해 간직하고 있는 감정을 반영한 것임을 알 수 있다.

자아상을 측정할 수 있는 간단한 실험이 있다. 20문항 테스트인데, "나는 …이다"라는 스무 줄의 미완성 문장들의 공란을 채우는 것이다. 시험 참가자들은 12분 동안 할 수 있는 만큼 최대한 빈칸을 채워야 한다(여러분이 이 실험에 참가한다면 어떤 종류의 답을 쓸지 잠시 생각해보라). 일반적으로 사람들은 주어진 시간 내에 약 17개 정도의 문장을 완성한다.

20개 문항에 대한 대답은 "나는 소녀다", "운동선수다", "금발이다", "결혼한 사람이다", "시카고에서 왔다" 등 다양하게 나올 수 있다. "나는 종교적이다", "나는 학생이다"처럼 자신을 단순하게 표현하는 사람이 있는가 하면 "나는 기독교인이다", "나는 침례교인이다"라고 구체적으로 밝히는 사람도 있다. "나는 별로 성실하지 못한 기독교인이다"라거나 "나는 의학부 예과 학생이다", "나는 엔지니어링을 공부한다", "나는 우수한 학생이다"라고 대답하기도 한다. 이런 짧은 대답에서조차 이 실험방법을 통해 표현될 수 있는 잠재적인 자기정체성의 범위를 짐작할 수 있다.

개인 공간을 장식한 사진들은 바로 "나는 …이다" 테스트를 시각적으로 표현한 것이다. 왜냐하면 그 사진들은 자신에 대해 남들에게 알리고 싶어 하는 순간들을 포착한 것이기 때문이다. "이게 내 모습이에요"라고 남들에게 보여주고 싶은 순간들 말이다.

"나는 자유분방한 세계여행가입니다(인도 라자스탄 산맥을 오르는 기차 지붕 위에 있는 구저분한 젊은이의 사진)."

"나는 엄마 아빠의 사랑스런 딸이에요(여행에서 돌아와 부모님을 끌어안는 십대 소녀의 사진)."

"나는 우수한 학생입니다(졸업식에서 상장을 받고 있는 젊은 청년의 사진)."

실제로 이 20문항 테스트는 사진 형식으로 응용되어 다시 만들어지기도 했다. 빈칸을 글로 채워서 완성하는 대신, 사람들에게 카메라와 12컷의 필름 롤이 주어진다(이 실험은 디지털카메라가 발명되기 훨씬 이전에 개발되었다). 그리고 다음과 같은 지시사항이 내려진다.

"여러분이 스스로 자신의 모습을 어떻게 묘사하는지 알고 싶습니다. 여러분이 어떤 사람인지를 보여줄 수 있는 사진 12장을 직접 촬영해보세요. 다른 사람이 찍어줘도 괜찮습니다. 여러분이 어떤 사람인가를 표현하고 있는 한, 사진은 어떤 것이든 상관없습니다."

이 실험에서 촬영되는 사진들은 일상에서 사람들이 자신의 집이나 사무실, 자동차를 장식하기 위해, 또는 지갑에 넣고 다니기 위해 고르는 사진들과 매우 유사하다.

문신은 일반적으로 타인을 향해 자기정체성을 주장하는 전형적인 방법으로 받아들여진다. 문신을 새긴다는 행위는 어떤 특정한 가치나 태도 또는 충성심을 보다 확실하게 표현하고자 하는 목적이 있다. 뿐만 아니라 영구적으로 남는 문신의 특성상 문신을 새긴 이가 그만큼 자기가 새긴 가치에 지속적으로 헌신할 것임을 말해준다. 어떤 일시적인 확신이나 주장 때문에 문신을 새기는 사람은 드물다. 예를 들어 "페로 (Ross Perot, 1992년 미국 대통령선거 후보—옮긴이)를 차기 대통령으로!" 와 같은 문구는 티셔츠나 자동차 범퍼 스티커에 어울리는 것이지 이마에 문신으로 새길 만한 것은 아니다.

그렇다고 해서 다른 사람에게 메시지를 드러내기 위해서만 문신을 새기는 것은 아니다. 내 친구 아만다는 대학원 진학을 위해 캘리포니아로 떠나기 전, 자기 팔에 고향인 텍사스 주 모양을 문신했다. 고향에 강한 소속감과 충성심을 갖고 있는 그녀였기에 그런 문신을 새긴 게 그리 놀라운 일은 아니었다. 그런데 문신의 위치가 특이했다. 문신은 그녀의 팔 안쪽에 새겨져 있었던 것이다. 그리고 다른 사람이 볼 때는 위아래가 뒤집힌 모양이었다.

이 문신은 그녀가 자기 팔을 내려다보고 고향 텍사스를 떠올릴 수 있도록 새긴 것이었다. 다시 말해, 자기 자신을 위해 새긴 것이었다. 만약 팔 윗부분이나 어깨 같은 부위에 새겼다면 과연 그녀의 이런 의도를 달성할 수 있었을까? 이 사례는 관찰 대상이 어떤 식으로 자기정체성을 주장하고 있는지 고려할 때, 그 대상이 어디에 위치하고 있는지를 반드시 주목해야 한다는 사실을 알려준다. 분석 대상의 위치는 그 물건이 수행하는 심리적인 기능을 판단할 수 있는 중요한 단서다.

티셔츠, 단추, 목걸이, 코에 거는 피어스 링, 문신, 이메일 서명, 포스터, 깃발, 자동차 범퍼 스티커, 나아가 어떤 방식으로든 상징적인 표현을 드러낼 수 있을 만한 공간이라면 어디에든 자기정체성을 주장하고 표현할 수 있다. 아이팟(iPod)에 관한 책 《완벽한 것(The Perfect Thing)》을 쓴 스티븐 레비(Steven Levy)는 아이팟 구매자들이 자기들이 얼마나 최신 유행에 앞서 있는지를 증명하기 위해 서로 상대의 얼굴에 각자의 디지털 뮤직 플레이어를 들이대는 모습을 일컬어 '전쟁' 이라고 묘사했다.

'게토 블래스터(Ghetto Blasters, 휴대용의 큰 스테레오라디오, 주로 인종 운동으로 거리에서 크게 틀어 놓음—옮긴이)' 나 '붐 박스(Boom Box, 대형 스테레오라디오—옮긴이)' 가 필수 유행 아이템이었던 1980년대에는 자신의 음악적 취향을 다른 사람들에게 널리 알리기가 아주 쉬웠다(사실 다른 사람들이 그런 취향을 눈치 채지 못하고 넘어가기가 어려웠다). 하지만 헤드폰이 그 자리를 대체하고, 거리에 울려 퍼지던 음악이 귓속에서만 들리게 되자 사람들은 이런 형식의 자기표현을 그만두게 되었다.

현대에 와서는 지하철 안에서 팻 보이즈(Fat Boys, 미국 힙합 트리오—옮긴이)의 최신 음악을 쾅쾅대며 틀어서 남들을 방해하는 대신, 아이팟 화면에 표시되는 음악 제목들을 보여주는 것이 최소한 부분적으로라도 현재의 음악적 관심사를 다른 사람들에게 표현할 수 있는 방법이 되고 있다.

게다가 이제 우리는 무선 반경 안에서 누구에게나 자신의 음악적 취향을 전달할 수 있는 뮤직 플레이어를 가지고 있다. 일반적으로 '스쿼팅(Squirting, 뿜어내다는 뜻—옮긴이)'이라고 불리는 이 기능은 원래 호환이 가능한 뮤직 플레이어끼리 음악을 주고받을 수 있도록 고안되었으나, 동시에 다른 이들의 뮤직 라이브러리나 플레이 리스트를 확인하는 데 이용되기도 한다. 수집한 음반 목록을 슬쩍 살펴보는 것만으로도 그 사람의 성격, 정치적 성향, 예술적 취향이나 술에 대한 선호도까지 재빠르게 파악할 수 있다.

실제로 자기정체성 주장이 외부를 향한 것인지 내면을 향한 것인지 단정하기는 어렵다. 마틴 루터 킹 목사의 포스터를 붙여놓는 것은 스스로에 대한 자아상을 북돋기 위한 것인 동시에 다른 사람들에게 자신이 추구하는 가치관을 알리기 위한 것일 수도 있다. 그러나 이 2가지 동기를 따로 구분해서 생각해볼 필요도 있다. 왜냐하면 이 2가지 자아정체성 주장이 전혀 다른 동기를 반영하고 있기 때문이다. 이런 차이를 이해하는 것은 대중적인 영역과 개인적인 영역의 차이를 이해하는 데 도움이 된다.

집안에서 복도 · 주방 · 거실 · 손님용 욕실처럼 다른 이들이 확실하게 볼 수 있는 공간과, 침실 · 서재 · 개인용 욕실처럼 상대적으로 사생활 보장이 필요한 공간을 구분 짓는 요소는 무엇일까? 아마도 외부에 개방된 공간에는 십자가나 메노라(Menorah, 유대교의 제식용 촛대—옮긴이) 같은 종교적인 초상을 두지만, 가족을 상기시키는 장식은 개인적인 공간에 둘 것이다. 아니면 집주인이 가족의 사생활을 다른 사람에게 보이는 것을 별로 개의치 않고 종교적 체험이나 영적 정체성이 보다 개인적인 일이라고 느낀다면, 이와 반대로 종교적인 상징을 보이지 않는 곳에 숨기고 가족사진을 모두가 볼 수 있는 장소에 둘 수도 있다.

스누퍼에게는 이런 차이를 간파하는 능력이야말로 그 가치를 헤아릴 수 없을 만큼 중요한 게 된다. 왜냐하면 이런 차이들은 사람들이 스스로를 상황에 따라 다르게 구분하고 있을지도 모른다는 가능성을 보여주기 때문이다. 몇 년 전에 과학자인 친구 제네비브가 줄기세포 컨퍼런스에 참가하기 위해 시카고에 왔을 때 만난 적이 있었다. 그녀는 바에서 동료 신경생물학자들과 환담을 나누고 있었다.

나는 이 분야에 대해 아는 바가 별로 없었고 컨퍼런스에 참석한 다른 사람들도 잘 알지 못했다. 그래서 신중한 태도로 내 전문분야의 학자들과 대화를 나누던 평소와 달리, 이번에는 호기롭게 대화 주제를 선택했다. 나는 충동적으로 도덕과 종교에 관한 이야기를 시작했고 얼마 지나지 않아 제네비브의 동료 한 사람이 갑자기 조용해진 것을 눈치 챘다. 나중에 알게 된 사실이지만 그는 다른 생물학자들에 비해 신앙심이 깊은 사람이었는데, 그동안 자신의 신앙을 남들에게 숨기고 있었다고 한다. 그러다가 이날 빠르게 오고간 대화 속에서 예기치 않게 자신의 신앙을 내비치고 말았던 것이다.

나는 사람들이 사는 장소가 그 사람의 심리상태를 어떻게 반영하는지 늘 편집증적인 관심을 갖고 있다. 그래서 그 사람의 은밀한 자아분열이 그가 사는 공간 속에 어떻게 반영되었을지 상상하지 않을 수 없었다. 나는 그의 연구실이나 실험실에는 이 금단의 신앙을 상징할 만한 물건이 전혀 없을 거라고 확신했다. 그리고 이런 뜻밖의 사실을 들키게 되어 그가 얼마나 심적으로 동요했는지 떠올려본 뒤 그의 집안에서조차 개방된 공간에는 종교적인 상징물들이 거의 없을 거라고 짐작했다. 아마 침실이나 서재처럼, 그가 정말 안심할 수 있는 사적인 공간에서나 볼 수 있지 않을까?

그러므로 스누퍼로서 우리는 사람들이 자기 자신과 외부에 보내는 신호들 사이의 모순점을 주의 깊게 경계해야 한다. 그러나 동시에 그런 모순의 완전한 부재(의도된 페르소나가 자아상과 완전히 일치할 경우) 또한 재빨리 눈치 챌 수 있어야 한다.

가끔은 외부에 개방적인 공간으로 보이는 장소가 동시에 개인적인 공간을 포함하고 있을 수 있다. 방문객을 마주하는 책상의 정면을 오케스트라 무대라고 한다면, 책상 뒤쪽은 보이지 않는 무대 뒤와 같다. 책상을 경계로 해서 심리적으로 공간이 분리되어 있는 것이다.

이런 개방적·개인적 공간의 구분은 한 공간 안에서의 다른 자기정체성 주장을 살펴보는 데 지침으로 삼을 수 있다. 책상을 사이에 두고 방문객과 사무실 주인이 마주보게 되는 구조의 사무실에 들어간다면, 책상 위의 물건들이 어느 쪽을 향하고 있는지 확인해보라. 배우자와 자녀들의 사진이 사무실 주인을 향하고 있는가(이 멋진 가족의 일원이라는 사실이 너무나 자랑스러워), 아니면 방문객이 볼 수 있도록 책상 앞쪽을 향하고 있는가(내 아름다운 아내와 감탄스러운 아이들을 좀 보세요).

이런 모순을 살펴볼 수 있는 다른 장소로는 앞마당과 뒷마당을 들 수 있다. 뒷마당은 주로 한가롭게 시간을 보내고 긴장을 풀며 편히 쉬는 용도로 쓰인다. 반면 앞마당은 대부분의 사람들이 외부에 뭔가를 보여주려고 하는 장소다. 만약 깃발을 달고 싶다면 뒷마당이 아니라 집 앞에 다는 것이 합리적이다. 앞마당의 공간은 지나가는 사람들에게 훤히 개방된 곳이자 집주인의 성격에 대한 단서를 제공하는 곳이기 때문이다.

유타대학교의 캐럴 워너와 그의 동료들은 아주 흥미로운 연구를 수행했다. 집 앞을 꾸미는 방식을 보고 집주인의 사회성이 어떤지를 알아보는 조사였다. 첫째로 그녀는 크리스마스 시즌을 맞이한 솔트레이크 시에 있는 집들의 사진을 모았다. 연구 대상이 된 모든 집들은 크리스마스를 기념하는 사람들이 살고 있는 집이었다(크리스마스 대신 하누카를 기념하는 유대교처럼, 종교적인 이유로 크리스마스를 즐기지 않는 사람들은 연구 대상에서 제외했다는 뜻—옮긴이). 그 다음에 연구원들은 각 집의 안주인들을 인터뷰해서 사회성 정도를 측정했다.

그런 뒤 그 16가구의 사진을 52명의 평가자들에게 보여주었다. 평가자들은 사진만 보고 집주인의 사회성을 평가해 점수를 매겨야 했다. 크리스마스 장식이 된 여덟 가구 중 네 가구는 집주인들의 사회성이 뛰어났고, 나머지 네 가구의 집주인들은 별로 사교성이 없는 사람들이었다. 그리고 크리스마스 장식을 하지 않은 나머지 8가구도 똑같이 반은 사교적이고 반은 사교적이지 않은 집주인들로 구성되어 있었다.

대부분의 사람들이 예상할 수 있듯이 평가자들은 크리스마스 장식으로 치장된 집이 장식이 없는 집보다 더 사교적인 사람들일 것이라고 생각했다. 하지만 이 연구는 집주인들이 내부 지향적인 자아상과는 다른 외부 지향적 자아상을 타인들에게 전시할 수도 있다는 사실을 보여주었다. 크리스마스 장식으로 치장된 집 가운데 사교성이 없는 사람들이 가장 강력한 사교적 메시지를 보내고 있었던 것이다. 캐럴 워너는 이들이 크리스마스 장식을 포함해 자기 집의 모습이 이웃에게 친근한 이미지를 전달해 서로 친분을 쌓는 데 도움이 되기를 바라고 있었다는 사실을 알아냈다.

그러나 평가자들은 크리스마스 장식이 없는 가구 중에서도 사교적인 가족이 사는 집은 구별해낼 수 있었다. 평가자들은 사교적인 집주인이 사는 집이 좀더 '개방적'이고 '사람 사는 온기'를 느낄 수 있다고 묘사했다. 반면에 사교성이 부족한 집주인들이 사는 집은 상대적으로 폐쇄적이고 황폐한 것처럼 느껴진다고 했다(평가자들은 집의 유지 상태나 산뜻함, 매력도 등에서는 사교성이 높은 집과 그렇지 못한 집과의 차이를 느끼지 못했다).

그러므로 관찰자들은 크리스마스 장식 같은 '의도적인' 자기표현뿐 아니라 사람의 온기가 느껴지는 모습 따위의 '의도하지 않은' 채 표현된 성격도 읽어낼 수 있었던 것이다.

감정을 읽을 수 있는 물건들

사람이 적당히 흥분했을 때 최상의 성과를 낼 수 있다는 것은 오래전부터 심리학자들에게 널리 알려진 사실이다. 어떤 일을 잘해내기 위해서는 적당한 긴장과 집중력이 필요하다. 하지만 지나치게 흥분해서 맡은 일에 집중할 수 없을 정도가 되어서는 안 된다. 더군다나 적정한 수준의 흥분상태를 조성하는 조건은 사람들마다 굉장히 많은 차이가 있다. 어떤 사람들은 도서관이나 간소하게 꾸민 조용한 방처럼 시각적·청각적인 자극이 없는 장소에서 가장 효율적으로 일할 수 있다. 반면 주위에 뭔가 지속적인 자극이 있는 편을 선호하는 사람들도 있다. 내 경우 음악이 흐르고 사람들이 계속 오가며 사방에서 수다를 떠는 시끌벅적한 카페에서 일하는 것을 즐긴다. 그러나 내 동료는 이런 시끄러운 장소에서는 신문조차 읽지 못 한다.

우리가 주위에 물건을 늘어놓거나 주변 환경을 꾸미는 것의 대부분은 정체성에 대한 메시지를 표현하려는 목적이라기보다, 엄밀히 말해 우리 자신의 감정과 생각을 조절하기 위한 것이다. 이를 '감정 조절 장치(Feeling Regulators)'라고 말한다. 가족사진, 기념품, CD 컬렉션 같은 것들은 지난 행복한 시간을 추억할 수 있게 해주고, 중요한 과제에 집중하거나 번잡한 다운타운에서 신나는 밤을 즐기기 위해 기분을 띄워줄 수도 있다.

우리 연구팀이 분석한 방 중에 특별히 던컨의 방은 엄청난 양의 CD 컬렉션, 책, 비디오 등으로 가득 채워져 있어, 자기만의 세계에 빠져들 수 있도록 꾸며진 것처럼 보였다. 이를 통해 본인 스스로를 만족시키고 위로하는 환경을 만들어내고 있는 듯했다. 방은 (최소한 학생 신분으로서는) 꽤나 호화롭게 꾸며진 은신처로서 그의 소중한 수집품들을 즐길 수 있게 디자인되어 있었다.

킹사이즈 침대가 대부분의 공간을 차지했으며, 침대는 폭신폭신하게 속이 채워진 두꺼운 이불로 덮여 있었고, 한쪽에는 불룩한 베개가 불쑥 솟아 있었다. 침대를 바라보는 벽에는 가히 예술적이라고 할 만한 멀티미디어 엔터테인먼트 시스템이 갖추어져 있었는데, 대형 화면의 고화질 TV와 스테레오 시스템으로 구성되어 있었다. 서라운드 스피커가 방을 둘러싸고 있었으며, 벽면에는 수백 편의 비디오테이프와 CD, 책으로 가득 채워져 있었다.

하지만 다소 삭막하고 차가운 느낌을 주는 하이테크 환경과는 다르게 이 방은 매우 포근하고 마음을 끄는 공간이었다. 나무 책장들과 도발적인 침대 장식은 방이 제공하는 감각적인 경험을 마음껏 즐기며 꽤 오랜 시간을 보내고 싶어지게 하는 장소로 만들어주었다.

이 방에서는 원하는 모든 게 다 충족될 수 있을 것 같았다. 영화를 보려고 한다면 주인공 이름을 기억해내려고 머리를 싸맬 필요가 없었다. 영화와 음악에 관한 참고도서들이 손만 뻗으면 닿을 곳에 있었기 때문이다. 우리가 던컨의 방을 조사한 것은 구글이나 IMDB(Internet Movie Database)의 도입으로 이런 자료들이 거의 쓸모없게 되기 훨씬 전이었다.

하이든 심포니의 고음역 부분을 조금 높여야 한다고? 문제없다. 리모컨이 바로 손닿는 곳에 있다. 우리 연구팀조차 다음 방으로 얼른 옮겨가지 못하고, 던컨의 성역에 빠져 들었다. 던컨은 완벽한 개인공간을 꾸몄고, 그 방을 통해 자신이 어떤 사람인지에 관한 단서를 드러내고 있었다. 검소한 생활방식에 자부심을 갖고, 지나친 사치에 대해 청교도적인 과민반응과 비판적 태도를 보이는 대부분의 학생들과는 달리, 던컨은 자기 자신을 한껏 만족시키는 데 기쁨을 느꼈고 이를 통해 일상이나 일에 대한 걱정에서 완전히 해방될 수 있었다.

감정 조절 장치를 찾아볼 수 있는 또 다른 중요한 장소는 침실에 딸린 욕실이다. (손님용 욕실과 대조적으로) 침실에 딸린 욕실은 사생활을 보장하고 오로지 주인의 필요만을 고려한 공간이다. 이 사실 때문에 개인 욕실은 심리적 도피처가 될 수 있다. 연구 프로젝트의 일환으로 내 조교와 나는 한 여성이 사용하는 이런 종류의 성역을 방문한 적이 있었다. 그곳에는 거대하고 깊숙한 욕조가 양초와 입욕용 소금병으로 둘러싸여 있었고, 무척 호사스러운 욕실 매트가 바닥에 깔려 있었다. 손만 뻗으면 닿을 수 있는 곳에 잡지들이 배치되어 있었는데, 세상 걱정을 잊고 외부를 차단해버리고 싶어 하는 사람에게 제격일 듯했다.

욕실 주인은 스스로를 충족시키기 위한 공간을 준비함으로써 그녀가 추구하는, 다시 말해 그녀가 도달하고자 하는 심리적인 상황에 대한 단서를 제공하고 있었다. 우리는 그녀가 평온함을 추구한다는 것을 알 수 있었고, 바깥세상의 여러 귀찮은 일들이 멀게만 느껴지는 개인적인 은신처로 숨어들어가 그런 고요한 상태로 피난한다는 것을 알 수 있었다(어떤 이들은 산 정상이나 투스카니[이탈리아 중부에 있는 도시]의 한적한 노천카페에서 배우자와 앉아 이런 평화로운 순간을 느낄 것이다).

사람들은 감정이나 생각을 조절하고 유지하기 위해 음악을 이용하기도 한다. 어떤 음악을 선택하느냐 하는 것은 그 사람의 성격에 대해 매우 유용한 단서를 제공한다. 스무드 재즈(Smooth Jazz) 곡으로 구성된 CD 컬렉션을 본다면, 나는 아마 그 컬렉션 주인의 성격이 차분하리라 짐작할 것이다. 스탄 게츠(Stan Getz, 미국의 재즈 색소폰 연주자—옮긴이),

듀크 엘링턴(Duke Ellington, 재즈 피아노 연주자—옮긴이), 빌리 홀리데이(Billie Holiday, 흑인 재즈 가수—옮긴이)의 풍성한 CD 컬렉션을 자랑하는 사람들 대부분은 재즈를 좋아하지 않는 사람보다 느긋한 성격을 지니고 있다. 음악은 우리의 감정을 다스리는 데 매우 폭넓고 유연하게 사용된다. 실제로 음악의 효과는 강력해서 때때로 연구 대상의 감정을 조절하는 심리학 실험에 사용되기도 한다.

한두 가지 예외인 경우(예컨대 재즈 음악 같은)가 있었지만, 놀랍게도 일반 가정의 생활공간 안에서는 사람들이 얼마나 불안감을 안고 있는지를 알려줄 수 있는 단서가 유난히 드물었다. 그런데 한 가지 흥미로운 단서가 두드러지게 눈에 띄었다. 영감을 불러일으키는 포스터였다. 신경과민에 시달려 심리적으로 불안한 사람들은 쉽게 걱정에 빠져들고 우울해지는 성향을 조절하기 위해 자아확신을 주고 고무적인 메시지를 강조하는 포스터를 많이 걸어두는 듯 보였다. 이런 포스터들은 시각적인 형태의 자기치유다.

최근에 나는 이런 상징들이 얼마나 다양하게 감정 조절 장치로 쓰이는지 다시 한번 깨달았다. 연구결과를 발표하기 위해 한 대학을 방문한 나는 잠시 몇몇 학과 교직원들과 1 대 1 면담을 갖게 되었다. 그 중 한 사람이 신랄한 태도를 보였다. 그 남자를 래리(Larry)라고 하자. 잠시 대화를 나눈 것만으로도 나는 '이 세상이 얼마나 살기 힘든 곳인지 모른다'는 그의 속내를 읽을 수 있었다. '누구도 남의 뒤를 봐주거나 도와줄 사람이 없기 때문에 자기는 자기가 보호해야 하며, 그렇기 때문에 학생들에게 엄격하게 대하는 것이 그들을 위하는 길이다. 지금이 아니라도 곧

언젠가 세상이 얼마나 험한 곳인지를 그들도 알아야 하기 때문이다.'
이것이 그의 생각인 듯했다. 어느 순간 그는 이렇게 말했다.

"아무리 열심히 일한다고 해도 거기에 보답해주는 사람은 아무도 없어요."

그가 분노에 차 언성을 높이는 동안, 평범한 학과 사무실로 보이는 그 방에서 나는 몇 가지 심리학적인 단서들을 발견했다. 래리의 사무실 벽에는 여러 학위와 상장들을 담은 액자들이 걸려 있었다. 보다 흥미로웠던 것은 방을 둘러싸고 있는 책장에 놓인 장난스러운 상장들이었다. '세계 최고의 아빠에게', '당신은 금메달감이에요' 따위의 리본이 달린 플라스틱 트로피와 작은 봉제인형이었다.

이런 물건들은 그저 재미로 넘어갈 수도 있는 것들이었다. 그러나 내가 방문한 모든 교직원 중에 왜 하필 래리가 이런 종류의 농담을 즐기는 걸까? 장난감 상장들과 진짜 상장들의 조합은 래리가 근본적으로 자신이 얼마나 인정받지 못한다고 느끼는지를 말해주고 있었다. 그의 동료 중 한 사람이 임금이 오르거나 상을 받는 식으로 공로를 인정받을 때 래리가 얼마나 기분이 상해할 것인지를 나는 짐작할 수 있었다.

대부분의 사람들은 누구나 주위 사람들에게 인정받기를 바란다. 래리 역시 마음 깊은 곳에 이 삭막하고 힘든 세상으로부터 인정받고 싶다는 욕구를 갖고 있었다. 짐작컨대 아마도 래리의 학과장이나 동료들은 종종 래리가 기여한 일에 대한 장문의 보고를 받을 것이다. 래리의 가족들이 누구인지 모르지만, 그에게 이런 장난스러운 상장을 선물한 사람들도 벌써 이러한 그의 성향을 충분히 이해하고 있지 않을까?

래리의 상장 같은 경우 항상 그의 사무실에 놓여 있을 테지만, 때때로 사람들은 필요할 때만 골라서 감정 조절 장치들을 사용하기도 한다. 내 동료인 빌 스완은 유명한 사회심리학자인 고(故) 네드 존스(Ned Jones)의 사진을 연구실에 두었다. 지금은 세상을 떠났지만 빌은 네드를 매우 존경하고 좋아했다.

그런데 그 사진이 놓인 위치가 좀 독특했다(빌의 책상 위에 있는 작은 벽장의 문 안쪽에 테이프로 붙여져 있었다). 네드의 사진은 그들의 우정에 관한 행복한 추억을 상기시키는 동시에 빌이 일을 하는 데 영감을 주었다. 그러나 만약 이 사진을 늘 볼 수 있는 곳, 그의 게시판에 꽂아둔다든가 창가에 둔다든가 아니면 벽장문 바깥에 붙여둔다면 빌은 감정이 지나치게 격앙되어 힘들어질 것 같았다.

빌은 네드의 사진이 불러일으키는 따뜻한 감정과 기억에 잠기고 싶었지만 그런 감정에 지나치게 휩쓸리거나 계속해서 마음이 심란해지기를 원하지는 않았다. 그래서 네드에 대한 감정의 수위를 조절할 수 있는 방법을 고안해낸 것이다.

그는 언제든지 네드가 떠오를 때면 그저 벽장문을 열어 사진을 보면 된다. 그의 이런 시스템을 보며 우리는 빌 자신에 대해, 또한 그가 친구에게 품고 있는 존경의 감정은 물론, 그가 자신의 감정을 조절하는 방법에 대해서도 알 수 있었다.

흔적이 드러내는 성격 패턴

기드온의 아파트 문을 열자마자 방문객들은 물건들이 폭포를 이루고 있다고밖에 설명할 수 없는 광경에 맞닥뜨리게 된다. 책상, 테이블, 선반, 의자, 침대 그리고 마룻바닥에는 물건 위에 또 다른 물건이 켜켜이 쌓여 있었다. 종이와 옷가지와 각종 문서 파일들이 산더미를 이루었고 양말과 수건, 많은 책들과 CD들이 여기저기 흩어져 있었다. 집안의 평평한 표면이란 표면은 죄다 넘어진 물건더미로 뒤덮여 있었다.

한쪽 벽에는 금속 선반이 있었고, 그 위에는 작은 선반들이 여러 개 쌓여 있었다. 오래전 한때는, 아마도 이 금속 선반이 기드온의 손에 들어오기 전에는 꽤 괜찮은 선반이었던 것 같았다. 그러나 지금의 상태를 봤을 때는 도무지 무엇을 담아두고자 한 것인지 식별하기도 어려웠다.

맨 아래층은 벗어놓은 옷가지 몇 개와 각종 영수증, 녹색 실패 하나, 뭔가 메모가 끼적여진 종잇조각 그리고 레스토랑에서 계산서와 함께 주는 박하사탕으로 이루어져 있었다. 위층은 거꾸로 뒤집힌 작고 하얀 종이상자, 문서 수정액 한 병, 각종 비타민과 알약들이 들어 있는 작은 플라스틱 지퍼백과 반쯤 구겨진 갈색 종이봉투가 있었다. 세 번째 층에는 하얀 신발끈, 열려져 있는 볼펜 상자, 은행 혹은 공공기관에서 가져온 듯한 봉투 꾸러미가 놓여 있었다. 네 번째 층은 주로 낱장으로 뜯겨진 노트였다. 꼭대기 층은 위태로워 보였다. 핑크색 영수증이 물건더미 한구석으로 미끄러져 떨어져 있었고, 운동용 양말 한 짝이 한쪽에 쓸쓸하게 걸쳐져 있었다. 물건더미 맨 위에는 빈 티슈상자가 위태롭게 뉘어져 있었다.

나는 일상의 행동을 통해 우리가 생활하는 공간에 남게 되는 물리적인 흔적들을 지칭할 때 '행동양식의 잔여물(behavioral residue)'이라는 용어를 사용한다. 가끔 이런 흔적들을 남기게 되는 것은 아무 행동도 하지 않은 것 때문이지만 말이다. 예컨대 책상 위에 놓인, 커피 찌꺼기가 바닥에 말라붙은 빈 커피잔은 씻기 귀찮아한 흔적이 된다. 물론 모든 행동이 물리적인 흔적을 남기는 것은 아니다. 미소는 흔적을 남기지 않는다. 걷거나 대화를 하는 것도 마찬가지다. 그러나 그 흔적을 남기게 되는 행동들의 잔여물은 그 사람의 특성과 가치, 목표 등에 대해 많은 것을 알려준다.

기드온이 지나간 자리에 남겨진 잔여물, 즉 물건들과 그것들이 정돈된 형태(또는 어질러진 형태)는 그의 행동들이 아무렇게나 순간순간 행해지고 있음을 보여주고 있었다. 공정하게 말하자면 물건 더미들의 구성이 완전히 제멋대로인 것은 아닌 듯했다. 여기저기 굴러다니는 양말은 예외로 하고, 다소 차이는 있지만 물건들은 방의 특정 구역에 나누어져 무리 지어진 듯 보였다. 예를 들어 책이 있는 구역은 90퍼센트 이상이 책으로 구성되어 있었다. 나머지는 노트나 소프트웨어 CD, 인덱스카드, 킨코스(Kinko's, 페덱스에서 운영하는 오피스 서비스 기업—옮긴이)에서 나눠주는 봉투들로 구성되어 있었다. 재활용 바구니 안에는 거의 대부분 종이가 담겨 있었다. 비닐봉투가 맨 위에 놓여 있고 아직 열지 않은 코코아팝스(Cocoa pops, 코코아 맛 시리얼—옮긴이) 상자가 몇 장의 종이 밑에 깔려 있긴 했지만 말이다.

모든 조사 대상자들과 마찬가지로 우리는 기드온에게도 성격 테스트를 받게 하고 기드온을 알고 있는 주위 사람들로부터 평가 보고서를 받았다. 성격 테스트와 친구들의 평가는 그의 흔적들이 시사하고 있던 바를 확인해주었다. 기드온은 계획성이 있는 편이 아니며 정리정돈이나 관리에는 영 젬병이라는 사실 말이다.

행동양식의 잔여물을 분석하는 것이 전통적으로 알려진 비개입적 측정법(unobtrusive measure, 실증적 연구에서 피험자들이 자료가 수집되고 있다는 것을 인식하지 못하도록 하는 자료수집 방법. 혹은 사람들이 상호작용하는 과정에서 남겨놓은 물리적 흔적이나 기록 등을 자료로 삼는 측정을 지칭하기도 함—옮긴이)과 명확히 맞아 떨어지는 것은 아니다. 이 연구방법의 핵심은 자신들이 관찰당하고 있다는 사실을 모른 채 사람들이 무엇을 생각하고 어떻게 느끼는지, 또한 무의식적으로 어떤 행동을 하는지를 조사하는 것이다.

나는 이런 비개입적 측정법을 매우 즐겨 사용한다. 여기에는 적당한 창의성과 정도를 살짝 벗어난 것과 아마추어적인 정탐이 매력적인 조화를 이루고 있다. 그렇기에 스누핑의 완벽한 사례이기도 하다. 나는 성격분석 강의에서 학생들에게 자신의 존재를 들키지 않고 성격을 측정할 수 있는 방법을 생각해보라고 장려한다. 그룹으로 나누어 이런 과제를 내줄 때마다 항상 학생들의 독창성에 감탄한다.

몇 년 전에 나르시시즘을 측정하려고 한 그룹이 있었다. 나르시시즘이란 그리스 신화에 등장하는, 연못에 비친 자기 모습에 반해 눈을 뗄 수 없어 굶어 죽은 미소년 나르키소스에서 유래한 성격적 특성을 말한다. 성격심리학자들은 과도한 자기중심적 성향, 지속적으로 남의 주목을 끌고 칭찬받고 싶은 욕구, 끝없는 성공·권력·미모에 대한 편집증적 망상을 가리키는 용어로 나르시시즘을 사용한다.

이 학생들은 나르키소스의 신화를 그대로 반영하는 연구조사를 기획했다. 캠퍼스 건물 중 일부는 강렬한 텍사스의 태양광을 막아내기 위해 거울로 된 반사 유리창을 사용하고 있었다. 한 그룹의 학생들은 이런 건물들 중 하나에 자리를 잡고 지나가는 사람들을 몰래 관찰했다. 사람들이 거울에 비친 자기 모습을 쳐다볼 때마다 점수표에 그것을 기록했다. 자신의 모습을 자세히 보려고 걸음을 늦춘 사람들이나 아예 멈춰 서서 거울을 들여다본 사람들에 대해서는 따로 메모를 했다. 그리고 다른 그룹의 학생들은 자신이 관찰당한 것을 알지 못하는 이 행인들을 기다렸다가 자아도취 정도를 측정하는 필기시험을 치르게 했다.

이 연구는 비록 학회발표를 위한 연구처럼 아주 엄격하고 정밀하게 행해진 것은 아니었지만, 그 결과는 매우 적절한 패턴을 보였다. 예상대로 자아도취 측정시험에서 높은 점수가 나온 사람일수록 걸어가면서 거울에 비친 자기 모습을 더 자주 확인했다. 이 조사는 비개입적 측정의 장점 한 가지를 멋지게 보여준다. 그것은 직접적으로 측정하기 어려울 수 있는 특성들을 조사할 수 있다는 가능성이다. 사람들은 자아도취 성향처럼 부정적으로 비쳐지는 성격적 특성에 대해 정직하게 대답하기를 언제나 주저한다.

이 조사는 사람들이 자신이 관찰되고 있음을 알지 못하는 상태에서 관찰할 수 있었고 그렇기 때문에 조사 대상의 행동에 영향을 끼치지 않았다(마지막에 학생들이 자신들이 고안한 이 교묘한 '창에 비친 자기 모습을 확인하는 빈도 측정 실험'의 타당성을 확인하기 위해 전형적인 자아도취 테스트를 하기 전까지는).

또한 사람들에게 질문에 대한 대답을 하도록 유도하는 방법으로도 비개입적인 측정이 가능하다. 실제로는 행동을 관찰하고 측정하지만 사람들은 그 사실을 알지 못하는 상태인 것이다. 몇몇 그룹의 학생들은 이런 방법을 사용했다. 거리무대 전략이라는 방법은 목표 대상 앞에서 이벤트를 벌인 뒤 그의 반응을 몰래 관찰하는 것이다. 학생들은 '실수인 것처럼' 책을 떨어뜨리거나, 두 팔에 책을 잔뜩 든 채로 닫힌 문 앞에 서 있거나, 심지어는 카페 테이블에 놓인 가방을 훔치기까지 했다. 그들은 관찰 대상인 지나가는 사람이 책을 주워줄지, 문을 열어줄지, 도둑을 잡기 위해 도와줄지 아닐지를 조사하고자 했다. 이런 연구들 역시 완전무결한 것은 아니었으나 학생들은 위의 상황 중의 한 경우에 남에게 도움을 베푼 사람들은 다른 경우에도 남을 도울 확률이 높다는 사실을 발견했다.

전형적인 비개입적 측정법의 다른 사례들 중에는 박물관의 사례가 있다. 박물관은 전시품 중에 어떤 것이 가장 인기가 높은지를 측정하기 위해 각 전시품 앞의 타일을 얼마나 자주 교체해야 하는지 조사하거나, 전시품 앞의 유리벽에 찍힌 코 자국의 숫자를 세서 얼마나 많은 사람들이 전시품을 관람했는지를 확인한다(코 자국이 찍힌 높이를 측정하면 방문객의 나이 분포까지도 조사할 수 있다).

행동양식의 잔여물 조사는 비개입적 측정법의 한 종류다. 그러나 내 연구는 이것을 일반적인 행동 패턴을 조사하기 위해 적용(박물관을 방문하는 사람들은 남북전쟁의 서신보다 이집트 미라를 더 선호하는가?)하기보다는, 한 개인의 반복적인 행동양식을 조사(찰리는 빨래를 갠 적이 있을까?)하는 데 중점을 두고 있다. 스누퍼들은 주위 환경에 영향을 끼치는 개인의 특정 행동을 식별할 수 있는 명백한 단서를 찾는다. 이것은 사람들이 많은 시간을 보내는 장소, 따라서 자신들의 흔적을 남길 기회가 많은 장소에서 가장 쉽게 찾을 수 있으며 조사하는 입장에서는 흔적을 남긴 대상이 누구인지를 좀 더 논리적으로 판단할 수 있다. 이런 이유들이 바로 우리가 침실이나 사무실 같은 개인적인 공간들을 조사하고, 선호하는 음악이나 패션 스타일 같은 표현방식을 살펴보게 이끌어준 전제였다.

우리의 연구에서 행동양식의 잔여물들은 왜 중요할까? 이를 이해하려면, 성격을 매우 효과적으로 표현한 설명 중 하나가 '오랜 시간 동안 시종 일관되게 관찰되는 개인의 독특한 생각이나 감정, 행동의 패턴'이라는 것을 생각해볼 필요가 있다.

단 한 번 자기 책들을 알파벳 순서로 정리했다고 해서 그것이 계획적이고 치밀한 사람임을 뜻하지는 않는다. 또한 메뉴에 적힌 새로운 요리를 시험 삼아 먹어본다고 해서 주변 사람들이 그를 편견 없는 사람이라고 생각하는 것도 아니다. 어떤 행동이 성격의 일부로 자리 잡으려면 반복적인 행동으로 나타나야 한다. 정말 치밀하고 정리정돈을 좋아하는 사람이라면 책장을 체계적으로 정리하고 매번 책을 뺀 곳에 도로 꽂아두어야 한다. 나아가 CD도 제대로 정리하고, 이메일 사서함은 폴더를 만들어 관리하며, 와인 따개는 서랍을 따로 정해서 보관한다.

편견이 없는 사람이라면 매일 똑같은 전형적인 식단을 고수하다가 어쩌다 예외적인 일탈로 새로운 요리를 먹어보는 것이 아니라 평소에 자주 새로운 요리에 도전할 것이다. 또한 전형적인 휴가보다는 관습에 얽매이지 않는 자유로운 휴가를 더 선호하며, 호두까기 인형의 공연을 몇 번이고 다시 보러가기보다는 잘 알려지지 않은 댄스 공연을 보러가는 모험을 기꺼이 감수할 것이다. 반복되는 행동들은 때때로 행해지는 일탈적인 행동들보다 더 많은 흔적을 남긴다.

침실이나 사무실은 이런 반복되는 행동의 흔적들을 자주 찾아낼 수 있는 보고다. 그러므로 그 방주인들이 어떤 사람인지에 대해 알아보는 데 더할 나위 없이 좋은 장소라고 생각된다. 침실에 축적된 흔적들은 인터뷰를 통해 관찰자가 기록할 수 있는 것보다 훨씬 많은 행동양식을 추출해낸다. 한 번 인터뷰를 한 게 아니라 여러 차례에 걸쳐 면담 기회를 가졌을지라도, 인터뷰보다는 침실을 관찰하는 편이 훨씬 더 많은 정보를 얻을 수 있어 효과적이다. 성격의 흔적들은 전혀 아닐 것 같은(그리고 불쾌한) 장소에서 발견될 수도 있다.

심각한 범죄가 발생했을 때 경찰들이 범죄 현장 근처의 커다란 쓰레기봉투들을 수거하는 것은 일반적인 일이다. 쓰레기는 행동양식의 잔여물을 찾을 때 가장 풍부한 원천이 된다. 물론 FBI는 성격과 관계있는 단서보다는 범죄자의 행동양식을 찾는 데 더 관심이 있겠지만 근본 원리는 동일하다. 특정 유명 인사들에게는 매우 분통터지는 일이겠지만, 폐품수집가들은 우리가 버린 쓰레기에서 얼마나 많은 정보를 수확할 수 있는지 확실히 보여준다. 1973년 폐품수집가인 워드 해리슨은 셰어

(Cher, 미국 유명 여가수—옮긴이)의 쓰레기통을 샅샅이 뒤진 후 "그녀의 생활 전부를 내 손에 쥐고 있는 듯했다"고 말했다. 그리고 심지어 이런 말도 했다.

"쓰레기는 영혼을 들여다볼 수 있는 창이다."

해리슨이 셰어의 쓰레기를 뒤지던 그 해에, 그것보다는 다소 덜 선정적인 프로젝트가 애리조나대학교에서 진행되었다. 윌리엄 랏제와 그의 인류학 응용연구학과 동료들은 여러 해 동안 쓰레기가 알려주는 이야기들을 발굴해오고 있었다. 학계 최고의 과제라고 할 순 없겠지만 매우 흥미로운 연구인 것은 분명했다. 이 쓰레기 프로젝트는 고고학자들이 유적을 통해 고대인의 문화를 알아내는 것처럼 우리도 현대의 쓰레기들을 연구함으로써 우리 사회에 대해 뭔가를 알아낼 수 있다는 랏제의 이론에 근거해 시작되었다.

내가 여러 방과 사무실을 기웃거리면서 스누핑을 시작하기 20년도 더 전에 쓰레기계의 인디애나 존스라고 불렸던 랏제는 보호복과 장갑, 마스크로 무장한 연구원들을 풀어 도심 쓰레기장에서 단서를 발굴하기 시작했다. 쓰레기분석은 사람들이 무엇을 구입하고 소비하며 버리는지를 확인·측량할 수 있는 매우 진지하고 과학적인 방법론이다. 쓰레기 프로젝트는 특정 개인에 대해 알아보기보다는 일반적인 소비와 처리의 경향을 기록하고 있다. 예를 들어 연구원들은 특정 구역에 얼마나 많은 TV-디너(오븐에 데우기만 해서 TV를 보면서 먹을 수 있게 포장된 저녁용 도시락—옮긴이) 상자가 버려졌는지를 조사해서 사회적 상호작용의 패턴을 추적했다. 쓰레기 프로젝트의 이론들과 방법들은 특정 개인을 연구하는 데도 적용할 수 있다. 그러나 안타깝게도 침실과 사무실 조사연구에서 우리는 아무것도 만져서는 안 됐다. 그리고 싶은 생각은 간절했지만 쓰레기통을 뒤집어 내용물들을 샅샅이 조사하는 것은 규칙 위반이었다. 물론 쓰레기통을 슬쩍 들여다보는 것은 관찰자의 자유였지만.

만약 여러분에게 어떤 사람의 쓰레기를 뒤져볼 (합법적인) 기회가 주어진다면 거절하지 말라고 강력하게 권하고 싶다. 쓰레기통이 그 주인의 영혼을 들여다볼 수 있는 창은 아닐지 몰라도 여러분이 생각하는 것보다 훨씬 많은 것을 그 안에서 발견할 수 있을 것이다. 예컨대 무엇을 어떻게 생각하는지 적어놓은 개인적인 글을 발견할지도 모른다. 친구에게 쓰다 만 버려진 쪽지 다섯 장, 각 장은 아우라(aura, 어떤 사람이나 장소에 서려 있는 독특한 기운―옮긴이)와 수정의 힘에 대한 언급이 곁들여져 있어 그가 뉴에이지를 신봉한다는 사실뿐 아니라 사회적인 관계를 유지하는 데 신경 쓰고 있음을 알려줄 수 있다. 우체통에 들어갈 편지에 무엇이 적혀 있는지는 보지 못했더라도 말이다.

구겨 버려진 쇼핑 리스트와 영수증들은 그가 구입한 품목뿐만 아니라 구입 방법에 대해서도 말해준다. 충동적인 구매자들은 쇼핑 목록에 적히지 않은 품목을 덜컥 사버리는 경우도 있어 쓰레기통에 쇼핑목록에 없는 품목의 영수증이 버려져 있을 수도 있지만, 계획적인 사람들은 한꺼번에 대용량의 물건들을 구입하기 전에 그것들이 필요한지 숙고할 것이기 때문에 결코 그런 일은 없을 것이다. 버려진 미술용품들은 창조적인 경향을 증명한다. 항우울제, 신경안정제 따위의 빈 약병들은 우리가 살펴본 어떤 장소에서도 알지 못하고 지나쳤을 잠재적 경향을 밝혀줄 수도 있다.

쓰레기통에서 건져낸 물건이 유용한 이유는 2가지다. 첫째, 그것은 버려진 물건들이기 때문에 소유자의 의식에서 사라진 것들이다. 그렇기 때문에 지금 사용하고 있는 물건들보다 남에게 어떻게 보일지 덜 신경 쓰게 된다. 둘째, 쓰레기통 안의 내용물들은 실제로 일어난 행동들을 반영한다. 언젠가는 해볼지도 모른다고 생각하는 일이 아니라 이미 일어난 행동을 반영하는 것이다.

이미 한 행동과 미래에 하려고 계획한 행동 사이의 차이는 우리를 행동양식의 잔여물에 대한 새로운 차원으로 안내한다. 물리적 환경에서 이미 일어난 과거의 행동을 찾아낼 수 있을 뿐만 아니라 예상된 행동에 대한 단서를 발견할 수 있을지도 모르는 것이다. 어떤 방에서 우리는 아직 따지 않은 와인병과 원형으로 배치된 마루방석들을 보았다. 이것들은 방주인이 손님을 맞을 계획이 있다는 것을 보여준다. 다른 방에서는 새 스크랩북과 가위, 풀이 선반에 놓인 것을 봤다. 이 물건들은 방주인이 그녀의 감상적인 욕구를 충족하기 위해 뭔가 행동을 취하리라는 것을 암시한다.

행동양식의 잔여물들은 이미 일어난 일들뿐 아니라 아직 일어나지 않은 일이나 완료되지 않은 행동들을 보여줄 수도 있다. 그러나 이런 경우에도 전반적인 추론 과정은 동일하다. 방안에 자리 잡은 물건들과 그것들이 배치된 모양은 일어날 수 있는 행동이 어떤 것인지를 반영한다. 개인적인 공간과 대중적인 공동 공간의 흔적들 간의 차이를 가늠해

보는 일이 쓸모 있는 것처럼, 이미 행해진 행위의 흔적과 앞으로 일어날 행동의 신호 사이의 차이를 살펴보는 것도 매우 유용하다. 찻주전자, 찻잔, 다수의 티백을 지닌 주인은 친구들과 차를 마시는 걸 즐길까? 그러나 집주인은 실제로 친구들과 절대 차를 마시지 않는다. 이에 대한 단서는 오직 노련한 슈퍼 스누퍼만이 알아챌 수 있다(찻주전자와 찻잔에는 차 얼룩이 전혀 없고, 아직 열지도 않은 차 봉지는 아주 오래전에 유효기간이 지난 것이었다).

사람들은 또한 개인공간에 외부에서 일어난 일들에 대한 흔적을 남기기도 한다. 프리다는 우리 연구에 참가한 사람들 중 한 사람으로, 서핑보드와 스노보드, 스케이트보드를 침실 벽에 세워 보관하고 있었다. 그녀가 자극적인 것을 추구하는 사람임을 보여주는 증거다. 그녀의 냉장고 문에는 산악자전거 라이딩 일정이 적혀진 달력이 붙어 있었고, 발목 치료를 위해(아마도 무모한 도전 중 하나에서 접질린 듯한) 의사를 방문할 일정이 적혀 있는 쪽지도 있었다. 만약 우리가 그녀의 차고를 들여다봤더라면 등반장비로 가득한 배낭이나 수상스키, 스포츠카를 발견했을지도 모른다.

이런 사례들은 사람들의 개인적인 공간으로부터 그 사람의 인생 전반에 걸쳐 얼마나 폭넓은 정보를 알아낼 수 있는지를 보여준다. 영화표 반쪽, 흙투성이 축구화, 주차증 등은 외부 활동을 알려주는 실내 단서라고 할 수 있다. 꼭 셜록 홈즈 같은 직관력을 갖추지 않아도 어느 정도의 내용을 추론할 수 있다. 대량의 DVD 컬렉션과 복잡한 DVD 시스템이 갖춰져 있는 방의 주인이 영화감상을 좋아한다고 판단하는 것은 매우 논리적인 추론이다. 운동기구들은 방주인이 스포츠맨일 것이라는 아주 정직한 단서가 될 수 있다. 추적한 단서를 분석하는 비결 중 하나는 타고난 솜씨를 조사도구로 활용하는 것이다.

예리한 스누퍼가 되는 방법

나는 이 장의 서두에서 내부지향적 자아를 확인하기 위해 진열된 사진과 상징물(배우자나 자녀들과 함께 찍은 가족사진, 하버드대학교 심벌마크가 새겨진 커피 머그잔 등)에 대해 언급했다.

이런 물건들이 내부지향적인 자아확인을 가능하게 해주는 것은 그 물건들이 그 사람의 자아상을 지지하고 강화해주기 때문이다. 그것들은 우리 자신을 안심시키고 기분 좋게 해준다. 어떤 사물이 내부지향적 자아 확인 및 감정 조절 장치의 역할을 동시에 수행할 수도 있다는 뜻이다.

그러므로 이 책을 읽어나가면서 또 다른 사람들의 개인공간을 살펴볼 때, 그 사람이 어떤 특정한 정체성에 의지하고 있는지 뿐만 아니라 그것을 통해 어떤 감정이나 생각을 이끌어내는지도 자문해보기 바란다. 진열된 사진이 성공에 대한 성취감을 나타내고 있는가(고등학교 동창회에 새 재규어를 몰고 간 사진), 자연의 신비로움 앞에서 느낀 경외감을 보여주는가(아틀라스 산맥에 있는 캠프장 풍경), 인맥을 통한 영향력(빌 클린턴과 악수하는 장면), 아니면 사랑하는 사람과의 친밀감을 보여주고 있는가(배우자와 포옹하고 있는 사진), 또는 애완동물과의 교감을 나타내는가(애완견 로버와 함께 부두에 앉아 호수를 바라보고 있는 사진).

  우리는 이 장에서 자기정체성 확인, 감정 조절 장치, 행동양식의 잔여물이라는 3가지 메커니즘을 통해 사람들이 어떻게 자신들의 개인적인 공간에서 스스로에 대한 단서들을 남기는지를 살펴봤다. 이런 메커니즘은 상호 배타적인 것이 아니다. 그리고 관찰하는 단서가 3가지 메커니즘 중 어떤 메커니즘에 속한 것인지가 언제나 분명한 것도 아니다.

  침실 벽에 기대 세워놓은 스노보드는 실제로 자극을 추구하는 행동양식을 반영할 수도 있다. 하지만 벽장 같은 장소에 보관하는 대신 잘 보이는 장소에 스노보드를 두는 것은 다른 이들에게 자신이 역동적인 삶을 살고 있음을 보여주고 싶은 욕구를 나타내는 것일 수도 있다. 가설들을 세워나가면서 이런 차이들을 항상 유념해야 한다.

  스누핑 기술을 훈련해가는 동안 멈춰서 잠시 주위를 둘러보길 바란다. 집에 있든지, 기차나 차를 타고 있든지, 아니면 카페에 앉아 있더라도, 의도적이고 주의 깊은 표현들의 증거를 그냥 지나치기 어려울 것이다. 각 사물들이 어떻게 그 자리에 위치하게 되었을까를 생각해보면 그 물건 주인에 대한 이야기를 발전시켜나갈 수 있을 것이다.

  침실이나 사무실 또는 개인 홈페이지에 근거한 다른 사람들에 대한 추측은 우리가 일상에서 흔히 하는 다른 사람들의 성격에 대한 추측과 다르지 않다. 다만 그것은 새로운 형태의 정보에 근거해 추론하는 것이고 스누퍼로서 여러분의 임무는 그 추론들을 어떻게 해석할 것인지 배우는 것이다.

  이 목적을 위해 우리는 고대 아테네의 모임을 방문해 '크게 5가지로 구분되는 성격의 유형', 다시 말해 사람들의 성격이 어떻게 다른지 구분한 여러 갈래의 유형에 대해 학자들이 밝혀낸 사실들이 무엇인지 알아볼 필요가 있다.

chapter 02

오션즈 파이브 :
5가지 성격 유형

OCEAN'S Five

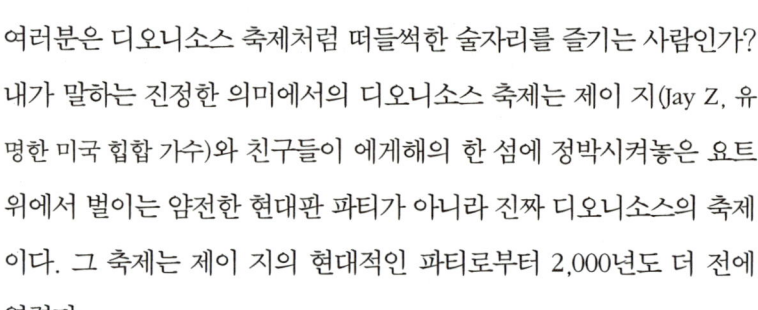

여러분은 디오니소스 축제처럼 떠들썩한 술자리를 즐기는 사람인가? 내가 말하는 진정한 의미에서의 디오니소스 축제는 제이 지(Jay Z, 유명한 미국 힙합 가수)와 친구들이 에게해의 한 섬에 정박시켜놓은 요트 위에서 벌이는 얌전한 현대판 파티가 아니라 진짜 디오니소스의 축제이다. 그 축제는 제이 지의 현대적인 파티로부터 2,000년도 더 전에 열렸다.

여러분이 만약 고대 아테네에 살고 있었고 제대로 된 파티에 참석했다면 구석에 앉아 있는 별난 사람을 알아챘을지도 모른다. 왁스로 코팅된 서판에 맹렬히 뭔가를 휘갈기고 있는 사람. 그리고 만약 여러분이 오볼(Obols, 고대 그리스 은화)을 쓰는 데 인색한 면이 있다든가, 어제의 전차경기에 대해 혼자 떠들며 화제를 독점하고 있다든가, 또는 그럴 리 없겠지만 아직 충분히 취하지도 않은 사람에게 함께 춤을 추자고 치근대려 한다면 아마 그 서판에 기록되는 대상이 될지도 모른다. 많은 사람들이 이 기록자 테오프라스토스(Theophrastus, 아테네의 철학자로 아리스토텔레스의 제자—옮긴이)를 최초의 성격심리학자로 꼽는다.

성격 유형의 위대한 기록자로서 그는 많은 시간을 동시대 아테네 사람들의 행동양식을 관찰하는 데 소비했다. 그리고 비록 현대 성격 연구에서 사용하는 통계적 도구는 없었을지 몰라도 그 다음으로 소중한 능력을 갖고 있었다. 바로 날카로운 관찰력과 어떻게 각기 다른 성격 유형을 양산하는 특정 행동들이 동시에 일어나는지 생생하게 기록하는 뛰어난 능력을 겸비하고 있었던 것이다.

테오프라스토스는, 빌린 오볼을 늦게 되갚는 사람일수록 와인 한 단지를 사는데도 가장 까다롭게 흥정하고, 또한 하인들에게 직공이 망토를 짤 때 백토를 더 넣어 빨지 않고도 오래갈 수 있게 하라고 지시하는 깐깐한 사람이라는 것을 관찰했다. 테오프라스토스는 또한 광장에 서서 자신감에 찬 목소리로 전차경기에 대해 열변을 토하는 사람일수록 다른 이들보다 시간과 장소에 구애 받지 않으며 배심원으로 앉아 있는 자리든지, 공연을 보든지 아니면 저녁식사 테이블이든 상관없이 어떤 주제에 대해서도 끊임없이 이야기를 늘어놓는 경향이 있다는 것도 간파했다.

고대 그리스인과 현대인의 성격 비교

테오프라스토스가 직접 경험을 통해 깊은 깨달음을 얻은 사실은 사람들의 행동들이 불규칙하게 아무렇게나 일어나는 것이 아니라는 사실이었다. 만약 어떤 사람에 대해 한 가지 사실을 안다면 그 사람의 다른 행동양식을 예측할 수 있는 확률이 높다는 것이다. 그리고 이런 식으로 개인의 특성에 대해 예측할 수 있는 경향들을 파악하는 과정에서 성격 유형이라는 것이 탄생했다. 《성격 유형(The Characters)》에서 테오프라스토스는 수전노와 수다쟁이에서 아첨꾼과 수치심도 모르는 탐욕스러운 사람에 이르기까지 30가지의 성격 유형을 묘사하고 있는데, 각각의 성격 유형에 대해 놀랄 만큼 자세한 설명을 곁들였다. 다음에 나온 글은 그 예로, 때를 잘 맞추지 못하는 사람에 대한 설명이다.

■

적절하게 때를 잘 맞추지 못하는 사람은 주위 사람들에게는 불운하기 짝이 없는 인물이며 늘 주위에 민폐를 끼치기 일쑤다. 적절한 때를 맞추지 못하는 사람이란 여러분이 바쁠 때 찾아와 고충을 털어놓는 그런 사람이다. 정부가 병석에 있을 때 세레나데를 불러주고 바로 얼마 전 다른 사람에게 보증을 섰다가 손해를 본 사람에게 보증을 서달라고 부탁한다.

재판이 끝나고 나서야 증언을 하겠다고 나서는 것은 물론, 결혼식에서 여자에 대한 독설을 퍼붓고 긴 여행 끝에 피로에 지친 사람에게 산책을 가자고 한다. 벌써 흥정을 끝낸 상인에게 더 높은 가격을 부르고 모든 사람이 하도 들어 토씨까지 외우는 긴 이야기를 하려고 나선다. 전혀 원하지 않지만 예의상 거절하기 힘든 권유를 하는 데도 열심이다. 만약 중재의 자리에 그가 나서면 양측의 불화 원인을 다시 끄집어낸다. 춤을 추려고 할 땐 반드시 아직 취하지도 않은 사람을 골라잡는다.

테오프라스토스가 아테네에서 연구에 열중하던 그때로부터 오랜 시간이 흘렀고 성격심리학자들의 연구 방식에도 많은 변화가 있었다. 하지만 가장 핵심적인 과제는 여전히 동일하다. 테오프라스토스처럼 우리는 여전히 사람들의 성격에 대해 연구하고 있다. 그러나 이제 우리는 사람들의 성격이 어떻게 다른지 뿐 아니라 왜 그런지 그 이유도 알아내고자 한다.

현대의 성격심리학은 환경이나 유전적인 요인이 어떻게 사람의 성격—즉 사람들의 상대적으로 일관적인 생각, 감정 그리고 행동양식의 일정한 패턴—을 형성하는 데 영향을 끼치는지를 연구한다. 그리고 또한 그들의 성격이 어떻게 삶에 영향을 끼치는지도 알아본다. 성격심리학자들은 왜 어떤 사람들은 친밀감을 갈망하지만 어떤 이들은 사랑한다는 다정한 속삭임에 도망쳐버리는지를 이해하려고 노력한다. 아니면 어째서 우리 동네 도서관 사서는 마치 그 일을 위해 타고 난 것처럼 사서라는 자기 직업에 딱 어울리는지, 또는 어째서 어떤 사람들은 다른 사람들보다 병약해서 건강문제로 힘들어 하게 되는지를 이해하려고 애쓴다.

신참 스누퍼로서 여러분은 테오프라스토스의 조사를 모방해서 사람들 간의 차이점을 관찰할 수 있다. 그리고 다음으로 중요한 과제로 넘어가 사람들이 어떤지를 알아볼 수도 있다. 또 다른 그리스인이 그 시대에 가장 인기 있었던 사회현상, 즉 검투사들의 격투(Gladiatorial combat)에서 영감을 얻은 연구결과처럼 말이다.

검투사 양성 학교에서 일하는 한 의사는 일반 사람들보다 신체 내부를 관찰할 기회가 많았다. 그리고 창에 찔린 피투성이의 깊은 상처들과 사자 이빨에 찢겨진 살점들을 질릴 때까지 본 후에 아마도 이 혈관들과 기관들이 도대체 무슨 역할을 하는 걸까 의문을 품게 되었으리라. 이 그리스 의사가 바로 클라우디우스 갈렌(Claudius Galen)으로, 그는 이런 상처들이 의학적 호기심을 채울 절호의 기회라는 것을 깨달았다. 그는 이 상처들을 몸속을 들여다보는 창문이라고 여겼다. 테오프라스토스보다 4세기 정도 후에 태어나 서양의학에 가장 큰 영향을 끼친 의사 중의 하나로 남게 되는 클라우디우스는 성격적 특성이 생리학적인 근거에서 비롯된다는 대담한 이론을 제시했다.

그는 4가지의 기본적인 성격 유형이 있는데 이 각각의 성격 유형은 4가지 체액(또는 체액들)의 배합이 불균형해짐으로써 정해지는 것이라는 가설을 세웠다. 혈액이 지나치게 풍부하면 다혈질의 성격이 되고, 흑담즙이 많은 사람은 우울하고 감상적인 성격이 되며, 황담즙이 지나치게 많으면 성마른 성격이, 무기력한 성격은 점액질이 너무 많기 때문이라는 것이다. 인간의 기질에 기본적인 유형이 있다는 이 착상은 그 후로 발전해온 성격이론들을 통해 더욱 공고해졌다.

갈렌이 제안한 체액과 관련된 신체적 메커니즘은 과학적인 검증을 거치며 사람들의 기억에서 사라져버렸지만 기본적인 기질적 유형이 있다는 그의 생각은 놀랄 만큼 오랫동안 살아남아 후세의 과학자들이 그것을 바탕으로 보다 정밀한 성격적 유형들을 발달시킬 수 있는 밑거름이 되었다. 여러분은 이렇게 발전되어 온 성격 유형의 정밀지도를 바탕으로 다른 이의 침실을 기웃대거나 음악 컬렉션을 조사해볼 수 있다. 방주인이 어떤 사람인지에 대해 그저 막연한 질문이 아니라 사람들이 어떻게 다른지에 대해 이미 검증된 방법으로 체계적으로 구성된 질문을 할 수 있는 것이다. 스누핑을 하는 도중에 이런 질문들을 스스로에게 던져보면서 관찰 대상의 성격에 대해 미처 고려하지 못하고 그냥 지나치는 중요한 부분이 없는지 확인해보고 또 스스로와 다른 사람들을 보다 객관적으로 비교할 수 있을 것이다.

5대 성격 유형

20세기 말에 이르자 몇 십년 동안의 연구결과들이 고대 우리 선조들이 직관적으로 이해했던 사실을 검증해주었다. 특정한 성격적 특성들은 공존하는 경향이 있다는 사실 말이다. 예를 들어, 우리는 이제 수다스런 사람들이 과묵한 사람들보다 활기찬 경향이 있지만 의존적인 면에서는 더하지도 덜하지도 않다는 것을 알고 있다. 창조적인 사람들은 보다 철학적인 경향이 있지만, 다른 성격의 사람들보다 더 많이 근심하거나 덜하는 것은 아니다. 그리고 이런 패턴들을 우리가 이해하는 것은 사람들의 행동에 근거해 정보들을 종합할 때 매우 도움이 된다.

우리는 사람들이 어떤 식으로 악수를 하는지 또는 침실을 꾸미는지를 종합해 새로운 정보가 추가되기 전까지는 그 사람의 성격에 대한 가장 그럴듯한 가설을 세우게 된다. 하지만 어떤 사람의 성격을 알아내는 것, 그 사람이 어떤 사람인지 알아간다는 것은 성격적 특성들을 한 가지씩 밝혀내는 것이 아니라 오히려 퍼즐을 푸는 것과 같다는 것을 기억해야 한다. 요컨대 퍼즐을 맞출 때 먼저 빨강 조각들을 초록색 조각들과 구분해서 같은 색끼리 분류하는 것처럼, 성격이라는 퍼즐을 풀려고 할 때 비슷하거나 공존하는 경향이 있는 성격의 조각들을 먼저 분류해 묶을 수 있다. 기질적인 특성들을 그룹화하기 위한 방법 중 가장 많이 적용되고 견고하게 확립된 방법은 빅 파이브(Big Five), 즉 5대 성격 유형이라고 불리는 분류체계다. 마이어스 브릭스 테스트 (Myres-Briggs Test, MBT)처럼 잘 알려진 다른 분류체계들은 이에 비하면 심리학 이론에서 상대적으로 널리 쓰이지 않는다.

  5대 성격 유형 분류체계에서 말하는 5가지 성격 유형은 '개방성(Openness)', '성실성(Conscientiousness)', '외향성(Extroversions)', '동조성(Agreeableness)', '신경성(Neuroticism)' 인데 순서대로 각 성격 유형의 알파벳 첫 글자를 따면 편리하게도 'OCEAN(대양)' 이라는 단어가 된다. 앞으로 이 책 전반에 걸쳐 이 OCEAN의 관점에서 성격에 관한 이야기를 하게 될 것이다. 그리고 여러분은 다른 사람들의 성격 유형에 대해 읽어나가면서 분명히 자기 자신의 유형에 대해 궁금해질 것이다. 그러므로 먼저 스스로 간단한 OCEAN 테스트를 해보기 바란다.

  아래에 나열된 특성들은 여러분에게 해당될 수도 그렇지 않을 수도 있다. 해당 항목을 점수로 환산해 적어보자. 각 문항의 2가지 성격적 특성 중에 하나가 다른 하나보다 더 해당 사항이 많더라도 두 항목 모두가 얼마만큼 자신에게 해당되는 사항인지를 평가해 점수로 환산한다. 자기 스스로를 평가하기 위한 것임을 명심하자. 정확한 측정을 위해 최대한 정직하게 대답하기 바란다.

::**차트** 2-1

완전히 부정한다	다소 부정한다	약간 부정한다	동의하지도 부정하지도 않는다	약간 동의한다	다소 동의한다	완전히 동의한다
1	2	3	4	5	6	7

내 생각에 나는:

1. _____ 외향적이며, 열정적이다.
2. _____ 비판적이며, 화를 잘 낸다.
3. _____ 믿을 만하며, 자기 관리를 잘한다.
4. _____ 불안하며, 쉽게 우울해진다.
5. _____ 새로운 경험에 개방적이며, 복잡하다.
6. _____ 수줍어하며, 과묵하다.
7. _____ 동정심이 많으며, 따뜻하다.
8. _____ 계획성이 없으며, 부주의하다.
9. _____ 침착하며, 감정적으로 안정되어 있다.
10. _____ 전통적이며, 창의성이 없다.

::**차트** 2-2

개방성 = (8-10문항의 점수) + 5문항의 점수
성실성 = (8-8문항의 점수) + 3문항의 점수
외향성 = (8-6문항의 점수) + 1문항의 점수
동조성 = (8-2문항의 점수) + 7문항의 점수
신경성 = (8-9문항의 점수) + 4문항의 점수

위의 점수 계산을 마쳤으면 각 성격 유형별로 5개의 점수가 나올 것이다. 그러나 이 각각의 점수는 독립적으로는 큰 의미를 가지지 못한다. 여러분이 어떤 유형의 사람인지를 알려면 이 테스트를 한 수천 명의 다른 사람들과 여러분의 점수를 비교해야 한다. 연구조사를 통해 우리는 아래와 같은 평균점수를 산출했다.

::**차트** 2-3

5대 성격 유형	여성	남성
개방성	10.8	10.7
성실성	11.0	10.4
외향성	9.1	8.5
동조성	10.6	10.1
신경성	6.7	5.7

::: **그림** 2-1 루디와 미미의 5대 성격 유형 프로필

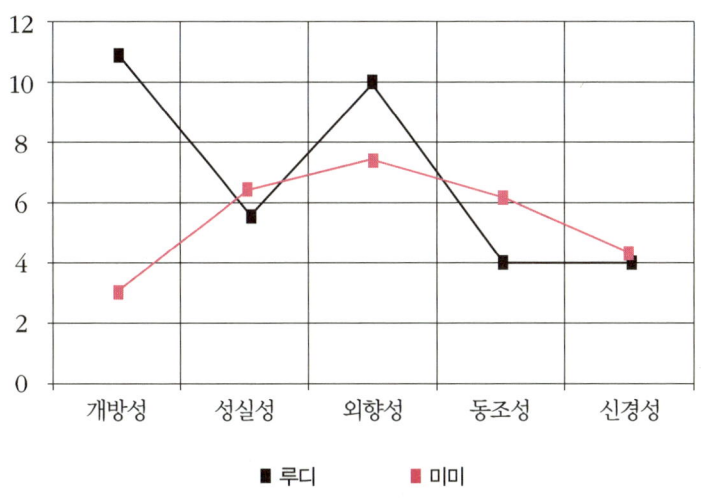

보다 정확한 점수를 확인하고 싶다면 이 책 말미의 주석에서 어떻게 점수를 계산하는지 확인해보기 바란다.

이제 곧 5가지 주요 성격 유형별 특성에 대해 자세한 설명을 한다. 그러나 그 전에 몇 가지 짚고 넘어가야 할 사항들이 있다. 첫째, 우리 모두는 5가지 유형 전부의 점수를 갖고 있다. 이것은 OCEAN 테스트가 [그림 2-1]에서 보여주는 것처럼 개인의 성격에 대한 프로필을 제시할 수 있다는 뜻이다.

여기서 우리는 루디가 상대적으로 개방성과 외향성에서 점수가 높고 성실성에서는 중간 정도이며, 동조성이나 신경성 항목에서는 상대

적으로 점수가 낮다는 것을 볼 수 있다. 미미는 성실성, 외향성과 동조성에서 중간 정도의 점수이고 개방성과 신경성에서는 낮은 점수를 보이고 있다. 이런 성격적 프로필을 보는 데는 2가지 방법이 있다.

첫째, 우리는 한 사람의 성격점수를 다른 사람의 성격점수와 비교해볼 수 있다. 예컨대 우리는 미미의 외향성 점수가 루디보다 낮게 나왔기 때문에 미미의 외향성이 상대적으로 낮다고 할 수 있다. 이런 식으로 성격을 분석해보는 것은 개인과 개인을 비교해서 선정해야 할 때 유용하다. 예를 들면 (외향적인 사람들이 보다 성공적인) 영업사원으로 누가 가장 적합한지를 알아본다든지, (내성적인 사람들에게 적합한) 장거리 트럭 운전사로 누구를 선택할지 비교 선택을 하는 경우 등을 들 수 있다.

둘째, 한 사람의 성격 특성끼리 서로 비교해보는 것이다. 즉, 우리는 미미가 외향성 항목에 있어서 다른 항목보다 높은 점수를 받았다는 것을 알 수 있다. 이런 접근 방법은 한 사람의 전체적인 성격적 특성을 살펴보기 위해 적용할 수 있다. 마치 우리가 친구들의 성격을 한 사람 한 사람 설명할 때처럼 말이다. 만약 내가 미미에 대해 설명한다면, 나는 그녀가 외향적인 사람이라고 말할 것이다. 왜냐하면 그녀가 외향성 항목에서 다른 항목보다 가장 높은 점수를 받았기 때문이다. 비록 그녀가 다른 사람들에 비해, 예를 들어 루디보다는 상대적으로 외향성에 있어서 낮은 점수를 받았을지라도 그렇다.

실제로 우리 대부분은 다른 사람들의 성격을 파악하는데 있어 이 2가지 방법을 모두 사용하게 된다. 어느 사무실을 기웃거리며 관찰하는 동안, 어떤 특징이 다른 모든 특징보다 현저히 두드러지게 눈에 띨

::**그림** 2-2 동조성과 신경성을 결합한 성격 유형의 형성

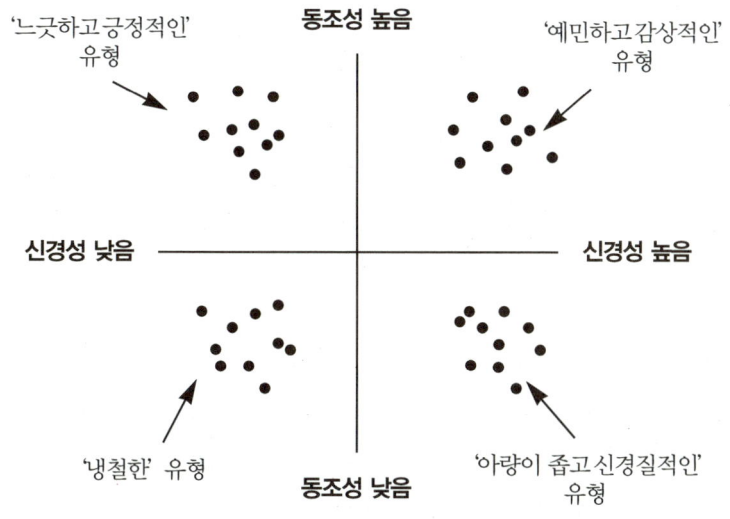

 수 있다. 게시판에 붙어 있는 '2004년에는 부시와 체니를'이라는 배지는 분명히 사무실 주인이 정치적으로 보수적인 성향이 있음을 암시할 것이다.
 하지만 이 상대적으로 온건한 표현 형태를 고려해볼 때, 우리는 사무실 주인이 그래도 다른 사람들에 비해서는 그다지 보수적이지 않다고 생각할 수도 있다. 그것은 이 사람의 다른 성격적 특성에 비해 보수성이 높을 수 있지만, 동시에 다른 사람들보다 특별히 더 보수적인 성향이 강한 것은 아닐 수도 있다는 뜻이다.

성격에 대한 이런 접근 방법은 '유형별' 방식과는 다르다. 유형별 분류방식에서는 성격을 분류할 때 여러 다른 유형들 중에 단 한 가지 유형에만 국한해 분류하게 된다. 마이어스 브릭스 시스템(Myres-Briggs System, MBS)에서는 16가지 다른 성격 유형 중에 한 가지 유형에 속하게 된다. 오직 한 유형만이다. 만약 여러분이 ESTP 유형이라면, 즉 외향적이고 감지력·사고력·이해력이 결합된 유형으로 분류된다면 여러분은 ISFP 유형, 즉 내성적·감정적이고 감지력·이해력의 조합에는 속할 수 없는 것이다. 5대 성격 유형 방식이 이것과 다른 점은 모든 사람들이 5가지 성격 유형의 특성에 대한 점수를 갖고 있다는 점이다.

　5대 성격 유형 방식으로도 여전히 성격 특징들의 배합에 모범사례가 되는 사람들을 그룹화해서 유형별로 분류를 만드는 것은 가능하다. 예를 들어 우리가 OCEAN 모델의 마지막 두 항목을 교차해 동조성과 신경성 항목을 기준으로 해당 그룹별로 배치했다고 가정해보자. [그림 2-2]에서 볼 수 있는 것처럼 4분원 별로 해당 그룹들을 분류할 수 있다. 오른쪽 위(동조성과 신경성 항목 모두 높음)에 해당하는 사람은 예민하고 감상적인 유형으로 분류할 수 있다. 왼쪽 위(동조성이 높고 신경성 항목은 낮음)에 해당하는 사람은 태평스럽고 낙천적인 유형이다. 동조성이 낮고 신경성 항목은 높은 분류는 편협하고 성마른 유형이다. 동조성과 신경성 항목에서 모두 낮은 점수를 받은 사람들은 감정에 좌우되지 않는 냉철한 유형이다.

　본질적으로 이것이 마이어스 브릭스 시스템 같은 유형별 분류방식

::**그림** 2-3 개인의 동조성과 신경성 점수의 보다 실제적인 분포도

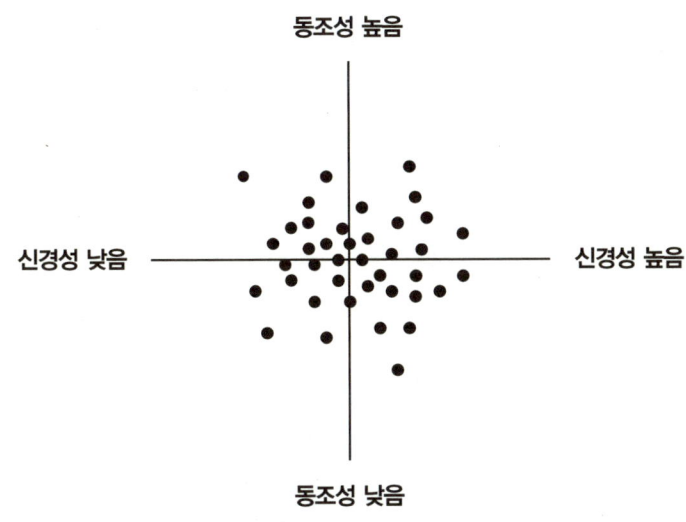

의 성격 유형들을 만들어내는 방법이다. 그러나 이런 식으로 사람들을 분류하는 데는 한 가지 문제가 있다. 실제로는 이런 유형들이 서로 뒤섞여 공존한다. 대부분의 사람들은 그래프의 중간 정도에 위치하고 소수만이 양극에 해당하게 된다([그림 2-3] 참조). 그러므로 사람들의 유형에 대해 말할 때 실제로는 뚜렷하게 분리되지 않는 사람들을 굳이 유형별로 분류하려고 하는 것이다. 하지만 연속선상의 양극에 있는 사람들을 외향적·내성적 유형으로 분류하는 것은 분명 유용하다. 왜냐하면 대부분의 사람들이 성격에 대해 생각할 때 이런 방식으로 구분할

::그림 2-4 외향성 항목의 하부 항목과 단계적 구조

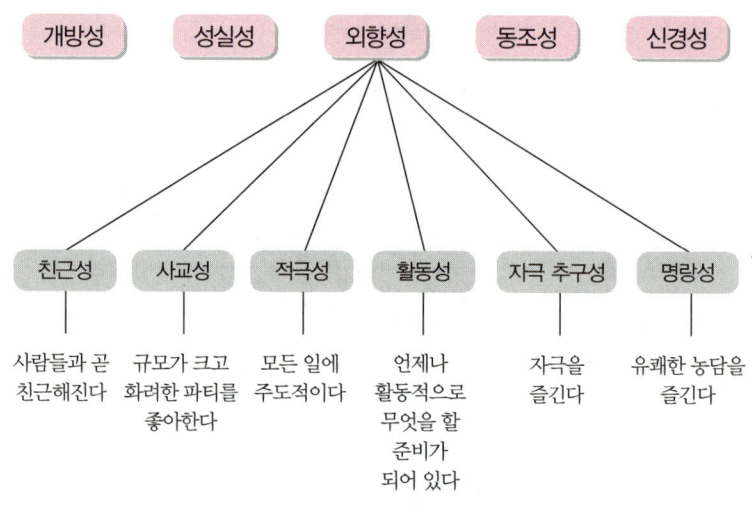

수밖에 없기 때문이다. 이를테면 우리가 '키가 큰 사람' 이나 '키가 작은 사람' 이라고 말할 때 키를 구별하는 방법과 같은 것이다. 어떤 사람이 키가 크다고 할 때 그 사람이 키 작은 사람과는 전혀 다른 별개의 그룹으로 구분되는 것이 아니라, 전체적으로 봤을 때 키 작은 사람에 비해 상대적으로 키가 큰 부류라고 분류되는 것이다.

5대 성격 유형 분류방식에서 두 번째로 고려해야 할 것은 여기에서 말하는 유형이 굉장히 폭넓은 의미를 갖고 있다는 점이다. 각 항목들은 보다 구체적인 수많은 '특성' 을 포함하고 있으며 그 특성들 안에서조차 더 세밀한 면면으로 나뉠 수 있는 것이다. [그림 2-4]는 5대 성

격 유형 중 '외향성' 항목의 단계별 구조를 보여주고 있다.

여기에서 볼 수 있는 것처럼 외향성은 친근성·사교성·적극성·활동성·자극추구성·명랑성 등 6개의 하부 항목으로 나눌 수 있다. 그리고 이 항목들도 더 세밀한 항목으로 나눌 수 있다. 사교성은 사회적 활동을 즐기는 것과 관련이 있고, 적극성은 그룹을 주도하는 것과 연관되어 있다.

연구결과는 이런 특성들이 서로 상관관계가 있음을 보여준다. 그러나 언제나 그런 것은 아니다. 그러니까 사교성 항목에서 높은 점수를 받은 사람들은 적극성 항목에서도 높은 점수를 받는 경향이 있지만 늘 그렇지는 않다는 말이다. 나의 5대 성격 유형 점수는 개방성 항목에서 바로 이런 패턴을 보여준다. 전체적으로 나는 개방성의 하위 항목들 중에 한 가지 항목을 제외한 모든 항목들에서 높은 점수를 받았다. 창의력, 예술적 관심, 모험심, 지적인 면, 자유주의 등 개방성의 모든 하위 항목에서 높은 점수를 받았지만, 정서성 항목에서만은 낮은 점수를 받았다. 그러므로 일반적으로 정서성은 다른 하위항목들과 함께 가는 경향이 있으나 내 경우에는 해당되지 않았다.

과학자들이 어쩔 수 없이 적용하게 되는 이런 일반화에도 불구하고 많은 사람들이 특정 범주의 틀에 맞추기 쉽지 않은 개인의 고유한 특정 패턴들을 갖고 있음을 명심해야 한다. 내가 개방성의 일반 범주에 정확히 들어맞지 않는 것처럼 말이다. 예를 들어 처음으로 룸메이트 후보의 정돈된 침실을 본다면 그의 성실성 수준이 높다고 생각할 수 있을 것이다. 그것은 또한 그가 성실성의 모든 하위항목에서도 높은 점수를 받으리라는 의미일 수도 있다. 하지만 많은 하위 항목들 중에서 특정 항목에서만 높은 점수를 받을 가능성이 더 많다.

더 자세한 관찰을 통해 그 항목들이 무엇인지를 판단할 수 있다. 정리정돈이 잘된 책상 옆에 '프로젝트 계획'이라는 라벨이 붙은 두꺼운 종이상자가 있는 것을 발견했다. 여러분은 그녀의 허락을 얻어 상자를 열어본다. 그 안에는 다이어리, 미술작품, 사진 앨범이 있다(이 모두는 그녀가 높은 개방성을 갖고 있음을 말해준다). 그러나 더 자세히 살펴보니 완료된 프로젝트가 거의 없음을 깨닫는다. 사진 앨범의 처음 몇 페이지는 주의 깊게 라벨이 붙여져 정리되었지만 곧 흐지부지해져서 뒷장에 아무렇게나 뒤섞인 사진들이 무더기로 끼워져 있다. 이제 여러분은 다른 면에서는 매우 성실한 그녀가 자기관리 면에 있어서는 그다지 뛰어나지 않음을 깨닫는다.

이후로 스누핑을 시작하기 전에 5대 성격 유형에서 세 번째로 고려해야 하는 특성은 조금 전에 언급한 사항의 연장선에 있다. 성격 유형들은 신중하게 분석하지 않을 경우 잘못 오도될 수 있다. 빅 파이버(Big Fiver, 5대 성격 유형 연구가들을 지칭)들이 발전시킨 특성들을 칭하는 용어 중 일부는 다른 용어들보다 일상적인 어조와 그 뜻이 잘 부합한다. 외향성이 높은 사람들이 성공한다고 할 때 여러분이 일상적으로 의미하는 것과 빅 파이버들이 뜻하는 바는 잘 부합한다. 그러나 다른 항목들에서는 그것이 혼란스러울 수도 있다.

예를 들어 여러분이 어떤 친구가 '신경증'이 있다고 말한다면 그것은 그 친구가 지나치게 걱정을 많이 해서 일상생활을 제대로 해낼 수 없다는 뜻일 것이다. 하지만 5대 성격 유형의 신경증 항목은 걱정이라는 요소를 포함하긴 하지만 훨씬 폭넓은 의미로 사용된다. 5대 성격 유형에서 말하는 신경증에는 분노라든지 우울 같은 다른 부정적인 감정들도 포함된다. 이런 특성 면에서 높은 점수를 받은 사람들은 어떤 사건들에 대해 다른 사람들보다 더 격렬한 반응을 보이고 사소한 좌절도 중차대한 도전으로 생각한다. 그러므로 라벨 자체에 현혹되지 않는 것이 매우 중요하다. 그보다는 각 성격 유형과 연관된 폭넓은 행동양식들에 집중해야 한다.

[표 2-1]에서 [표 2-5]까지에서는 5대 성격 유형의 특성 및 각 유형의 대표적인 행동양식들과 대표적인 사례가 되는 상징적인 인물들을 보여준다. 이 표들은 대표적인 빅 파이버인 존 존슨(John Johnson)의 성격 유형 및 하위 유형들의 특징 연구에서 많은 부분을 인용했다(이 책에서 앞으로 나올 결과들을 읽어 나가면서 다시 읽어볼 수 있도록 각 성격 유형 특성이 설명된 표들이 있는 책장의 모서리를 접어두길 권한다. 아마도 성실성의 하위항목인 질서정연 면에서 높은 점수를 받은 사람들은 이미 그렇게 했을 것이다).

레오나르도 다 빈치의 '개방성'

경험에 대한 개방성 또는 그냥 간단하게 '개방성'이라고 알려진 이 성격 유형은 [표 2-1]에 요약되어 있다. 개방성이 높은 사람들은 어떤 표준이나 관습에 자주 의문을 던진다. 이리저리 새로운 아이디어를 적용해보는 것을 좋아하고 눈부신 상상력을 갖췄다. 이와 대조적으로 상대적으로 보다 전통적인 사람들은 추상적인 것보다는 구체적인 것을, 미지의 것보다는 이미 알고 있는 것을 선호한다.

개방성의 상징적인 인물은 레오나르도 다 빈치(Leonardo da Vinci)이다. 그는 이탈리아인으로 화가이자 도안가, 과학자, 공학자, 건축가, 조각가, 음악가, 수학자, 해부학자였으며 천문학자, 지리학자, 생물학자이면서 철학자이기도 했다. '모나리자'를 그린 화가이자 선견지명을 갖춘 발명가로서 잠수함, 공기냉각법, 망원경, 비행하는 기계를 고안했다. 레오나르도는 창조성, 상상력, 독창성, 왕성한 호기심과 르네상스 정신과 일맥상통하는 비(非)인습적인 모든 것의 전형 그 자체다. 레오나르도야말로 개방성의 완벽한 대표 사례가 되는 인물이라 할 수 있다.

개방성이 높은 사람은 서점의 철학서 코너에서도 볼 수 있고, 부탄(Bhutan)에서 트레킹을 하거나 올리브가든(Olive Garden)을 지나 퐁듀 셀라시에(Fondue Selassie)로 드라이브하는 모습에서도, 에티오피아와 스위스의 전통음식을 융합한 혁신적인 새 레스토랑에서도 볼 수 있을 것이다. 반면 개방성이 낮은 사람이 생각하는 '독특한' 휴가란 늘 가던 바하마의 크루즈 여행 대신 플로리다 해변에서 한 주를 보내는 것 정도일 것이다.

::표 2-1 5대 성격 유형: 개방성

대표적 인물: 레오나르도 다 빈치

개방성이 높은 사람들은:
창조적이고 상상력이 풍부하며, 추상적이고 호기심이 많다. 사색을 좋아하고 독창적이며, 발명에 재능이 있고 예술적이며, 심미적인 경험을 소중히 여긴다.

개방성이 낮은 사람들은:
관습적, 구체적, 전통적이며, 미지의 것을 좋아하기보다는 이미 잘 알고 있는 것을 선호한다.

개방성의 하위 특성 유형:
- **상상력**: 상상력 부문의 점수가 높은 사람은 보다 흥미로운 세상을 창조하기 위해 공상에 빠지는 경향이 있다.

- **예술적 관심**: 예술적 관심이 높은 사람들은 자연과 예술의 아름다움을 찬미하고 심미적인 것에 심취하는 경향이 있다.

- **감성적**: 감성적인 경향이 높은 사람들은 풍부한 감정과 스스로의 감정에 대해 민감하다.

- **모험심**: 모험심이 강한 사람들은 늘 새로운 것에 도전하기를 즐기며 외국을 여행한다거나 색다른 체험을 열망한다.

- **지성**: 지성 부문에서 높은 점수를 받은 사람들은 새로운 아이디어를 발전시켜나가는 것을 즐긴다. 뭔가 다른 새로운 것에 대해 개방적인 태도를 가지고 있으며 지적인 주제로 토의하는 일을 좋아한다.

- **심리학적 진보주의**: 이 부분에서 높은 점수를 받은 사람들은 권위나 인습, 전통적인 가치에 도전할 준비가 되어 있다.

개방성이 높은 사람들은:
주로 어디에서 볼 수 있을까?
서점의 철학서적 코너를 둘러보는 사람들.

즐겨할 만한 행동은?
그저 다른 길이라는 이유만으로 한 번도 안 가본 길로 집에 가보기.

즐겨할 만한 말은?
"이봐, 그 세탁기 버리지 말라고. 내가 램프로 개조할 거니까."

출처: 〈존슨의 성격 유형〉, 2007.

로보캅의 '성실성'

내가 생각하는 성실성의 대명사는 '반은 인간 반은 로봇'인 완전한 경찰 영화 〈로보캅〉의 주인공인 로보캅이다. 로보캅은 유능하고 규칙 지향적이며 사명감이 강하다. 로보캅 같은 사람들은 양심적인 성향이 높고 미리미리 계획을 세우는 능력도 뛰어나다. 그들은 질서를 좋아한다. 컴퓨터 용지가 떨어지기 전에 미리 사두고, 연필은 항상 날카롭게 깎아두며, 지갑 속에는 여분의 우표를 갖고 다닌다. 나중에 다시 참고할 수 있도록 책의 페이지를 접어두라는 권유를 받으면 그대로 한다.

이런 사람들은 책임감이 강하다. 하지만 5대 성격 유형에서 말하는 '성실성'이라는 표현은 우리가 일반적으로 말하는 양심적이라는 것과

::: 표 2-2 5대 성격 유형: 성실성

대표적 인물: 로보캅

성실성이 높은 사람들은:
빈틈없고 의지가 되며, 믿음직스럽고 열심히 일하며, 목표 중심적이고 효율적이며 계획성이 뛰어나다.

성실성이 낮은 사람들은:
계획성이 없고 지각을 잘하며, 부주의하고 충동적이다.

성실성의 하위 특성 유형:
- **자율적 효율성**: 자율적 효율성이 높은 사람들은 스스로가 성공을 위해 필요한 지적 능력, 추진력, 자기통제력을 갖고 있다고 믿는다.

- **질서정연함**: 이 항목에 높은 점수를 가진 사람들은 꼼꼼하고 체계적인 사람들로서, 정해진 일과와 계획에 따라 생활하는 것을 좋아하고 늘 목록을 작성하고 계획을 세운다.

- **책임감**: 책임감이 강한 사람들은 도덕적인 의무감이 강하다.

- **성취 지향적**: 성취 지향적 성향이 강한 사람들은 뛰어난 성취를 위해 열심히 노력하고 지향하는 바가 분명하다.

- **자기통제력**: 자기통제력이 높은 사람들은 어렵거나 힘든 일이 있어도 그것을 달성하기 위해 지속적으로 노력하는 능력이 있다. 어떤 일을 시작하기 싫은 마음도 극복하고 어떤 방해가 있어도 계속 노력해서 완성해낼 수 있다.

- **신중함**: 이 부분에서 높은 점수를 받은 사람들은 어떤 결정을 할 때 충분한 시간을 두고 숙고한다.

성실성이 높은 사람들은:
주로 어디에서 볼 수 있을까?
컬러 색인표가 부착된 파일을 파는 사무용품 코너.

즐겨할 만한 행동은?
언제나 지갑에 넣어가지고 다니는 우표가 떨어지기 전에 미리 사두기.

즐겨할 만한 말은?
"지난 석 달 동안 우리가 계획해왔던 세미나가 사이클 대회와 겹친다는 사실을 확인했습니다. 그래서 지도에 사이클 대회를 피할 수 있는 다른 길을 표시해서 프린트해두었습니다. 저에게 연락할 일이 있으면 지도 뒤에 정리해둔 전화번호에 제 전화번호가 포함되어 있으니 참조하십시오. 세미나 1주일 전에 별 이상이 없는지 확인차 모두에게 다시 이메일을 보내겠습니다."

출처: 〈존슨의 성격 유형〉, 2007.

는 조금 다른 의미이다. 성실한 사람들은 쉽게 주의가 산만해지지 않는 경향이 있으며 결코 무모하지 않다. 내가 비행기를 탄다면 이런 성향이 강한 사람이 항공교통 관제관이기를 바랄 것이다. 나는 관제탑에서 근무하는 모든 사람이 성실성의 최대한도를 발휘하는 사람이기를 바란다. 결코 주의가 산만해지거나 카라치(karachi)에 도착하는 보잉 747 여객기를 못 보고 지나치는 일 따위는 없는 사람 말이다.

내가 대학원생일 때 항공기 조종사가 되기 위해 훈련을 받고 있는 에릭이라는 룸메이트가 있었다. 나는 그다지 성실성이 높은 사람이 아니기 때문에 종종 수업에 지각을 했다. 미래에 항공기 조종사가 될 룸메이트는 내가 자전거를 타고 가느라 수업에 지각해서 수업의 앞부분을 놓치지 않도록 이따금씩 자기 차를 태워주었다. 그럴 때마다 나는 허둥지둥 급하게 계단을 뛰어 내려가 주차장에 있는 에릭의 차에 뛰어들어 차가 급발진할 것에 대비해 손잡이를 꽉 잡았다. 하지만 그럴 필요는 없었다. 나는 에릭이 현명하게도 언제나 미리 차에서 기다리면서 시동을 걸어 워밍업을 해두기 때문에 차가 급발진하는 일 따위는 결코 없다는 사실을 잊어버리곤 했던 것이다.

성실성 항목에서 낮은 점수를 받은 사람들에게는 어쩌면 이렇게 꼼꼼하고 준비성이 철저하며 자기관리에 엄격한 사람들이 지루하고 짜증나는 사람들로 느껴질 수도 있다. 하지만 내가 비행기를 탄다면 바로 이렇게 성실성이 높은 사람이 그 비행기를 조종하기를 바랄 것이다. 책에 쓰인 것을 곧이곧대로 믿으며 매사 꼼꼼하고 신중한 그런 사람들 말이다. 추운 아침에 차를 운전할 때는 차가 출발하기 전에 엔진을 충분히 예열시키고, 비행기라면 활주로를 가로지르기 전에 이륙 준비에 이상이 없는지 모든 것을 철저히 확인하는 그런 신중함을 갖춘 사람들이다. 여러분은 아마도 이런 특성이 우리 스스로, 나아가 우리가 좋아할 만한 사람들이 갖춰야 마땅한 바람직한 덕목이라고 생각할 것이다.

계획성 있고 믿을 만하며 변함없는 성실한 사람이 되고 싶지 않은 사람이 어디 있겠는가? 존 존슨이 지적한 바와 같이 "성실성이 높은 것은 분명히 여러 가지 면에서 유익하다. 성실한 사람들은 문제를 일으키지 않고 목적성을 가진 계획과 꾸준함으로 뛰어난 성공을 거둔다. 그리고 다른 사람들도 그들을 지적이고 믿을 만한 사람으로 긍정적으로 평가"한다. 하지만 존 존슨은 결점에 대해서도 언급하고 있다.

"성실한 사람들은 강박적인 완벽주의자나 일중독자일 수도 있다. 나아가 지나치게 성실한 사람들은 답답하고 지루한 사람들로 여겨질 수도 있다."

비버리 힐스 캅의 '외향성'

내가 생각하는 '외향성'의 상징적 인물은 악셀 폴리(Axel Foley) 형사다. 영화 〈비버리 힐스 캅(The Beverly Hills Cop)〉에서 에디 머피(Eddie Murphy)가 맡은 배역인데, 생각해보니 에디 머피가 연기한 다른 캐릭터들 모두 외향성의 상징인 것 같다. 폴리 형사는 수다스럽고 열정적이며 명랑하고 에너지가 넘치는 사교적인 사람이다. 바로 우리가 파티에 초대하고 싶어 하는 그런 사람이다.

하지만 놀랍게도 외향성의 몇몇 특성들은 여러분이 예상하지 못한 성향을 포함하고 있다. 예를 들어 우리는 자연스럽게 외향적인 사람들이 내성적인 사람들보다 더 친근하고 사교적이라고 예상하면서도, 대부분의 사람들은 적극적인 자기주장이 외향성의 특징 중 하나라고 예상하지 못한다(아마도 적극적인 자기주장은 동의성이나 신경성이 낮은 사람들의 특징이라고 생각하기 쉽다). 외향성은 모든 5대 성격 유형 중에 가장 많이 연구되어온 항목인데, 그것은 심리학자들이 선호하는 사회적 상호 작용에서 관찰하기 쉬운 성향이기 때문이다.

::: **표 2-3 5대 성격 유형: 외향성**

대표적 인물: 알렉스 폴리(비버리 힐스 캅)

외향성이 높은 사람들은:
수다스럽고 에너지가 넘치며, 열정적이고 자기주장이 강하며 사교적이다.

외향성이 낮은 사람들은:
말수가 적고 조용하며, 수줍음이 많다.

외향성의 하위 특성 유형:

- **친근함:** 이 항목의 점수가 높은 사람들은 순수하게 사람들을 좋아하고, 개방적으로 호의를 표시하며, 쉽게 친구를 사귄다. 이 사람들은 가깝고 친밀한 관계를 쉽게 형성한다.

- **사교성:** 사교성이 높은 사람들은 다른 사람들과 어울리는 것을 통해 기쁨을 느끼고 자극과 보람을 얻는다. 이 사람들은 무리지은 군중속의 흥겨움을 즐긴다.

- **자기주장:** 자기주장이 강한 사람들은 자기 의견을 분명히 말하고 주도권을 쥐며 다른 사람들에게 지시를 한다.

- **활동성:** 활동성이 높은 사람들은 빠른 속도의 바쁜 생활을 영위하며, 재빨리 움직이고, 활력적이며 원기왕성하다. 이 사람들은 실로 다양한 활동들을 한다.

- **자극 추구:** 이 항목에서 높은 점수를 받은 사람들은 뭔가 자극적인 부분이 없으면 쉽게 지루해한다. 밝은 빛과 활기 넘치는 혼잡을 사랑하며 위험을 감수하고 짜릿함을 추구한다.

외향성이 높은 사람들은:
주로 어디에서 볼 수 있을까?

흥겨운 파티의 중심부에서.

즐겨할 만한 행동은?
핸드폰으로 한없이 수다를 떨며, 언제나 무료통화 포인트가 부족하다고 불평한다.

즐겨할 만한 말은?
"하하하"(그들은 정말 많이 웃는다).

출처: 〈존슨의 성격 유형〉, 2007.

미스터 로저의 '동조성'

'동조성'의 상징적 인물을 보려면 TV를 켜면 된다. 프레드 로저(Fred Roger)의 부드럽고 사려 깊은 태도는 자기들이 훔친 차가 로저의 차라는 것을 깨달은 강도들이 차를 주차장에 다시 갖다놓았다는 일화로도 유명하다. 로저는 장로교 목사로서 1968년부터 2001년까지 〈미스터 로저의 이웃들(Mister Rogers' Neighborhood)〉이라는 TV 프로그램을 진행했다. 어린이들에게 삶의 중요한 문제들에 대해 가르치는 프로그램으로, 자신감을 심어주는 내용을 주로 다루었다. 로저는 어린이들이 갖고 있는 두려움을 잘 이해하고 민감하게 다루어 행복하고 생산적인 사회구성원으로 자랄 수 있도록 격려했다.

::표 2-4 5대 성격 유형: 동조성

대표적 인물: 프레드 로저

동조성이 높은 사람들은:
남에게 도움을 주고, 사심이 없으며, 동정심이 많고, 친절하며, 용서하고, 신뢰하고, 사려 깊으며, 협조적이다.

동조성이 낮은 사람들은:
단점이나 잘못된 점을 찾는 데 예리하고, 다투기를 좋아하며, 비판적이고, 가혹하며, 냉담하고, 퉁명스럽다.

동조성의 하위 특성 유형들 :

- **신뢰성:** 신뢰성이 높은 사람들은 대부분의 사람들이 공정하고 정직하며 좋은 의도를 가지고 있다고 생각한다.

- **도덕성:** 도덕성이 높은 사람들은 다른 사람들을 대할 때 가식적으로 대하거나 속이지 않는다. 이 사람들은 솔직하고 숨김없으며 진실하다.

- **이타주의:** 이타주의적인 사람들은 다른 사람들을 돕는 것에서 기쁨을 느끼며 그것을 자기희생이라기보다는 자기성취라고 느낀다.

- **겸손함:** 겸손한 사람들은 자기 자신이 다른 사람들보다 뛰어나다고 주장하는 일이 별로 없다.

- **동정심:** 동정심이 많은 사람들은 마음이 여리고 인정이 많다. 다른 사람들의 고통을 자기 일처럼 생생하게 느끼고 쉽게 연민의 감정을 느낀다.

동조성이 높은 사람들은:
주로 어디에서 볼 수 있을까?
아기 바다표범 구조대.

즐거할 만한 행동은?
주변 사람들 위로하기.

즐거할 만한 말은?
"그게 정말이에요? 사전에서 '속기 쉬운'이라는 단어를 빼버렸다고요? 전 몰랐어요."

출처: 〈존슨의 성격 유형〉, 2007.

그는 실로 동조성의 긍정적인 역할 모델이라고 할 수 있는데, 너그러운 동정심과 따뜻한 친절을 몸소 구현했기 때문이다. 그래서 동조성이라는 이름에도 불구하고 동조성은 자기의 주장을 관철해 동의를 얻어내려는 사람들을 지칭하는 것이 아니다. 오히려 그것보다는 인간관계에서의 온정에 관한 것이다.

동조성이 낮은 사람들은 자기 의견이 확실하고 무뚝뚝하며 다른 사람의 감정을 다치지 않게 하려는 배려가 별로 없다. 무자비한 혹평을 퍼붓기로 유명한 아메리칸 아이돌(American Idol, 일반인들을 대상으로 가수왕을 선발하는 TV쇼—옮긴이)의 매정한 독설가 사이먼 코웰(Simon Cowell)은 동의성이 낮은 사람의 표본이라고 할 수 있다(적어도 이 TV쇼에서 사이먼이 보여주는 모습에 한해서는). 여러분이 너무 힘든 한 주를 보내고 자기연민에 빠져 위로를 바라기 위해 그와 통화하고 싶을 리는 없을 테니까.

우디 앨런의 '신경성'

신경성은 불운한 꼬리표를 달고 다니는 특성 가운데 하나다. 5대 성격 유형에서 쓰이는 용어들은 우리가 일상적으로 쓰는 말보다 훨씬 더 포괄적이다. 신경성이라는 말은 쉽게 스트레스를 받고 긴장된 상황에서 침착한 태도를 유지하기 힘든 사람들의 특성을 표현하는 데 쓰인다. 신경성이 높은 사람들은 걱정을 많이 하며, 막 일어난 일이나 앞으로 일어날 상황을 곱씹고 또 곱씹는 경향이 있다. 그러한 특성은 그 사람이 얼마나 쉽게 동요하느냐를 반영하는 것이라고 보면 될 듯하다.

신경성의 상징적인 인물은 고질적으로 혼란스러워하고 끊임없이 불안해하는 우디 앨런(Woody Allen)이다. 신경성 항목에서 우디 앨런의 정반대에 서 있는 사람은 1998년 코엔 형제의 영화 〈위대한 레보스키(The Big Lebowski)〉의 듀드(Dude, 친구·남자·멋쟁이라는 속어로 영화에서 주인공이 스스로를 가리키는 말—옮긴이)라고 할 수 있겠다. 피츠버그대학의 언어학자인 스콧 F. 키슬링(Scott. F Kiesling)은 그의 학술적 에세이에서 남자다움(dude-ness)의 특징은 태연자약함이라고 언급했다. 실제로 듀드는 쉽게 당황하지 않는다. 카펫에 오줌을 싸도, 경찰·갱단·염세주의자·포르노 작가와 격돌하게 되는 상황에서도 그는 동요하지 않고 평정을 유지한다.

5대 성격 유형을 정확히 이해하고 기억하는 것은 사람들의 성격과 성격 사이의 차이를 식별할 때 꼭 필요하다. 스누퍼로서 여러분은 이

::표 2-5 5대 성격 유형: 신경성

대표적 인물: 우디 앨런

신경성이 높은 사람들은:
불안해하고 쉽게 동요하거나 우울해하며, 걱정이 많고 침울하다.

신경성이 낮은 사람들은:
침착하고 편안하며, 스트레스를 잘 다스릴 줄 알고 감정적으로 안정되어 있다.

신경성의 하위 특성 유형:

- **불안감:** 불안감이 높은 사람들은 뭔가 위험한 일이 일어날지도 모른다고 생각한다. 늘 긴장하고 신경과민이며 안절부절 못하는 경향이 있다.

- **분노감:** 분노감이 높은 사람들은 쉽게 분노를 느낀다. 그들은 공정한 대우를 받지 못하는 것에 대해 매우 민감하며, 다른 사람에게 속임을 당하거나 하면 분개하고 비통해한다.

- **의기소침:** 이 항목에서 높은 점수를 받은 사람들은 슬퍼하고 낙심하며 낙담하는 경향이 있다. 활기가 없고 어떤 일을 시작하는 데 어려움을 느낀다.

- **자의식:** 자의식이 강한 사람들은 다른 사람들이 자기를 어떻게 생각하느냐에 대해 매우 민감하다. 쉽게 당황하고 수치심을 느끼기 쉽다.

- **무절제:** 무절제한 성향이 강한 사람들은 보통 순리적인 결과를 따지기보다는 순간적인 쾌락이나 보상에 대한 강렬한 욕구나 충동을 참지 못하는 경향이 있다.

- **무방비:** 쉽게 상처받는 경향이 높은 사람들은 스트레스나 압박을 받을 때 공황상태에 빠지거나 혼란해하고 무력함을 느낀다.

신경성이 높은 사람들은:
주로 어디에서 볼 수 있을까?
중요한 미팅 전날 밤에 침대 위에서 뜬눈으로 밤을 지새우며 엎치락뒤치락하고 있기 십상이다.

즐겨할 만한 행동은?
친구가 한 말의 진심은 무슨 뜻일까 되새기고, 되새기고, 곱씹고, 또 곱씹는다.

즐겨할 만한 말은?
"왜 언제나 나를 비난하는 거죠? 내 말이 맞아요. 언제나 그러잖아요."

출처: 〈존슨의 성격 유형〉, 2007.

소중한 자료들을 늘 가까이 두기를 다시 한번 충고한다. 하지만 빅 파이버들은 성격 유형에 대한 이러한 묘사들이 성격의 모든 것을 설명해주리라고 의도한 것은 아니다. 어떤 사람을 보다 깊게 이해하기 위해서는 이런 성격 특성들 밑에 뿌리 깊게 자리 잡고 있는 성격의 요소들을 파고들어야 한다. 목표, 필요, 희망, 꿈, 우리 자신을 보는 스스로의 시선 같은, 이미 오래전에 성격을 형성해온 요소들 말이다. 다음 장에서 보다 다양한 이런 성격의 양상들에 대해 살펴보자.

chapter 03

스누핑이 필요한 순간

Getting to Know You

지금 이 책을 지하철이나 버스, 공원 등의 공공장소에서 읽고 있는가? 만약 그렇다면 살짝 책장 너머로 낯선 사람들을 살펴보자. 낯선 사람이란 여러분이 잘 알지 못하는 사람이다. 하지만 어딘가에는 분명히 그 사람을 잘 아는 다른 사람들이 있을 것이다. 어떤 이들에게는 그 사람이 자상한 아버지이자 사랑스러운 남편이고 헌신적인 친구일 것이다. 사람을 안다는 것은 도대체 어떤 의미일까? 낯선 타인에서 친구가 되기까지는 무엇이 필요한 걸까?

  잭은 동료로 만나기 이전에는 나에게 낯선 타인이었다. 여러분이 잭을 만난다면 상냥함과 사려 깊음에 감탄하게 될 것이다. 게다가 그는 너그럽기까지 하다. 내가 처음 잭을 소개받았을 때 그는 내 최근 연구에 대해 듣고 싶다며 점심식사에 초대했다. 나는 곧 잭이 수다스럽고 지적인 사람이라는 사실을 알 수 있었다. 몇 번의 점심식사를 함께하고 나는 그가 학자로서, 부모로서, 또 교수의 입장에서 어떻게 느끼고 있는지 잘 알게 되었다. 또한 계속 잭과 어울리면서 나는 그가 여러 가지 다른 상황들에 대해 말하고 있을 때에도 그의 모든 이야기들에 어떤 공통점이 있다는 것을 어렴풋이 느꼈다.

그러던 어느 날 나는 불현듯 내가 왜 그렇게 느끼고 있는지를 깨달았다. 잭이 나에게 학술행사에서의 발표에 대해, 이웃과의 사소한 말다툼에 대해, 지난주에 고장 난 차를 어떻게 고쳤는지에 대해 말하든지 간에 모든 이야기는 같은 주제의 변주에 지나지 않았다. "나를 둘러싼 어려움과 내가 실패할 것이라는 주위 사람들의 예상에도 불구하고, 나는 끈기 있게 노력해서 성공했고 모든 사람들에게 내가 옳았다는 것을 증명했어"라는 메시지였다. 계속해서 반복되는 주제는 잭이 자기 주위의 세상과 그 속에서 자기 위치가 어떻다고 생각하는지를 반영하고 있었다. 그리고 스스로 자신을 보는 그의 이런 시각은 그의 성격에서 중요한 부분을 차지했다.

이런 그의 주된 메시지를 깨달은 뒤 나는 잭을 좀 더 잘 이해하게 되었다고 느꼈다. 나는 그의 마음속 깊은 곳으로 한 발짝 더 나아간 것이었다. 어떤 사람을 알아가기 위해서는 처음 안면을 튼 단계에서 그 다음 단계로 건너뛸 수 있는 방법을 알아내야 한다. 비행기 옆자리에 앉아 장시간 여행을 했다든지 하는 피상적인 차원은 별로 중요하지 않다. 성격의 다른 차원들에 대해 가장 풍부한 지식을 갖고 있는 심리학자는 내 학문적 우상인 댄 맥애덤스(Dan McAdams)이다. 그는 명민하고 독보적인 창의력을 지녔다. 노스웨스턴대학교 교육사회정책대학 교수이자 독자들에게 큰 영향력을 끼친 《우리가 살아가면서 추구하는 이야기: 개인적 신화와 자아의 발달(The Stories We Live by: Personal Myths and the Making of the Self)》의 저자이기도 하다.

나는 최근 어떤 학술세미나에서 맥애덤스와 만나게 되어 매우 기뻤다. 그에게 묻고 싶었던 게 있었기 때문이다. 예의를 차릴 만큼 인사치레를 했다고 생각되자마자 나는 곧바로 질문을 던졌다.

"린(Lynn)은 실존 인물인가요?"

다 알겠다는 듯한 미소가 그의 얼굴에 피어올랐다. 그는 예전부터 이런 똑같은 질문을 여러 번 받은 것이 분명해 보였다. 내가 질문을 꺼내자마자 무엇을 궁금해 하는지를 곧바로 알아챘기 때문이다.

성격을 이해하기 위한 과정

맥애덤스에 대해 내가 오랫동안 감탄해왔던 이유 중 하나는 그가 삶을 복잡하게 만드는 심원적인 문제들을 회피하려고 하지 않았기 때문이다. 맥애덤스는 까다로운 문제들을 연구하는 것을 즐겼다. 사람들이 잘 가지 않는 길을 개척한 결과 그의 연구를 통해 현대 성격 연구 분야에서 몇 가지 매우 흥미로운 발견을 했다.

그의 목표는 사람들을 이해하는 것이었다. 사람이라는 풍부한 주제를 체계적인 과학적 관점에서 이해하고자 했다. 그는 성격을 연구할 때

'긴 여정(long way)'으로서의 연구 방법을 취했는데, 그것은 이 사람이 지금 어떤 사람인가라는 것뿐 아니라, 이 사람이 왜 다른 성격이 아닌 지금과 같은 성격이 되었는지, 궁극적으로 그들의 과거와 현재가 어떻게 미래에 영향을 끼칠지를 연구하는 일에 관심이 있었다는 뜻이다.

많은 찬사를 받은 논설에서, 맥애덤스는 성격심리학자들이 가장 중요하게 여기는 본질적인 질문을 던졌다. '어떤 사람을 안다는 것은 진정으로 어떤 의미인가?' 그는 독자들을 자신과 자신의 부인이 디너파티에서 돌아오는 차안에 함께 있다고 상상해보라면서 글을 시작한다. 오래 지나지 않아 두 부부의 대화는 디너파티에 참석했던 손님들에 관해 옮겨간다. 그들 중 한 명은 세계를 두루 여행한 자유기고가로 사람들 중에서 유독 눈에 띄었다. 그녀는 처음에는 맥애덤스를 조금 주눅 들게 만들었다.

"나는 그녀가 말하는 템포를 따라갈 수 없었어. 이국적인 전설에서 또 다른 화제로 어찌나 빠르게 주제를 바꾸던지. 더군다나 그녀는 눈에 띄게 매력적인 외모에, 40세 정도로 보였지만 새까만 머리카락과 까만 눈에 티 하나 없이 깨끗한 피부를 가진데다, 화려하고도 세련된 옷차림을 하고 있어서 너무 자신만만하고 오만해 보였거든."

그녀는 바로 린이었다. 시간이 지남에 따라 린이 자기 삶과 지난 과거에 대한 이야기를 털어놓으면서 맥애덤스와 그의 부인은 점차 린에게 호감을 느끼기 시작했다. 바로 이 시점이 맥애덤스가 근본적인 질문을 던진 시점이다. '린을 더 잘 이해하기 위해서 그가 알아야 할 것들은 무엇일까?' 이는 매우 강력한 질문이다. 그저 안면이 있는 사람들과 정말 친하게 지내서 그 사람에 대해 잘 알고 있다고 생각하는 사람들을 떠올려보라. 하지만 막상 이 두 그룹을 명확하게 구분 짓는 요소가 무엇이냐고 묻는다면 아마도 쉽게 대답하기 어려울 것이다. (그 사람이 수많은 나비들을 수집하고 있다든지 하는) 사소한 사실들, 그리고 그녀가 가이아나(Guyana, 남아프리카 대륙 북부에 있는 나라—옮긴이)에서 학교를 다녔다든지 하는 과거사들 너머의 진실은, 그냥 친분이 있는 사람들보다 가까운 친구들에 대해 더 잘 안다고 함부로 말하기 힘든 부분들인 것이다.

그 사람을 만난 첫날에는 몰랐지만 천일이 지난 후에는 알게 되는 그런 것들은 구체적으로 과연 어떤 것들일까? 맥애덤스는 이 질문에 대해 훌륭한 해답을 제시하고 있다. 어떤 사람을 알아간다는 것은 친밀감의 각기 다른 세 단계를 거치는 과정이라고 그는 말한다. 그가 처음으로 린을 만났을 때는 대강의 사항밖에 알지 못했다. 그녀는 사교행사에서 주도적이고 외향적이며, 유쾌하고 드라마틱하며, 변덕스럽고 약간 불안해 보였으며, 지적이고 스스로를 관조하는 것처럼 보였다. 이런 기술어들은 특성을 통해 그 사람을 알아가는 첫 단계의 구성요소들이다.

5대 성격 유형(개방성·성실성·외향성·동조성·신경성)은 이 첫 단계의 특성들을 묘사한다. 이 특성들이 맥애덤스의 분류체계의 첫 단계로 꼽힌 이유는 이런 표현들이 어떤 사람을 '처음 파악할 때' 효과적이기 때문이다. 이런 특성들은 우리 자신을 비롯한 다른 사람들을 설명할 때 우리가 처음 사용하게 되는 단어들이다. 이런 표현들은 자기소개의 첫 부분에서 자주 볼 수 있다.

"나는 친절하고 활발하고 너그럽고 정직하며 원기왕성합니다."

"나는 재미있고 스마트하며 섹시하고 개방적입니다."

"나는 정직하고 투박하며 약간은 난잡하고 매우 짓궂으며, 결코 질대로 지루하지 않은 사람입니다."

방금 만난 사람을 설명하는 데 사용할 만한 단어들을 생각해보라. 여러분의 설명은 아마도 주로 다음의 특성들을 주안점으로 삼을 것이다. '호기심 많은', '친근한', '외향적인', '초조한', '울적해 보이는' 같은 서술어들은 성격을 표현하는 용어로 사용되기 쉽다. 한 연구조사에 따르면 사람들이 스스로와 다른 사람들을 설명하는 데 쓰는 가장 흔한 단어들은 '친근하다', '게으르다', '도움이 된다', '태평스럽다', '정직하다', '행복하다', '울적하다', '이기적이다', '수줍음이 많다'였다. 반대로 흔히 쓰이지 않는 단어들로는 '신경과민이다', '드라마틱하다', '다루기 힘들다', '이중적이다'가 꼽혔다.

그리고 우리가 이런 특성들을 표현하는 데 있어서는 종(種)에 대한 차별이 없다. 내 연구 중 개의 성격에 대한 한 연구에서는(물론 중요한 차이점들이 있음에도 불구하고) 이런 특성들을 묘사하는 동일한 단어들이 사용되었다. 개과에 해당하는 가장 흔한 10가지 대표적인 표현들은 '친근하다', '놀기 좋아한다', '충실하다', '귀엽다', '시끄럽다', '사랑스럽다', '원기왕성하다', '보호적이다', '애정이 넘친다', '냄새난다'였다. 개를 표현하는 데 드물게 쓰이는 표현들은 '쭈글쭈글하다', '활기 넘친다', '부드럽다', '남루하다', '겁이 많다', '고집불통이다' 등을 포함하고 있었다.

특성의 서술어들은 우리의 일상적인 언어에서 흔히 쓰인다. 얼마나 혼히 쓰이는지를 정확하게 조사한 대표적인 연구가 있다. 1936년 하버드대학교의 저명한 성격심리학자 고든 올포트(Gordon Allport) 교수와 그의 불운한 조수 헨리 오드버트(Henry Odbert)가 출판한 논문이다. 이 논문은 연구결과가 특별히 놀라웠기 때문이 아니라 그들이 시도한 연구 자체가 놀라운 것이었기 때문에 유명세를 탔다. 올포트와 오드버트는 소일거리가 별로 없었음이 분명하다. 왜냐하면 실로 원대한 과제에 도전했기 때문이다.

이들은 웹스터 대사전의 모든 단어를 일일이 확인해 사람의 성격을 묘사하는 데 사용될 수 있는 단어들을 각 사례별로 적어나갔다. 그들은 총 1만 7,953개의 단어를 찾아냈는데 그중에는 '수줍은', '친근한', '침착한', '조용한', '현명한' 같은 일상적인 단어에서부터 '의심스러워하는', '진드기 같은', '술 마시는', '목적 없이 두리번거리는'처럼 잘 쓰이지 않는 표현들까지 다양한 단어들이 있었다. 그런데 이런 서술어 가운데 대다수는 성격적 특성이 아니었다. 단어들은 '중요하지 않은', '가치 있는'과 같은 평가를 위한 표현이거나 '횡설수설하다', '환호하다'처럼 일시적인 기분이나 상태를 나타내는 표현 또는 '땅딸막한', '붉은 머리'와 같이 신체적 특징을 표현하는 단어들이었다.

그래서 올포트와 오드버트는 부적당하다고 보이는 단어들을 지워나가 4,500개의 특성 서술어들을 추려냈다. 이 매머드급의 거대한 연구조사는 일관적인 행동을 묘사하기 위한 엄청나게 다양한 단어들이 있음을 증명했고, 사람들이 어떤 사람인지에 대해 함축적으로 말하기 위해서는 특성이라는 게 매우 중요한 부분이라는 사실을 보여주었다.

그러나 맥애덤스가 기록하고 있듯이 특성은 어떤 사람을 잘 알게 되다는 목적지에 도달하기까지의 거리를 조금 줄여주는 데 그친다. 그것은 우리를 안면을 튼 상태까지밖에 데려다주지 못한다. 중대한 결정을 내리는 데 있어서 단지 그 사람의 특성을 아는 것으로 충분할까? 여러분은 배우자를 결정할 때 상대의 특성에 대한 묘사만으로 결정할 수 있겠는가? 맥애덤스는 절대 그럴 리 없다고 장담한다. 그는 약간의 조소를 섞어 "특성이란 '낯선 타인의 심리'를 알려준다"고 말한다. 그것은 커다란 붓으로 대강 윤곽을 그렸지만 여러 가지 자세한 세부 묘사가 빠져 있는 초상화 같은 것이다.

외향적이거나 소심하거나, 쾌활하거나 드라마틱하고 변덕스러운 데는 여러 가지 다른 방법들이 있다. 이런 특성들은 린의 가치나 정치적 견해, 그녀의 목적이나 역할에 대해 무엇을 말해줄 수 있을까? 우리는 더 많은 것을 알고 싶다. 그녀는 향후 5년 동안 어떤 목적을 달성하고 싶어 할까? 그녀가 후회하는 일들은 무엇인가? 그녀의 무릎이 풀리게 하는 일들은 무엇일까? 이런 질문들에 대한 대답은 린을 더 이상 낯선 타인으로 느끼지 않기 위해 우리가 알아야 하는 세부적인 정보들을 알려준다.

그래서 린이 (그녀의 다른 특성을 포함해) 외향성을 표현하는 특유의 방법을 이해하기 위해서는 우리는 맥애덤스의 분류 단계 중 두 번째 단계인 '개인적인 관심사'로 한 걸음 더 나아가야 한다. 개인적인 관심사들은 특성들만으로는 알 수 없는 전후관계를 포함한 정황적인 세부 정보를 제공한다. 그것은 아내이자 엄마이자 작가인 그녀가 맡은 역할들을 포함한다. 현대 소설을 더 많이 읽고 싶고, 작가로서 상을 받고 싶으며, 생각하는 것을 표현하는 데 더 힘써 노력하고 싶고, 베니스에 가보고 싶어 하는 그녀의 목표도 여기에 포함된다.

그리고 그녀가 무엇을 할 수 있는지도 말해준다. 린은 암벽등반을 할 수 있고 훌륭한 이야기꾼이며 글을 잘 쓴다. 또한 개인적인 관심사는 안락하고 신나는 삶을 추구한다거나, 세계평화를 기원한다거나, 아름다움과 야망, 용기, 가족의 평안, 용서, 상상력, 내적인 조화, 지성, 사랑, 국가의 안보, 희생, 자기존중, 사회적인 인지도, 진정한 우정, 현명함 등 그녀가 추구하는 가치를 말해주기도 한다.

이런 것들이야말로 스누퍼들이 어떤 사람을 더 잘 알고 싶을 때 파고드는 세부 정보다. 여러분의 기대와는 정반대일지 몰라도, 누군가를 알아간다는 것이 필연적으로 반드시 그 사람과 가까워지게 된다는 뜻은 아니다. 윈스턴 처칠의 자서전을 읽는 것만으로 맥애덤스가 말한 친밀감의 3단계 전부에 걸쳐 그의 성격을 통찰할 수 있을지도 모른다. 그러나 그런 통찰력이 이 위대한 지도자와의 인간관계를 형성해주지는 않는다. 하지만 이런 사실에도 불구하고 대부분의 경우 어떤 사람에 대해 알아간다는 일이 친밀감을 높여주는 것은 사실이다. 그렇기 때문에 그것이 낭만적인 애정 관계이든 아니든, 관계에 대한 연구들은 '여러분을 알아가는' 현상을 이해하는 데 매우 도움이 된다.

뉴욕주립대학교의 심리학자 아서 아론(Arthur Aron)은 사람들이 어떻게 낭만적인 애정관계를 구축하는지에 대해 관심이 있었다. 그래서 한 번도 만난 적 없는 남녀가 서로 가깝게 느낄 수 있도록 하는 자연스러운 방법을 생각해내기에 이르렀다. 보통 친밀감을 형성하는 데는 몇 주, 몇 달 혹은 몇 년이 걸리기도 하는데, 그의 연구에서는 처음 만나는 남녀가 친밀감을 느끼게 하기 위해 투자할 수 있는 시간이 1시간뿐이었다. 그래서 그는 서로를 알아가는 과정을 단축시키기 위해 맥애덤스의 1단계에서 빠르게 2단계로 이동할 수 있도록 미리 준비한 36가지 질문지를 사용했다. 이 질문들은 1시간 정도의 '나누기 게임'의 일부로, 각 쌍은 큰소리로 질문을 읽은 뒤 서로에게 질문에 대한 답을 하고 다음 질문으로 넘어가야 했다.

다음은 이 '나누기 게임' 질문지의 샘플이다. 머릿속으로 각 질문들에 대한 답을 생각해보고 그 답이 자기 자신에 대해 어떤 것들을 말해주고 있는지도 생각해보자. 이를 통해 사람들이 이런 질의응답을 하면서 어떻게 상대방을 알게 되고 친밀하게 느끼게 되는지를 깨달을 수 있을 것이다.

- 전세계의 어떤 사람이라도 선택할 수 있다면 누구를 저녁식사에 초대하고 싶나요?
- 전화를 걸기 전에 뭐라고 말할지 연습해본 적이 있나요? 어째서죠?
- 당신이 생각하는 '완벽한 하루'는 어떤 날인가요?
- 가장 최근에 혼자 노래를 부른 적은 언제인가요? 다른 사람에게 불러준 적은요?
- 만약 당신이 90살까지 살 수 있고 인생의 마지막 60년 동안 몸이나 마음 중에서 한쪽이 30세인 채로 머물 수 있다면 어느 쪽을 선택하겠어요?

- 당신이 어떻게 죽을 것 같다는 비밀스런 예감 같은 것이 있나요?
- 당신이 자란 환경이나 조건 중에서 바꾸고 싶은 것이 있다면 무엇인가요?
- 만약 내일 아침 눈을 떠서 무엇이든 하나의 재능이나 소질을 가질 수 있게 된다면 그게 무엇이었으면 좋겠어요?
- 오랫동안 해보고 싶다고 꿈꿔온 일이 있나요? 그걸 하지 않은 이유는 왜죠?
- 당신이 가장 소중하게 생각하는 추억은 무엇인가요?
- 만약 1년 뒤에 갑작스럽게 죽는다는 것을 알게 된다면, 지금 당신이 살고 있는 방식 중에 바꾸고 싶은 것이 있나요? 어째서죠?
- 당신의 삶에서 사랑과 애정은 무슨 역할을 하나요?
- 당신의 삶에서 부끄러웠던 순간을 다른 사람들과 나눠본 적이 있나요?
- 가장 최근에 다른 사람 앞에서 눈물을 보인 것은 언제죠? 가장 최근에 혼자 운 적은 언제인가요?
- 만약 농담을 하기에는 너무 심각한 주제가 있다면 무엇일까요?

단 1시간 동안 아론의 연구 대상자들은 서로에 대해 일반적으로 낯선 사람과의 1 대 1 면담을 통해서는 결코 알 수 없었을 내용들을 알게 되었다. 이 질문 중의 일부는 상대의 가치관과 목적을 알아보기 위한 것이었고, 다른 질문들은 우리가 보통 공식적인 만남이나 피상적인 만남에서 가지게 되는 경계심을 허물기 위한 것이었다. 예를 들어 만약 다른 사람에게 전화를 걸기 전에 미리 뭐라고 할지 연습해본다는 것을 시인한다면, 그것은 본질적으로 이미 공식적인 가면 뒤의 내 모습을 보여준 것이다. 이를 통해 우리는 보통 일반적인 대화에서는 나오지 않을 주제에 대해 이야기할 준비가 된 것이다.

이런 질문들은 낯선 타인과 함께 나누기에는 꽤 어려운 주제로 생각될 수도 있지만, 아론은 매우 소수의 참가자만이 부정적인 반응을 보였다고 말했다. 실질적으로 거의 모든 참가자들이 이 경험을 즐겼고 의미 있는 체험이었다고 느꼈다. 이 연구의 한 가지 예외는 경찰관들을 대상으로 한 것으로, 그들은 죽음에 대한 질문이 너무 가혹하다고 느꼈다(그래서 새로운 질문을 개발해야 했다). 이 방법을 활용했던 UCLA의 관계연구학자 리처드 슬래처(Richard Slatcher)는, 사람들이 이런 과정을 통해 개인적 질문에 편안하게 대응할 수 있는 이유는 서서히 자신을 드러내는 과정(비록 짧은 시간일지라도)을 통해 다른 사람들과 자신의 깊은 속내와 가끔은 감추고 싶은 비밀까지도 함께 나눌 수 있다는 생각에 점차 익숙해질 수 있기 때문이라고 말한다.

그럼 과연 같은 주제를 갖고 수다를 떠는 동안 형성되는 일시적인 동지애 때문이 아니라 정말로 질문의 내용 자체가 사람들을 가깝게 하는 것인지 어떻게 알 수 있을까? 이 사실을 알아내기 위해 아론은 또한 아래와 같은 질문들을 포함하는 잡담성 질문지도 만들었다.

- 가장 최근에 1시간 이상 걸은 건 언제죠? 어디에 갔고 무엇을 봤나요?
- 마지막으로 동물원에 갔던 때를 이야기해보세요.
- (당신이 아는 한도 내에서) 조부모, 삼촌과 고모, 이모들을 포함한 가족구

성원들의 이름과 나이를 말해보세요. 그리고 그들이 어디에서 태어났는지도 말해보세요.

- 한 사람이 어떤 단어를 말하면 다른 사람이 그 단어의 마지막 글자로 다른 단어를 말하는 끝말잇기를 해보세요. 50개 단어를 말할 때까지 계속 끝말잇기를 해보세요. 어떤 단어든 상관없어요. 문장을 만드는 게 아니에요.
- 당신은 어디서 왔나요? 당신이 살았던 곳들에 대해 말해보세요.
- 디지털로 된 손목시계나 벽시계를 선호하나요, 아니면 아날로그를 선호하나요? 그 이유는 무엇이죠?
- 인조 크리스마스트리의 장단점은 무엇인가요?

맙소사, 디지털시계와 인조 크리스마스트리에 대한 토론이라니! 이 세션이 얼마나 지루했을지는 불을 보듯 빤하지 않은가? 슬래처는 〈친밀감 문제지〉와 〈잡담 문제지〉를 받은 그룹들의 반응이 현저하게 달랐다고 보고했다. 실제로 친밀감을 형성하기 위한 문제지를 받았던 그룹의 참가자들은 세션이 끝난 후에도 헤어지고 싶어 하지 않았다. 많은 이들이 나중에도 서로 연락할 수 있도록 전화번호를 교환하는 것이 목격되었다. 반대로 잡담 문제지를 받았던 그룹은 마치 피곤하기 짝이 없는 위원회에라도 참석한 사람들처럼 보였다. 그들이 서로 계속 연락을 주고받고 싶어 한다는 어떤 단서도 찾을 수 없었다.

아론의 친밀감 형성 과정은 실험실에서는 매우 효과적이었다. 하지만 이런 질문들이 일상생활에서 사람들을 알아가는 데 활용될 수 있을까? 아론은 그것이 가능하다고 생각했다. 하지만 한 가지 주의해야 할 점이 있다. 너무 빨리 그런 질문들을 들이대서는 안 된다는 것이다. 이 친밀감 형성과정은 다년간의 연구결과로 증명되었다시피, 우정을 쌓는 가장 좋은 방법은 서서히 단계적으로 자기 자신을 보여주는 것이라는 사실에 근거해 고안된 것이다. 근본적으로 친밀감을 형성하기 위해서는 맥애덤스의 단계들을 거쳐가야 한다는 것이다. 그러므로 비교적 쉬운 질문들에서부터 시작해야 한다. 예를 들어 "전세계의 어떤 사람이라도 선택할 수 있다면 누구를 저녁식사에 초대하고 싶나요?" 같은 질문을 먼저 하고 "만약 1년 뒤에 갑작스럽게 죽는다는 것을 알게 된다면, 지금 당신이 살고 있는 방식 중에 바꾸고 싶은 것이 있나요?"처럼 강한 질문으로 옮겨가기 전에 충분한 시간을 두어야 한다.

물론 아론의 현명한 질문들이 없을지라도 우리 대부분은 맥애덤스의 1단계에서 한 걸음 더 나아가기 위한 우리 자신만의 격식 없는 대화법을 개발해낸다. 그런데 과연 우리는 이것을 어떻게 해내는 걸까? 우리는 어떻게 자신의 생각과 선호, 느낌과 가치를 전달할까? 그리고 대화 주제가 어떻게 서로 상대에게서 어떤 인상을 받는지를 좌우하게 될까? 나와 내 연구원인 제이슨 렌트프로는 이런 종류의 친밀감을 형성하는 대화에 관해 더 연구하기로 했다. 우리는 어떤 주제들이 대화의 화제로 떠오르는지를 살펴보는 것에 특히 관심이 있었다. 이것은 사람들이 서로를 알아가는 데 어떤 정보들이 쓸모 있다고 생각하는지 알려줄 수 있기 때문이다.

우리는 젊은 성인들을 대상으로 사람들이 서로를 알아가기 위해 어떤 대화들을 나누는지를 조사하기 위해 낯선 타인들 사이의 대화를 추적할 수 있는 6주간의 연구계획을 세웠다. 연구 대상들이 직접 대면하는 대신 우리는 온라인 게시판을 활용하기로 했다. 온라인 게시판을 이용함으로써 참가자들은 보통 직접 만나서 대화를 나눌 때 어쩔 수 없이 상대에게 전달될 수밖에 없는 다른 모든 부가적인 정보들, 예컨대 상대가 어떻게 생겼고 친구들은 어떤 사람들인지 등을 차단할 수 있었다. 그리고 그들의 대화 자체를 정확히 모니터할 수 있었다.

  2002년 가을 우리는 60명의 젊은 남녀 참가자들을 연구 리스트에 등록시켰다. 참가자들에게는 어떤 제약도 주어지지 않았다. 그저 서로를 알아가는 데 도움이 된다고 생각하는 이야기는 어떤 것이든 자유롭게 말하도록 했다. 우리는 낯선 타인들이 친구가 되기 위한 첫 걸음을 시작하면서부터 그 후 6주 동안 그들 사이에 오간 모든 대화를 단어 하나하나 빠짐없이 기록했고 분류했다. 우리는 이전의 연구결과를 통해 참가자들이 선호하는 책, 옷, 영화, 스포츠, 음악, TV 프로그램에 대한 이야기를 나눌 가능성이 높다는 것을 이미 알고 있었다. 또한 이 연구는 텍사스대학교의 미식축구 시즌 동안 진행되었는데, 학생들이 미식축구에 굉장히 열성적이기 때문에 우리는 미식축구 카테고리를 따로 만들어 추가했다. 최종적으로 우리는 게시판에서 오간 대화를 확인해 대화 주제를 다음과 같은 7가지 항목으로 분류했다. 책, 옷, 영화, 음악, TV 프로그램, 미식축구, 미식축구 외의 스포츠가 그것이다. 그리고 이런 주제들이 대화 중 얼마나 자주 등장했는지를 측정할 수 있는 컴퓨터 프로그램을 이용해 그 빈도수를 계산했다.

::**그림 3-1** 서로를 알아가기 위한 6주 동안의 온라인 대화에서 음악에 대한 이야기를 나눈 학생들과 그 외 다른 주제에 대한 이야기를 나눈 학생들의 분포도

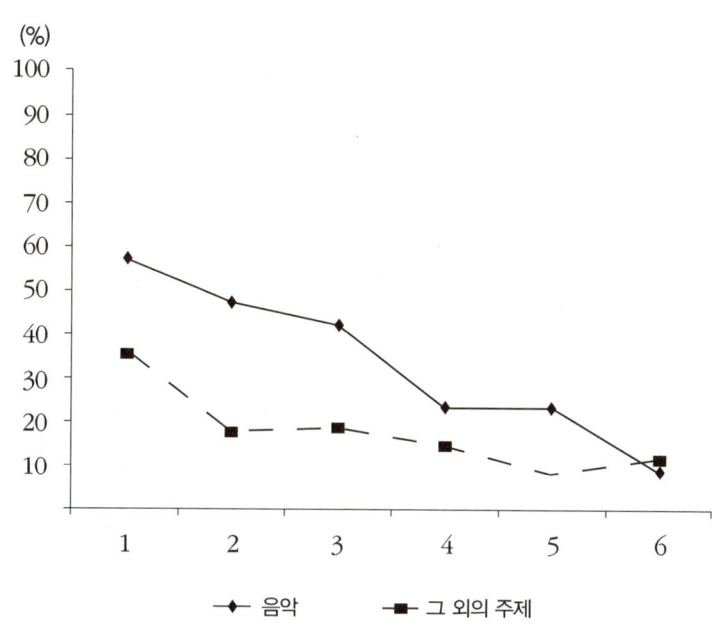

결과는 충격적이었다. [그림 3-1]에서 볼 수 있는 것처럼 모든 주제들을 제치고 음악이 가장 흔한 화젯거리로 떠올랐다. 첫 주 동안 참가자들의 58퍼센트가 음악에 대해 이야기를 나누었다. 그 다음이 영화(41%)와 미식축구(41%) 순이었다. 한 주 한 주 지나면서 참가자들은 점차 이 7가지 주제를 벗어나 더 다양한 주제로 대화를 나누었지만,

음악은 지속적으로 가장 흔한 주제로 남아 있었다. 음악은 첫 6주 동안 단 한 차례만을 제외하고 계속 한 주 동안 가장 많이 언급된 주제였던 것이다. 사람들은 서로에 대해 잘 알고 가까워지기 위해 어떤 주제로도 자유롭게 대화를 나눌 수 있었다. 그럼에도 불구하고 대부분의 사람들이 음악을 대화 주제로 선택했다는 사실은 많은 사람들이 음악 성향을 통해 상대가 어떤 사람인지를 알 수 있다고 생각하고 있다는 사실을 증명해준다.

물론 모든 사람들이 다른 사람들과 쉽게 친해지기 위해 음악을 대화 주제로 선택하지는 않을 것이다. 음악은 아직 진정한 자기 자신을 발견하고 찾아가는 과정에 있는 젊은 사람들에게 특히 인기가 있는 주제이다. 그들에게는 음악이 효과적으로 소통할 수 있는 하나의 언어다. 음악은 여러 가지 메시지들을 표현할 수 있다. '나는 반항적이야', '화가 났어', '나는 보수적이야', '우울해', '나는 건전한 사람이야', 아니면 이 중 어떤 메시지들을 조합한 것도 가능하다. 그리고 이런 사람은 어떤 음악을 좋아해야만 한다는 외부적인 강요 요소도 없다(키가 너무 크다고 재즈음악을 좋아하지 말란 법은 없다).

결정적으로 음악이라는 언어는 여러분이 소통하고자 하는 대상을 폭넓게 이해할 수 있게 해준다. 인생의 다른 시기나 다른 그룹 속에서는 음악이 아닌 다른 대화 주제가 우선시될 수도 있을 것이다. 어린 자녀가 있는 부모들은 놀이방이나 소아과 의사들에 대해 이야기를 나눌 수 있고, 딸을 어떤 학교에 보낼지 하는 계획에 대해, 아니면 아들에게 어떤 만화영화를 볼 수 있도록 허락해주는지에 관한 대화를 통해 자신의 가치관과 정체성을 다른 사람들과 나눌 것이다. 이 경우에서도 역시 대화의 주제 자체가 그룹원들이 공통적으로 이해할 수 있는 언어인 것이다. 하지만 이런 공통분모를 가진 대화 주제들도 음악적인 취향이 제공하는 유연성과 풍부함을 제공하지는 못한다.

우리가 진행했던 '서로 알아가기' 연구 프로젝트는 주의 깊게 통제된 것이었기 때문에 통제 불가능한 실제 상황에서 다시 한번 확인하고 증명할 필요가 있었다. 현대 서구사회에서 이런 증거를 찾을 수 있는 최적의 장소는 이하모니(e-harmony)나 매치닷컴(match.com) 같은 인터넷 데이트를 알선해주는 웹사이트들이다. 여기에서는 플라토닉한 우정 아니면 더 친밀한 관계를 원하는 사람들이 짝을 찾기 위해 수천 명에 달하는 회원들의 프로파일을 검색할 수 있다. 이 정보를 바탕으로 외로운 사람들은 온라인에서의 친밀감을 형성하기 위해 다음 단계로 나아갈지를 결정한다. 데이트 주선 회사들은 사용자들의 관심을 끌기 위해 경쟁이 치열하다. 그래서 사용자 프로파일은 사용자에 대해 풍부한 정보를 제공해준다고 생각되는 항목들로 구성되어 있다.

우리는 가장 인기 있는 10개의 온라인 데이트 웹사이트를 방문(물론 순수하게 연구를 위해서)했는데, 이 중 90퍼센트가 사용자들에게 음악적 취향에 대한 질문을 한다는 사실을 발견했다. 이것은 음악이 사람들이 서로를 알아가는 데 있어서 책이나 옷, 음식, 영화, TV 프로그램 같은 정보보다 더 도움이 된다는 일관적 결과를 보여준 우리의 스누핑 연구와 일치했다(7장에서 각각 다른 음악적 취향을 통해 어떤 사실들을 알 수 있는지 함께 살펴볼 것이다).

정체성: 성격의 근원적인 기반

맥애덤스가 말한 대로 상대방을 알아가기 위한 처음 두 단계를 거쳐 그 사람의 특성과 개인적인 관심사들을 파헤치고 나면, 이제 성격의 근원적인 기반에 부딪치게 된다. 바로 정체성이다. 맥애덤스는 그가 주창한 마지막 3단계를 이렇게 표현한다.

"재구성된 과거 그리고 지금 보고 있는 현재와 미래에 대한 예상을 통합해 삶의 일관된 통일성과 목적, 의미를 제공하는 자기 내면의 이야기."

이처럼 정체성은 우리 삶의 다른 요소들에 일관성을 부여한다. 다시 말해 정체성이란 우리의 과거·현재·미래의 경험을 하나의 이야기로 묶어주는 끈이다. 나의 동료 잭이 어린 시절부터 자신을 지지해주지 않았던 쌀쌀한 부모님에게 비웃음을 당한 적이 있다 해도 조금도 놀랍지 않다. 이런 경험이 그의 일관적인 이야기를 끌어내게 된 동기가 되었고, 아마도 그 후 잭의 사춘기나 직장생활 초기에도 부모님은 비슷하게 잭을 무시하는 태도로 일관했으리라. 자기를 믿어주지 않는 이들과 싸운다는 이 주제는 그를 이끌고 있으며 앞으로도 행동의 지침이 될 것이다. 그것은 또한 긍정적인 작용을 할 수도 있다. 책을 써서 그들에게 보여주고 싶다는 동기가 될 수도 있고 부모에게서 받은 가혹한 양육법에 대해 보상을 받기 위해 자식과 손자들과 친밀한 관계를 형성할 수도 있다. 코네티컷대학의 심리학자 제퍼슨 싱어 (Jefferson Singer)는 이런 종류의 사건을 '자기 정의의 기억들'이라고 부른다. 왜냐하면 이런 기억들이 한 사람의 개인으로서 여러분이 어떤 사람인지를 설명하는 데 도움을 주기 때문이다.

우리의 정체성은 많은 부분들로 구성되어 있다. 그리고 우리는 나 자신이라는 일관된 모습에 놀라울 정도로 쉽게 새로운 정체성들을 더해나갈 수 있다. 나는 몇 년 전 출근길 운전을 하던 중 생긴 일을 기억한다. 내가 이 책을 쓰기로 결심하고 나서 얼마 지나지 않은 때였다. 나는 라디오에서 톰 클랜시(Tom Clancy, 미국의 유명 스릴러 범죄소설 작가—옮긴이)의 인터뷰를 듣고 있었다. "우리 작가들은……"이라고 운을 뗀 그는 작가로서의 고충과 즐거움에 대해 이야기를 시작했다. 나는 무의식중에 그가 하는 말을 다 이해한다는 듯이 고개를 끄덕이면서 혼잣말로 "맞아, 우리는 정말 그런 고충에 시달리지!"라고 중얼거렸다. 그때까지도 나는 이 책의 한 단어도 쓰지 않았지만 그래도 '작가'라는 역할을 내 정체성의 일부로 의식하기 시작했던 것이다. 내 그런 반응은 꽤 어처구니없는 행동이었기에, 나는 주위를 둘러보며 이런 내 모습을 본 사람이 없다는 것에 안도했다.

　정체성의 요소들은 상황에 따라 강화되거나 약해질 수 있다. 내가 영국인이라는 사실은, 나라는 존재에 대해 생각했을 때 핵심적인 요소였던 적이 한 번도 없었다. 미국으로 이주해오면서 갑자기 내 영국인스러움이 부각되기 전까지는 말이다. 내 억양은 런던에서보다 오스틴(미국 텍사스의 주도—옮긴이)에서 훨씬 튀게 들린다. 그리고 다른 사람들의 눈에는 (그렇기 때문에 나 스스로도) 내가 영국의 모든 것을 대표하는 사절이 되어버렸다.

　여러분이 처한 상황이나 입장은 스스로를 어떻게 정의하는가에 대해 큰 영향을 끼친다. 예를 들어 영국에서 살 때만 해도 나는 스스로를 유럽인이라고 생각해본 적이 없다. 왜냐하면 유럽인이라는 표현은 주로 영국해협 건너의 유럽대륙인들을 지칭하는 말이었기 때문이다. 그러나 여기 미국에서는 프랑스가 엄연히 유럽대륙과 영국해협이라는 좁은 은빛 바다로 구분되어 있다고 생각하는 것이 별 의미 없는 일처럼 느껴졌다. 나는 내가 유럽인이라는 사실을 새삼스럽게 실감했다.

정체성은 우리 모두에게 뿌리 깊게 자리 잡고 있다(나에게 순간적으로 나타난 작가로서의 자아상은 예외로 하더라도). 그러나 일반적으로 뚜렷하게 유기적으로 드러나는 것은 아니다. 자신의 정체성을 설명해보라는 요구를 받았을 때 그 즉시 설명할 수 있는 사람은 드물다. 그것은 끌어내야 하는 것이다. 맥애덤스는 연구 프로그램 중 일부로 정체성의 요소들을 도출해내도록 특별히 고안된 인터뷰를 개발했다. 누군가의 개인적인 정보를 알게 되면 쉽게 친밀감이 형성된다. 아서 아론의 연구결과가 보여주는 것처럼 어쩌면 여러분이 원하는 것보다 훨씬 더 친밀하게 말이다. 그래서 이 인터뷰에는 경고문구가 따라붙는다. 맥애덤스는 질문을 하는 이와 인터뷰 대상자 모두에게 인터뷰를 시작하기 전에 이렇게 경고한다. 인터뷰 도중 질문자와 대상자 사이에 예기치 않은 강렬한 친밀감이 형성될 수 있으며, 이에 대한 마음의 준비가 되어 있는지 신중히 생각해보라고 말이다.

맥애덤스의 인터뷰는 정체성이 별개로 나뉜 각각의 단발성 사건들이 아니라 연속되는 하나의 이야기라는 착상에 근거해 인터뷰 대상에게 자신의 삶을 중요한 각 장으로 나눠보라는 과제를 내주는 것부터 시작한다. 사람들은 저마다 다양한 방법으로 대답한다. 중학교, 고등학교, 대학, 취업처럼 연대기적인 구분을 적용하는 사람들이 있는가 하면, 어떤 사람들은 부모의 이혼이나 사고, 첫키스와 같은 중요한 사건들로 구분하기도 한다. 그런가 하면 일, 교육, 사랑, 오락 등 주제별로 분류하는 사람도 있다. 그 다음으로 인터뷰는 살면서 가장 좋았던 경험과 나빴던 경험, 영웅으로 생각하는 사람은 누구이며 삶의 전환점은 무엇이었는지를 계속해서 묻는다.

예상할 수 있듯이, 맥애덤스의 인터뷰를 통해서 풍부한 개인정보를 얻을 수 있다. 일반적으로 여러분을 잘 알고 있다고 생각했던 사람들까지도 이러한 지극히 개인적이고 상세한 대화를 통해 여러분에 대해 더 많은 것을 알게 될 것이다. 연구적인 관점에서의 도전과제는 이런 정보들을 모아 한 사람에 대한 일관적이고 총체적인 그림을 만들어내는 것이다. 몇 분 안에 모아서 바로 비교해볼 수 있는 특성에 관한 정보들과는 달리 이런 개개인의 초상 사이의 차이는 측량하기 어렵다. 하지만 정체성은 우리가 누구인지를 알려주는 핵심부이므로 어떤 사람을 정말로 알게 된다는 것은 이 중심부가 어디인지를 밝혀낸다는 뜻이다.

우리는 대부분 정체성에 관한 정보를 도출해내기 위해 매번 맥애덤스의 방법을 활용할 수는 없는 실정이다. 이때 스누핑은 성격의 핵심요소를 알아낼 수 있는 훌륭한 지름길 역할을 해준다. 일상의 자질구레한 것들에는 대부분 정체성에 대한 단서가 담겨 있기 때문이다. 1장에서 이미 언급했듯이 당사자들이 직접 골라 장식해놓은 사진은 그런 단서를 찾기에 유용한 물건이다. 내가 친한 친구이자 뉴욕대학교에서 교직원으로 근무하고 있는 존을 방문하기 위해 가장 최근 뉴욕에 갔을 때였다. 존은 (폭넓은 독서를 했고 교양 있으며 철학적이고 세련된) 전형적인 학구파 지성인이며 오랫동안 정치적으로 활발히 활동해왔다. 이런 것들은 모두 그의 본질적인 특성이며 존의 정체성의 핵심 요소들을 이루고 있다고 나는 믿는다.

존이 통화를 마치기를 기다리는 동안 나는 존이 액자에 넣어 파일 캐비닛 위에 놓아둔 대학 신문사의 오래된 사진을 별 생각 없이 쳐다보고 있었다. 그것은 학생시위 장면을 찍은 사진이었는데, 시위행렬의 맨 앞에 젊은 시절의 존이 있었다. 그 사진 가까이에는 두어 장의 포스터가 붙어 있었다. 카프카의 작품에서 영감을 얻은 연극 포스터와 살바도르 달리 전시회의 기념 포스터였다. 존이 순수하게 포스터의 이미지들이 마음에 들었을 뿐이라 하더라도, 그것들은 존이 스스로 자신을 어떻게 생각하는지를 반영하고 있었으며 교양인으로서 그의 자아상에 부합하는 관심사와 일화들을 상기시켜주었다. 이후 나는 달리의 포스터가 할아버지와 함께 플로리다의 세인트피츠버그에 있는 달리미술관에 갔던 그의 어린 시절 추억을 상기시켜준다는 사실 또한 알게 되었다.

그 후에 부다페스트에 있는 존의 아파트에서 머물 기회가 생겼다. 책장에는 철학과 교수였던 아버지와 체스게임에 몰두하고 있는 소년 시절 존의 사진이 액자에 담겨 있었다. 어째서 존이 축구를 하는 사진(존은 실제로 축구를 했었다)도, 고교시절 친구들과 모험을 하거나 유타의 스키장 방갈로에서 맥주를 마시는 사진도 아닌 바로 그 사진이 책장에 자리 잡게 된 걸까? 그것이 존의 뿌리 깊은 지적 학습과 연관되어 있으며 아버지와의 친밀한 유대감이 그의 성격을 이루는 요소에 반영되어 있었기 때문이다. 적어도 내 눈에는 그렇게 보였다.

맥애덤스는 정체성에 대해 매우 중요한 논지를 펴고 있다. 그것은 과거에 일어났던 일들에 의미를 부여하고 지금 자신이 어떤 사람인지를 말하기 위해 사람들이 자신에 관해 하는 이야기라는 것이다. 이 관점에서 볼 때, 그 이야기가 진실인지 아닌지는 중요하지 않다. 나는 스스로를 문화적인 면에서 모험적인, 즉 개방성이 높은 사람이라고 생각한다. 나는 이것이 사실이라고 굳게 믿고 있다. 다른 사람들과 비교했을 때 나는 메뉴에 적힌 새로운 음식에 도전하거나, 새로운 일을 시작하거나, 가보지 않은 장소들을 방문할 때 개방적이라는 뜻이다. 하지만 맥애덤스의 관점에서 보면 우리가 정체성에 대해 이야기할 때는 우리가 믿는 사실들이 진실인지의 여부는 그다지 중요하지 않다.

이런 이유로 맥애덤스는 우리가 스스로에 대해 하는 이야기가 신화의 개념을 연상시킨다고 훌륭하게 짚어냈다. 고대 신화처럼 그 이야기들은 일관성 있고 총체적이며 진실일 수도 아닐 수도 있다. 그렇다면 우리는 개방성이 내 정체성 중의 한 부분이라고 말할 수 있을까? 그것이 진실인지 아닌지 상관없이 말이다. 한 가지 방법은 내 개방성이 도전을 받았을 때 내가 어떻게 반응하는지를 보는 것이다.

누군가로부터 내가 꽉 막힌 사람이라는 말을 들었다면 나는 아마도 사람들이 놀랄 만큼 펄쩍 뛰며 내 정체성을 지켜내기 위해 스스로를 변호할 것이다.

"호오, 그래요? 내가 꽉 막힌 사람이라고 생각한다는 거죠? 그런 거예요? 잠시만요…… 웨이터! 생각이 바뀌었어요. 그 크렘 브륄레

(Creme Brulee, 달군 크림이라는 뜻의 프랑스 디저트―옮긴이)는 취소해 주세요. 금잔디를 곁들여 살짝 구운 내장 아이스크림을 먹겠어요."

내 이런 반응은 '나는 개방적인 사람이다'라고 생각하는 것이 나에게도 매우 중요하다는 것을 뜻한다. 마치 내 동료인 잭이 상상 속에서 부당하게 자신을 억압하고 발목을 잡으려고 하는 주위의 모든 적들에 맞서 투쟁하고 있다고 굳게 믿고 있는 것과 마찬가지다. 내가 내 정체성 중에서 개방성이 특히 중요하다고 느끼는 것은, 내 정체성의 다른 부분이 얼마나 중요하다고 생각하는지와는 별개의 문제다. 누가 나에게 당신은 너무 수다스럽다거나 너무 과묵하다 또는 지저분하다거나 너무 깔끔하다고 말한다면 나는 아무렇지도 않다. 왜냐하면 이런 이미지들은 나의 정체성에서 그다지 중요하게 여기는 부분이 아니기 때문이다. 이메일의 서명란은 사람들이 자기정체성에 대해 어떻게 생각하는지를 엿볼 수 있는 흥미로운 단서가 된다. 사람들은 흔히 이메일 서명란 아래쪽에 자신의 정체성에서 특히 중요하게 생각하는 내용과 관련된 경구를 삽입한다. 아래 문장은 지난 몇 년 동안 내가 수집한 이메일 서명의 경구들이다.

A. 개인적 관심사의 좁은 한계를 뛰어넘어 모든 인류의 공통 관심사에 다다르지 못한 사람은 아직 삶을 시작하지 않은 것이다. _마틴 루터 킹

B. 근본적인 원인을 고려하지 않은 방법으로는 결국 아무것도 해결하지 못한다.

C. 삶에는 2가지 선택이 있다. 주어진 환경과 조건을 그대로 받아들이거

나 이를 바꿔야겠다고 생각하는 것이다. _데니스 웨이틀리

D. 당신도 알겠지만, 세상 참 좁지요. 하지만 이 세상을 전부 그려보라고 한다면 나는 결코 그걸 시도하고 싶지는 않아요. _스티븐 라이트

E. 언제나 부정을 막아낼 수는 없을지 모른다. 그러나 부정을 막아내지 못한다고 해서 그것이 부정에 굴복해도 된다는 뜻은 아니다. _엘리 위젤

F. 기본 심리학은 내 서브루틴(Subroutine, 특정 또는 다수 프로그램에서 되풀이해 사용되는 독립된 명령군—옮긴이) 중 일부입니다. _영화 〈터미네이터 3〉 중 아놀드 슈왈츠네거의 대사

G. 미래는 자신의 아름다운 꿈을 믿는 사람들에게 달려 있다. _일리노어 루스벨트

H. 먼저 연주를 하고 나서 무슨 곡이었는지 말해주겠소. _마일즈 데이비스

위의 글귀들을 보고 그 메일을 보낸 사람을 맞힐 수 있는지 한번 도전해보라.

1. 경찰관.
2. 인간의 행동양식 진화론에 관심이 있는 대학원생.
3. 성실한 컴퓨터 기술자.
4. 히스패닉계 연구소의 소장.
5. 풍부한 상상력과 원대한 지적 도약을 이룬 것으로 유명한 동물행동학 교수.
6. 대학의 박사학위 과정에 합격하고 싶은 대학생.

7. 심리학 교수.

8. 상사의 부적절한 간통행위를 폭로하는 이메일을 과감하게 전 직원에게 보낸 직급이 낮은 직원.

자, 여러분은 누가 위의 인용구를 사용한 사람일 것이라고 생각했는가? 실제 인용구를 사용한 사람들은 [표 3-1]과 같다. 정답을 다 맞히지 못했다고 해서 속상해할 필요는 없다. 당연한 일이다(1개 이상 맞혔다면 꽤 잘한 것이다). 이메일 서명에 덧붙여진 몇 마디 말을 통해 생전 들어본 적도 없는 낯선 이의 정보를 알아내기란 그리 쉽지 않기 때문이다.

각 인용구는 이메일을 보낸 발신자들이 어떤 사람인지를 반영한다. 이 중 몇 명은 다른 인용구보다 발신자가 누구인지를 더 명확하게 표현해준다. 영화 〈터미네이터〉의 대사를 인용해 심리학이 자신의 서브루틴 중 하나라고 심리학 교수가 말한 것이나, 소수민족 연구센터의 소장이 마틴 루터 킹의 말을 인용한 것은 매우 자연스럽게 들린다.

한편 "근본적인 원인을 고려하지 않은 방법으로는 결국 아무것도 해결하지 못한다"라는 글귀는 여러 사람이 인용할 만한 글이다. 어쩌면 이 인용구는 동물행동학 교수에게 가장 잘 어울릴지도 모른다. 그러나 우리는 그 사람이 왜 하필 그 인용구를 골랐는지에 대해서는 정확히 알지 못한다. 그럼에도 불구하고 이 인용구들은 이메일을 보낸 발신자에 관해 어느 정도 정보를 제공하고 있다. 그리고 우리는 이런 정보를 통해 성격이라는 알쏭달쏭한 퀴즈를 풀어갈 수 있는 또 하나의 단서를 얻게 되는 것이다.

::: **표 3-1** 이메일 서명란의 인용구와 발신자의 조합

인용구	이메일 서명 발신자
A. 개인적 관심사의 좁은 한계를 뛰어넘어 모든 인류의 공통 관심사에 다다르지 못한 사람은 아직 삶을 시작하지 않은 것이다. _마틴 루터 킹	4. 히스패닉계 연구소의 소장.
B. 근본적인 원인을 고려하지 않은 방법으로는 결국 아무것도 해결하지 못한다.	2. 인간의 행동양식 진화론에 관심이 있는 대학원생.
C. 삶에는 2가지 선택이 있다. 주어진 환경과 조건을 그대로 받아들이거나 이를 바꿔야겠다고 생각하는 것이다. _데니스 웨이틀리	1. 경찰관.
D. 당신도 알겠지만, 세상 참 좁지요. 하지만 이 세상을 전부 그려 보라고 한다면 나는 결코 그걸 시도하고 싶지는 않아요. _스티븐 라이트	3. 성실한 컴퓨터 기술자.
E. 언제나 부정을 막아낼 수는 없을지 모른다. 그러나 부정을 막아내지 못한다고 해서 그것이 부정에 굴복해도 된다는 뜻은 아니다. _엘리 위젤	8. 상사의 부적절한 간통행위를 폭로하는 이메일을 과감하게 전 직원에게 보낸 직급이 낮은 직원.

F. 기본 심리학은 내 서브루틴 중 일부입니다.
_영화 〈터미네이터 3〉 중
아놀드 슈왈츠네거의 대사

7. 심리학 교수.

G. 미래는 자신의 아름다운 꿈을 믿는 사람들에게 달려 있다.
_일리노어 루스벨트

6. 우리 대학의 박사학위 과정에 합격하고 싶은 대학생.

H. 먼저 연주를 하고 나서 무슨 곡이었는지 말해주겠소. _마일즈 데이비스

5. 풍부한 상상력과 원대한 지적 도약을 이루어낸 것으로 유명한 동물행동학 교수.

우리는 동물행동학 교수가 어째서 "먼저 연주를 하고 나서 무슨 곡이었는지 말해주겠소"라는 인용구를 썼는지 그 이유를 정확히 알 수 없다. 하지만 막연하게나마 그 교수는 삶과 과학에 대한 기발하고 쾌활한 생각을 가지고 있으며 아직 모르는 미지의 것도 기꺼이 받아들일 준비가 되어 있다고 짐작할 수 있다. 시간이 흐르면서 사람들은 이메일 서명의 경구들을 바꾸기도 할 것이다. 특히 대학 진학을 위해 집을 떠나게 되었을 때, 첫 직장생활을 시작할 때, 처음으로 부모가 되거나 이혼을 하는 등 뭔가 중요한 변화의 시기에 그렇게 할 가능성이 높다. 박사학위 지도교수로서 새로운 학생들을 받아들일 무렵에 나는 이런 사례에 딱 맞는 흥미로운 메일을 받은 적이 있다. 과거 규모가

작고 자유분방함이 풍겨나는 문과대학에 다닐 때 그녀는 이메일 서명 아래에 이런 경구를 적었다.

- 소수의 사려 깊고 책임감 있는 시민들이 세상을 바꿀 수 있다는 사실을 결코 의심하지 마라. 실제로 그들만이 세상을 바꿔왔다. _마가렛 미드

그러나 며칠 후, 우리 연구 프로그램에 참여해 과학자로서의 이력을 시작하는 한걸음을 내딛자마자 그녀는 이메일 서명의 인용구를 바꾸었다.

- 모든 것은 가능한 한 최대로 단순하게 만들어져야 한다. 더 이상 간단해질 수 없을 때까지 말이다. _알베르트 아인슈타인

몇 년이 지난 뒤 내가 그 학생에게 이 인용구들을 보여주자 그녀는 자신의 정체성에 변화가 있었다고 인정했다. 첫 번째 인용구는 이상적인 학생운동가라는 자아상을 반영했다. 그 후에도 그녀는 여전히 그 인용구에 대한 신념을 간직하고 있었다. 그럼에도 불구하고 더 이상 그것은 그녀의 정체성에서 가장 핵심적인 부분은 아니었다. 훌륭한 과학자가 되겠다는 새로운 도전이 그보다 더 중요해진 것이었다.

어떤 이메일 서명란의 인용구들은 일관된 연속성을 보여준다. 아래의 3가지 다른 경구를 살펴보자. 모두 내가 한 번도 만나지 못한 학생으로부터 1년에 걸쳐 받은 이메일에서 발췌한 것이다.

- 모든 위대한 것들은 찾기 어려운 것만큼이나 실현하기도 어렵다. _스피노자, 《에티카(Ethica)》
- 모든 학문을 시험해보는 것을 즐겨하고, 배우는 데 전력을 다해 아무리 배워도 결코 만족을 모른다면 그를 지혜를 사랑하는 이, 즉 철학자라고 부르는 것이 마땅하지 않겠는가? _플라톤, 《국가(Republic)》
- 창조성이란 그저 어린 시절이나 젊은 시절의 순수한 자발성만으로 이루어지는 것이 아니다. 그것은 반드시 성인으로서의 열정, 삶이 다한 후에도 남아 있을 열정과 결합해야만 탄생할 수 있는 것이다. _롤로 메이

각 인용구들은 모두 비슷하게 고매하고 심지어 오만하기까지 한 메시지를 전달하고 있다. 위대함과 지혜 또는 창조성을 향한 숭고하지만 고된 여정에 관한 메시지들이다. 이 학생은 (자기 스스로를 유서 깊은 전통의 일부라고 여기는) 지성인으로서의 자기정체성을 내면화한 것으로 보인다. 만약 내가 그 학생을 위한 선물을 사야 했다면, 나는 망설이지 않고 바로 서점으로 직행해서 1890년의 고전인 윌리엄 제임스(William James)의 《심리학 원리(The Principles of Psychology)》 초판본을 구입했을 것이다.

성격의 수수께끼

맥애덤스가 린의 성격을 묘사한 내용에 호기심이 동한 것은 비단 나뿐만이 아니었다. 내가 담당하고 있던 대학원생들의 재촉 때문에 나

는 컨퍼런스에서 그를 스토킹해 린이 실존 인물인지 아닌지를 캐물어야 했다. 그의 답변은 "그렇기도 하고 아니기도 하다"였다. 린은 여러 실존인물들을 조합해서 창조한 인물로 밝혀졌다. 고백컨대 나는 맥애덤스가 너무도 생생하게 그려낸 이 인물이 실제로 존재하는 사람이 아니라는 사실에 적잖이 실망했다. 비록 그가 말한 것처럼 린과 사랑에 빠졌다고 주장한 어떤 남자만큼은 아니었지만.

그러나 맥애덤스는 성격연구에 있어 이런 탁월한 성격묘사를 뛰어넘는 훨씬 중요한 기여를 했다. 그의 연구는 어떤 사람을 알아간다는 것이 그저 그 사람에 대해 더 많은 사실을 알게 되는 것만은 아니라는 결정적인 교훈을 제시하고 있다. 더 많은 사실들을 안다는 것만으로는 충분하지 않다. 중요한 것은 여러 가지 다른 차원과 한층 깊이 있는 정보를 알게 됨으로써 그 사람을 잘 알 수 있게 된다는 사실이다. 그 사람이 얼마나 친절하거나 수다스러우냐는 특성에서 한발 더 나아가, 그 사람의 목적과 가치관을 이해할 수 있어야 하는 것이다. 그녀가 직업적으로 어떤 성취를 이루고자 바라는지, 부모가 된다는 사실에 대해 어떻게 느끼는지, 신의 존재를 믿는지, 삶에서 자극을 추구하는지, 가족의 안정감을 갈구하는지, 직업적인 성공을 갈망하는지의 여부를 말이다.

그리고 어떤 사람을 정말로 잘 알려면 그보다도 한층 더 깊게 파고 들어야만 한다. 궁극적으로 그 사람의 정체성에 관해 알아가야 하는 것이다. 이는 앞으로 우리가 함께 살펴볼 것처럼, 내가 여러 침실과 사무실, 웹사이트와 음반 컬렉션을 기웃거리며 진행한 스누핑 연구에 있어서 아주 핵심적인 개념인 정체성에 관해서이다.

chapter 04

의미 있는 단서만을
골라내는 방법

Belgian Sleuths and
Scandinavian Seabirds

1942년 5월, 미국이 제2차 대전에 참전한 지 5개월이 지난 후 새로 설립된 전략사무국은 적진에서 작전을 수행할 적합한 후보들을 선정하기 위해 선별 프로그램을 시행했다. 전략사무국은 본질적으로 스파이가 될 사람을 찾고 있었다. 급하게 모은 직원들은 훌륭한 스파이가 될 수 있는 사람들과 그렇지 못한 사람들을 구별할 수 있는 테스트를 개발했다.

그중 한 과제는 '소지품 검사'였다. 후보들은 옷가지, 시간표, 티켓 영수증 등 침실에 남겨진 물건들을 분석해서 수집한 정보를 바탕으로 그 방에 있었던 사람이 어떤 사람인지를 묘사해야 했다. 이 테스트는 내 연구를 이끈 것과 동일한 가정에 바탕을 두고 개발되었다. 즉, 사람이 머문 공간을 통해 그 사람에 대한 많은 사실을 알아낼 수 있다는 것이다.

그리 멀지 않은 어느 여름, 나는 이 전략사무국의 스파이 테스트를 떠올린 적이 있다. 그것은 내가 연구 협력자들과 몇 주 동안 뉴욕에서 일하던 때였다. 비즈니스스쿨에서 강의하고 있는 내 연구 협력자의 동료(그녀를 스테파니라고 부르자)가 친절하게도 자신의 사무실을 내게 빌려주었다. 사무실 문을 열자마자 천장에 걸린 커다란 목각 갈매기 모빌이 눈에 확 띄었다. 그것은 방의 한가운데 그녀의 책상 가까이 바닥으로부터 약 1.8미터 정도 떨어져 매달려 있어 도저히 못 보고 지나칠 수가 없었다.

내가 도착하고 나서 곧 사람들이 인사를 하기 위해 사무실로 찾아왔다. 내가 어떤 연구를 하고 있는지 듣고 나서 사람들은 천장에 매달린 갈매기에 대해 분석해보라고 했다. 그 모빌은 특별한 의미를 담고 있는가? 그것을 통해 알 수 있는 스테파니의 성격은 어떤가? 나는 이런 질문들에 별로 놀라지 않았다. 늘 받는 질문들이기 때문이다. 내가 어떤 사람의 사무실이나 집에 들어가면 집주인은 종종 어떤 물건을 가리키며 기대에 차서 그것이 무엇을 의미하는지 묻는다. 그럴 때면 내가 암호해독서라도 갖고 있었으면 싶다. 스테파니의 모빌 같은 경우, 매달려 있는 바닷새 항목에서 갈매기 부분을 찾아 바로 그 답을 확인할 수 있도록 말이다. 하지만 물론 그런 암호해독서가 있을 리 없다.

스누핑 연구가 매력적인 이유는 이렇게 특정 단서가 특정 성격을 가리킨다는 따위의 완벽한 해답이 준비되어 있지 않아서다. 파란 토끼는 이걸 뜻하고 공을 돌리는 곰은 저걸 뜻한다고 말해주는, 슈퍼마켓 계산대에서 살 수 있는 해몽사전과는 달리, 실제적인 스누핑을 통해 어떤 결론에 도달한다는 것은 훨씬 더 어려운 과제이며 그렇기 때문에 스누폴로지는 더더욱 흥미로운 학문이다.

내 사무실을 생각해보자. 만약 지난 가을에 내 사무실을 방문했다면 눈치 빠른 사람들은 책상 위 내 컴퓨터 바로 옆에 종교음악들로 구성된 CD가 있는 것을 봤을 것이다. 또한 흠잡을 데 없이 완벽하게 관리된 화분들(흙은 딱 알맞게 촉촉하고, 시든 잎사귀 하나 없으며, 화분받침에서 흔히 볼 수 있는 갈색의 말라붙은 얼룩조차 없는)도 보았을 것이다. 창가에는 컴퓨터를 책상에 고정시키는 보안용 금속 케이블과, 노트북에 연결할 수 있으며 노트북이 움직이면 날카로운 소음을 내는 보안장치가 장착된 상자가 놓여 있었다.

그 종교음악 CD는 내가 종교적인 사람임을 말해주는 걸까? 그럴 수도 있겠지만 나는 종교적인 사람이 아니다. 싱싱한 화분들은 내가 꼼꼼한 사람임을 알려주는 걸까? 모쪼록 다른 이들이 그렇게 생각하지 않았으면 좋겠다. 나는 그런 사람이 아니니까. 그렇다고 컴퓨터 보안장치들이 암시하는 것처럼, 걱정이 많은 사람 또한 아니다. CD가 내 사무실에 놓여 있던 시간은 고작 하루였다. 강의에 사용하기 위해 잠시 빌린 것으로 주인이 찾아갈 예정이었다. 3주 뒤(실제로는 3개월 후)부터 그 아름다운 화초는 내가 돌보지 않아 말라 비틀어졌다. 컴퓨터 보안장치는 바로 다음날 다른 사람에게 선물했다. 결코 그것을 사용하는 일이 없을 거라는 걸 내 스스로 알고 있었기 때문이다.

이렇게 종교음악 CD, 싱싱한 화분, 컴퓨터 보안장치는 '내가 종교적이고 꼼꼼하며 불안해하는 사람'이라는 단서를 제공할지 모르나, 그것은 내가 어떤 사람인지 파악하는 데 전혀 불필요한 정보일 수도 있다. 왜냐하면 내 성향과는 전혀 상관없는 이유로 내 사무실에 놓여 있었기 때문이다. 그리고 이런 경우들은 숙련된 스누퍼들에게 암호해독서가 왜 쓸모없는지에 대한 이유이기도 하다. 대신 스누퍼들은 여러 가지 상황에 적용할 수 있는 폭넓고 유연한 전략이 필요하다. 이런 전략을 세울 때 우리는 벨기에에서 영감을 얻을 수 있다.

명탐정들의 방식

나와 내 조력자들은 사무실과 침실에서 웹사이트와 음반 컬렉션으로 옮겨 다니면서 연구를 진행했고, 관찰 대상의 성향을 그려내는 방법을 배워나갔다. 그것은 애거사 크리스티(Agatha Christie)가 창조한 벨기에의 전설적인 탐정 에르큘 포와로(Hercule Poirot)의 방식과 거의 흡사했다. 포와로는 서로 상관없어 보이는 단서와 상황적 증거를 종합해 사건을 해결해나간다. 나는 이 방법을 '벨기에식 해법'이라고 부른다. 그리고 이 벨기에식 해법을 마스터하는 것이 성공적인 스누퍼가 되기 위한 첫 걸음이라고 생각한다.

벨기에식 해법은 다른 영역들 사이에서 나타나는 어떤 일관적인 패턴들을 살펴봄으로써 (목각 갈매기처럼) 그 출처를 알 수 없는 단서들을 연결해 원인을 명확히 알 수 있게 해준다. 만약 어떤 특정 단서가 누구의 것인지 확실치 않다면 관찰 대상과 확실하게 연관 지을 수 있는 다른 단서들을 찾아야 한다. 바로 앞 장에서 이야기했던 핵심적인 한 줄의 이메일 서명란의 인용구가 이런 목적을 달성하는 데 매우 적합한 사례라고 할 수 있다. 관찰 대상이 쓴 한 줄의 문장이 토마스 홉스(Thomas Hobbes)의 말인지 아니면 캘빈과 홉스(Calvin and Hobbes, 미국 만화가 빌 와터슨이 그린 연재만화. 6살 소년 캘빈과 호랑이인형 홉스가 주인공이다—옮긴이)의 것인지를 통해 그 사람에 대해 많은 것을 알 수 있다.

나는 벨기에식 해법을 염두에 둔 채 스테파니와 그녀의 모빌에 관해 생각했다. 나는 그녀가 목각 갈매기 모빌의 주인이라고 가정하고 있었다. 하지만 스누핑을 할 때는 무엇이든 단정해서는 안 된다. 여러분이 분석하려고 애쓰는 그 단서가 진짜 관찰 대상자의 것인지를 확인해야만 한다. 친구로부터 소개받은 남자가 데이트를 하자며 자동차로 여러분을 태우러 올 때, 여러분은 즉시 그 남자의 차를 보면서 추리를 시작한다. 문에서 찌그러진 곳들이 눈에 띈다(그는 무모하고 부주의하게 운전하는가), 댄스음악 CD가 뒷좌석에 던져져 있다(활동적인 사람인가), 자동차 범퍼에 정치적인 구호가 적힌 스티커가 붙어 있다(자유주의자인가).

하지만 정말 그 모든 단서들이 데이트 상대와 연관된 것인지 확신할 수 있을까? 아마도 문의 찌그러진 자국이나 범퍼 스티커는 자동차를 구입할 때부터 있던 것인지도 모른다. 만약 그렇다면 그 단서들은 그 사람에 대해 별로 많은 것을 알려주지 못한다. 범퍼 스티커가 자신의 정치 성향과 정반대의 것이라면 일부러 시간을 내 그것을 떼어냈을 가능성이 높지만 말이다.

여러 명이 함께 공동생활을 하는 집에서 단서를 찾을 때도 우리는 이와 같은 문제에 봉착한다. 부부가 공동으로 생활하는 거실의 장식은 누구와 연관 지을 수 있을까? 한 사람? 대부분의 시간을 집에서 보내는 사람? 아니면 2명의 합작품일까?

분명히 포와로 탐정도 분석 과정 중에 부딪치는 이런 문제에 발목 잡히지 않도록 주의했을 것이다. 스테파니의 사무실이 목각 갈매기 모빌 제작회사의 빌딩에 있다는 것을 알아냈다고 가정해보자. 아니면 그 주가 마침 사무실에 갈매기 걸기 주간이라는 걸 알게 되었다고 해보자. 또는 스테파니뿐 아니라 다른 모든 사무실에도 갈매기가 있다는 걸 알아냈다고 치자. 이 모든 가설 중에 하나라도 맞는다면 사무실에 걸린 이 목각 갈매기는 내가 처음에 생각했던 것보다 스테파니에 대해 별로 많은 것을 알려주지 못한다.

내 책의 편집자 사무실을 둘러봤을 때 그녀의 램프에는 고무로 된 닭인형이 걸려 있었다. 하지만 나는 그 인형을 그녀의 성격을 분석할 수 있는 단서라고 생각하지 않았다. 그 출판사의 모든 사람들이 사무실 어딘가에 닭인형을 갖고 있다는 사실을 알게 되었기 때문이다(출판한 어떤 책을 홍보하기 위한 경품이었다). 이와 비슷하게 포와로도 언제나 이해력이 한발 느린 그의 동료 아서 헤이스팅스(Arthur Hastings) 대령이 지적하는, 사건을 혼란시키는 단서들을 하나하나 제거해나갈 것이다.

"아니오, 헤이스팅스 대령. 레버렌드 크래독(Reverend Craddock)의 트렁크에 있던 장검은 처음에 생각했던 것처럼 그렇게 의심스러운 물건이 아닙니다. 왜냐하면 그는 검도협회 회원인데 그 협회의 회원들은 전통적으로 트렁크에 장검을 보관하기 때문입니다."

나는 트렁크에 있는 장검에 대해 질문을 받을 일은 별로 없다. 하지만 냉장고 안을 들여다보고 그 사람에 대해 어떤 것을 유추해낼 수 있느냐는 질문은 자주 듣는다. 나는 대개 이렇게 답한다. "별로 많지 않습니다. 95퍼센트의 경우 별 다른 것을 알 수 없습니다. 냉장고 안이 얼마나 깨끗하고 잘 정리되어 있는지 하는 정도는 알 수 있겠지요. 만약 냉장고가 얼룩 하나 없이 완벽하게 정리되어 있다면 냉장고 주인이 약간 신경과민이라서, 끔찍한 세균들로 인해 발생할 수 있는 온갖 나쁜 경우들에 대해 지나치게 걱정을 하는 것은 아닐까 생각할 뿐이지요."

하지만 냉장고가 그렇게 깨끗한 이유는 어쩌면 냉장고 주인이 휴가를 떠나기 전에 정리해두었기 때문일 수도 있다. 또는 일이 너무 바빠 집에서 식사하는 일이 거의 없어서 그랬는지도 모른다. 흥미롭게도 사람들마다 냉장고 안의 내용물들은 크게 다르지 않다. 거의 비슷한 종류의 음식들이 정도의 차이는 있지만 비슷한 방식으로 정리되어 있다. 그럼에도 불구하고, 가끔은 냉장고가 깜짝 놀랄 만큼 많은 것을 알려주는 경우도 있다. 석류주스 여섯 팩만 달랑 들어 있는 냉장고, 또는 모든 물건들이 알파벳순으로 정렬되어 있는 냉장고, 새 모이로 가득 차 있는 냉장고, 심지어 일반적으로 냉장고에서 발견하리라고는 전혀 예상치 못했던 물건들이 들어 있는 냉장고도 있었다.

굳이 분류하자면 냉장고가 냉장고 주인에 대해 뭔가 단서를 제공할 수도 있는 것은 사실이다. 하지만 그것은 냉장고의 상태가 일반적인 상태에 비해 아주 극단적으로 다른 경우에만 그렇다. 이메일 ID도 마찬가지다. 대부분의 사람들은 이메일 ID를 자신이 선택하거나 자동으로 할당받는다. 그런데 그런 이메일 ID는 깜짝 놀랄 만큼 창의적이지도 않고, 별로 많은 정보를 알려주는 것도 아니다. 이메일 ID를 통해 성격을 파악할 수 있는 단서를 제공하는 사람은 소수에 불과하다.

식습관 또한 아주 극단적인 경우에서만 그 사람의 성격을 드러낸다. 이와 달리 우리는 침실 같은 다른 영역들에서는 거의 언제나 침실 주인에 대해 무언가를 알아낼 수 있다. 왜냐하면 유별나게 특색 있는 침실이 아니라 하더라도, 그 침실이 별로 특색 없이 꾸며졌다는 사실 자체가 그 사람이 어떤 사람인지 단서를 제공해줄 수 있기 때문이다.

포와로 탐정이 수사하고 추리를 하는 절차는 유연성이 풍부해 스누퍼들에게 매우 쓸모가 있다. 이것은 물리적인 단서에만 적용되는 것이 아니라 행동양식을 분석하는 데도 적용된다. 만약 여러분이 채용을 위해 면접을 보려는 사람이 악수를 힘차게 했다고 해서, 이 단서만을 갖고 그(그녀)가 이전의 힘없이 악수했던 다른 면접자보다 더 개방적이고 창조적인 사람이라고 즉시 확고한 결론을 내려서는 안 된다(악수에 대해서는 5장에서 살펴본다). 힘찬 악수는 그(그녀)가 개방적이고 창조적인 사람일 수도 있다는 가능성을 제시할 수는 있지만, 결론을 내리기 전에 여러분의 직감을 다시 한번 확인하거나 수정할 수 있는 다른 단서를 찾아야 한다. 입사지원자를 사무실로 안내해 면접을 진행하다 보면 옷차림을 주의 깊게 살펴보거나 즐겨 듣는 음악에 대해 묻고 싶어질 수도 있다. 그녀가 입은 약간 진부한 갭(Gap) 브랜드의 의상이나, 가스 브룩스(Garth Brooks)의 히트곡들을 얼마나 많이 소장하고 있는지 등의 대답을 들으면, 방금 전의 악수로 느낀 개방적 인상이 금세 사그라질 수도 있다.

▌단서들의 출처

나는 스테파니의 갈매기 모빌이 얼마나 중요한지를 파악하기 위해 벨기에식 해법을 적용해야만 한다는 것을 알고 있었다. 갈매기 그 자체만으로는 확실하게 알 수 있는 것이 없었다. 하지만 그것이 내게 아무것도 알려줄 수 없었다는 뜻은 아니다. 단지 갈매기 모빌을 통해 어떤 사실을 알아내기 위해서는 좀더 신중하고 체계적으로 접근해야 한다는 의미다.

 과거의 스누핑 경험을 통해 나는 물건의 출처에서부터 단서를 찾기 시작하는 것이 현명한 방법임을 배웠다. 이 사무실 안에서 갈매기가 저 장소에 걸려 있게 되기까지의 어떤 행동을 취한(또는 행동을 취하는 데 실패한) 일에 책임이 있는 사람은 과연 누구일까? 조사하는 사람은 반드시 그 '흔적(목각 갈매기 모빌의 존재)'의 원인이 무엇인지에 의문을 제기해야 한다. 흔적을 남긴 사람의 의도가 과연 무엇이었는지, 어떤 과정을 거쳐 그 흔적이 거기 있게 되었는지 파악해야 한다. 이런 과정에서 무엇인가를 추론해낼 수 있다면 갈매기 모빌의 존재에 책임이 있는 사람이 누군지 밝혀낼 가능성이 높아진다. 혹시 사무실의 전 주인이 갈매기 모빌을 남겨놓고 간 것은 아닐까? 단순히 스테파니가 그걸 떼어내지 않고 있어서 여전히 거기 걸려 있는 것뿐일까? 그건 아니었다. 사무실은 완벽하게 잘 정리되어 있고, 깔끔하고 깨끗했으며, 아무렇게나 방치한 흔적은 거의 찾아볼 수 없었다. 이 모든 것들이 갈매기 모빌이 남겨진 물건이 아니라는 사실을 말해주고 있었다.

다른 가능성은 그 갈매기가 누군가에게서 받은 선물이라는 것이다. 만약 그렇다면 이 선물은 스테파니가 바닷새에 관심을 갖고 있다는 사실을 알려주는 걸까? 하지만 나는 이 가정을 뒷받침해주는 다른 어떤 증거도 찾아볼 수 없었다. 그녀가 조류학이나 동물행동양식에 관심이 있다는 단서는 아무것도 없었다. 어쩌면 갈매기(Seagull, 시걸)는 스테파니의 성과 관련된 것인지도 모른다. 그녀의 성이 시걸(Seagull)이었나 시갈(Segal)이었나? 음, 시겔(Seigel)이었나? 아니면 파트렐(Patrel, 바다제비), 가넷(Gannet, 가마우지), 알바트로스(Albatros, 신천옹)인가?

고슬링(Gosling, 새끼거위)이라는 성을 가진 나로서는 이런 가능성도 생각해볼 수밖에 없었는데, 사람들이 늘 나에게 거위나 새끼거위, 숫거위와 관련된 선물들을 보내곤 하기 때문이다. 하지만 그것도 아니었다. 난 그녀의 성을 이미 알고 있었는데 거기에서 갈매기와 연관될 만한 여지는 전혀 발견하지 못했다. 어쩌면 그건 아주 급하게 선물을 사야 했던 사람이 당황해서 가장 가까운 가게로 달려가 서둘러 짚어든 선물인지도 모른다. 이런 가정도 해볼 수 있겠지만 그런 가능성도 별로 없어 보였다.

　자세히 살펴보면 천장에 단단히 나사못으로 고정되어 있는 모양이 스테파니(아니면 부하직원)가 그 갈매기 모빌을 제대로 달기 위해 노력을 기울였다는 것을 보여주고 있었다. 되는대로 아무렇게나 고른 선물이 예기치 않게 상대방의 심금을 울려, 그것을 제대로 걸려고 정성을 다하게 만들 수는 없을 것 같았다.

　그러므로 그것이 어떻게 스테파니의 수중에 들어왔든지 간에 갈매기가 유난히 눈에 띄게 두드러진다는 것은 그것이 스테파니에게 있어 중요한 심리학적 목적이 있는 물건이라는 사실을 알려주고 있었다. 그것은 아마도 좋은 기억을 떠올려주는 물건인지도 모른다. 그녀 삶에서 행복했던 시절이나 특별한 일 또는 의미 있는 사건들 말이다. 동시에 그녀가 이런 종류의 기념품을 선택했다는 사실 또한 추가적인 정보를 제시하고 있다. 그녀는 우아한 모빌을 골랐다. 조개껍데기를 모아 붙여 만든 새 모형이나 마구 날개를 휘젓는 탁상용의 위아래로 까닥이는 장식품을 선택하지 않았다.

　날아오르는 바닷새를 포착한 밝은 색의 벽면 포스터를 고른 것도 아니다. 그 갈매기 모빌과 책장에 있는 편안하게 나른한 음악 CD, 그리고 방에 자극적인 장식들이 없는 것을 미루어볼 때 나는 갈매기 모빌이 그녀의 감정 조절을 도와주는 역할을 한다고 가정했다. 그것은 그녀가 힘들고 어려운 업무 환경에서 차분하고 침착하게 일에 집중할 수 있게 도와주는 것이리라. 물론 그녀는 갈매기가 그런 역할을 한다고 말하지는 않을 것이다. 그녀는 아마도 갈매기가 기분을 좋게 해준다거나 아니면 간단하게 '그냥' 마음에 든다고 할지도 모른다.

나는 몇 주가 흐른 후에 스테파니를 만났다. 그리고 그녀는 스톡홀름에서 열리는 컨퍼런스 참가 중에 그 갈매기 모빌을 샀다고 말해주었다(나는 갈매기가 스웨덴의 상징이라는 사실을 알게 되었다). 그것은 실제로 그녀에게 스톡홀름에서의 행복한 시간을 상기시켜주었다. 내가 그녀에게 왜 갈매기를 책상 바로 앞에 매달아 두었는지 묻자 그녀는 뭔가 비밀스럽게, 키가 큰 사람들이 그녀에게 너무 가까이 서는 것을 막기 위해서라고 말했다(왜 그런지 이 사연을 더 파헤쳐보고 싶었다). 세월이 흐르면서 그녀는 사무실의 동무가 되어준 이 갈매기에 애착을 갖게 되었다. 그녀는 곧 이직할 예정이었는데 서부로 이사하면서 갈매기도 가져갈 거라고 했을 때 나는 고개를 끄덕였다.

이렇게 갈매기 모빌을 통해 나는 스테파니에 대해 약간의 사실을 알 수 있었지만 이것으로는 그녀의 전반적인 성격을 알기에는 충분하지 않았다. 하지만 어떤 사람의 성격에 대해 모든 개인적인 세부사항을 알아낸다는 것은, 스누핑의 성공이나 실패 여부를 판단하는 데 있어 터무니없이 높은 기준이라는 것을 기억해야 한다. 어떤 사람과 몇 년씩 친구로 지낸다 해도 이런 모든 세부사항을 알아낼 수는 없지 않은가. 대부분 그저 일부의 정보(일반적인 경향이나 특별히 중요한 분야)를 아는 것만으로도 유용하다. 어떤 사람이 공화당원인지 민주당원인지를 아는 것은 어떤 결정을 내리는 데 핵심적인 조건이 될 수 있다. 예를 들어 만약 그 사람을 배우자감으로 생각하고 있다면 말이다. 비록 그가 이민정책이나 상속세에 대해 어떻게 생각하는지 정확히 알지 못할지라도 그렇다.

또 하나 기억해야 할 것은, 갈매기나 냉장고 또는 침실 아니면 아이팟에서 가장 즐겨 듣는 음악 25가지 목록 따위 외에 아무런 정보가 없을 때, 그 사람이 어떤 사람인가 추리해보려고 하는 것은 비현실적이라는 사실이다. 여러분이 그 사람의 방이나 사무실, 음반 컬렉션을 둘러볼 수 있는 관계라면 특히나 그렇겠지만, 그 정도의 안면이 있는 사람에 대해 정말 아무것도 모르고 있는 상황은 그리 흔하지 않다. 그러므로 더 많은 정보를 줄 수 있는 단서들을 찾는 것이 좋다. 어디를 둘러봐야 하는지 정확히 파악하게 되면 종래의 방식대로 조사를 계속할 수 있다.

갈매기를 걸어둔 위치에 관심을 가짐으로써 나는 결국 그녀로부터 키가 매우 큰 사람들이 자기 가까이에 서는 것을 막기 위한 것이라는 말을 들을 수 있었고, 또 다른 호기심을 갖고 의문을 품게 되었다. 그것은 갈매기의 인도 없이는 절대로 발견하지 못했을 주제였던 것이다.

단서들의 향연

리사라는 새 친구를 사귄 지 얼마 지나지 않았을 때였다. 내가 어떤 일을 하고 있는지 알게 된 그녀는 커피와 쿠키 그리고 스누핑을 함께 나누고자 자신의 집으로 나를 초대했다. 그녀가 커피 원두를 갈고 있는 동안 나는 화장실을 가기 위해 잠시 일어났다. 화장실에 가는 길에 나는 재빨리 그녀의 침실을 둘러봤다. 그녀의 침대 바로 옆에는 손때

묻은 책들이 꽂혀 있는 작고 깔끔한 책장이 있었다. 책장은 제롬 데이빗 샐린저(Jerome David Salinger), 존 캐뱃-진(Jon Kabat-Zinn), 척 클로스터맨(Chuck Klosterman), 사이먼 위젠털(Simon Wiesenthal) 그리고 비슷한 성향의 작가들의 책으로 채워져 있었다. 이 모두가 그녀가 편견 없고 사려 깊은 사람이라는 것을 알려주고 있었다.

하지만 한 권의 책, 어니스트 헤밍웨이(Ernest Hemingway)가 1920년대 파리에서의 생활을 회고한 고전《해마다 날짜가 바뀌는 축제(A Moveable Feast)》는 좀 특별한 장소에 놓여 있었다. 그 책은 그 책만을 위한 작은 단 위에 있었는데, 마치 책장 위의 작은 신전처럼 보였다. 스테파니의 갈매기 모빌처럼, 그 책도 우연히 거기 놓인 게 아니라 분명한 의도를 갖고 놓아둔 것이 틀림없었다.

나는 헤밍웨이의 얇은 책 한 권이 리사에게 어떤 의미를 갖고 있는지 알지 못했다. 그렇지만 책이 놓여 있는 위치로 미루어 짐작컨대 그녀에게 그 책이 중요하다는 것을 알 수 있었다. 그래서 이 책이 의미하는 바가 무엇인지 알아내자고 결심하고 그녀에게 직접 물었다. 그녀의 전 남자친구가 읽어보라고 권한 책이었다. 책을 읽고 나서 그녀는 그 책이 몹시 좋아졌다고 말했다. 헤밍웨이가 그 책에서 아직 무명의 작가로 프랑스에 살던 시절에 대해 적은 부분이 특히 감동적이었다고 했다. 또한 스콧 피츠제럴드(F. Scott Fitzgerald), 거트루드 스타인(Gertude Stein), 에즈라 파운드(Ezra Pound)를 포함해 곧 헤밍웨이처럼 세계적인 명성을 쌓게 되는, 재기 넘치지만 아직 무명이었던 예술가 및 작가들의 교류에 매혹되었다고 덧붙였다.

이것이 리사에 대해 알려주고 있는 것은 무엇일까? 나는 이미 책장에 꽂힌 책들 그리고 음악과 관련된 벽장식(LA극장에서 열린 밥 딜런의 콘서트 포스터, 폴리 파빌리온에서의 조니 미첼과 밴 모리슨의 콘서트 포스터 등)을 통해 그녀가 예술과 문학과 음악을, 굳이 말하자면 과학자나 탐험가, 스포츠 선수나 기업가들의 업적보다 더 소중하게 여긴다는 것을 알 수 있었다. 그러나 《해마다 날짜가 바뀌는 축제》를 읽고 난 느낌은 보다 많은 사실을 알려주었다. 분명 그녀는 이런 식의 표현을 하지는 않겠지만, 나는 그녀가, 초기에는 인정받지 못했던 어떤 위대한 업적일지라도 많은 세월이 흐른 후에는 인정받고 보상받을 수 있다는 것, 가끔은 그 사람이 죽은 후에서야 그럴 수도 있다는 것을 깨닫고 매우 감명을 받았으며 고무되었다는 사실을 알게 되었다. 이런 나의 해석은 나중에 리사와 내가 이메일을 교환하게 되면서 다시 한 번 확실해졌다. 그녀의 이메일 서명란에는 알베르트 아인슈타인에게서 따온 인용구가 있었다.

"위대한 정신은 언제나 범인들의 사나운 반대에 부딪치게 된다. 범인들은 어떤 사람이 생각 없이 대물림된 편견을 받아들이지 않고 정직하고 용기 있게 자신의 지성을 사용할 때 그것을 절대로 이해하지 못한다."

이 인용구는 헤밍웨이의 신전에 깔린 그녀의 감상을 다시 한번 반영해주고 있다. 여기서 우리는 벨기에식 해법이 작용하는 것을 볼 수 있다. 헤밍웨이를 통해 얻은 직관을 이메일 속 아인슈타인이 확인해주고 있다. 내가 리사의 정체성의 핵심적인 부분에 대해 여전히 품고 있던 일말의 의구심은 마이스페이스에서 그녀가 사용하는 이름을 본 순간 깨끗하게 사라져버렸다. 그녀가 사용하는 이름은 그냥 '리사'가 아니라 '리사는 매우 중요한 사람'이었다.

자, 이제 그녀의 논지가 어떤 것인지를 알겠는가? 그녀가 얼마나 강하게 이런 생각에 몰두하고 있는지를 깨닫자 나는 리사의 재능과 꿈이 무엇인지 궁금해졌다. 그녀는 아마도 자신의 가치가 무엇이고 자신이 세상에 무엇을 기여할 수 있는지를 고민하는 것처럼 보였다. 그리고 현재 전통적인 의미로서의 '성공'을 하지 못했다고 해서 그것이 무의미한 것은 아니며, 더 길게 생각해보면 이런 성취들이 결코 인정받지 못한다는 뜻도 아니라는 사실에서 위로를 얻는 것 같았다. 헤밍웨이의 책은 또한 전 남자친구와 연관된 의미 있는 기념품이기도 했다. 그것은 둘 사이의 특별한 결속을 반영해주고 있었는데, 전 남자친구가 그렇게 근원적인 차원에서 그녀에게 감명을 준 책을 추천해줄 만큼 그녀를 잘 알고 있었기 때문이다.

단지 소중하게 모셔진 헤밍웨이의 책을 살펴본 것만으로 나는 리사에 대해 중요한 정보를 알 수 있었다. 그 책이 아니었더라면 결코 묻지 못했을 질문을 이끌어내준 것이다. 이것은 스누퍼를 위한 지침서에 기록해도 좋을 만큼 중요한 사실을 환기시켜준다. 스누퍼들은 단지 날카로운 수사관이 되는 것 말고도 어느 정도는 심리학자의 입장이 되어야 한다. 성격의 기저를 깊숙이 파헤치고 증명할 때 스누핑은 여러분을 날카롭기 짝이 없는 관찰자로 만들어줄 것이다.

직관을 넘어서

훌륭한 수사는 스누핑의 탄탄한 기반이 된다. 그러나 그것만으로는 일정한 단계 이상으로 나아갈 수 없다. 여러분이 합리적으로 추론해 낸 것들 중에 사실로 밝혀지는 것은 일부에 지나지 않을 수도 있기 때문이다. 친구 집을 방문했다고 상상해보자. 친구가 잠시 방을 비운다. 여러분은 그의 책상에 앉아 친구가 자리를 비운 사이 무심코 이리저리 둘러본다. 컴퓨터가 켜져 있는 것을 발견한다. 진지하게 스누핑을 하고 있는 것은 아니지만 억지로 모니터를 보지 않기도 어렵다.

자, 최근 친구가 여자친구와 나눈 인터넷 채팅기록이 눈에 띈다. 둘 사이에 주고받은 짧은 메시지들을 읽는다. 여러분은 마침 둘 사이가 어떤지 궁금해하고 있었다. 그래서 이에 대한 단서를 찾기 위해 채팅기록을 훑어보지 않고서는 참을 수가 없다. 여러분은 무엇에 주의를 기울이겠는가? 이런 상황에서 대부분의 사람들은 감정에 대한 단서를 찾으려 한다.

UCLA의 리처드 슬래처와 워싱턴대학교의 시마인 바지레(Simine Vazire)의 연구는 연인 사이의 인터넷 채팅기록을 살펴본 사람들이 긍정적인 감정을 표현하는 단어들(사랑해, 행복해 등)과 분노와 관련된 단어들(화가 나, 나 열 받았어 등)에 근거해 그 연인들의 관계가 어떤지 추측한다는 것을 보여준다. 여러분은 그렇게 생각하는가? 만약 그렇다면 반은 맞고 반은 틀릴 것이다. 긍정적인 감정들에 관련된 단어가 얼마나 많은지를 보면 실제로 그 커플의 장기적이고 안정적인 연인관계(적어도 젊은이들의 기준으로는)를 예상할 수 있다고 밝혀졌다. 지속적으로 행복감과 즐거움에 대해 이야기하는 젊은 연인들은 그런 표현을 별로 하지 않는 연인들보다 6개월 후에도 연인관계를 지속할 가능성이 높았다.

그러나 이 연구결과에서 특별히 흥미로운 사실은 이런 단어들을 얼마나 많이 사용했는지 그 횟수를 세어보는 편이 실제로 연인들이 자신들의 관계에 대해 얼마나 만족하고 있는지에 대해 말한 것보다도 더 정확하게 그 관계가 얼마나 오래 지속될지를 예측할 수 있었다는 것이다.

그렇다면 서로 부정적이고 분노감이 섞인 단어들을 퍼부어댄 연인들의 경우는 어떨까? 대부분의 사람들이 예상하는 것과는 반대로 분노에 관련된 단어를 많이 사용한 연인들은 그런 단어들을 더 적게 사용한 연인들보다 연인관계를 지속시킬 확률이 더 높지도 낮지도 않았다. 이 연구결과는 우리가 직관적인 생각에서 한 걸음 더 나아가는 것이 얼마나 중요한지를 새삼 강조한다.

그렇다, 우리의 직관은 옳은 경우가 많다. 사람들이 생각하는 것처럼 긍정적인 단어들을 통해 관계가 얼마나 오래 지속될지 예측할 수 있다. 그러나 부정적인 단어에 대한 사람들의 예상처럼, 그것이 잘못된 추측일 경우도 많은 것이다. 중요한 점은 연구조사를 통해 살펴보지 않고서는 어떤 직관이 맞고 틀린지를 절대로 확신할 수 없다는 점이다. 다음 장에서는 스누핑의 세계에서 연구가들이 어떤 다양한 사실들을 발견했는지 살펴본다.

chapter **05**

골라낸 단서를
구체화하는 통찰의 기술

Jumpers, Bumpers,
Groovers, and Shakers

1960년대 미국의 어느 집이나 거실의 커피테이블에 한 권씩 놓여 있었다고 해도 과장이 아닐 만큼 너무도 유명했던 책이 있다. 필리파 할스만(Philippe Halsman)의 《점프 북(Jump Book)》이라는 사진집이다. 이 책은 당대 사교계 명사들과 연예인, 정치인과 법조인, 기업가 및 과학자들이 공중으로 뛰어오른 장면을 찍은 200장 가까운 사진들을 담고 있다.

아기천사처럼 공중에 떠 있는 리버레이스(Liberace, 예술가), 어린애처럼 천진하게 장난스런 점프를 한 마릴린 먼로(Marilyn Monroe), 그리고 환희에 벅차 도약하는 스탠리 하이만(Stanley Hyman) 교수…. 이 책이 매혹적인 이유는 유명 사진작가 할스만이 의도했던 대로 사진

속 인물들의 도약하는 모습이 그들의 성격을 무심결에 그러나 아주 적나라하게 드러냈기 때문이다. 실제로 몇몇 유명 인사들은 자신의 노골적인 모습을 드러내는 것을 꺼려 공중에 뛰어오르는 것을 거부하기도 했다.

《점프 북》의 핵심은 우리가 하는 거의 모든 행동에서 각자의 성격이 드러난다는 생각으로부터 출발한다. 할스만은 공중으로 점프하는 그 자세가 마치 성격을 보여주는 표상과 같다는 생각에 매혹된 나머지 점폴로지(Jumpology, 도약학)라는 용어를 만들어내기도 했다.

성격이 드러나는 것은 점프 자세에서뿐만이 아니다. 내 친구는 우리가 웃는 모습에서 성격이 드러난다고 믿는다. 여러분은 얼마나 오래 웃는가? 얼마나 큰 소리로? 또는 조신하게 웃는가? 조심스럽게 싱글거리며 웃는 사람인가? 껄껄 박장대소를 터뜨리는 사람인가? 이는 학문적으로 검증된 이론은 아니지만 웃는 모습과 성격은 분명히 관련이 있다는 것에 기꺼이 내기를 걸어도 좋다. 큰소리로 박장대소하는 사람은 외향적인 성향이 강하다고 한다면 그것은 별로 색다른 말도 아닐 것이다.

반면 정말로 놀라운 사실은 과학자들이 우리의 성격이 표출되는 수없이 많은 상황들에 대한 연구와 이론 개발을 아주 최근에서야 시작했다는 사실이다. 나의 침실 엿보기 연구도 그러한 연구 중의 하나이며, 이외에도 앞으로 우리가 살펴볼 다른 수많은 연구와 이론들이 있다.

| **성격의 탄생**

내가 성격이 드러난다거나 표출된다고 이야기할 때, 그것은 다양한 성격요소들이 우리가 의식하지 못하는 사이 외적인 행동으로 표현된다는 뜻이다. 누가 공중으로 뛰어올라보라고 할 때 어떤 식으로 뛰어오를지 치밀하게 생각한 뒤 뛰는 사람은 거의 없다. 대부분의 사람들은 펄쩍 뛰어오르는 데 여러 가지 다양한 방법들이 있다는 것을 아예 생각조차 하지 못한다(결국 점프는 점프일 뿐이지 않은가?) 우린 그저 아무 생각 없이 자연스럽게 몸을 날려 뛰어오를 것이다.

하지만 이 단순한 행동을 통해 우리는 의도하지 않았음에도 불구하고 각자의 성격에 관한 단서를 제공하게 된다. 뻣뻣하게 머리를 곧추세우고 양팔은 양 옆으로 가지런히 둔 억제된 듯한 점프 자세가 과묵함을 나타낼 수도 있고, 어쩌면 괴성을 지르며 하늘 높이 펄쩍 뛰어올라 격정적인 면을 보여줄 수도 있을 것이다. 또는 뛰어오르라는 지시를 독창적으로 해석해 창의적인 면모를 드러내 보일지도 모른다(할스만의 그 유명한 공중으로 날아오른 고양이와, 물양동이를 배경으로 완성된 살바도르 달리의 점프 사진이 떠오르지 않는가).

저 유명한 로르샤흐의 '잉크 얼룩' 실험(스위스의 정신의학자 H. 로르샤흐가 발표한 인격진단검사—옮긴이)과 같은 투영 테스트(projective test)는 이렇게 무의식적으로 표출되는 성격의 단면들을 포착하는 데 우리에게 가장 친숙한 방법이다. 로르샤흐 테스트에서 실험자는 불규칙한 잉크 얼룩에 대한 의미를 '자유롭게 연상' 하게 함으로써 이를 통해 드러나는 피실험자의 성격 유형을 살펴본다. 잉크 얼룩에 대한 다양한 대답들이 과연 어떤 의미를 지니는지 체계화하려는 각고의 노력에도 불구하고, 이제는 일부를 제외한 대부분의 학자들이 잉크 얼룩 테스트가 정신병 진단이나 성격분석, 또는 행동을 예측하거나 어린 시절의 트라우마를 알아내는 데 거의 쓸모가 없다는 사실에 동의한다.

반면 '그림 이야기 훈련(Picture Story Exercise, PSE)'이라는 프로젝트 테스트는 50년 이상 연구에 활용되며 학자들의 지지를 받고 있다. 이것은 여러 가지 일련의 그림들에 관해 이야기를 하고 그 이야기를 분석하는 테스트다. 심리학자들은 피실험자가 만들어내는 드라마(그 속에 담긴 소망, 생각, 주인공들의 느낌 등)를 바탕으로 성격의 단면들을 분석한다. PSE는 잠재의식 속에 너무나 깊이 뿌리를 내리고 있어 단순히 자신을 스스로 돌아보는 것만으로는 자각할 수 없는, 우리의 행동을 이끌어내는 동기와 욕구 그리고 다른 여러 가지 성격의 면면을 측정하는 데 사용된다.

올리버 슐타이즈(Oliver Schultheiss)와 독일 프레더릭알렉산더대학교에 있는 그의 동료들은 PSE를 이용한 일련의 흥미로운 조사들을 통해 권력에 대한 욕구(다른 사람에게 영향을 미치고자 하는 욕구), 성취에 대한 욕구(우수하다는 일반적 기준에 부합하는 뛰어난 성과를 내고자 하는 욕구), 그리고 인간관계에 대한 욕구(관계를 맺고 유지하거나 또는 친밀한 관계를 회복하고자 하는 욕구)에 대한 동기부여의 정도를 측정했다. 미국 학생들은 독일 학생들에 비해 성취에 대한 맹목적인 욕구가 높게 나타난 반면 권력에 대한 욕구는 낮은 것으로 나왔다. 두 그룹은 인간관계에 대한 욕구에서는 별 차이가 없었다. 과거의 연구가 성취에 대한 욕구는 혁신 및 경제성장과 밀접하게 연관되어 있음을 시사했기에 연구원들은 개개인에 있어서 이 뿌리 깊은 차이가 양국의 경제적 차이에 근거하고 있을지 모른다는 가설을 제시했다.

슐타이즈의 연구는 또한 이런 이야기 분석을 통해 권력에 대한 욕구가 높게 나온 사람들이 경쟁적인 게임에서 지는 것에 부정적으로 반응했다는 것을 보여주었다. 그들은 스트레스에 관련된 호르몬인 코티솔(cortisol)을 많이 분비했다. 그런데 권력에 대한 욕구가 낮은 사람들은 이길 경우에 더욱 스트레스를 받았다. 그러니까 이 심리 투영 테스트를 위해 사람들이 지어낸 가공의 이야기들은 세상을 살아가는 태도에 있어 기본적인 큰 특징들을 알려줄 수 있다는 것이다.

동기와 욕구에 대해서는 여러 가지 다른 형태의 저서에서도 찾아볼 수 있다. 2001년 봄, 9월 11일까지 6개월도 채 남지 않은 때, 미시간 대학교의 데이빗 윈터(David Winter) 교수는 조지 W. 부시(George W. Bush)의 취임사에 나타난 권력욕과 성취욕 그리고 인간관계에 대한 욕구를 분석한 논문을 출판했다. 슐타이즈가 사용한 것과 동일한 체계를 사용해 윈터는 전직 대통령들에 비해 부시가 인간관계와 권력에 대한 욕구는 강했지만 성취에 대한 욕구는 평균 이하로 낮았다고 결론 내렸다.

이런 점수를 바탕으로 윈터는 다가올 부시의 통치 스타일에 대해 놀라울 만큼 선견지명이 있는 예측을 해낸 것이다. 그는 부시가 일부 사람들의 예측보다 더 정치적으로 효율적일 수 있으며 대통령직을 즐길 것이라고 예상했다. 그러나 윈터는 부시가 어떤 결정을 내리는 데 있어 격리된 소수의 그룹, 즉 가까운 친구나 자기와 비슷한 생각을 가진 조언자들에만 의지할 수도 있다고 경고했다. 자신과 다른 의견이나 경험을 가진 사람들을 멀리 하는 그런 전략 말이다.

나아가 윈터는 부시가 조언자들과 친구들의 지나친 영향으로 인해 발생할 수 있는 스캔들에 무방비할 것이라고 예측했다. 그리고 외교 부분에서는 그가 '공격적인 정책(이라크 등의 국가와 관련)'을 지지할 것이며, 그의 의사결정은 외교정책 고문 중 매파든 비둘기파든 어떤 분파가 그에게 가장 영향력을 행사하느냐에 따라 결정될 것이라고 예상했다. 이런 예측들은 특별히 더욱 인상적인데, 그것은 이런 분석이 단 한 번의 연설에 근거한 것이며 그것도 9.11 사태나 그 후에 수반된 아프가니스탄과 이라크의 분쟁이 일어나기도 전에 이루어진 예측이었기 때문이다.

단서가 주는 의미

할스만의 책에 등장하는 뛰어오르는 유명인사들과 PSE 같은 심리 투영 테스트 사이에는 어떤 연관성이 있을까? 이 둘 사이의 근본적인 생각은 비슷하다. 폭넓은 반응을 이끌어낼 수 있는 과제를 부여받은 사람은 그것이 아기천사처럼 뛰어오르는 것이든, 그림 속 두 사람에 관해 이야기를 지어내는 것이든, 외교정책 목표를 세우는 것이든 상관없이, 그 반응을 통해 자신이 어떤 사람인지에 대한 단서를 제공하게 된다는 것이다. 공중으로 뛰어오르는 모습을 해석할 수 있는 체계를 개발한 사람은 아무도 없다. 그러나 일부 과학자들은 그것과 크게 다르지 않은 연구를 진행하고 있다. 그중 한 사람은 오스트리아 빈 인류학연구소 루드윅 볼츠만 도시생활행동학교의 행동학자 칼 그래머(Karl Grammer)이다.

스누퍼들처럼 행동학자들도 자연서식지에서의 (동물) 행동양식을 연구한다. 보통은 얼음처럼 차가운 연못에서 큰 가시고기들이 짝짓기 상대에게 신호를 보내는 것을 관찰하거나 아마존의 캐노피나무에 매달려서 개구리들이 어떻게 먹이를 먹는지를 연구하는 모습을 볼 수 있을 것이다. 그러므로 여러분이 행동학자가 나이트클럽의 번쩍이는 조명 아래 서브우퍼 스피커 옆에 서 있는 것을 기대하지 않았다고 해도 무리가 아니다. 그래머는 영장류들이(이 경우에서는 인간 영장류들이) 어떻게 서로 자신에 관해 보내는 신호를 해석하는지에 관심이 있었다. 그리고 바로 나이트클럽이 그의 연구에 적합한 장소인 것으로 판명되었다. 사람들이 자신을 어떻게 표현하는지 연구함으로써 그는 본질적으로 수많은 성격심리학자들이 해온 것과 동일한 연구를 실행한 것이다. 그러나 그래머는 진화론에 근거한 관점으로 접근했다. 이것은 그가 우리 현대사회의 특성들과 선호도가 수세기 동안 선조들을 통해 발달되어온, 훌륭한 짝짓기 상대를 찾아야 할 필요성이나 위험한 적을 재빨리 간파해야 할 필요성 같은 외부적인 압력에 의해 형성된 것이라는 전제를 갖고 접근했다는 뜻이다.

그래머 같은 행동학자들은 기만이나 위장이라는 주제에 많은 관심을 갖고 있다. 인간처럼 수많은 종들이 가능한 한 최대한 인간적(언제나 인간적인 것은 아니지만)으로 자신의 모습을 매력적으로 꾸며 최고의 짝짓기 상대를 만나려고 한다. 외관적으로 보기에 좋은 (또는 냄새가 좋거나, 소리가 아름답거나, 맛이 좋거나, 느낌이 좋은) 개체들은 자신이 지닌 유전자의 대를 이어갈 가능성이 더 높다. 이런 연장선에서 매력적으로 보이고자 하는 사람들의 욕구는 우리의 매력을 개선해왔고, 이 욕구는 다음 세대에게도 계속 대물림될 것이다.

다른 사람들에게 매력적으로 보이기 위해 노력하는 동시에 우리는 다른 사람들이 어떤 사람인지 정확히 파악하기 위해 애쓴다. 이상적으로 우리는 다음 세대에 전해질 유전자를 더욱 훌륭하게 개선할 수 있는 짝을 찾고 싶어 한다. 그러므로 유전자를 위해 훌륭한 신체조건(건강하고 활기찬)이나 바람직한 행동양식(좋은 부모가 될 수 있는)을 보이는 사람을 만나고 싶어 한다.

물론 이 모든 행동들이 명확하게 의식적으로 행해지는 것은 아니다. 우리는 실제로 어떤 특정한 사람이 우리의 유전자를 번식할 가능성을 최대화해준다고 생각하지는 않는다. 우리는 단순히 매력적인 사람을 찾을 뿐이다. 그렇기에 이 짝짓기 게임의 밑바닥에서는 진화론적인 이해관계의 엇갈림이 일어나는 것이다. 우리는 우리가 보내는 신호가 정직한 것이든 아니든 상관없이 다른 사람들에게 가능한 한 매력적으로 보이도록 노력한다.

또 다른 한편으로는 다른 사람들이 정확히 어떤 사람인지를 알아채려고 애쓴다. 우리를 속이기 위한 교활한 사기 전략과 내막을 파헤치려고 한다. 이 두 번째 과제를 위해 과학자들(또는 스누퍼들)은 어떤 단서가 거짓으로 위장하기 어려운 것인지 연구하고 있다. 그래머는 몸의 움직임이 이런 거짓으로 위장하기 어려운 단서 가운데 하나라고 말한다. 이런 착상으로부터 그는 사람들이 나이트클럽에서 음악에 맞춰 몸을 움직일 때 어떤 사실들을 드러내는지에 관해 연구를 시작하게 되었다.

할스만과 마찬가지로 그래머의 연구는 우리 신체의 움직임이 더 깊은 내면에 대한 단서를 제시하고 있다는 생각에 근거한다. 대부분 나이트클럽에서 진행된 그의 연구는 가끔은 엉덩이가 입술보다 더 많은 것을 말해준다는 사실을 보여준다. 한 연구조사결과에서 그래머는 여성들의 옷이 얼마나 타이트한지의 여부와 맨살의 노출 정도가 여성의 생식주기를 반영한다고 주장했다(채취한 타액샘플의 에스트로겐 수치로 측정). 또한 여성 지원자들을 비디오카메라 앞에서 한 바퀴 빙글 돌게 해서 그 모습을 촬영한 다음, 움직임의 '격동성(연속 비디오 프레임 사이의 변화로 측정)' 또한 에스트로겐 수치와 관련이 있다는 것을 보여주었다. 그저 한 바퀴 빙글 도는 것뿐인 단순한 행동에서도 여성들은 자신의 번식력을 과시하는 신호를 보낼 수 있다는 것이다. 근본적인 진화론적 표현에 의하면, 이를 통해 짝짓기 상대에게 매력을 드러내는 것이다.

나이트클럽에서 연구를 진행할 때의 어려운 점은 아무에게나 가서 춤을 춰보라고 시키거나 카메라 앞에서 빙빙 돌아보라고 할 수는 없다는 것이다. 만약 신체의 움직임이 그 사람이 어떤 사람인지를 말해줄 수 있다고 한다면, 우리는 모든 사람들에게 일반적으로 나타나는 움직임을 비교해봐야 한다. 걷는 모습은 이 조건에 딱 들어맞는다. 여러분은 너무 멀리 떨어져서 얼굴이나 모습으로는 그 사람을 알아볼 수 없을 때라도 순전히 걷는 모습만으로 그가 누군인지를 알아볼 수 있었던 경험이 있을 것이다.

애틀랜타 조지아공과대학의 아론 보빅(Aaron Bobick)과 그의 동료들은 걸음걸이로 개개인을 인식할 수 있는 컴퓨터 시스템을 개발했다. 각 사람들은 서명이나 지문처럼 자신만의 독특한 걸음걸이를 갖고 있다는 것이다. 또한 독일 빌레펠트대학교의 피터 보르케나우(Peter Borkenau)와 아네트 라이블러(Anette Liebler)는 걷는 자세와 성격이 관계가 있다는 것을 밝혀냈다.

두 연구조사에서 그들은 각각 100명의 사람들이 방을 가로질러 걸어가 책상 앞에 앉은 다음 평범한 짧은 글(오래된 기상예보)을 읽고 나서 다시 일어나 방을 걸어 나가는 모습을 비디오로 녹화했다. 그런 다음 참가자들이 여기저기로 움직이는 방식과 말하는 방법이 성격과 어떤 연관이 있는지 살폈다. 예를 들어 발을 높이 들고 팔을 앞뒤로 흔드는 등의 기운찬 걸음걸이는 외향성을 나타낸다는 사실을 밝혀냈다.

이런 발견은 이미 듣고 난 다음에는 너무나 당연한 것처럼 보일 수도 있다. 하지만 연구자들의 데이터는 실제로 이것이 그렇게 당연한 것이 아님을 보여준다. 연구에서 관찰자들은 팔을 흔드는 모습이 외향성과 신경성이 낮다는 것을 보여준다고 생각했다. 하지만 실제로는 외향성만이 관련이 있는 것으로 드러났다. 비슷한 식으로 사람들은 침착하고 쾌활한 태도로 글을 읽은 사람들은 신경성이 낮고 개방성이 높을 것이라고 생각했다. 하지만 2가지 가정은 모두 맞지 않았다. 자, 그럼 여러분이 카페에 앉아 누군가 카페를 가로질러 들어와 신문을 짚어든다면 이 연구결과들을 바탕으로 어떤 점을 살펴봐야 할까? 여기 보르케나우의 두 연구결과에 의거한 간단한 스누핑 현장안내서가 있다. 굵은 글씨는 관찰자들이 추론을 하는 데 실제로 적용했으며 유효한 단서들을 말한다.

외향성에서는 특히 많은 단서들을 찾아볼 수 있다는 사실을 알 수 있다. 외향성은 눈에 띄는 특성이다. 하지만 동조성이나 신경성, 개방성 등의 다른 특성들은 이 상황에서는 판별하기 어렵다. 사람들은 지나칠 정도로 적극적으로 걸음걸이나 대화 스타일을 통해 성격을 추론하고자 하지만 이 단편적인 상황은 실제적으로 이런 특성들에 대한 정보는 제공할 수 없는 것이다.

대부분의 추론이 어디에 근거한 것인지는 쉽게 알 수 있다. 홀쭉하고 카메라 앞에 서는 것을 부끄러워하며 우물쭈물하는 사람, 딱딱한 걸음걸이와 당황한 듯 더듬거리는 말투의 사람은 신경성이 높을 것이라는 것은 지극히 직관적인 판단이다. 그러나 이 연구들은 이 판단이 틀린 것이라는 사실을 보여준다. 또한 자신감 있고 날씬한데다 잘 웃고 패셔너블하며 카메라 앞에 서는 것을 즐기는 사람이 침착하고 유창한 말솜씨를 갖고 있을 때, 그 사람이 개방적으로 보인다는 판단은 이해가 간다. 하지만 이 경우에도 직관적인 판단은 잘못된 것이었다. 이 현장 안내서는 또한 외모의 변화가 다른 사람들에게 어떤 영향을

::: **표 5-1** 스누핑 현장안내서

살펴보고자 하는 특성	관찰자들이 추론을 하는 데 실제 적용했던 단서들	관찰자들이 추론을 하는 데 적용해야 했던 올바른 단서들
개방성	세련된 외모. 화장한 얼굴. 패셔너블한 옷. 날씬한 몸매. 친근한 표현. 자신감 있는 표현. 미소 가득한 표정. 듣기 좋은 목소리. 유창한 말솜씨. 이해하기 쉬운 침착한 말투. 카메라를 외면하지 않음.	이 상황에서는 해당 사항 없음.
성실성	세련된 외모. 단순한(화려하지 않은) 옷. 정장 차림. 바르게 앉은 자세. 자신의 몸을 만지는 일이 드묾. 유창한 말솜씨. 이해하기 쉬운 침착한 말투.	정장 차림.

외향성	화장한 얼굴. 화려한 드레스. 세련된 외모. 친근한 태도. 자신감 있는 표현. 미소 가득한 표정.	세련된 외모. 친근한 태도. 자신감 있는 표현. 미소 가득한 표정. 걸을 때 발을 힘차게 올림(질질 끌지 않음).
	재빠른 걸음걸이. 자주 머리를 움직임. 편안한 걸음걸이. 걸을 때 팔을 앞뒤로 흔듦. 큰 목소리. 힘찬 목소리. 듣기 좋은 목소리. 이해하기 쉬움. 카메라를 외면하지 않음.	편안한 걸음걸이. 걸을 때 팔을 앞뒤로 흔듦. 큰 목소리. 힘찬 목소리. 카메라를 외면하지 않음.
동조성	부드러운 얼굴 생김새. 친근한 표현. 미소 가득한 표정. 듣기 좋은 목소리. 카메라를 외면하지 않음.	부드러운 얼굴 생김새. 친근한 표현.

신경성	별로 근육질이 아닌 몸매.	어두운 색상의 옷.
	침울한 표현.	
	머뭇거리는 표현.	
	잘 웃지 않음.	
	걸을 때 팔을 움직이지 않음.	
	딱딱한 걸음걸이.	
	가냘픈 목소리.	
	듣기 싫은 목소리.	
	더듬거리는 말투.	
	이해하기 어려움.	
	동요한 듯한 말투.	
	카메라를 외면함.	

끼칠 수 있는지를 보여준다. 보르케나우의 연구결과는 세련된 외모를 가꾸면 외향적이고 성실하며 개방적인 사람이라고 생각하는 경향이 있다는 것을 보여준다.

보르케나우의 데이터는 격식을 차린 정장 옷차림이 성실성을 평가하는 데 가장 핵심이 된다는 사실을 제시한다. 이런 연구결과를 바탕으로 옷차림과 성실성이 어떻게 연결되어 있는지 볼 수 있다(설사 옷이 중요한 단서 중 하나라는 것을 이전에는 알지 못했다 하더라도 말이다). 책임감이 강하고 의욕적인 사람들, 즉 성실성이 높은 사람들은 자신에게 주어진 과제를 중요하게 생각하고 전문적인 태도로 심리학 실험실과의 일정 약속을 미리 계획했던 것이다. 하지만 만약 심리학 학부에서의 짧은 실험이 아니라 오래된 창고를 페인트칠하기 위해 선정되었다고 해보자. 이 경우에는 이 계획성 있고 빈틈없는 성실성 유형에 속하는 사람들은 페인트칠하기에 적합한 낡은 작업복을 찾아서 가져왔을 것임이 분명하다. 아마도 그들은 이런 작업을 위해 오래된 셔츠와 바지를 보관하는 서랍을 따로 정리해두었을지도 모른다. 이런 상황에서는 성실한 사람들이 가장 격식을 차리지 않은 옷차림을 하고 올 것이라고 예상할 수 있다.

이 사례는 현장안내서(그리고 이 책의 모든 다른 내용들)를 폭넓은 시야로 적용하라는 실질적인 조언을 제시한다. '정장 차림은 성실성을 보여준다'와 같은 고정관념적인 해법이 아니라 경험을 바탕으로 상황에 따라 유연한 판단을 내리라는 것이다. 이런 일람표들에서 보이는 상호관계는 개개인의 경우에 적용하기에는 취약하다. 보르케나우의 연구에서만 하더라도 성실성이 높지만 정장 차림을 하지 않은 사람도 많았다. 하지만 스누퍼로서 우리는 탐정 포와로의 전통에 따라 가장 강력한 증거에 근거해 추론을 세워야 하고 그런 증거들이 쌓여갈수록 점점 확고하게 추론을 강화해갈 수 있다.

보르케나우의 가장 놀라운 발견 중 하나는 부드러운 얼굴 생김새, 즉 부드러운 얼굴 윤곽이 동조성을 식별할 수 있는 핵심적인 단서라는 것이다. 이 연구결과 및 1980년대 이전의 연구결과들을 통해 그는 동안(둥근 얼굴, 큰 눈, 작은 코, 넓고 튀어나온 이마, 짧고 갸름한 턱)이 동조성과 연관이 있음을 발견했다. 물론 이 연구결과에만 의지해서 지나치게 많은 확고한 결론을 내리는 것은 무모한 일이다. 하지만 이 발견이 특별히 흥미를 끄는 까닭은 각기 다른 행동양식들로부터 추론해낸 다른 연구결과들과는 달리 이것은 바꿀 수 없는 얼굴의 외형적인 모양에 근거하고 있기 때문이다. 이는 흥미로운 가능성을 시사하고 있는데 그것은 이런 결론이 부분적으로 고대의 인상학을 반영하고 있기 때문이다. 성격적인 특성은 외형적인 모습, 특히 얼굴에 드러난다는 인상학의 착상 말이다.

인상학의 가장 유명한 일화 가운데 인상학 때문에 진화론이 탄생하지 못할 뻔한 일이 있다. 피츠로이 선장(Captain Fitzroy)은 다윈의 주먹코가 결단력이 없는 성격을 보여주는 것이라고 생각해 비글호 승선을 막을 뻔했다. 오랫동안 인상학은 엉터리 이론이라고 여겨져 왔는데 일부 최근의 연구들은 실제적으로 인상학적인 이론에 어느 정도 수긍할 수 있는 부분이 있음을 시사한다.

스털링대학교의 앤서니 리틀(Anthony Little)과 세인트앤드류스대학교의 데이빗 페렛(David Perrett)은 과거의 모든 비슷한 시도들이 실패했던 연구를 성공해냈다. 그들은 연구 대상자들의 얼굴 모습을 행동양식, 의상, 머리모양과 완전히 분리했다. 남자와 여자를 대상으로 그들은 10개의 합성된 이미지를 만들어냈다. 각 사진은 5대 성격 유형 중 각 항목별로 아주 높은 점수를 받은 사람들과 아주 낮은 점수를 받은 사람들의 사진을 합성해서 만든 것이었다. 예를 들어 가장 외향적인 여성 15명의 얼굴 중 모두에게 공통적인 부분들을 합성해 하나의 얼굴을 만들어냈다. 평가자들은 이 합성 사진들을 보고 놀랍도록 정확하게 사진이 반영하는 성격적 특성을 맞혔다. 특히 여성의 사진일 경우에 더 그랬다.

이 연구결과는 오랫동안 인상학자들이 주장해왔던 것처럼 어떤 성격적 특성이 얼굴에 드러날 수 있음을 시사했다. 어떻게 이것이 가능할까? 거기에는 몇 가지 가능성 있는 원인들이 있을 수 있으며 아마도 이 원인들이 복합적으로 얼굴과 성격의 관계를 연관시키는 것일지도 모른다. 첫 번째는 생물학적인 이유다. 테스토스테론 같은 호르몬들은 성격과 더불어 얼굴 생김새에도 영향을 끼친다고 알려져 있다. 이것은 어째서 15명의 '외향적' 남성들의 사진을 합성한 이미지가 15명의 '내성적'인 남성들의 얼굴을 합성한 것보다 더 남성적인 얼굴 모습이었는지를 설명해주는 이유가 된다.

두 번째로 외모와 성격의 관계를 고려해볼 수 있는 부분은 행동양식 면에서다. 매력적인 사람들은 사회에서 좀더 특별하게 대우받을 수 있고 이런 현상은 실제적으로 그들의 행동양식 및 자기 스스로를 보는 시각에도 영향을 끼친다는 것이다. 이런 맥락과 같이해 보르케나우는 5대 성격 유형의 4개 항목 모두에 걸쳐 매력적인 외모를 가진 사람들은 그렇지 못한 사람들보다 긍정적인 자아상을 갖고 있다는 것을 밝혀냈다.

마지막으로 성격이 얼굴에 행동양식의 잔해를 남긴다는 가정을 해볼 수 있다. 몇몇 성격적 특성들로 인해 사람들은 외모를 치장하는 보조제를 사용하거나, 오랜 시간에 걸쳐 얼굴의 노화를 방지할 수 있는, 예컨대 피부에 좋은 식습관을 가질 수 있다. 더 흥미로운 것은 순간적인 얼굴 표정 습관이 쌓여 결국 얼굴 윤곽선이나 모습에 영구적인 흔적을 남길 수도 있다는 가능성이다. 살아오면서 내내 얼굴을 찡그리거나, 못마땅한 듯 찌푸리고 있거나, 미소 짓거나 하는 표정들이 얼굴에 그 흔적을 남긴다는 말이다.

오랜 세월 동안 그 사람의 표정이 얼굴에 주름이나 윤곽선을 새겨서 그 사람의 성격적 특징을 드러낸다는, 다시 말해 표정이 사람들의 얼굴에 주름으로 새겨져 나타난다는 가정하에 뉴욕 사회학연구학교의 캐럴 맬라테스타(Carol Malatesta)와 동료들은 노인들(약 70세)을 대상으로 한 가지 실험을 했다. 그 결과 실제로 평소에 화를 잘 내는 사람들은 어떤 표정을 짓든지 주위 사람들에게 화난 것처럼 보인다는 결과가 나타났다. 슬픔이나 경멸, 죄책감 같은 다른 습관적인 감정의 표현들에서도 같은 결과가 나타났다. 리틀과 페렛의 연구 대상들은 맬라테스타의 연구 대상들보다 평균적으로 반 세기 이상 더 젊었기에 만약 더 나이가 많은 사람들을 연구 대상으로 했더라면 성격과 얼굴 모습과의 연관성이 더 강하게 드러났을 가능성이 있음을 시사한다.

보르케나우의 흥미로운 발견 중 하나는 신경성과 어두운 옷 색깔과의 연관성이다. 신경성의 특징 중 하나는 부정적인 감정을 표현한다는 것인데 아마도 어두운 옷 색깔은 어두운 내면심리를 반영하고 있는 듯하다.

가공된 단서들

몇 년 전에 인터넷에서 가장 인기가 많았던 웹사이트로 핫오어낫닷컴(hotornot.com)이 있었다. 이 사이트는 사람들이 자신의 사진을 올리고 잔인하도록 솔직한 점수를 받는데, 섹스어필하는 매력도를 기준으로 다양한 점수가 매겨진다.

얼마 지나지 않아 '섹시한가 아닌가(hot or not)'라는 이 사이트의 주제를 모방한 비슷비슷한 웹사이트들이 속속 등장했다. 내가 좋아하는 곳 중 하나는 '고드오어낫닷컴(gothornot.com, 고딕인가 아닌가)'이란 사이트였는데, 이용자들은 다양한 아이라이너와 창백하게 분칠한 험악한 얼굴, 검은 옷을 입은 자신의 사진을 웹사이트에 올려 최고의 '고딕형' 모습이 누구인지를 겨룬다.

최고의 고딕으로 손꼽힌 사람들 중 트레시스타(trashstar)라는 닉네임을 사용하는 여성은 온통 검은색 의상을 입고 있었다. 대리석처럼 창백한 피부에다 새까만 긴 머리에 눈 주위와 입을 검게 화장했다. 그녀는 심술궂고 경멸에 가득 찬 표정으로 개울가에 무릎을 꿇고 있었다. 고딕 수치가 높은 다른 이용자인 레이먼트 오브 이노센스(Lament of innocence, 순수의 비애)는 잿빛 피부에 머리와 의상, 화장이 모두 검은색 일색이었다. 그녀는 자신만이 쌓아온 적의와 경멸의 표현을 지으면서 카메라를 응시하고 있었다. 블랙켄드 소울 666(Blackened soul 666, 검은 영혼)이라는 이용자도 이런 적대적이고 경멸에 찬 표정을 보여주고 있었다(짐작할 수 있겠지만 이 웹사이트에는 미소 띤 표정 따위는 없다).

이런 사진들이 보여주는 성격들의 표현은 당연히 '페피치어리더닷컴(peppycheerleader.com, 발랄한 치어리더, 만약 이런 사이트가 존재한다면)'에서 볼 수 있는 표현들과는 전혀 다를 것이다. 이는 우리의 성격이 우리가 특정한 외모로 보이게 만든다는 것을 보여준다. 소심하고 부끄럼을 잘 타는 사람은 성격이 대담한 사람보다 똑바로 상대의 눈을 보지 않을 가능성이 많다. 또한 우리는 이 고딕파들이 하는 것처럼 죽음이나 모든 섬뜩한 것에 대한 특정한 가치, 목표, 생각을 나누는 다른 사람들과 어울리기 위해 일부러 외모를 꾸밀 수도 있다.

고딕 추종자들의 성격에 대해서만 연구한 결과는 아직 없다. 하지만 영국 컬럼비아대학교의 크래이그 네이선슨(Craig Nathanson)과 그의 동료들은 문신, 피어싱, 도발적인 의상에 대한 연구 대상으로 고딕 추종자들도 포함시켰다. 그들은 이렇게 전통에서 벗어난 표식을 하는 사람들이 5대 성격 유형에서 '개방성' 항목이 약간 높은 경향이 있으며 자존감이 낮거나 충동적이고 스릴을 즐기며 냉담한 경향이 있다는 점을 밝혀냈다.

이러한 고딕 추종과 상관없는 평범한 사회에서조차 외모는 성격에 대한 단서를 제공한다. 우리는 자체 연구에서 지원자들에게 그저 사진을 보는 것만으로 사람들의 성격을 측정해보게 했다. 한 장의 사진 외에는 아무런 다른 정보가 없었지만 (그저 평범한 학생들에 지나지 않은) 연구에 참여한 관찰자들은 사진만을 보고 그 사람의 외향성과 동조성 및 개방성을 놀랍도록 정확하게 판별했다. [표 5-2]의 현장 지침들은 관찰자들이 사진을 보고 인상을 결정하는 데 사용한 단서들

표 5-2 스누핑 도감(현장안내서)

살펴보고자 하는 특성	관찰자들이 추론을 하는 데 실제 적용했던 단서들	관찰자들이 추론을 하는 데 적용해야 했던 올바른 단서들
개방성	매력적이지 않음. 지저분함. 정돈되지 않음. 병약해 보임. 창조적으로 보임. 전통적이지 않음.	매력적이지 않음. 지저분함. 정돈되지 않음. 병약해 보임. 창조적으로 보임. 전통적이지 않음.
성실성	매력적임. 단정함. 정돈되어 있음. 건강해 보임. 편안해 보임. 전통적임.	
외향성	매력적임. 명랑해 보임. 편안해 보임. 전통적으로 보임.	매력적임. 명랑해 보임. 편안해 보임.
동조성	명랑해 보임. 정돈되어 있음. 편안해 보임.	명랑해 보임. 편안해 보임.

신경성	병약해 보임.	병약해 보임.
자기애적 성향	스타일리시해 보임. 값비싼 옷차림. 남학생클럽/여학생클럽 회원처럼 보임. 명랑해 보임. 외모를 꾸미는 데 시간을 들임. 여성적임(여성일 경우). 화장한 얼굴(여성일 경우). 다듬은 눈썹(여성일 경우). 가슴골이 보임(여성일 경우). 남성적임(남성일 경우). 근육질.	스타일리시해 보임. 값비싼 옷차림. 외모를 꾸미는 데 시간을 들임. 여성적임(여성일 경우). 화장한 얼굴(여성일 경우). 다듬은 눈썹(여성일 경우). 가슴골이 보임(여성일 경우). 남성적임(남성일 경우).

중에서 정확한 것으로 판별된 항목들 중 일부이다. 물론 관찰자들이 고려한 다른 항목들도 있었지만 이 연구에서는 분석하지 않은 것들도 있다.

　관찰자들은 자아도취 성향과 5대 성격 유형 중 개방성 항목을 평가하는 데 있어서 적합한 단서들을 잘 골라냈다. 그리고 이것보다는 조금 덜해도 외향성 항목을 평가하기 위한 단서들도 비교적 정확히 판단했다. 보르케나우의 연구에서처럼, 성실성 항목이 높은 사람들에 대한 전형적인 관점들은 별로 타당성이 없다는 것을 알 수 있다. 또한 나중에 다시 짚고 넘어가겠지만 잘 정돈된 듯 보이는 사람들은 동조성과 성실성이 모두 높게 보인다는 것을 알 수 있다. 관찰자들이 어떤 단서를 고려해야 하는지 또는 고려하지 말아야 하는지를 알려주는 것 외에 이 자료들은 또 다른 중요한 사실을 알려준다. 관찰자들은 성실성과 신경성 항목에 대해 동조성이나 개방성을 판단할 때처럼 정확한 판단을 내리지는 못했다.

 하지만 정확한 판단을 내렸을 때와 마찬가지로 정확하지 않은 판단을 내렸을 때도 관찰자들의 대다수가 사진 속의 인물이 어떤 성격적 특성을 갖고 있을 거라고 거의 동일한 판단을 내렸다. 스누퍼로서 우리는 이런 발견에 주의를 기울여야 한다. 왜냐하면 이것은 관찰자들의 의견이 서로 일치한다고 할지라도 그것이 판단의 정확성과는 별 상관이 없다는 사실을 보여주기 때문이다. 다른 말로 하자면 모든 사람이 누군가의 외모에 근거해서 그 사람에 대해 동일한 판단을 내렸다고 해서 그것이 올바른 분석인 것은 아니라는 말이다.

일상생활과 단서

성격학 분야에서 일할 때 즐거움 중의 하나는 많은 사람들이 내 작업을 자신의 일상과 연관시킬 수 있다는 것이다. 사람들에게 내가 침실이나 사무실을 관찰하면서 일상생활에서 사람들의 성격이 어떻게 드러나는지에 대해 연구하고 있다고 설명할 때 가끔 나는 운 좋게도 새로운 정보를 얻을 수 있다. 때때로 어떤 이들은 전혀 예상치 못한 출처로부터 성격을 알아낼 수 있다고 말해준다.

어떤 숙련된 자동차정비공은 언젠가 나에게 불안정하고 겁이 많은 사람들은 침착하고 느긋한 사람들보다 브레이크 패드가 빨리 닳는다고 말해주었다. 불안한 사람들은 지속적으로 브레이크를 많이 사용한다는 것이 그 이유였다. 아주 약간의 흔들림이나 혼란에도 바로 급정거를 해버리고 이로 인해 브레이크 패드가 쉽사리 닳아버리는 것이다. 물론 그렇다고 해서 데이트를 고려하고 있는 상대의 차를 들어올려 차바퀴를 떼어내고 브레이크 패드가 어떤지 조사할 수는 없는 노릇이다. 하지만 이 수리공의 관찰은 성격에 대한 단서들을 살펴보는 과정에서 창의성을 발휘하고 폭넓게 생각하는 것이 얼마나 중요한지를 다시 한번 인식하게 해주었다. 나는 음악 CD나 아이팟을 살펴보는 것과 마찬가지로, 라디오를 켜서 미리 세팅된 라디오 채널들을 살펴보는 것을 좋아하는데 이를 통해 운전자가 어떤 분위기를 만들고자 하는지, 메탈리카(Metallica)인지 아니면 존 콜트레인(John Coltrane, 미국의 재즈색소폰 연주자―옮긴이)인지 단서를 찾을 수 있기 때문이다.

브레이크 패드 말고도 자동차 자체는 3가지 폭넓은 성격적 메커니즘을 통해 주인에 대한 정보를 제공한다. 자동차의 스타일(높은 지위를 보여주는 차인지 아니면 평범한지)과 범퍼 스티커 같은 장식품들은 외부 지향적이거나 내면 지향적인 자기정체성에 대한 단서를 제공한다. 차의 종류, 예를 들어 빠른 질주를 위한 스포츠카라든가 룸미러에 걸려 있는 애완동물 사진 같은 다른 특징들은 감정 조절 장치로서의 역할을 수행하고 있을 수도 있고, 이를 통해 운전자의 생각이나 감정에 대한 성격적 특성을 표현하고 있을 수 있다.

또한 행동양식의 흔적들을 통해 운전자에 대한 정보를 얻을 수 있다. 범퍼나 차체가 긁히거나 찌그러진 것은 운전자의 무모함을 반영하고 있을지도 모른다(다른 차를 아슬아슬하게 스치고 지나가는 차들은 보통 여기저기 긁히거나 찌그러진 자국들이 있다). 자동차 내부의 상태 또한 차 주인에 대한 정보를 제공한다. 재떨이는 깨끗하게 비워져 말끔히 닦여 있는가? 자동차 시트의 접힌 부분에서 쿠키 부스러기들이 떨어지지는 않는가?

이런 종류의 스누핑 법칙에 의거해 줄리우스막스밀리언대학교의 연구가 조지 알퍼스(George Alpers)와 안트예 저드(Antje Gerdes)는, 관찰자들이 순전히 운전자의 외모만을 보고 그 사람의 자동차가 무엇인지 알아맞힐 수 있을까 궁금해했다. 이 둘은 4일 동안 고속도로 휴게소에서 쉬어가는 운전자들을 상대로 운전자와 자동차를 각각 따로 찍어도 좋은지 허락을 구했다. 그리고 이 사진들을 낯선 사람 여러 명에게 보여주고 누가 어떤 차를 모는지 맞혀보게 했다.

관찰자들이 항상 올바른 답을 제시하지는 못했다. 하지만 그저 우연히 맞혔다고 하기에는 불가능할 정도로 많은 경우에 올바른 짝을 맞추었다. 그것은 놀라울 정도였다. 어쨌든 그들은 2가지 별개의 판단을 내려야 했던 것이다. 먼저 운전자의 사진들을 보고 운전자가 어떤 사람일지를 판단해야 했고, 또 어떤 사람이 어떤 종류의 차를 몰지를 예상해야 했다. 그 다음 이 2가지 정보를 종합해서 판단을 내려야 했다. 만약 2가지 판단 중에 하나라도 틀리면 올바른 짝을 맞출 수 없는 것이다. 게다가 그들은 매우 제한적인 정보만을 갖고 판단을 내려야 했다는 것을 고려해야 한다. 운전자의 상반신을 찍은 사진 한 장 그리고 자동차를 찍은 사진 한 장이 전부였다. 그들은 자동차 시트 밑을 들여다볼 수도, 트렁크 속을 조사할 수도, 미리 맞춰둔 라디오 채널을 들어볼 수도 없었다.

관찰자들은 아마도 성격이 드러나는 특징, 예컨대 깔끔함에 대한 일반화를 통해 직접적인 추론을 끌어냈으리라 짐작된다. 그러므로 아마도 자신의 외모를 완벽하게 꾸미는 사람들은 자동차 또한 흠집 하나 없이 관리할 것이라고 생각했을 것이다. 그리고 또한 간접적인 추론을 했을지도 모른다. 아마도 일반적인 고정관념(모든 그럴 법한 사항), 즉 좀더 나이가 많은 사람들은 부유할 가능성이 높고, 비싸 보이는 차들은 너무 당연하지만 비싼 차일 것이므로 더 나이가 많은 사람들을 비싸 보이는 차와 연결지었을 것이다.

물론 우리는 관찰 대상 스누피(Snoopee)와 직접적인 개인적 접촉을 통해 정보를 얻을 수도 있을 것이다. 나는 텍사스대학교에서 소그룹의 학생들과 교수들을 연결시켜주고 교류를 장려하는 멘토링 프로그램(Mentoring Program)에 참여하고 있다. 어느 해 나는 내 그룹의 학생 중에서 어느 누구도 알게 되기 이전에 몇몇 학생들과 저녁식사를 하기로 했다. 저녁식사가 끝나고 우리는 작별인사를 하고 악수를 나누었다. 극히 짧은 순간에 여러 명과 악수를 나누는 와중에서도 나는 학생들이 악수를 하는 스타일이 각기 다른 것을 의식하지 않을 수 없었다. 뻣뻣한 악수가 있는가 하면 어떤 악수는 부드러웠다. 어떤 악수는 힘찼고 어떤 악수는 힘이 없었다.

여학생 중에 가장 힘차게 악수를 했던 리츠는 밝은 빨간색으로 머리를 염색하고 있었는데, 저녁식사 내내 이야기를 멈추지 않았고 계속 미소를 지었으며 긍정적인 에너지로 가득했다. 건너편에 앉은 상대의 이야기를 방해하지 않으면서 계속해서 고개를 끄덕이거나 가로저으며 이야기를 듣고 있다는 표시를 하고, 다른 사람들이 어디에 앉을지 정해주려고 내내 일어났다 앉았다 했다. 그녀의 힘찬 악수만으로 활기차고 사교적인 행동들을 내가 짐작할 수 있었을까? 나는 악수에 대해 궁금해졌다. 악수를 통해서 상대방이 어떤 사람인지 직감할 수 있다는 것은 일반적으로 공통된 생각이며 지속적인 심리학 연구의 주제가 되어왔다.

악수라는 것이 생긴 이후에 수많은 사람들이 악수야말로 상대의 성격을 알 수 있는 핵심적 단서라는 생각에 관심을 가져왔을 것이 분명하다. 하지만 악수와 성격의 상관관계가 연구된 것은 1930년대가 되어서였다. 보다 최근인 1990년대에 스웨덴 연구가들은 악수에 관해 몇 가지 복잡한 연구조사를 실시했다. 불행하게도 이 연구결과들은 그다지 유용하지 못했다. 어떤 연구는 정신과 입원 환자들만을 대상으로 한 것이어서 일반 대중에 적용해서 판단할 수 없는 것이었다. 다른 연구들은 너무 많은 결함이 있어 중요한 질문들에 대한 해답을 제공하기에는 역부족이었다. 사람들은 어떤 사람하고든지 같은 방식으로 악수를 하는 걸까? 그리고 동성 간에는 이성에게 할 때와는 다른 방식으로 악수를 할까?

다양한 방식의 악수들의 특징을 측정하고, 악수하는 사람의 성격을 분석할 수 있는 체계적인 방법, 악수하는 상대방에 상관없이 지속적으로 동일한 방식의 악수를 하는지의 여부, 악수의 특성에 성별의 차이가 있는지 그리고 체계적으로 악수를 했을 때 어떤 인상을 받는지를 측정할 수 있는 연구가 필요했다. 2000년에 이 분야에서 가장 명성이 높은 〈성격사회심리학저널(Journal of Personality and Social Psychology)〉에 실린 논문이 바로 이런 과제들을 달성해냈다. 오늘날에도 이 논문은 여전히 성격과 악수와의 상관관계를 가장 정확하게 측정한 연구로 남아 있다.

앨라배마대학교의 윌리엄 채플린(William Chaplin) 교수와 그의 학생들은 100명이 넘는 사람들을 대상으로 악수와 악수하는 사람의 성격과의 상관관계를 조사했다. 그들은 8가지 악수의 특성(체온, 건조함, 힘, 손을 잡고 있는 시간)을 측정하고 이런 특성들을 수줍음이나 감정적 표현 등과 더불어 5대 성격 유형과 관련해 연구했다. 여러분은 그들이 어떤 사실들을 발견했다고 짐작하는가? 예를 들어 손을 굳게 잡고 힘차게 악수하는 사람들은 바로 위에 언급된 성격 유형 중에 어떤 특성을 보일 것이라고 생각하는가? 그리고 이런 특성이 남성과 여성에게 동일하게 나타나리라고 예상하는가? 채플린과 그의 연구팀은 각 사람이 악수하는 것을 여덟 차례에 걸쳐 분석했다. 두 번은 여성과 악수하게 했고 두 번은 남성과 악수를 나누게 했다. 그리고 이제 살펴보겠지만 가장 핵심적으로 그들은 관찰 대상들이 이것이 악수와 관련된 연구라는 것을 알지 못하는 상태에서 이 모든 것을 해냈다.

일관된 분석을 위해 실험자들은 중립적인 방법으로 매번 동일한 방식의 악수를 하도록 수많은 훈련을 받았다. 이것은 결코 쉬운 일이 아니었다. 실험자로서 여러분은 허리에서 일직선으로 손을 뻗어 엄지손가락을 45도 각도로 세우고 악수를 해야 한다. 중요한 것은 어떤 식으로든 악수에 영향을 주어서는 안 된다는 것이다. 그러므로 악수를 할 때 피실험자가 스스로 손을 잡는 힘의 정도나 위아래로 흔드는 정도를 조절하도록 기다려야 한다. 게다가 상대방이 잡은 손에 힘을 빼고 악수를 끝내려는 신호를 보낼 때까지 기다렸다가 손을 놓아야 한다. 이 표준적인 악수를 익힌 후에는 체온, 힘, 지속시간, 감촉 등을 포함한 8가지 차원의 악수의 특성을 배워야 한다. 앨라배마대학교의 연구에서는 이 훈련을 하는 데만 1개월이라는 시간을 투자했다.

정해진 약속시간에 피실험자가 실험을 위해 나타난다. 4명의 훈련된 실험자들과 각각 두 번씩 자신들의 악수가 분석되고 있다는 사실을 모른 채 아무런 의심 없이 악수를 나눌 수 있도록 그럴싸한 상황 설정이 준비되었다. 피실험자들은 4가지의 성격 테스트가 따로따로 행해졌을 때와 동시에 행해졌을 때 두 실험결과에 차이가 있는지를 조사하기 위한 연구에 참여해 달라는 이야기를 들은 것이다. 그들은 4가지 설문지를 작성하도록 요청받은 뒤 이런 지시사항을 전달받았다.

"(각 설문 세션이) 서로 완전히 독립된 별개의 실험이라는 것을 명확히 하기 위해 실험자들은 매번 여러분을 처음 만난 것이라고 가정하고 맞이할 것입니다."

이 지시사항이 어째서 반복적으로 악수를 해야 하는지에 대한 그럴 듯한 이유가 되어주었고 피실험자들은 실험자들이 모든 성격 테스트 설문지를 한 번에 모으도록 협조했다. 스누폴로지 실행의 교묘한 사례라 할 수 있겠다.

대부분의 피실험자들은 중간 그룹에 속했다. 악수를 할 때 강철 바이스처럼 손을 꽉 잡지도, 죽은 생선처럼 손을 축 늘어뜨리지도 않았다. 하지만 연구결과는 악수를 하는 방식을 통해 성격의 단면들을 추론할 수 있다는 것을 보여주었으며 또한 특정한 악수의 속성들은 공존하는 경향이 있다는 것을 보여주었다. 다른 말로 하자면 사람들이 여러 가지 성격적 특성을 함께 갖고 있는 것처럼(전형적인 모범생들이 내성적이고, 공부하는 것을 좋아하며, 사회성이 떨어지는 것처럼) 악수에서도 마찬가지로 특정한 속성들이 결합되어 있다는 것이다.

악수의 유형학은 사람들의 유형학보다는 단순한 것으로 나타났다. 악수의 유형학에는 단지 2가지의 주요 유형이 있었다. 힘차게 악수를 하는 사람과 힘없이 악수를 하는 사람이다. 힘찬 악수는 손 전체로 힘차고 활기차게 좀더 오래 손을 흔들면서 상대와 눈을 마주치는 경향이 있다. (아마 예상했을 테지만) 전반적으로 남성들이 여성들보다 힘찬 악수를 했다. 그리고 채플린의 연구결과에 의하면 힘찬 악수를 하는 사람들은 보다 외향적이고 덜 신경성이며 덜 소심한 경향이 있었다.

여성들에게만 나타난 사항이지만, 힘찬 악수를 하는 여성은 또한 새로운 경험에 있어 개방성이 높은 것으로 나타났다. 기운 없이 손바닥을 다른 사람의 손에 포개 놓는 사람들은 내성적이고 신경질적이며 표현력이 부족한 것으로 나타났다. 그리고 스웨덴 연구팀의 실험적인 연구결과 중 일부를 다시 한번 확인시켜주었는데, 그들 연구팀은 악수하는 데 풍부한 경험이 있는 치료사나 성직자, 영업사원들을 대상으로 의견을 조사했었다. 채플린의 연구팀은 스웨덴 연구팀의 조사결과와 마찬가지로 사람들은 악수를 통해 상대방에 대한 인상을 형성한다는 것을 보여주었다. 수많은 예절교육서에서 말하고 있는 것처럼, 힘찬 악수를 하는 사람들은 힘없는 악수를 하는 사람들보다 상대방에게 훨씬 더 긍정적인 첫인상을 심어주었다.

성격 24/7

걸음걸이나 악수 같은 일상적인 활동들이 그 사람이 어떤 사람인지를 드러낼 수 있다는 이 확신은 이제는 레이먼드 버치(Raymond Birch)라는 가명으로 알려진 7살 소년에 관한 독특한 연구로 이어졌다. 어느 따뜻하지만 흐린 1949년 4월의 화요일, 막 7시가 되기 전 레이먼드의 어머니가 아들의 방에 들어섰다. 그녀는 전등 코드를 빼고 정확히 7시 정각에 침대로 향했다.

"레이먼드, 일어나렴."

별 효과가 없다. 그녀는 부드럽게 소년을 깨워 일으킨다. 소년은 일어나 앉아 눈을 비빈다. 7시 1분, 소년은 왼쪽 양말을 신는다. 7시 3분, 오른쪽 양말을 신는다. 7시 4분, 오른쪽 신발을 신을 때 어머니가 아침으로 달걀을 먹겠느냐고 묻는다. 졸린 듯 그러나 심통 나거나 짜증난 기색 없이 소년은 싫다고 말한다. 아마도 여러분은 우리가 이 모든 것을 어떻게 알고 있느냐고 물을 것이다. 레이먼드는 캔자스 주 오스칼루사의 중서부 지역에 위치한 연구소의 소장인 로저 바커(Roger Barker)와 허버트 라이트(Herbert Wright)가 주도한 독특한 과학 프로젝트의 연구 대상이었다. 그들은 한 사람을 온종일 추적하며 그가 무엇을 했는지를 분단위로 정확하게 기록하기로 했다. 그날 레이먼드가 한 모든 일은 아침에 눈을 부비며 일어나는 시각부터 저녁 8시 33분 잠들기까지 8명으로 구성된 관찰팀이 반시간씩 교대로 관찰하며 정확하게 기록했다.

레이먼드의 평범한 행동들, 양말을 신는다든지 하는 모든 행동은 이제 고전적인 케이스 스터디 《한 소년의 하루(One Boy's day)》로 영원히 남게 되었다. 바로 나와 내 동료들이 우리의 스누핑 연구에서 했던 것처럼, 바커와 라이트는 심리학 연구실의 한정적이고 제한적인 조건들을 떠나 일상적인 행동들을 중점적으로 연구한 것이다. 그들의 방대한 작업, 자연적인 관찰의 이정표가 된 이 연구는 400쪽이 넘는 정보를 수집했다. 그러나 그들의 이러한 착상이 이 분야에서 큰 호응을 얻었음에도 불구하고, 그들의 연구에서 한 발짝이라도 더 진전되기까지는 놀랄 만큼 긴 시간이 걸렸다.

40여 년이 지난 뒤 UC버클리의 케네스 크레이크(Kenneth Craik)는 '하루의 생중계 분석'이라 이름 붙인 관찰방식을 개발했다. 이 관찰방식은 소형 비디오카메라를 이용해 사람들이 자연스러운 일상생활을 하는 모습을 담는 것이다. 이는 궁극적으로 "삶은 하루하루를 살아가는 것이며 하루 다음에 또 하루가 왔다 가는 것이다"라는 깨달음에 근거한 것이었다.

영구적인 시청각 기록을 만들었다는 점에서 크레이크의 방법은 바커와 라이트의 서면 기록으로부터 획기적인 개선을 이루었다. 그러나 그것은 여전히 엄청나게 시간이 많이 들고 성가신 작업이었다. 그리고 비디오 촬영기사들과 연구가들로 구성된 한 무리의 사람들과 함께 이동하는 것은 눈에 띄고 꼴사나운 방법이었다. 여러분이라면 수업과 수업 사이에 잠깐 낮잠에 빠져들 때나 자전거 창고 뒤에 몰래 담배를 숨길 때 한 무리의 연구팀에 둘러싸여 있고 싶겠는가? 이런 종류의 스누핑은 심리학자들이 연구하고자 하는 행동들을 방해하는 것이 아닐까? 평범한 일상생활에 이렇게 거슬리는 영향을 끼치지 않는 방법이 필요했다.

바로 이런 방법이 텍사스대학교의 내 동료 제임스 펜베이커(James Pennebaker)와 애리조나대학교의 마티아스 멜(Matthias Mehl)에 의해 개발되었다. '매순간에 대한 스누핑'이라는 독창적인 분야에 진출하기 위해 그들은 하루 종일 지니고 다닐 수 있는 소형 녹음기를 개조했다. 이 기기들은 12분마다 40초씩 녹음기를 켜는 칩에 의해 조작되었다. 연구 대상은 이러한 전자활성화 녹음기(Electronically Activated Recorders, EAR)를 벨트에 달린 작은 주머니에 넣어 대개 이틀에서 나흘 정도 지니고 다녔다(마이크는 옷깃에 달려 있었다). 이 기기들 덕분에 관찰 대상자들의 의식에서 과학자들이 주변에 있다는 방해요소를 제거할 수 있었다.

만약 연구원이 비디오카메라나 필기 노트를 들고 옆에 서 있다면 관찰대상 439가 '이상적인 비율의 몸매를 가진 여자'에 대해 "가슴이 커야 하지만 지나치게 커서는 안 돼, 몸에 딱 적당하게 맞게 커야지"라고 솔직하게 말할 수는 없을 것이다. 또한 연구 대상 363은 보이지 않는 EAR을 착용하고 있을 때는 자기도 모르게 남자친구와 헤어지면서 심리학적으로 의미 있는 잠재의식을 표출하고 말았을지도 모른다. 하지만 만약 그것이 연구팀 앞에서였다면 과연 아무리 참을 수 없었다고 해도 그녀는 수많은 사람들 앞에서 남자친구에게 결별을 선언했을까? 나는 아마 그렇지 않았을 거라고 생각한다.

멜은 EAR이 대부분의 심리학 연구들이 접근할 수 없었던 순간들에 대한 근본적인 접근을 가능하게 했다고 생각하는데 그것은 사람들은 본능적으로 자신들이 하는 일이 '정상적'이라고 믿는 경향이 있으며 그렇기에 자기검열이 필요하지 않기 때문이라는 것이다. 또한 참가자들에게 특별히 연구원들이 관심 있는 것은 '일상적인 생활'이며 만약 참가자들이 검열을 원한다면 부분적인 삭제가 가능하다고 사전에 설명을 해둔 것도 도움이 되었다. 아주 드문 한 경우에 참가자가 삭제를 원했는데 그가 삭제한 것은 음정이 맞지 않는 노래뿐으로 전혀 저질스러운 것은 없었다(모든 샘플들을 분석해야 했던 연구자에게는 안타까운 일이지만 노래를 부른 모든 참가자들이 모두 이 과학적 실험에서 노래를 자제할 만큼 사려가 깊지는 못했다). 멜의 연구에 참가한 연구 대상들은 대체로 처음 한두 시간 정도는 기기를 착용한 것을 지나치게 의식하지만 그 후에는 대부분의 시간 동안 기기에 대해 잊어버리고 있었다고 보고했다. 실제로 멜은 비싼 녹음기를 거의 부숴버릴 뻔했는데, 녹음기를 착용하고 있다는 사실을 잊은 채 스웨터를 벗다가 녹음기에 장착된 마이크를 잡아 뜯어버렸기 때문이다.

EAR은 사람들이 일상을 살아가는 방식에 관한 여러 가지 흥미로운 사실들을 알려주었다. 그것은 우리가 하는 다양한 각 활동에도 불구하고 우리는 명백한 습관의 존재라는 사실이다. 사람들이 이틀간 EAR을 착용하고 있을 때와 4주 후에 다시 이틀 더 착용했을 때를 비교해보면 어떻게 다른 사람들과 어울리고 무엇을 하는지 그리고 자주 가는 장소 등이 매우 일관적으로 비슷했다. 대부분의 시간을 혼자 보내거나 전화를 하는 사람들은 4주 후에도 여전히 혼자거나 전화에 대고 떠들고 있었다. 다른 사람들과 말하고, 웃고, TV를 보거나, 음악을 듣거나, 컴퓨터를 사용하거나, 책을 읽거나, 일하거나, 수업을 듣는 모든 활동에서도 동일한 패턴이 나타났다. 자신의 아파트에서, 밖에서, 이동하느라, 또는 식당이나 다른 공공장소에서 얼마나 많은 시간을 보내는지 등도 별로 변화가 없었다. EAR 착용자들은 즐겨 사용하는 단어들에서조차 일관성을 보였다. 특히 욕이나 "음…", "어…" 따위의 문장 사이에 덧붙이는 말은 특히 습관적이었다.

욕이나 짧은 감탄사들 그리고 실질적으로 우리가 쓰는 모든 단어들은 성격을 반영한다. 또 다른 과감한 성격 스누핑 탐사에서 제임스 펜베이커와 로라 킹(Laura King)은 컴퓨터 프로그램을 사용해 800명의 사람들이 쓴 작문 샘플들에서 언어의 요소를 분해하는 작업을 실시했다. 그들은 외향적인 사람들은 긍정적인 감정에 관한 언어를 사용하는 경향이 있으며 부정적인 감정을 표현하는 단어들을 피한다는 것을 발견했다. 또한 '하지만', '외에', '제외하고' 같은 배타적인 접속사와 '아마도', '어쩌면' 같은 가정적인 단어 그리고 '아니다', '그렇지 않다', '절대로' 같은 부정어를 사용해서 문장을 구분하는 경향이 있었다.

개방성이 높은 사람들은 이와는 다른 패턴을 보였다. 그들은 '나', '나를', '나의' 같은 1인칭 대명사를 덜 사용했고, 'a', 'an', 'the' 같은 관사와 긴 단어들을 더 많이 사용했다. 또 개방성이 낮은 사람들보다 현재시제의 동사를 적게 사용했다. 신경성이 높은 사람들은 1인칭 대명사를 많이 사용하고 관사를 덜 사용하는 경향이 있었으며, 부정적인 감정을 표현하는 단어보다 긍정적인 감정을 표현하는 단어들을 더 적게 사용했다. 실제로 1인칭 대명사를 사용하는 데 있어 차이점들은 펜베이커의 연구결과 중 많은 부분에서 볼 수 있다.

여러분은 다음 그룹들 중 어떤 그룹이 '나', '나를', '나의' 같은 단어를 자주 쓸 것이라고 생각하는가? 첫째, 지위가 높은 사람과 낮은 사람. 둘째, 자살할 경향이 높은 시인과 그렇지 않은 시인. 셋째, 여성 또는 남성. 넷째, 우울증을 앓고 있는 사람과 그렇지 않은 사람. 펜베이커는 '나', '나를', '나의' 같은 1인칭 대명사를 자기중심적인 언어적 표식이라고 본다. 그리고 남성보다는 여성이, 지위가 높은 사람들보다는 낮은 사람이, 자살 경향이 없는 시인보다 자살할 경향이 높은 시인이, 우울증이 없는 사람보다 우울증을 앓는 사람이 1인칭 대명사를 많이 사용한다는 것을 발견했다.

 전문 소프트웨어가 없이는 일상적인 대화에서 이런 차이들을 구분하기란 불가능한 일이다. 그리고 연구 대상이 쓴 글을 읽어보면서 그런 차이를 구분해내는 것도 매우 어려운 일이다. 단어의 반복성을 추정하는 것이 얼마나 어려운지는, 지난 하루 동안 나누었던 2가지 대화를 떠올려보면 된다. 아마도 어떤 대화가 여러 가지 분류 항목, 예를 들어 일이나 여행, 특정인, 활동에 관한 단어들을 더 많이 사용했는지 짐작할 수 있을지 몰라도, 즉 무엇에 관한 대화였는지 대강 기억한다 해도, 펜베이커가 '허섭스레기 단어들'이라고 부르는 단어(대명사, 전치사, 관사, 접속사, 조동사)가 얼마나 자주 사용되었는지에 대해서는 완전히 오리무중일 것이다.

 2가지 대화 중에 어떤 쪽이 '그', '~의', '안에', '그것', '그러나', '그리고', '나' 같은 단어들을 더 많이 사용했는지 조금이라도 알 수 있겠는가? 그럼에도 불구하고 이런 곁가지 단어들이 바로 사람들이 말하는 양식을 형성한다. 그렇기 때문에 어째서 이런 단어들이 성격과 특정한 사회적 환경에 대한 가장 훌륭한 지표가 되는지를 알 수 있다. 예를 들어 펜베이커는 사람들이 진실을 말할 때, 상대적으로 1인칭 대명사(나, 나를, 나의)와 배타적 단어들(그러나, 제외하고, ~이 없이 등)을 더 자주 사용한다는 것을 발견했다. 이런 언어 요소들은 복잡한 생각을 나타내는 경향이 있다. 그러니까 무언가를 솔직하게 설명할 때 사람들은 그것을 개인화함으로써 자신의 이야기로 만들고 복잡한 방식으로 이야기를 설명한다는 것이다.

너무나 당연하게 이런 매우 근원적인 종류의 스누핑을 제대로 하기 위해서는 이야기의 다양한 요소들의 반복성을 살펴볼 필요가 있다. 이것을 하기 위한 가장 쉬운 방법은 펜베이커가 개발한 것과 같이 특별히 설계된 문장분석 소프트웨어를 사용하는 것이다(펜베이커의 소프트웨어는 그의 웹사이트에서 구할 수 있다). 이러한 언어분석의 단점은 전문 소프트웨어가 필요하다는 것이다. 반면에 이 연구의 장점은 사람들이 자신의 언어양식에 대해 아무것도 모르고 있기 때문에 의도적으로 자신의 성격에 대한 인상을 조작하기란 엄청나게 어려운 일이라는 사실이다. 이것은 말로 하지 않고 글로 쓴다고 할지라도 여전히 똑같이 일부러 조작하기 어렵다.

놀라울 것도 없이 이메일은 성격에 대한 단서를 제공하는 좋은 자료다. 그리고 때때로 성격에 대한 단서를 얻기 위해 이메일을 열어볼 필요조차 없을 때도 있다. 텍사스대학교의 대학원생 크리스틴 창 슈나이더(Christine Chang-Schneider)는 일상적인 성격 표현에 대해 매우 날카롭고 민감했다. 이 민감성 덕분에 그녀는 예상하지 못했던 연구를 시작하게 되었다. 사람들이 어떻게 낭만적인 애정의 대상을 선택하는지를 알아보는 연구의 일부로 그녀는 스스로에 대해 대단히 만족하는 여성 참가자들과 그렇지 않은 여성 참가자들을 선정했다(이는 사전에 실시한 자기 자신에 대한 만족도 테스트를 통해 평가했다).

이 양쪽 그룹(스스로에 만족하는 그룹, 불만족하는 그룹)을 연구에 참가하도록 초대하기 위해 그녀는 그들의 이메일 ID를 모았다. 이메일 ID를 본 즉시 그녀는 양쪽 그룹 간에 차이가 있다는 사실을 눈치 챘다. 자기 자신에 대해 대단히 만족하고 있는 그룹은 대부분 'redhotjennie(빨간머리의 섹시한 제니)'나 'princess_suzy(수지 공주)'처럼 자신에 대한 생각과 일치하는 ID를 사용했다.

그러나 자기 자신에 대한 만족도가 낮은 그룹은 'sadeyesagain(또 다시 슬픈 눈으로)'나 'nothingmuchinside(내 안엔 아무것도 없어)'같은 것들을 썼다. 창 슈나이더가 이것이 보다 폭넓게 적용되는 패턴인지를 살펴보자 실제로 특정 사례들을 발견할 수 있었다. 그리고 특히 사람들이 자신의 ID를 직접 만들 때 그런 경향은 더욱 두드러졌다. ID는 사람들이 스스로 자기 자신을 어떻게 생각하고 있는지를 보여주는 단서가 될 수 있다.

창 슈나이더의 연구에 나온 ID 중 일부는 다음과 같다(연구 대상자들의 익명성을 보장하고자 약간 변형시켰다). 'naomiprincess(나오미 공주)', 'kingtony(토니 대왕)', 'emotional_void(공허한 감정)', 'fatneckendra(목 굵은 여자)', 'gorgeouschic(멋진 여자)', 'empty_heart(텅빈 마음)', 'strangelittleboypeter(이상한 작은 소년 피터)'등이다. 에르큘 포와로 같은 탐정이 아니라도 어떤 ID가 자신에 대한 만족도가 높은 사람이고 낮은 사람인지 쉽게 알 수 있을 것이다.

크리스틴은 또한 사람들이 스스로 고른 ID를 통해 자신의 능력에 대한 자각을 드러내고 있다는 것을 발견했다. 이번에도 누가 자신의 능력에 대한 자신감이 높고 낮은지 쉽게 맞힐 수 있을 것이다. 'stevethetennisace(테니스 에이스 스티브)', 'spacystacy(이해할 수 없는 스테이시)', 'longtimeprodigy(예언 속의 천재)', 'smartguy(똑똑이)', 'thatotherboy(저 다른 소년)', 'sloppycrazyandweird(후줄근하고 미친 그리고 이상한)', 'brainmissing(무뇌충)', 'julessavestheday(줄스, 궁지에서 벗어나다)' 등이다.

우리는 이메일 ID를 만들어야 할 기회가 주어지더라도 이를 통해 무언가 의미를 전달하기에는 한계가 있다. 왜냐하면 이메일 ID는 너무 짧기 때문이다. 그리고 전문적인 직업에서 사용해야 한다면 너무 별나게 이상한 이름을 쓰는 것은 피해야 할 것이다. 일본에서는 일반적인 컴퓨터 이메일 ID 외에 많은 사람들이 휴대전화 전용 이메일 ID를 따로 갖고 있다. 여기에서 컴퓨터의 이메일 ID와 휴대전화의 이메일 ID는 다른 기능을 갖고 있는데, 특히 젊은 사람들에게는 더욱 그렇다. 일반적인 이메일 ID는 교수에게 논문을 제출하는 등의 공개적인 목적으로 사용되고 휴대전화용 이메일 ID는 데이트 약속을 하거나 친구와 채팅을 하는 등의 순수하게 개인적인 목적으로 쓰인다.

일본 코난여자대학교의 모리 츠카코(森壽賀子) 교수는 젊은이들이 처음 만나서 서로 맘에 들었을 때 가장 먼저 하는 일이 휴대전화용 이메일 ID를 교환하는 것이라고 말해주었다. 이런 교제 집단에서는 휴대전화용 이메일 ID를 교환하는 일이 비즈니스에서 명함을 교환하는 것과 같은 것이다. 모리에 의하면 사람들이 보통 처음 대화를 나누는 주제가 자신의 이메일 ID를 어떻게 만들었는지에 관한 것이기 때문에 젊은 사람들은 독특한 휴대전화용 이메일 ID를 만들기 위해 꽤 공을 들인다고 한다. 그리고 스누핑의 관점에서 보면 이러한 주소들로부터 얼마나 많은 단서들을 얻을 수 있는지 놀라울 정도다. 모리는 관찰자들이 이메일 ID 외에 아무런 정보(단어의 의미에 영향을 미칠 수 있으므로 성별에 대한 정보)도 없이 이메일 사용자의 외향성을 놀라울 정도로 정확하게 판단한다는 것을 발견했다. 그리고 그보다는 덜해도 개방성도 비교적 잘 판단했다.

이메일 ID들 중에 사교적이고 적극적이며 외향적인 사람들과 절제되고 심각한 내성적인 사람들을 구분할 수 있는 특징 한 가지는 외향적인 쪽이 명랑하고 행복한 어조라는 것이다. 한 외향적인 사람의 이메일 ID는 활기차고 신나는 비디오게임 이름을 반복해서 쓴 것이었다. 외향적인 사람들의 이메일 ID에는 'cute-rabbit(귀여운 토끼)', 'sunshine-go-go(선샤인 고고)', 'love-and-smile(사랑과 미소)' 등이 포함되어 있었다. 또한 외향적인 사람들은 이메일 ID에 스마일 이모티콘을 많이 삽입했다. 내성적인 사람들은 주로 의미 없이 주어진 숫자를 쓰는 경향이 있었다. 그들은 이메일 ID를 특별히 개인화하지 않았는데 아마도 이것은 이 특성의 특징인 자발적인 행동의 부족이나 다른 사람과의 결속감 부재를 반영하는 것인 듯하다. 일부 내성적인 사람들의 주소는 'setting sun(지는 해)'이나 'distortional addict(왜곡된 중독)'처럼 침울한 주제에 관련된 것이었다.

우리는 자기표현에 대한 구속이 별로 없는 사회에 살고 있기에 어떤 단서를 살펴봐야 하는지 알고 있다면 이것은 가히 스누퍼의 천국이라 할 수 있는 환경이다. 그러나 나는 종종 다음 2가지 질문을 받는다.

"누군가가 겉으로 드러나는 단서들을 조작해서 원래 자신의 성격과는 전혀 다른 성격의 사람인 것처럼 완전히 당신을 속일 수 있는 가능성은 없나요?"

"당신이 어떤 단서를 조작해야 하는지 알고 있다면, 완전히 다른 가공의 성격을 창조해낼 수 있나요?"

다음 장에서 이 도발적인 문제들에 대한 이야기를 해보자.

chapter **06**

스누핑을 방해하는
가짜 단서들

Space Doctoring

나는 연구를 지도하는 멘토로서의 내 책임에 매우 진지하게 임하고 있다. 대학원생들을 지도할 때 나는 다수의 기본적인 연구논문을 되도록 많이 읽으라고 강조한다. 비록 이런 논문들이 매우 건조하고 통계로 잔뜩 채워져 있다 하더라도 말이다. 그런데 한 번은 내가 일반적인 관례에서 벗어나 학생들에게 《레이첼 보고서(*Rachel Paper*)》라는 영국 작가 마틴 애이미스(Martin Amis)의 소설을 과제로 내주었다. 이 소설은 찰스 하이웨이(Charles Highway)라는 주인공의 삶을 몇 개월에 걸쳐 묘사한 것으로, 주인공의 심리적인 상황을 너무도 생생하게 그려냈다. 이 젊은이는 여자들을 침대로 끌어들이기 위해 놀랄 만큼 오랜 시간을 투자한다. 한 에피소드에서 그는 레이첼이라는 여자와 관람하기로 한 영화를 그 전날 미리 본다. 그녀가 감탄할 만한 재치 있는 '즉석 논평'을 준비하기 위해서다. 다른 에피소드에서 그는 방 안의 물건들을 신중하게 배치한다.

> 그녀의 음악적 취향을 잘 모르기 때문에 나는 안전한 음악을 선택하기로 했다. 나는 레코드판들을 두 줄로 똑바로 세워놓았다. 맨 첫줄 앞에는 '2001 스페이스 오디세이(이건 안 먹힐 리 없지)'를 놓았다. 두 번째 줄 앞에는 잠시 생각해본 후 딜런 토마스(Dylan Thomas)의 시가(詩歌) 전집을 놓았다. 시인이 읽은 시…… 커피 테이블에는 셰익스피어 한두 권과 《타임아웃(Time out)》을 놓아두었다. 호기심을 자극하는 이분법으로 보이지 않을까? 하지만 아닌 거 같기도 하다. 그래, 이건 별로다.
> 그래서 나는 그것들을 템즈 강과 허드슨 강의 시인 블레이크(Blake)의 선집(역시나 이것도 안 먹힐 리 없지)과 《명상을 위한 시(The poetry of meditation)》로 바꿔놓았다. 《명상을 위한 시》는 표지만 보면 비트족(Beats, 1950년에 유행한 전통적인 삶을 거부하는 사람들을 칭하는 말—옮긴이)을 위한 시집처럼 보일지 몰라도, 사실 학자가 쓴 형이상학적 내용이다. 레이첼은 자기 좋을 대로 판단할 수 있을 것이다.

하이웨이는 유혹하고자 하는 여자들마다 별개의 파일을 만들어 관리해야 할 만큼 다양하고 복잡한 계획을 세운다. 책 제목인 《레이첼 보고서》는 레이첼이 좋아하고 싫어하는 것들을 기록해둔 파일명에서 따온 것으로, 여기에 의거해서 그녀의 흥미를 끌 수 있는 자신의 이미지를 만들어가는 것이다(아이러니컬하게도 내가 이 책을 집필하기 위한 준비 과정으로《레이첼 보고서》를 읽고 있을 때, 어떤 방문객은 내 침대 옆 탁자에 이 책이 놓인 것을 보고 내가 일부러 방문객들에게 깊은 인상을 주기 위해 그 책을 거기에 두었다고 의심했다).

내가《레이첼 보고서》를 읽으라는 숙제를 내준 것은 어떻게 사람들이 거짓된 인상을 주기 위해 위조된 자기정체성 주장이나 조작된 행동양식의 흔적을 꾸며낼 수 있는지를 너무나 호소력 있고 재미있는 방식으로 포착하고 있기 때문이다. 내 연구에 대해 처음으로 알게 되면 사람들은 종종 이렇게 묻는다.

"내가 어떤 사람인지 완전히 다른 인상을 심어주기 위해 내 방을 가짜로 꾸며낼 수도 있지 않을까?"

앞으로 살펴보겠지만 내 대답은 이렇다.

"네, 그런데 거기엔 한계가 있어요."

날조된 단서

이를 살펴보기 전에 먼저 친숙함 테스트라고 불리는 짧은 과제를 풀어보자. 유명인에서부터 무명의 사람까지 15명의 이름 중 각각의 이름이 얼마나 익숙하게 들리는지 점수를 매겨보는 것이다. 귀에 익숙한 이름을 들었다면 10점을 준다. 사람들은 대부분 목록의 맨 처음에 있는 이름에 쉽게 10점을 줄 것이다. 바로 다이애나 황태자비다. 만약 한 번도 그 사람에 대해 들어보지 못했다면, 내가 이 테스트를 해보기 전에 레오 핸드릭 베이클랜드(Leo Hendrick Baekeland, 열경화성수지 베이클라이트를 발명한 인물―옮긴이)라는 이름을 한 번도 들어보지 못했던 것처럼 0점을 쓰면 된다. 몇 번인가 들어본 기억이 있다면 0과 10 사이에서 적당한 점수를 준다. 예를 들어 나는 수실로 밤방 유도요모(Susilo Bambang Yudhoyomo)라는 이름에 5점을 주었는데, 그에 관해 알고 있는 것이라고는 인도네시아의 수상이라는 것뿐이었기 때문이다. 자, 이 정도면 설명은 충분하리라. 이제 여러분이 얼마나 많은 사람들을 알고 있는지 테스트해보자.

1. 다이애나 황태자비(Princess Diana) _____
2. 데니스 하드캐슬(Dennis Hardcastle) _____
3. 헤르만 헬름홀츠(Hermann Helmholtz) _____
4. 쿠엔틴 타란티노(Quentin Tarantino) _____
5. 마리오 테스티노(Mario Testino) _____
6. 아멜리아 에어하트(Amelia Earhart) _____
7. 안젤리나 졸리(Angelina Jolie) _____
8. 수지 그레이 퍼트넘(Susie Gray-Putnam) _____
9. 큐 버트(Q-bert) _____
10. 월트 휘트먼(Walt Whitman) _____
11. T. C. 플루티(T. C. Flutie) _____
12. 코피 아난(Kofi Annan) _____
13. 애플 블라이스 앨리슨 마틴(Apple Blythe Alison Martin) _____

14. 프랭크 뮤어(Frank Muir) _____

15. 댄 래더(Dan Rather) _____

    1966년 12월, 여러분이 방금한 테스트와 비슷한 설문조사가 플로리다의 탐파와 올랜도에서 실시된 적이 있다. 주제는 유명인사들이 아니라 TV쇼 프로그램이었다. 이 인터뷰를 진행했던 여성은 행인들을 상대로 여러 가지 TV쇼에 대한 의견을 물었다. 대부분의 사람들은 기꺼이 협조했다. 예를 들어 〈스페이스 닥터(Space Doctor)〉라는 프로그램에서 특히 마음에 드는 점이 무엇이냐는 질문을 받고 한 여성은 "프로그램 안에 담겨 있는 수많은 과학적인 내용들"이라고 답하면서 자신의 어린 아들이 이 프로그램을 몹시 좋아한다고 덧붙였다. 그녀는 과학이 어린이들에게 매우 유익하므로 프로그램 시간을 1시간으로 늘려야 한다고 생각했다.

    몇몇 질문들은 더욱 구체적인 사항들을 파고들었다. 프로그램 코너 중에서 '달에서 곤경에 빠지다'와 '화성에서의 결혼식' 중 어떤 것을 더 선호하는지 물었을 때 한 남성은 '화성에서의 결혼식'을 훨씬 더 좋아한다고 응답했다. 그 사람은 '우주 아기' 또는 머리 위로 안테나가 삐죽 솟아나오는 남자나 여자에 대해 전혀 거슬려하지 않았다. 실제로 〈스페이스 닥터〉는 그가 몹시 좋아하는 프로그램 중 하나였다. 어떤 응답자는 주도적인 여성의 목소리와 외모가 페이스 하퍼(Faith Harper)가 계속 그 역할을 맡을 수 있는 이유라고 강조했다. 하지만 모든 사람들이 열성적이지는 않았다. 한 여성은 우주과학의 자세한 세부 내용을 12살짜리 딸에게 설명해주기가 어렵다고 지적했다.

설문조사 목록에 포함되어 있었던 TV쇼 프로그램 중 하나는 〈몰래 카메라(Candid Camera)〉였다. 이 프로그램은 짓궂은 장난을 고안해내서 그 장난의 희생자가 된 깜짝 놀라는 사람들을 몰래 찍은 것이다. 탐파에 사는 사람들은 〈몰래 카메라〉에 대해 들어본 적이 있을까? 그들은 물론 이 프로그램을 알고 있었다. 그러면 이 프로그램의 한 코너에서 인터뷰 진행자가 길에서 사람들을 멈춰 세우고 존재하지 않는 TV 프로그램들에 대해 의견을 물어본 적이 있다는 것도 알고 있을까?

인터뷰에 참가한 사람들이 무슨 일이 일어나고 있는지 깨달았을 때는 이미 너무 늦어버렸다. 여러분도 아마 짐작했겠지만 내가 위에 설명한 TV쇼 프로그램에 관한 설문조사는 바로 〈몰래 카메라〉라는 프로그램에서 기획한 것이고, 〈스페이스 닥터〉라는 TV쇼는 존재하지 않는 날조된 가공의 프로그램이다. 자, 그렇다면 왜 사람들이 이 가공의 프로그램에 대한 질문을 받았을 때 자기는 그 프로그램이 뭔지 모르겠다고 대답하지 않았을까? 인터뷰하는 이를 도와주려고 애쓴 걸까? 또는 그냥 체면상 아는 척하고 싶었던 걸까? 아니면 혹시 정말로 그런 프로그램을 본 적이 있다고 확신하고 있을까?

심리학자들이 '사회적으로 바람직한 응답'이라고 부르는 동기들을 일일이 세분하기란 어려운 일이다. 연구가들은 사람들이 바람직하게 보이기 위해 얼버무리는 정도를 측정하기 위한 장치를 개발해냈다. 사실 여러분은 바로 조금 전에 그런 종류의 테스트 중 하나를 이미 해봤다. 친숙함 테스트는 그 항목들이 얼마나 익숙한 것인지를 테스트하는 게 아니다. 사실 그것은 실제로 존재하지 않는 사람들에 대해 들어봤다고 응답하는 경향이 어느 정도인지를 분석하기 위한 것이다. 〈스페이스 닥터〉처럼 일부 사람들의 이름은 가짜로 지어낸 것이다(다시 앞으로 돌아가 답을 바꾸지는 마시라). 브리티시컬럼비아대학교의 델 폴허스(Del Paulhus)가 개발한 이 교묘한 테스트는 자신이 남에게 주는 인상을 관리하려고 애쓰는 사람들을 가려내는 데 획기적으로 뛰어나다는 것이 증명되었다.

폴허스의 과잉주장 질문지(Over-Claiming Questionnaire, OCQ)는 사람들이 존재하지 않는 이름들을 들어본 적이 있다고 반응하는 정도를 측정해 점수를 매긴다. 혹시 여러분은 데니스 하드캐슬, 수지 그레이 퍼트넘 그리고 T. C. 플루티에 2점 또는 그 이상의 점수를 주었는가? 만약 그랬다면 여러분은 '과잉주장'을 한 것이다(훨씬 더 복잡한 전체적인 채점 방법은 이 책 말미의 주석란을 참조하기 바란다).

아마 여러분은 과잉주장을 하지 않았을 수도 있다. 모든 사람이 과잉주장을 하는 것은 아니다. 하지만 이 책을 읽고 있는 많은 사람들이 과잉주장을 했으리라는 것은 확실하다. 어떤 사람들은 일반적으로 다른 사람들보다 훨씬 더 과잉주장을 하기도 한다. 그리고 여러분이 얼마나 과잉주장을 하느냐는 그때그때 상황에 따라 많은 차이를 보일 수 있다. 여러분의 상사가 특별한 프로젝트를 누가 맡는 것이 좋을지 결정해야 할 상황이라면 여러분은 아마도 보통 때보다 더 자신 있는 척하기가 십상일 것이다.

잘 보이고 싶어 하는 욕구의 일부에 여러분은 그럴싸하게 보이려는 노력의 모습을 숨기고 있다. 만약 찰스 하이웨이처럼 데이트 상대에게 깊은 인상을 주려고 노력하고 있다면 여러분의 행동이 가식적이 아니란 것을 분명히 보여주고 싶을 것이다. 만약 레이첼이 그 영화에 관해 어쩜 그렇게 많은 것을 아느냐고 물었을 때 하이웨이가 데이트를 준비하기 위해 하루 전에 미리 영화를 봤다고 대답한다면 그 영화에 대한 하이웨이의 지식은 전혀 아무런 감탄도 자아내지 못할 것이다. 그와 마찬가지로 사람들에게 친숙함 테스트(또는 OCQ)를 실시하기 이전에 목록에 위조된 이름이 있다고 사전경고를 한다면 사람들은 아는 척하지 않을 것이고 갑자기 훨씬 더 정직해질 것이다. 그것은 그들의 친숙함 테스트 점수가 급락할 것임을 의미한다.

하지만 이 규칙에는 한 가지 예외사항이 있다. 자아도취 성향이 강한 사람들은 상대적으로 사전 경고에 영향을 덜 받는다. 위조된 이름이 있을지도 모른다는 경고를 받는다 할지라도 자아도취 성향이 강한 이들은 그렇지 않은 사람들보다 훨씬 더 과잉주장을 한다. 혹자는 그들이 자아도취 정도가 강하지 않은 사람들의 수준으로 물러설 것이라고 예상할 것이다. 하지만 그들은 그러지 않는다.

자기를 그럴싸하게 보이고 싶은 사람들(자기애적인 사람들 역시 이 부류에 해당된다)에게 이런 행동은 스스로를 사기꾼처럼 보이게 하는 것이다. 그럼 도대체 왜 이런 결과가 나오는 걸까? 어쩐 일인지 자아도취 성향이 강한 이들은 이 존재하지도 않는 사람들을 정말로 들어본 적이 있다고 스스로를 확신시킨다. 다른 사람에게 보이려고 꾸미는 행동이 아니라 실제로 그 이름을 들어본 적이 있다고 확신하는 것이다.

자아도취형 사람들에게 매우 흔하고 우리 대부분도 어느 정도는 내재하고 있는 이러한 자기기만의 과정을 이해하기 위해 폴허스 교수는 대외적으로 바람직한 반응을 2가지 유형으로 구분했다. 가장 일반적이고 이해하기 쉬운 유형은 인상관리, 즉 '이미지 관리'인데, 다른 사람들에게 사회적으로 선호되고 있다는 인상을 주기 위해 의도적으로 자기 자신을 꾸미려 하는 것을 말한다. 의도적으로 스스로에 대한 좋은 인상을 꾸미기 위해 우리는 우쭐대거나, 긍정적인 특성들을 강화하거나, 부정적인 특성들을 부인하거나 거부할 수 있다.

두 번째는 '자기기만 강화'라고 알려진, 상대적으로 덜 분명한 바람직한 반응 유형인데, 이것은 긍정적으로 편향된 응답을 하려는 경향이지만 그것이 정직한 자기기만일 경우를 말한다. 이런 경향이 강한 사람들은 자신의 생각과 다른 대답을 꾸며내지는 않는다. 그들은 정말로 스스로에 대해 말하는 그 모든 훌륭한 것들이 진실이라고 믿는다. 다시 말해 그들은 망상 속에 빠져 있는 것이다. 그래서 사람들에게 자기 자신을 긍정적으로 묘사해보라고 하면 이미지 관리 지수는 급속히 높아진다. 왜냐하면 이것은 우리가 의도적으로 행동하는 것이기 때문이다. 하지만 자기기만 강화 지수는 잘 변하지 않는다. 이것은 무의식중에 진행되는 것이기 때문이다. 짐작할 수 있듯이 자아도취형 성향이 강한 사람들은 현저히 자기기만 강화 지수가 높지만, 이미지 관리 면에서는 다른 사람들과 비슷한 점수가 나온다.

사회적으로 바람직한 반응의 2가지 다른 유형 사이에 이런 차이가 있다는 연구결과는 어째서 자아도취형 사람들, 특히 자기 자신이 남에게 어떻게 보이는지 특별히 신경 쓰는 사람들이 그들의 과잉주장이 탄로날까봐 걱정하지 않는지를 해명하는 데 도움을 준다. 그들은 일부 이름들이 가짜일 것이라는 경고에 신경을 쓰지 않는다. 그들은 T. C. 플루티 같은 가상의 이름을 듣고 그 이름을 정말로 안다고 믿어버린다. OCQ를 발명한 델 폴허스는 나에게 자아도취형 사람들은 이름들이 가짜라는 사실을 알려주면 공격적으로 논쟁하려 할 것이라고 말해주었다. 다 지어낸 가짜 이름이라고 말해준다 할지라도 그들은 자신이 안다고 느낀 것을 더 확신해서 계속 그 이름을 가진 사람이 실제로 존재한다고 주장할 것이다.

  폴허스는 이런 자기방어적인 행동을 통해 그들이 지속적으로 자기기만을 유지해나간다고 생각했다. 그들에게 이의를 제기하는 사람들에게 매우 불쾌하게 응대함으로써 자아도취형 사람들은 상대방이 꼬리를 내렸기 때문에 자기가 옳은 것이 분명하다고 확신한다. 물론 자아도취형 사람들과 논쟁하는 사람들이 모두 다 자신의 입장에 대해 확신을 갖고 있을 수는 없다. 우리 중에 폴허스처럼 가짜 이름을 지어내 그 사람에 대해 들어본 적이 있다고 주장하도록 사람들을 속여 넘기는 사치를 부려본 사람은 거의 없다.

  자아도취형 사람들은 흥미로운 그룹이다. 극단적인 성격을 가진 많은 다른 사람들(신경쇠약이라든가 지나치게 감정이 풍부한 사람들 혹은 남의 관심을 열망하는 사람들)과는 달리 자아도취형 사람들은 권력이나 책임 면에서 훌륭히 생활을 영위해나가고 있는 경우가 많다. 컬럼비아 대학교 경영대학원의 대니얼 애임스(Daniel Ames)는 뛰어나게 우수한 그의 MBA 학생들에게 다양한 성격 설문을 받게 하고 그 결과 점수를 알려주었다. 몇 년 전에 한 학생이 자아도취 테스트에서 나올 수 있는 최고 점수를 받았다. 애임스는 이 결과가 그 학생에게 충격을 줄까봐 염려했다. 하지만 그 걱정은 불필요한 것이었다. 그 학생은 이 당혹한 소식을 긍정적으로 받아들여 기뻐했던 것이다. 애임스는 나중에 그 학생이 다른 학생에게 이렇게 말하는 것을 우연히 듣게 되었다.

"나 말이야, 자아도취 테스트에서 1등 먹었어. 내가 모든 질문에 정답을 맞혔다고!"

자아도취형 사람들의 또 다른 특성은 칭찬을 받아들이는 능력이 무한하다는 것이다. 몇 년 전 동료 몇 명과 나는 재능은 굉장히 우수하나 자아도취가 강한 협력자를 만날 일이 있었다. 우리는 사전에 상대방이 우리의 과장된 칭찬을 얼마나 받아들이는지 실험해보자고 말을 맞추었다. 미팅 내내 그리고 또 다른 미팅들 중에도 그 연구원의 반응은 우리가 예상했던 대로 지나친 칭찬에 당황하거나 의아해하지 않았다. 조금 수줍어 하기는 했지만 그는 만족감과 기쁨을 감추지 않았다. 실제로 미팅이 끝날 무렵 우리는 "지금 당신의 그 말은 내가 들어본 것 중 가장 뛰어난 의견입니다"라고 말했다. 그러나 우리가 아무리 지나치게 칭찬을 퍼부어도 상관없이 우리의 협력자는 기꺼이 칭찬을 받아들였다.

자아도취형 사람들이 스스로를 어떻게 보는지를 더 설명하기 위해,

몇 년 전 UC버클리에서 실시한 연구에서 일부의 자아도취형 사람들이 경영자과정에서 어떤 반응을 보였는지 살펴보도록 하자. 연구원들에게 6명씩 원탁에 앉으라고 한 뒤 나중에 그들이 어디에 앉았는지를 물었다. 자아도취형 사람들은 자기가 다른 사람들보다 윗자리에 앉았다고 응답하는 경향이 높았다.

물론 남에게 긍정적으로 보이고 싶은 것은 지극히 정상이다. 예를 들면 나도 고백할 것이 있다. 앞에서 OCQ를 소개하기 위해 이름을 고를 때, 사실 나는 인도네시아 수상의 이름을 몰랐었다. 그래서 구글에서 검색한 다음에 아무 생각 없이 그 이름을 적어넣었다. 세계 시사에 대해 실제로 내가 아는 것보다 더 많이 알고 있는 듯한 인상을 주기 위해서 말이다.

하지만 국제문제에 대한 전문가로서의 명성을 구축하기 위해 내가 무엇을 얼마만큼 할 수 있을까? 충분한 시간이 주어지고 구글 검색을 마음대로 할 수만 있다면, 나는 그런 거짓 인상을 만들어내고 속임수를 계속할 수 있을지도 모른다. 아마도 덜 유명한 인도네시아 장관들에 대해 아무렇지도 않은 척 언급하고, 즉석에서 생각난 것처럼 그 나라의 의회제도나 법제도에 대한 자세한 설명을 하고 정치적 사건들에 얽힌 일화를 한두 개 언급할 수 있을지도 모른다. 그러나 만약 내가 여러분과 직접 만난다면 이런 가장(假裝)을 유지하기는 어려울 것이다. 대화 속에서 언급할 모든 사실들을 사전에 조사해서 준비할 수 있지만, 만약 여러분이 인도네시아의 부통령인 무하마드 유세프 칼라(Muhammad Yusuf Kalla)에 대한 질문을 던진다면(그래그래, 고백하겠다. 나 이번에도 또 구글을 검색했다), 이 계략은 금방 들통 날 것이다. 그러니까 어떤 상황에서는 우리는 자신을 그럴싸하게 꾸밀 수 있다. 하지만 다른 상황에서는 그렇게 하는 것이 더 어렵다. 그러면 내가 연구했던 일상적인 상황들(침실, 사무실 등) 중에서는 어디가 우리를 그럴싸하게 보이게 하는 장소들에 해당할까?

고프맨을 기다리며

내가 처음으로 침실을 대상으로 한 스누핑 연구를 한 것은 UC버클리 대학원생이었던 때다. 그래서 몇 년이 지난 후 내 최근 연구에 대한 발표를 하도록 UC버클리에 초대받았을 때, 매우 기쁘긴 했지만 동시에 내 은사인 교수님들 앞에서 망신을 당할까봐 몹시 긴장했었다. 내 발표자료는 엄청난 흥미를 모은 듯 질의 시간이 되자 많은 사람들이 질문을 퍼부었다. 첫 번째로 질문을 위해 손을 든 사람은 심리학 교수였다. 그는 이런 질문을 던졌다.

"고프맨이라면 뭐라고 했을까요?"

그가 말한 사람은 사회학자 어빙 고프맨(Erving Goffman)으로서 그는 사람들이 세상에 자기를 어떻게 드러내 보이는지에 대해 학계에 많은 영향을 끼친 연구를 한 것으로 유명하다. 전에 이와 똑같은 질문을 받은 적은 없지만, 이 질문은 여러 사람들의 공통된 관심을 반영하고 있었다. 우리가 다른 사람에게 보이는 표상들은 우리에 관한 진실된 정보일까 아니면 그 모든 것이 우리가 그렇게 보이고 싶은 모습을 묘사하기 위해 정교하게 꾸며낸 행동의 일부분인 걸까?

그의 고전 《일상생활에서의 자기연출(The Presentation of Self in Everyday Life)》에서 고프맨은 우리가 일상생활에서 연극배우와 같다고 말한다. 우리는 주어진 역할을 맡아서 그 역할을 수행한다. 그러므로 사회적인 관계 속에서 우리가 하는 말은 연극대사 같은 것이다. 고프맨은 주어진 역할을 지속하는 것이 실제적인 반응보다 수월하다고 말한다. 우리가 행동하거나 반응할 때 주어진 역할에 맞는, 이미 연습한 대사로부터 적절한 반응을 따올 수 있다는 것이다. 이런 상황극은 다른 사람의 행동을 보다 쉽게 이해할 수 있게 해주지만 우리의 행동에 진실성을 부족하게 만들기도 한다.

극장용 연극에서처럼 우리가 연기하고 있는 역할은 소도구나 의상에 의해 개선될 수 있으며 관객들로 하여금 그 인물이 진짜인 것처럼 믿게 만들 수 있다. 나는 대학생들을 대상으로 강의를 할 때 내 역할에 맞게 차려입는다. 옷깃이 있는 셔츠를 입고, 좋은 바지와 격식 있는 구두를 신는다. 이렇게 하는 것이 나와 학생들 모두에게 강의실이라는 상황에 맞는 역할을 수행하는 데 있어 더 수월한 것이다. 여러분은 변호사를 방문할 때 그가 '전문가적인' 옷차림을 하고 있을 것이라 기대한다. 그리고 변호사 사무실에는 액자에 넣어진 자격증과 학위, 읽을 엄두조차 나지 않는 두꺼운 책, 놋쇠로 된 은행가 취향의 램프가 고전적인 책상 위에 놓여 있으리라 생각할 것이다.

반면 자녀의 생일파티를 위해 저글링 공연 어릿광대를 고용하고자 면접을 본다면 변호사 사무실처럼 엄숙한 분위기를 원하지는 않을 것이다. 물론 정장에 어릿광대 빨간코를 붙이고 공을 돌릴 수도 있겠지만, 그것은 우리의 일반적인 인식과는 일치하지 않는 것이다. 확실히 외모는 자기연출에서 중요한 부분이다. 그러니까 UC버클리 심리학 교수가 내게 "고프맨이라면 뭐라고 했을까요?" 하고 물은 것은, "침실이나 사무실에 놓여 있었던 모든 소품들 그리고 CD 컬렉션이나 개인 홈페이지들이 진정한 우리 자신을 표현한 것이라기보다는 고프맨식 역할 연기의 보조품인 것은 아닐까?"라는 보다 본질적인 물음이었던 것이다.

언뜻 보기에 그 질문은 일리가 있었다. 침실 주인이 좋은 인상을 주기 위해 자신의 공간을 전략적으로 꾸미지 못할 이유는 없다. 조금만 노력한다면《레이첼 보고서》의 찰스 하이웨이처럼 다른 사람들에게 그럴 듯하게 보이기 위해 자기 주변을 꾸밀 수도 있을 것이다. 사회적으로 인정받는 상징들(이를테면 사회봉사를 통해 받은 상장)을 전시할 수도 있고, (침대를 정돈해서) 행동의 흔적을 지울 수도 있다. 그리고 사용할 생각도 없는 물건들(타지도 않는 스노보드 등)을 일부러 전시해둘 수도 있다. 사회적으로 별로 용인 받지 못하는 행동(사디즘과 마조히즘을 말하는 듯함—옮긴이)에 대한 단서들을 숨기는 것도 이미지 관리라고 생각할 수 있다.

침실 스누핑을 시작했을 때 나는 방주인들이 자기 자신과는 전혀 동떨어진 이미지들을 꾸며낼지도 모른다고 우려했었다. 관찰팀이 언제 자기 방을 방문하리라는 것을 알고 있으므로, 사람들이 도착하기 전에 방을 정리하기란 쉬운 일이다. 그런데 방주인들이 남에게 그럴

싸해 보이려고 한다면 (그리고 그럴 능력이 있다면), 모든 침실들은 티 없이 완벽했어야 할 것이다. 그러나 우리가 본 83개의 방은 규격에 맞춰진 듯 깨끗하고 단정하게 정돈된 방들이 아니었다. 오히려 놀랄 만큼 무척 다양했다. 어떤 방에서는 더러운 양말들과 바닥에 널브러져 흩어져 있는 반쯤 먹다만 테이크아웃 음식 사이를 비집고 걸어야 했다. 다른 방에서는 방금 빤 것처럼 깨끗한 양말들이 먼지 한 톨 없는 서랍장 양말용 칸에 착착 담겨 있었다. 실험 참가자들이 예상했던 것처럼 방주인이 나름대로 방을 정돈했다 해도 그것이 근본적인 차이점들을 가릴 수는 없었다. 게다가 우리는 곧 중요한 차이점을 발견했는데, 그것은 원래 깨끗한 방과 후다닥 청소를 한 방의 차이였다.

만약 여러분이 언제나 정돈된 생활(한번 쓴 물건은 제자리에 두고, 속옷을 체계적으로 정리하며, 소모품들이 떨어지기 전에 미리미리 사두는 등의 정돈된 일상)을 하는 게 아니라면 방이 근본적으로 정리되었을 가능성은 별로 없다. 그리고 짧은 시간 안에 정리정돈을 하는 데는 한계가 있게 마련이다. 물론 양말을 숨기거나(이런 시도도 무릎을 꿇고 엎드려 침대 밑을 들여다보는 수고를 아끼지 않는 우리 관찰팀의 눈을 피하지는 못했지만) 책장의 먼지를 털어낼 수 있다는 데에는 동의한다.

그러나 종이클립을 색깔별로 분류해두거나 신발분류 시스템을 도입하거나 모든 문서를 종류별로 분류해 철해두거나 하는 데는 오후 한나절보다 훨씬 많은 시간이 필요하다. 진정으로 정돈된 방은 지속적이고 반복된 행동을 통해 비로소 만들어진다. 1시간 동안 급히 치운 방이나, 설령 하루나 이틀을 들여 청소를 했다 해도 그런 노력만으로는 청소를 한 방밖에는 만들 수 없다. 우리가 얼마나 열심히 노력하든지 관계없이 성격의 많은 부분들은 억누를 수 없는 것이다. 연구결과들은 우리가 아무것이나 마음에 드는 역할을 해낼 수 없다는 사실을 보여준다. 누구라도 지금 당장 제임스 본드나 라라 크로포드가 될 수는 없다. 아무리 해도 나에게 맞지 않게 꾸며낸 역할이 설득력 있게 보일 수 없는 것이다.

명백하게 우리가 의식적으로 하는 행동들은 무의식적으로 하는 행동들보다 꾸며내기가 훨씬 쉽다. 그렇기에 자기정체성 주장은 위장할 수 있는 가능성이 가장 크다. 만약 내가 보수주의자나 자유주의자 또는 종교적으로 헌신적인 사람처럼 보이고 싶을 때 어떻게 하면 그렇게 보일 수 있는지는 어렵지 않다. 정치적인 성향을 나타내고 싶다면 로널드 레이건이나 존 F. 케네디 같은 정치인들을 언급할 수 있다. "품행이 바른 여자는 역사를 만들지 못한다(페미니스트 로렐 댓처 울리히의 말)"라고 쓰인 티셔츠를 입거나 기독교의 상징인 물고기 기호를 자동차 범퍼에 붙이고 다닌다면 그것은 내가 의도한 바를 명백하게 전달할 것이다. 하지만 행동양식의 흔적을 위장하는 것은 그보다 훨씬 어렵다.

왜냐하면 그것은 행동하는 과정에서 발생하는 부주의함의 결과들이고, 그렇기 때문에 언제나 의식하지 못하는 사이에 이뤄진다. 만약 내가 아침에 집을 나서기 전 급한 와중에 창문 블라인드를 올리고 나간다면 블라인드가 수평으로 잘 올라갔는지 신경 쓰지 못할 것이다. 왜냐하면 (블라인드를 올려서 방에 햇빛이 들어오게 하려는) 내 행위의 목적 자체에 중점을 두고 있는 것이지, 그 행위에 의해 발생한 결과(비뚤어지게 올라간 블라인드)에 신경 쓴 것은 아니기 때문이다.

　자신의 본질을 가장한다는 것은 어려운 일이다. 왜냐하면 우리의 원래 성격은 지속적으로 외부로 표출되고자 하기 때문이다. 우리의 행동 중 일부는 무의식중에 자동적으로 행해진다. 제2차 대전 독일 포로수용소를 배경으로 한 〈대탈주(The Great Escape)〉란 영화를 보면, 영어를 쓰는 포로들이 탈주 후에 독일인들 사이에 섞여 들어갈 계획을 세우는 대목이 나온다. 그들은 독일어를 배우는 한편 독일인들이 외국인들을 식별하기 위해 쓰는 트릭(적어도 이 영화에 의하면)에도 대비한다. 영리한 독일인들은 외국인으로 생각되는 포로에게 영어로 말을 걸어 그들이 영어로 대답하는지를 본다. 이 트릭은 사람들이 본능적으로 모국어에는 모국어로 대답하게 되는 속성을 이용한 것이다.

　원칙적으로 사람들의 침실이나 사무실 스누핑이 매력적인 점은 너무나 많은 단서들(공예에 대한 책이나 오래 쓴 흔적이 있는 캠핑 도구 등)을 가짜로 꾸며낸다는 것이 지극히 어렵다는 데 있다. 바로 이 점이 방주인들이 우리의 방문을 이미 알고 있었고, 스누핑 전에 얼마든지 방을 정리해둘 수 있는데도 불구하고 기숙사 방들이 그토록 다양하게 다를 수 있었는지를 설명해준다. 우리가 본 것의 대부분은 그냥 있는 그대로의 결과였다.

　그럼 만약 방주인이 정돈되고 고상한 이미지를 주려고 결심하고 방을 치우고 주차위반 딱지를 숨기고 《피플(People)》을 《뉴욕타임스》로 바꿔놓았다면 어떨까? 실제로 좋은 인상을 주도록 꾸미는 것은 그리

쉬운 일이 아니다. 책장을 채운 많은 책들을 모으는 데는 몇 년씩이 걸린다. 등반용품은 구입하기 비쌀 뿐 아니라 사용한 것처럼 보이려면 실제로 사용을 해야 하며, 네팔에서 하이킹하는 사진을 찍으려면 실제로 네팔에 가서 하이킹을 해야 한다. 학생단체에서 받은 상을 벽에 걸어놓으려면 먼저 상을 수상해야 한다. 손때가 묻은 다이어리를 가지려면 오랜 시간 사용해서 손때를 묻혀야 한다.

한 번의 면접이나 성격 테스트를 받는 것에 비하면 자기가 사는 장소에 거짓으로 꾸며낸 인상을 남기기 위해서는 얼마나 많은 노력이 필요한지 비교해보라. 그저 질문에 답을 하는 것뿐이라면 여러분이 독서를 즐기고, 모험적으로 여러 나라들을 여행하는 것을 좋아한다든지, 자기가 얼마나 우수한 학생이며 굉장히 계획성 있고 정돈된 사람인지를 주장하는 것은 매우 쉬운 일이다. 그러므로 우리가 그 사람이 어떤 사람인지를 알 수 있는 모든 상황들(미팅, 면접, 행동양식 테스트, 성격 설문지 등) 중에 침실이야말로 가장 믿을 수 있는 정보를 제공하는 곳이다.

수건이 있어야 마땅한 자리

거짓된 인상을 만들어내기가 어려운 또 다른 이유는 사람들의 기준이 매우 다르기 때문이다. 어떤 사람에게는 눈에 확 띄는 것을 다른 사람은 그냥 지나쳐버릴 수도 있다. 성격은 우리의 행동을 통해서만 표출되는 것이 아니라 우리가 세상을 바라보는 관점에서도 나타난다. 즉,

불안정한 사람들은 스트레스를 받는 상황에서만 불안해하는 것이 아니라 태평한 다른 사람들이 왜 애를 태워야 하는지 이해할 수 없는 상황에서도 더 많은 위험요소와 위협, 걱정거리들을 본다. 이것은 성실성이 높은 사람들에게도 마찬가지로 적용된다.

이런 특성이 강한 사람들은 다른 사람들과는 다른 기준을 갖고 있다. 이 점은 앞에서 내가 리사의 집을 방문했을 때 확신을 갖게 되었는데, 당시 나는 리사를 그리 잘 알지 못했다. 그녀는 내가 자기 집을 둘러봐야 한다고 고집했는데, 집이 정돈된 상태나 함부로 굴러다니는 물건들이 없는 것으로 봐서 그녀가 성실성이 높다는 것을 뚜렷이 알 수 있었다. 나는 이런 나의 분석을 그녀에게 말해주었다. 리사는 혼란스러운 듯 어떻게 그런 결론을 내렸는지 물었다. 나는 집안의 모든 물건들이 있어야 할 자리에 놓여 있고, 깨끗하게 청소가 되어 있으며, 어질러진 기미가 별로 없다는 점을 지적했다. 그녀는 이렇게 좁은 집에 너무 많은 물건들을 두려면 어쩔 수 없이 정리를 할 수밖에 없지 않느냐고 항변했다. 정말 그럴까?

그렇지 않다. 만약 여러분이 성실성이 높은 사람이라면 어질러진 것을 정리해야 한다는 것이 자명해보일 것이고, 정리정돈이 매우 중요할 것이다. 하지만 나는 이렇게 명백하게 분명한 사실이 잡동사니가 굴러다니는 마룻바닥 사이로 사라져버린 방들을 많이 봤다. 나는 리사에게 짝이 맞는 수건들을 똑같이 접어서, 밑에 있는(물론 완벽하게 티 없는 티슈상자 홀더에 들어 있는) 화장지를 쓸 수 있는 딱 적당한 공간만을 남기고, 정확히 같은 길이로 수건걸이에 걸어두는 사람들이 그리 많지 않다는 점을 지적했다. 예상컨대 만약 내가 수건 하나를 움직였다면 그녀는 즉시 제자리로 원위치시켰을 것이다. 그녀는 그렇다고 인정했다. 나는 그녀가 수건이 있어야 할 자리가 있다는 생각을 한다는 사실 자체가 그녀가 성실성이 높은 사람이라는 좋은 증거가 된다는 점을 지적했다.

이와 비슷한 점은 한두 해 전, 늘 정돈되어 있고 정확하며 조심성이 많다고 생각해왔던 동료가 지각을 하고 수업 전에 준비를 소홀히 하는 등 게으름뱅이가 되기 시작했다고 한탄했을 때 확 와닿았다. 나는 그 말을 듣고 깜짝 놀랐지만 그 놀람은 잠시뿐이었다. 그녀가 게으름이라는 것의 실체를 설명하기 시작하자마자 나는 그녀가 생각하는 게으름뱅이가 나와는 전혀 다른 세계의 것이라는 점을 알게 되었다.

그녀의 기준에 의하면 오전 9시 수업을 위해 8시 15분이 아니라 8시 45분에 도착한 것은 너무도 분별없고 게으른 행동이었다. 뿐만 아니라 (그녀의 생각으로는) 늘 하던 대로 1주나 2주 전에 수업을 준비하지 않고 3일 전에야 준비를 하고 있으니, 그야말로 소홀히 하고 있음이 분명하다는 것이었다. 하지만 나는 마감 바로 전날에야 겨우 정리를 시작하는데다 오전 9시라는 야만적이고 반사회적인 시간에 수업을 한다는 것은 꿈도 꾸지 않는다. 나 같은 사람의 입장에서 보면 그녀가 설명하는 게으른 행동이라는 것은 매우 책임감이 강한 행동이다. 이 대화 후에 나는 우리가 서로 세상을 얼마나 다른 관점으로 보는지 절감했다.

최근에 나는 박사학위 과정의 학생들에게 내 연구에 대해 가르치던 중 무심코 내 책상이 얼마나 엉망진창으로 어질러져 있는지를 언급했다. 그런데 내 동료 강사들이 끼어들어 "아냐, 엉망진창으로 어질러 있다니? 그렇지 않아"라고 이의를 제기했다. 학생들은 과연 내 책상이 정리되어 있는지 어질러져 있는지를 확인해보고 싶다고 했다. 실제로 확인해보면 되므로 책상의 상태에 대해 토론을 하고 앉아 있을 이유가 없었다. 우리는 곧바로 자리에서 일어나 내 사무실로 올라갔다. 나와 내 동료들은 나란히 서서 우리의 정리정돈에 대한 분석을 곧 입증할 수 있다는 생각에 만족했다.

그런데 그런 입증 따위는 할 수가 없었다. 함께 올라간 사람들 중 5명은 내 정리정돈 능력에 완전히 감탄했고, 6명은 이런 환경에서 무언가를 할 수 있다는 사실에 어안이 벙벙해졌으며, 나머지는 그 중간 어디쯤이었다. 책상이 정돈되어 있는지 아닌지 하는, 이토록 단순한 상황에 대해 사람마다 충격적일 만큼 극명하게 다른 판단을 내린다는 사실이 문제가 되지는 않을까? 만약 우리가 어떤 것이 정돈된 사무실이고 어떤 것이 엉망진창으로 어질러진 사무실인지와 같은 단순한 판단에도 합의를 할 수 없다면, 어떻게 방이 정돈(또는 다른 어떤 공간적 특성들이라도)된 상태가 성격을 반영한다고 말할 수 있겠는가?

다행스럽게도 내 연구에 참가했던 관찰자들은 방이 어질러졌는지(혹은 장식되었는지, 깨끗한지, 밝고 명랑한 분위기인지) 아닌지 상당히 공통된 의견을 보였다. 그 강력한 공감대 형성의 비밀은 다른 수많은 사무실을 서로 비교해볼 수 있었다는 데 있다. 그들이 단지 이 사무실이 내 방보다 지저분한지 아닌지 생각해보는 대신 지금까지 본 20개도 넘는 사무실과 비교했다. 이것이 다음 9장에서 살펴볼 것처럼 스누핑을 할 때 가능한 한 다수의 비교 대상을 살펴보는 것이 분석을 내리는 데 왜 중요한지를 알려주는 이유가 된다.

사람마다 다른 기준을 갖고 있다는 이 문제는 우리의 스누핑 연구가 얼마나 효율적인지를 평가하는 데 밀접한 관련성을 갖고 있다. 수업 15분 전에야 도착했기 때문에 직무태만의 나락으로 떨어졌다고 한탄한 자칭 '게으름뱅이'라는 내 동료를 생각해보자. 만약 내가 그녀의 (흠잡을 데 없이 완벽한) 사무실을 둘러보고 "당신은 책임감 강하고 정확한 사람"이라는 분석을 말해준다면 그녀는 "그렇지 않으며, 자주 약속에 늦는다"는 것을 상기시키며 반박할지도 모른다. 하지만 만약 타이거 우즈가 "형편없는 골프게임을 했다"고 말한다 해도 나는 그것이 정말로 형편없다고 생각하지는 않는다. 이와 비슷하게 그녀의 유별나게 높은 성실성 기준에 의거한 자기분석을 통해 내 동료를 판단해서는 안 되는 것이다.

자, 그렇다면 정확한 파악을 위해 어디를 살펴야 하는 걸까? 성실성과 관련된 특성과 행동에 대해 나는 그 사람의 친구들에게 질문한다. 앰버가 영화를 볼 때 제시간에 오게 하려면 실제 영화가 시작하는 시간보다 20분 더 이른 시간에 영화가 시작한다고 말해주어야 하나? 코트니의 친구들은 우표가 떨어졌을 때 코트니에게 물어보면 분명히 여분의 우표를 갖고 있다는 사실을 알고 있을까? 실제로 우리 자신의 성실성 정도는 친구나 동료와의 관계 속에서 간파될 수 있는 경우가 많다. 여러분은 어떤 모임에 참석할 때 가장 먼저 도착하는 경우가 많은가, 아니면 마지막에 오는 경우가 많은가?

  다양한 성격적 특성을 가진 사람들이 어떻게 세상을 다른 관점에서 보는지를 설명하기 위해, 여러분이 서로 모르는 몇 명의 사람들과 만나는 자리에 도착했다고 상상해보자. 중요한 한 사람이 늦어서 15분이나 기다려야 했다. 아마 십중팔구 외향적인 사람이 이야기를 먼저 시작할 것이고 뒤이어 다른 사람들이 대화에 참여할 것이다. 하지만 내성적인 사람은 아마 가만히 있을지도 모른다. 재잘거리며 수다를 떠는 사람들과 조용히 앉아 있는 사람들을 여러분은 어떻게 생각하겠는가?

  앞에서 언급한 대니얼 애임스 교수의 새로운 연구결과에 따르면 여러분의 대답은 성격에 따라 크게 좌우된다. 외향적인 사람들과 내성적인 사람들이 다른 사람들의 행동에 대해 근본적으로 다르게 반응한다는 사실을 보여줌으로써, 애임스는 다른 성격을 가진 사람들이 어떻게 세상을 다른 식으로 보는지를 명쾌하게 증명하고 있다. 내 수업 시간에 애임스의 실험을 했을 때도 같은 사실을 발견했다. 외향적인 사람들은 대화를 이어나가려 하지 않는 말 없는 내성적인 이들을 대놓고 경멸한다. 그들은 대화를 이어가기 위해 자기가 마땅히 맡은 바를 하지 않는 이들을 이해할 수 없다. 마찬가지로 내성적인 사람들 또한 수다스러운 상대에게 혐오감을 느낀다. 어째서 그들은 가치 있는 이야기가 나올 때까지 왜 기다리지 못하는 걸까 의아해한다.

  이 모든 것은 다른 성격을 가진 사람들은 세상을 다른 관점에서 본다는 사실을 시사한다. 그리고 그렇기 때문에 이렇게 근본적으로 다른 관점의 차이를 거짓으로 가장하는 것은 어려운 일이다. 정말로 정리정돈을 잘하는 계획성 있는 사람은, 자신의 사무실이 어질러져 있으면 일에 집중할 수가 없다. 하지만 정리정돈을 잘하는 척만 하는 사람들은 책장에 책들이 알파벳순으로 꽂혀 있지 않다는 사실을 눈치조차 채지 못한다. 이러한 근본적인 관점의 차이들은 거짓된 인상을 꾸며낼 수 있는 능력에 명백히 영향을 끼친다.

성실성이 매우 높은 사람인 것처럼 위장하기 위해 나는 책상을 치우고, 책들을 정돈하고, 연필을 깎아두고, 책상 밑에 마구 엉킨 전선을 가지런히 묶는 등의 당연한 일들을 할 것이다. 하지만 나는 다른 세세한 사항들을 놓칠 게 분명하다. 아마 문 옆에 있는 책장의 책들이 정렬된 방식이 창가 쪽 정렬 방식과는 다르다는 사실 따위는 생각조차 하지 못할 것이다. 또는 탁상달력의 일정표가 (어떤 생일은 초록색 어떤 생일은 빨간색으로 표시한다든지 해서) 내가 만든 표식과는 맞지 않다든지 등 말이다. 성실성의 양 극단에 있는 사람들이 어떻게 세상을 다르게 보는지 증명하려면 사람들에게 여분의 우표를 갖고 다니는지를 묻기만 해도 알 수 있다. 내가 수업시간에 이 질문을 던졌을 때 성실성이 높은 사람들은 물론 우표를 갖고 있었기 때문에 내가 왜 그런 당연한 질문을 하는지 고개를 갸우뚱했다. 정반대의 사람들도 똑같이 의아해했다. 세상에 누가, 왜, 여분의 우표 따위를 갖고 다닌단 말인가?

그럴싸한 단서 vs. 진짜 단서

우리가 본 것처럼, 사람들이 사는 공간은 대체적으로 그곳에 사는 사람에 대한 정확한 관점을 제시한다. 그렇다면 이것은 방주인들이 그럴싸한 인상을 지어내기 위해 노력했는데도 불구하고 실패해서 그런 것일까? 아니면 아예 그런 시도조차 하지 않아서일까? 이 질문은 사회심리학의 가장 근본적인 질문 중 하나의 핵심을 찌르고 있다. 사람들은 주위에서 자기를 알아주기를 바랄까? 근본적으로 사람들은 자신이 보여주고자 하는 모습대로 남에게 보이기를 바랄까? 또는 모든 단점들을 포함해서 자기 자신을 있는 그대로 봐주기를 바랄까?

한 가지 확실한 대답은, 우리는 일반적으로 다른 사람들에게 긍정적으로 보이기를 바란다는 것이다. 하지만 자기입증 이론은 이런 욕망이 언제나 맞는 것은 아니라는 점을 제시한다. 이 이론은 우리가 자신의 모습을 스스로 긍정적으로 생각하는지 부정적으로 생각하는지와는 상관없이 있는 그대로의 모습을 다른 사람들이 봐주기를 바란다는 것이다. 다시 말해 만약 누가 스스로를 창의성이 없다고 생각한다면, 그것이 부정적이라고 생각한다 할지라도 자기 스스로를 창조력이 없는 사람으로 보이게끔 한다는 것이다.

이 자기입증 이론의 창시자인 빌 스완(Bill Swann, 그의 사무실은 내 사무실 복도 끝에 있다)과 동료들은 사람들이 다양한 경우에 걸쳐 자기 입증적 반응을 찾는다는 것을 증명하는 수많은 연구를 진행했다. 가장 인상적인 연구들은 자신에 대해 부정적인 자아상을 가진 사람들조차도 그것을 확인받고 싶어 한다는 사실을 보여준다. 급여인상에 대한 직원들의 반응을 조사한 대규모 연구에서는, 스스로에 대해 긍정적인 이미지를 갖고 있는 직원들은 급여인상에 대해 만족스러운 반응을 보였다. 하지만 자긍심이 낮은 직원들은 어째서 급여가 인상되었는지를 이해하기 어렵다는 태도를 보였다. 왜냐하면 자기 자신이 급여인상을 받을 만큼 가치 있는 사람이라는 생각이 본인이 스스로를 보는 관점과 일치하지 않았기 때문이었다. 실제로 그들은 임금인상이 없을 때보다 임금인상 후에 회사를 그만둘 가능성이 더 높았다.

복도의 다른 끝 사무실에 있는 또 다른 2명의 동료들인 밥 조지프(Bob Josephs)와 프란 메타(Pran Mehta)는, 주도적인 사람들과 수동적인 사람들이 조작된 게임의 승패에 어떻게 다르게 반응하는지에 대한 연구에서 이와 비슷한 결과를 발견했다. 그들은 한 쌍의 참가자들을 실험실로 불러 커다란 격자 눈금판 위의 연속적인 일련번호들을 따라 선을 그리게 했다. 이 작업을 의미 있는 것으로 보이게 하고자 대상자들에게는 이것이 일반적인 지능에서 매우 중요한 요소인 공간지각 능력을 측정하기 위한 것이라고 말해두었다. 양 참가자들에게는 같은 시간에 경쟁적인 상황에서 문제가 주어졌다. 이 과제는 격자눈금의 패턴을 조정해 쉽게 조작할 수 있었다. 이 방법으로 실험자는 참가자들이 모르게 누가 게임에서 '이기는지' 결정할 수 있었다.

메타와 조지프는 남성 그리고 테스토스테론 수치가 높은 여성들은 자신이 공간 지각력이 뛰어나리라고 기대하고 있으며, 이 수치가 낮은 사람들은 반대일 것이라고 생각했다. 이 '미스매칭(mismatching)' 가설에 의하면 사람들은 자신이 속한다고 생각하는 위치와 일치하지 않는 결과가 나오면 스트레스를 받고 불쾌해할 것이며 테스트도 잘못할 것이다. 이 조작된 숫자 찾기 게임에서 테스토스테론 수치가 높은 참가자들은 게임에서 이겼을 때보다 진 뒤에 더 스트레스를 받았다(스트레스 호르몬인 코르티솔 수치의 증가로 측정). 그러나 테스토스테론 수치가 낮은 참가자들은 게임에서 졌을 때보다 이겼을 때 더 불안해했다. 결국 테스토스테론 수치가 낮은 승자들은 패자들보다 그 다음에 실시한 여러 가지 논리 문제에서 잘하지 못했다. 이런 발견들은 사람들이 설령 그것이 부정적인 것이라 해도 스스로를 보는 관점과 일치하는 결과를 얻고자 한다는 결론을 내리게 한다. 이는 왜 스누핑이 효과적인지를 알려주는 또 다른 이유가 된다.

인터넷: 거짓의 왕국

특별히 흥미로웠던 한 스누핑 탐험은 사람들은 자기의 진짜 모습을 보여주고 싶어 한다는 이 생각을 다시 한번 뒷받침해주었다. 전에 내 학생이었던 시마인 바지레와 나는, 기회가 주어진다면 사람들이 자신의 성격에 대해 정직한 이미지를 보여주고 싶어 할지 아니면 자기가 원하는 이상적인 자아상을 보여주고 싶어 할지 궁금했다. 이 생각을 실험하기 위해 우리는 조작하기 어려운 행동양식의 흔적에 구애받지 않고 자아정체성을 쉽게 조작할 수 있는 상황이 필요했다. 그리고 개인 홈페이지야말로 그 이상적인 조건을 갖추고 있다는 것을 깨달았다. 개인 홈페이지의 거의 모든 요소들은 의도적으로 만들어진 것이며 우연히 또는 무심코 드러나게 되는 사항들은 거의 드물기 때문이다.

다수의 사람들을 대상으로 만든 홈페이지는 친구들에게 보여주려고 만든 것보다 더 분명한 자아정체성 주장을 보여준다. 그래서 이 연구를 위해 우리는 사람들이 스스로 등록해야만 하는 홈페이지 디렉터리에 있는 사이트들만을 골랐다. 우리는 곧 홈페이지가 수많은 종류의 매체를 통해 가치나 관심사, 목적에 대한 자아정체성 주장을 할 수 있음을 확인할 수 있었다. 사용자의 정치적 신념에 대한 짧은 문장에서부터 홈지기가 파도타기를 하고 있는 비디오 클립. 이는 자신이 누구인지를 보여주는 명백히 중요한 활동임에 틀림없었다.

개인 홈페이지를 검색하면 얼마나 많은 정보를 찾아낼 수 있는지에 대해 깜짝 놀랄 것이다. 크리스틴이라는 여성의 홈페이지를 예로 들어보면, 거기에는 그녀가 흥미를 가지는 여가활동을 포함해 정치적 신념, 자기가 쓴 시, 지속적인 심경 변화의 기록, 현재 사회 상황과 개인적인 사건들에 대한 다양한 수기들의 모음, 거기에 (몇 대에 걸친) 가족사진, 휴가 때 찍은 사진, 애완동물 사진, 정원, 주방, 연인, 여행한 장소는 물론, 관람한 영화, 읽은 책, 좋아하는 뮤지션에 이르기까지 그녀에 대한 수많은 정보가 포스팅되어 있다.

엄청난 다양성에도 놀라게 된다. 엘리제라는 여성의 홈페이지가 주로 특정 종교운동의 부작용에 대한 신랄한 견해를 피력하고 있다면, 스벤이라는 친구의 홈페이지는 친구들과 가족을 위한 평범한 일상을 소개하는 장이다. 윌리엄의 검은색 홈페이지 메인화면이 빈약하고 단순하게 각각 '예술', '생각', '나'라고 쓰인 3개의 아이콘으로 구성되어 있다면, 로라의 그것은 매우 복잡하고 화려하게 구성되어 있다.

우리는 무작위로 홈페이지들을 골라 컴퓨터에 저장했다. 자신들이 연구 대상이 된 것을 알고 홈페이지를 수정할까봐, 그들에게 연락을 취하기 전에 우선 저장부터 했다. 그런 다음 그 주인들에게 연락을 해서 우리의 연구에 참여할 수 있는지 확인했다(참가를 원하지 않을 경우 저장했던 홈페이지를 삭제했다). 그리고 자기 자신을 어떻게 생각하는지, 또 어떻게 이상적으로 남들에게 보이고 싶은지 물었다.

다음으로 우리는 침실이나 사무실 스누핑 조사에서 하는 과정을 반복했다. 그러나 물리적인 장소 대신 이번에는 가상공간들이 그 대상이었다. 우리는 조사원들을 선정해서 홈페이지들을 검색하고 홈지기가 어떤 사람이라는 인상을 받았는지 조사했다. 그리고 그들이 스스로에 대해 응답한 실제 모습을 이상적이라 보는 모습과 비교했다. 우리는 관찰자들의 판단이 홈페이지 주인들이 이상적으로 생각하는 모습보다 스스로 실제 자기 모습이라고 생각하는 이미지에 더 부합된다는 사실을 발견했다. 이 결과는, 사람들은 자신이 원하는 모습이 아니라 있는 그대로의 모습을 보여주기 원한다는 사실을 다시 한번 증명해준다. 우리의 연구는 마이스페이스, 프렌드스터, 페이스북 같은 커뮤니티 사이트들이 등장하기 이전에 실시된 것이다. 그러나 이런 곳에서도 같은 경향을 볼 수 있다고 확신한다. 어쩌면 그런 경향이 더 강하게 나타날 수도 있다. 개인 정보를 제공하는 데 있어 사람들은 기본적으로 주어진 분류에 만족하지 못하고 자신들에 대해 복잡하고 상세한 설문응답을 작성하곤 한다.

이것은 마치 사람들이 자신을 알아달라고 울부짖는 것과 같다. 그러나 만약 그렇지 않다 하더라도 설득력 있는 책략을 피해갈 수 있는 가능성은 별로 없다. 자신이 어떤 사람인지에 대해 잘못된 단서들을 흘리기는 쉬운 일이지만, 예컨대 클래식 음악을 좋아하지도 않으면서 좋아한다고 주장할 수는 있겠지만, 이런 거짓된 자아상을 투사하기에 충분할 만큼 지속적으로 이런 단서들을 계속 올리기는 어렵다. 진정한 클래식 애호가의 흉내를 따라 하기란 쉬운 일이 아니다. 그들의 책장에 놓인 책, 맞춰져 있는 라디오 채널(클래식 음악 방송이 아닌), 벽에 걸린 그림, 휴지통 안에 버려진 쓰레기들을 포함한 모든 단서들을 꾸며내는 일은 쉽지 않다. 이것이 바로 배우들이 자기 역할에 몰입하기 위해 몇 주씩이나 공을 들이는 이유다. 다른 사람을 설득력 있게 연기하려면 그 사람이 어떤 생각을 하고, 어떻게 살며, 어떻게 세상을 보는지 알아야 한다.

우리는 그 후에 원래의 홈페이지 연구를 이어 페이스북 프로필에 대한 인상을 연구했다. 이 연구를 통해 위장된 인상을 꾸며내는 데 또 다른 장애물이 있다는 사실을 발견했다. 외향성 수준이 어느 정도인지에 따라 예외는 있을 수 있겠지만, 사람들은 실질적으로 자신의 프로필이 남들에게 어떤 인상을 주는지에 대해 전혀 알지 못한다는 것이다. 만약 여러분이 스스로가 어떻게 보이는지에 대해 전혀 모른다면 어떻게 가짜 자화상을 만들어낼 수 있겠는가?

우리의 연구에서 또 다른 중요한 발견은 웹사이트는 사람들에 대해 알 수 있는 엄청나게 훌륭한 단서라는 것이다. 아마 모든 장소 중 최고로 효과적일 것이다. 웹사이트 스누핑은 최소한 침실이나 사무실, CD 컬렉션 등을 스누핑하는 것만큼 정확했으며, 훨씬 더 다양한 성격적 특성들에 걸쳐 우리가 연구했던 다른 스누핑 장소들보다 정확했다. 예를 들면 5대 성격 유형을 알아보는 데 있어 침실은 특히 개방성과 성실성을 살펴보기에 좋은 장소였다. 그리고 애창곡 10곡을 살펴보는 것은 특별히 개방성과 외향성, 감성적인 예민함을 알아보기에 유용했다. 하지만 개인 홈페이지의 경우에는 5대 성격 유형의 모든 측면들을 알아낼 수 있는 유용한 단서임이 입증되었다.

나를 한번 속여봐

우리는 이제까지 살펴본 내용들을 통해 사람들이 어떻게 다른 이들에게 보이는 자신의 모습을 조작할 수 있는가에 대해 다양한 시사점을 도출할 수 있다.

첫째, 어떤 상황들은 다른 경우에서보다 특히 더 거짓된 인상을 꾸며내기 어렵다. 면접이나 데이트처럼 대부분의 정보를 자신이 통제할 수 있는 경우에는 좋은 인상을 만들어내는 게 가능할 수도 있다. 나는 언젠가 자신이 한 치의 오차도 없이 정확한 기록자라고 나를 안심시켰던 보조연구원을 면접한 일이 있다. 그가 과제를 맡은 첫 주에 그의 주장은 사실이 아닌 것으로 판명되었다. 이런 상황과는 대조적으로 침실이나 사무실처럼 스누퍼들의 흥미를 끄는 장소들은 거짓으로 꾸며내기가 훨씬 어렵다. 왜냐하면 정보들은 오랜 시간에 걸쳐 축적되기 때문이다. 이미 축적된 정보들을 없애거나 감추는 것도 어려울 뿐만 아니라 자신의 성격과 다른 이미지를 꾸며내기 위한 가짜 정보들을 대량으로 만들어내기란 더더욱 어렵다. 그러므로 조작되었을 가능성을 염두에 두면서 단서들을 분석할 때 수집한 정보들을 3가지 카테고리로 분류해보면 도움이 된다.

'카테고리 1'에 속하는 단서들은 가장 조작하기 쉬운 정보들이다. 의도된 신호를 보내는 정보로서, 이 신호를 보내는 것 자체가 이 단서의 가장 중요한 목적이다(동성애자들의 자긍심을 나타내는 무지개 상징을 게시판에 전시하는 것).

'카테고리 2'에 속하는 단서들은 의도적으로 환경을 재배치하거나 바꾼 것으로, 이는 고의적으로 신호를 보내고자 하는 것은 아니다(편안한 공간을 만들기).

'카테고리 3'에 속하는 단서들은 가장 조작하기 어려운 것들이며, 행동의 부산물로서 무심결에 노출되는 신호들이다(창가에 방치되어 말라죽어가는 화분).

둘째, 물리적 공간에서 조작된 인상을 꾸며낸다는 것은 전반적으로 어려운 일이지만, 어떤 성격적 특성들은 다른 특성들보다 특히 더 꾸며내기 어렵다는 점이다. 정리정돈이 성실성을 암시하는 것처럼, 그 사람의 행동을 통해 남겨진 흔적으로 짐작할 수 있는 특성들(좌파적 성향을 의미하는 마르크시스트의 상징인 체 게바라의 포스터를 눈에 띄게 전시한다든가 하는 식의)은 조작이 용이한 자아정체성 주장에 의해 짐작할 수 있는 특성들보다 훨씬 더 꾸며내기가 어렵다.

이 주제들에 대한 보다 자세한 사항들에 대해서는 뒷장에서 다시 중점적으로 살펴볼 것이다. 하지만 우리를 속이려고 친 연막을 꿰뚫어볼 수 있도록 몇 가지 간단한 스누핑을 위한 조언을 하자면 다음과 같은 주의사항을 들 수 있다. 우선 수집된 정보들의 일관성을 찾아라. 체 게바라의 포스터를 보고 그 사람의 가치관을 파악하려는 것은 좋은 시도지만 그 포스터와 다른 단서들, 가령 책장의 경제학 서적들과 재킷 주머니에서 발견된 브로드웨이 뮤지컬 티켓은 체 게바라의 포스터가 전달하는 것과 동일한 메시지를 보내고 있을까? 만약 아니라면 그것은 꾸며낸 인상을 주기 위한 거짓 단서일 수 있다.

그 사람이 어떤 식으로 보이느냐에 의해 뭔가 얻어낼 수 있는 것이 있음을 알 수 있다면 방심하지 말고 주의를 기울여 관찰하자. 체 게바라의 포스터가 등장한 시점이 의심스럽게도 섹시한 마르크시스트 독신녀의 등장 시기와 일치하는가? 또한 우리는 원하지 않는 경우에조차 성격이 외부로 드러나게 된다는 것을 알고 있다. 여러 칸으로 분류된 파일 시스템이 방주인의 정리 성향을 암시하고 있다손 치더라도, 그것이 실제로 잘 유지되고 있는지를 살펴봐야 한다.

잘못된 칸에 영수증이 있거나 '기타'라는 라벨이 붙은 폴더가 너무 많지는 않은가? 만약 그렇다면 그것은 아마도 뒤죽박죽 혼란스러운 성격을 은폐하기 위한 가짜 파일 시스템일 것이다. 더욱이 방주인의 안내를 받아 스누핑을 하거나 방주인의 의도대로 움직여서는 안 된다. 만약 사무실에서 방문객용 의자(사무실 주인이 당연히 그렇게 생각하는 대로)에 앉는다면 정갈한 책상밖에 볼 수 없을지 모른다. 책상 밑의 마구 뒤엉킨 전선줄이나 열두 켤레도 넘는 신발들이 굴러다니는 것은 보지 못하고 말이다.

| 앙 가르드!

앙 가르드(펜싱경기에서 경기시작 전 준비를 알리는 말―옮긴이)! 경계태세를 취하라. 우리가 살펴본 것처럼 사람들은 때때로 자신을 좀더 긍정적으로 꾸며서 보이려고 한다. 가상의 TV 프로그램에서 우주아기를 본 척한다든지, 있지도 않은 사람을 들어봤다고 하거나, 책임감 있는 사람처럼 보이려고 종이클립들을 클립 홀더에 한번에 모아 넣는다든지 해서, 사람들이 자신을 어떻게 생각하는지에 영향을 주려 할 것이다. 게다가 어떤 사람들은 다른 사람들보다 이런 경향이 더 강하다. 자아도취적인 경향이 있는 사람들은 자신의 평계가 진실이라고 스스로를 기만할 수 있다. 하지만 희망은 있다.

첫째, 폴허스의 과잉주장 설문지 같은 방법들을 통해 이런 자기확대를 구분할 수 있다. 둘째, 스누퍼로서 여러분은 사람들을 속이기 위한 단서들을 판별하기 위해 특히 주의를 기울일 수 있다. 쉽게 꾸며낼 수 있는 자아정체성 주장과 위장하기 어려운 행동양식의 흔적들 간의 불일치 따위를 주의 깊게 살필 수 있다. 셋째, 이게 가장 중요한 점인데, 우리가 살펴본 것처럼 사람들은 일반적으로 거짓된 모습을 보여주고 싶어 하지 않는다는 사실을 입증하는 연구결과가 있다. 사람들은 자신을 과장할 수는 있지만 그것은 자신의 성향에서 조금이라도 더 긍정적으로 보이기 위한 것일 뿐이며 근본적인 성격을 꾸며낸다는 것은 어렵다는 사실이다.《레이첼 보고서》에서 마틴 애이미스가 창조해낸 인물인 찰스 하이웨이는 궁극적으로 다른 사람들이 자신을 보는 관점을 조종할 수가 없었다. 시간이 흐르자 사람들은 그가 애써 고심해낸 그러나 빤히 들여다보이는 수작에 넘어가지 않았다.

스누퍼로서 여러분은 무엇이 가짜인지를 판별해내는 데 그치지 말고 한 걸음 더 나아가야 한다. 무엇이 진짜 단서인지를 알아내야 한다. 일반적으로 첫인상을 구축할 때는 기존에 이미 구축되어 있는 심리적 틀에 의존하게 된다. 이런 구조를 편견 또는 정형화된 유형이라고 한다. 정형화된 유형은 일상에서 마치 폭격처럼 우리에게 전달되는 무수한 신호들을 분류하는 데 좋은 시발점이 된다. 말하자면 심리학적인 지름길이라고 할 수 있는데, 보통 어느 정도의 진실에 근거해 그보다 더 나은 증거가 없을 때 우리가 받아들이는 정형화된 인상이다. 정형화된 유형은 경험과 대조할 수 있는 이미 알고 있는 패턴을 제시하기 때문에 매우 결정적인 역할을 한다. 스누핑의 과학에 관심을 갖고 있다면 누구든지 정형화된 유형에 대해 잘 알고 있어야 한다. 그 이유는 다음 장에서 살펴본다.

chapter 07

고정관념이라는
이름의 착각

In Defense Of
Stereotypes

영국에서 자란 어린이였던 나는 가까운 이웃나라 사람들에 대한 고정관념들을 잘 알고 있었다. 이런 민족적인 고유의 이미지들은 거의 사회적으로 일반적인 것으로 받아들여지고 있으며 TV 프로그램이나 광고에까지 스며들어 있다. 이런 정형화는 독일인이나 이탈리아인 또는 여러분이 맞닥뜨려서는 안 될 프랑스 남자들이 어떤 경우에 어떤 식으로 행동하는지에 대한 상세한 사례들 속에도 포함되어 있다.

내 학창시절 수많은 영국 청소년들 사이에서 특히나 인기 있었던 이런 이야기 중 하나는 전형적인 독일인 관광객에 대한 것이었다. 이야기는 지중해 어딘가, 아마 그리스에 간 준비성 없는 어느 영국인 가족으로부터 시작한다. 첫째 날 저녁, 아이들은 타라마살라타

(taramasalata, 물고기 알로 만든 그리스식 에피타이저—옮긴이)를 천천히 먹고 부모들은 우조(ouzo, 그리스 술의 일종—옮긴이)를 홀짝이면서 해변에 너무 늦게 도착하는 바람에 여유롭게 일광욕을 하고 모래성을 쌓을 수 있는 좋은 자리를 다 놓쳐버린 예전 휴가에 대한 기억을 떠올린다. 이 씁쓸한 기억에 자극받은 가족은 다음날 아침 일찍 일어나 해변의 모래밭에서 가장 좋은 자리를 차지할 것을 다짐한다.

새벽녘 졸려서 흐리멍덩한 눈으로 부모들은 아이들을 깨워 렌터카 뒷좌석에 몰아넣는다. 트렁크에 수건, 비치볼, 바구니, 손삽 따위를 챙겨 넣고 불굴의 의지로 해변을 향해 차를 몬다. 한두 번 길을 잃고 헤맨 후에야 드디어 해변에 가까운 주차장에 차를 대고 물건들을 챙겨 해변으로 달려가지만, 이미 좋은 자리는 화가 치밀 만큼 효율적인 독일인들에 의해 점령당해버렸다. 독일 어린이들은 힘차고 멋진 수영을 마치고 해변을 뛰어다녔고, 부모들도 아침 운동을 다 마쳤다. 체념한 영국인 가족은 그늘지고 바닥이 돌로 울퉁불퉁한 해변 구석으로 터벅터벅 걸어가서는, 옆에 있는 하수관에 기어오르면 조금이나마 바다를 볼 수 있다는 사실에 마음을 달랜다.

이 전형적인 이야기는 영국인들의 어리석음과 금욕적인 인내의 태도를 보여줌과 동시에, 지독하게 철두철미한 독일인들의 특성에 대해 이야기하고 있다. 이 이야기는 문화적으로 너무도 깊이 각인된 탓에 독일의 자동차 메이커 아우디(Audi)의 영국용 광고 캠페인에도 사용되었다. 광고에서는 아우디 자동차의 뛰어난 성능에 대한 격찬을 늘어놓다가 유럽 대륙 위를 빙그르 도는 스포티한 모델의 아우디를 클로즈업한다. 그리고 이런 내레이션이 깔린다.

"만약 독일인들보다 먼저 해변에 도착하고 싶다면, 아우디를 구입하시는 게 좋을 것입니다."

정형화의 의미는 무엇일까? 이웃나라 사람들에 대한 농담을 던지는 것 외에 뭔가 쓸모 있는 기능이 있는 걸까?

▍호랑이 꼬리를 가진 두더지

여러분이 정글 사이로 난 길을 걷고 있다고 상상해보자. 그리고 호랑이가 으르렁거리는 소리를 듣는다. 뒤를 돌아보자 가까운 수풀 속에 호랑이 꼬리가 보인다. 단지 꼬리를 본 것일 뿐 설사 그것이 호랑이라는 것을 직접 확인해보지 않더라도, 만약 학계에서 아직 발견하지 못한 새로운 두더지 종(호랑이 꼬리를 가지고 있으며 으르렁거리며 우는)이 있지 않고서야 자신이 호랑이와 맞닥뜨렸다는 것은 누구라도 알 수 있다. 빨리 달아나거나 아니면 호랑이와 맞닥뜨렸을 때 할 수 있는 모든 조치를 취하는 것이 현명하다. 물론 만약 그것이 정말로 호랑이 꼬리를 가진 새로운 두더지 종이었다면 세기에 한 번 나올까 말까한 생물학적 발견을 놓친 것이겠지만.

이 예는 우리가 모든 정보를 알 수 없을 때 어떻게 정형화된 유형을 통해서 가정을 내릴 수 있는지 보여준다. 그리고 거의 대부분의 일상에서 우리는 이런 가정을 통해 판단을 내리게 된다. 만약 정형화를 전혀 적용하지 않는다면 모든 물건과 사람 그리고 삶의 경험이 더 폭넓은 부류에 속한 것이 아니라 각각 별개의 새로운 것처럼 여겨져 완전히 압도당하게 될 것이다.

정형화에 대해 이렇게 생각해보자. 고정관념이나 정형화는 특정한 것들을 직접 경험한 적이 없을 때 그것(사람이나 사물)에 대한 가정으로서 그것이 얼마나 일반적인지를 알 수 있게 해준다. 그리고 이런 고정관념은 인상을 형성하는 상황에서 수많은 방식으로 얼마나 자주 사용되고 있는지 모른다. 사실 정형화라는 것 없이는 길을 따라 걸어가거나 샌드위치를 먹을 수조차 없다. 시내의 새로운 곳에 갈 때 인도의 보도블록이 여러분의 체중을 지탱해주리라는 것을 어떻게 알 수 있겠는가? 거기에 한 번도 발을 디딘 적 없는데 말이다. 또한 지금 막 한 입 베어 물려고 하는 그 샌드위치가 과연 먹을 수 있는 것이란 걸 어떻게 알겠는가? 한 번도 먹어본 적 없는데 말이다.

여러분은 주위 상황에 대한 일반화를 통해 보도블록이나 샌드위치를 각자의 고유한 권리가 있는 특별한 별개의 존재들로 생각하는 것이 아니라, 그것들에 대한 몹쓸 고정관념이라는 것을 일상적으로 적용하고 있음을 직시해야 한다. 그러나 만약 누군가가 여러분이 고정관념을 갖고 있다고 비난한다면, 그것은 십중팔구 여러분이 그들이 속한 특정 그룹(미국 흑인, 유대인, 동성애자 또는 독일인)에 근거해서 그 사람을 판단하고 있다는 의미일 것이다.

휴가를 떠난 독일인과 영국인에 대한 이야기의 정형화에 어떤 근거가 있을까? 이에 대한 답을 하기란 어렵다. 사람들은 저마다의 기준으로 행동을 판단하기 때문이다. 수업 30분 전에 도착했기 때문에 자신이 나태해졌다고 생각했던 내 가짜 게으름뱅이 동료를 떠올려보라. 우리는 성실한 사람이 스스로의 성실성에 대해 하는 말을 언제나 인정할 수는 없다. 이와 비슷하게 다른 문화권에 속한 사람들은 같은 행동에 대해 다른 식으로 해석한다. 약속시간에서 1분이 지난 뒤에 도착한 것은 스위스 사람에게는 지각으로 인식되지만 브라질에서는 일반적으로 용인된다. 이런 식으로 사람들이 저마다 다른 기준으로 동일한 상황을 판단할 때 상호 차이점과 문제점이 생길 수 있다. 그래서 몇몇 연구자들은 국가별 정형화된 유형 때문에 나타나는 이런 차이점이 어떤 것인지 객관적으로 연구하기 위해, 실제로 측정하거나 판단할 수 있는 기준에 의거해서 서로 다른 국가들을 비교하는 조사를 했다.

다른 나라들을 여행하면서 가장 눈에 띄는 것은 생활의 속도가 명백히 차이 난다는 점이다. 어떤 나라에서는 마치 국민 전체가 각성제라도 맞은 것처럼 열광적으로 종종걸음을 하며 과제를 달성하고 놀랍게 빠른 속도로 이동한다. 그런가 하면 다른 나라에서는 기력 없이 여기저기를 배회하며 휴식을 취한다. 비유해 말하자면 물속보다도 더 침착한 분위기다. 페루 사람들은 심지어 '페루 시간'이라는 개념을 갖고 있다. 약속시간보다 1시간은 늦는다는 뜻이다. 그러니까 페루 사람들이 생각하는 시간 엄수의 개념은 매우 느긋한 것으로, 페루 정부는 자국의 이미지 개선을 위해 라 호라 신 데모라(la hora sin demora), 즉 '시간에 늦지 않기' 운동을 장려한다.

캘리포니아주립대학교 심리학자 로버트 레바인(Robert Levine)은 이렇듯 "국가 사이의 생활의 속도가 실제로 더 빠르고 늦은 건지 아니면 그저 착각일 뿐인지" 하는 의구심을 가졌다. 세계 여러 나라 사람들의 일상에서의 생활 속도를 비교하기 위해 레바인은 은밀히 연구팀을 훈련시켰다. 암스테르담, 더블린, 자카르타, 리우데자네이루, 소피아, 도쿄 그리고 다른 25개국 시내 중심가에서 주민들이 아무것도 모른 채 일상생활을 해나갈 때 연구팀들은 은밀히 도시 곳곳에 전략적으로 자리를 잡았다.

그들은 약 18미터 정도의 거리를 쟀다. 그리고 자신들이 숨은 장소에서 그곳 사람들이 얼마나 빨리 걷는지를 초시계를 사용해서 측정했다. 그 다음으로 비밀조사원들은 시내 중심가의 은행에 가서 시계가 얼마나 정확한지를 기록했다. 최종 심사는 현지 우체국에서 우표를 구입하는 데 걸리는 시간이었다. 이런 간단한 조사결과들을 종합해서 레바인은 다양한 도시들의 속도를 측량화할 수 있었다. 어느 나라가 가장 빠른 속도를 갖고 있었을까? 바로 스위스, 아일랜드, 독일 순이었다. 멕시코, 인도네시아, 브라질이 가장 속도가 느린 것으로 나타났다. 그러니까 만약 여러분의 새 동료가 멕시코 사람이라면 (다른 정보는 전혀 없는 상태에서) 그 동료가 스위스인 동료보다 시간에 대해 더 느긋한 태도를 가지고 있다고 예상할 수 있다. 레바인의 연구 대상이었던 모든 국가들(가장 빠른 국가에서부터 가장 느린 국가까지)의 목록은 [표 7-1]에 있다.

이 조사를 통해 몇 가지 기본적인 패턴을 눈치 챌 수 있을 것이다. 레바인은 생활의 속도가 국가들의 많은 다른 특성들과 관련이 있음을

::: **표 7-1 가장 빠른 국가에서 느린 국가까지 31개국의 생활 속도**

1. 스위스	16. 미국
2. 아일랜드	17. 캐나다
3. 독일	18. 대한민국
4. 일본	19. 헝가리
5. 이탈리아	20. 체코
6. 영국	21. 그리스
7. 스웨덴	22. 케냐
8. 오스트리아	23. 중국
9. 네덜란드	24. 불가리아
10. 홍콩	25. 루마니아
11. 프랑스	26. 요르단
12. 폴란드	27. 시리아
13. 코스타리카	28. 엘 살바도르
14. 대만	29. 브라질
15. 싱가포르	30. 인도네시아
	31. 멕시코

발견했다. 생활의 속도가 빠른 나라들은 날씨가 추운 경향이 있었고, 경제적인 생산성이 높았으며, 흡연자의 비율이 높았고, 심장질환으로 인한 사망률도 높았다.

지역마다 다른 성격

다른 곳에서 온 사람들에 대한 고정관념은 그들의 모국에 대해서보다 더 작은 범위로 좁혀질 수도 있다. 우리가 다른 도시들이나 주에서 온 사람들에 대해 어떤 고정관념을 갖고 있는지 생각해보라. 신경질적인 뉴욕 사람, 느긋한 캘리포니아 사람, 지극히 중산층적인 중서부인들 하는 식으로 말이다. 다른 곳에서 온 사람들은 서로 다를 것이라는 이런 판단은 직관적인 듯 보인다. 그러나 과연 어째서 그런 걸까? 우리가 생각할 수 있는 한 가지 이유는 서로 다른 환경이 그곳에 사는 사람들에게 각자 다른 기회들을 제공하므로, 그것이 성격을 형성하는 데 영향을 준다는 것이다.

물리적·문화적 환경은 활동과 관계를 형성하는 데 중요한 역할을 하며, 그러므로 거기 사는 사람들의 성격을 형성하는 데 영향을 줄 수 있다. 예를 들어 시골에서 자란 10대 청소년들은 도시나 해안가에서 자란 청소년들과는 다른 활동을 할 것이다. 지하철도, 붐비는 군중도, 낯선 타인들도 없는 아이다호에서 자란 아이들은 낯선 사람들로 붐비는 지하철을 타는 것을 꺼린다. 그리고 적어도 마지막으로 내가 확인했을 때까지는 아이다호에선 해변에서의 파티는 매우 드물었다. 무성한 것이라곤 옥수수밖에 없는 작은 시골 마을보다는, 수많은 미술가들의 커뮤니티가 형성된 도시에서 현대 미술에 대한 관심을 키워나가기 쉽다.

환경은 지역적인 정형화에 대해 단지 일부분만을 설명해줄 수 있을 뿐이다. 왜냐하면 사람들이 얼마만큼 유동적일 수 있는지에는 한계가 있기 때문이다. 좌익 중심의 주(州)에 사는 자유주의자는 어떤 식으로든 자신의 정치적 견해를 억누를 수 있을지 모르지만 언젠가는 한계에 부딪친다. 그리고 이렇게 자신의 한계에 부딪히게 되면 가장 적당한 해결책은 자신의 성격과 맞는 장소로 이사하는 것이다.

나는 샌프란시스코에 안식휴가를 갔을 때 사는 장소를 어떻게 바꾸는 것이 삶을 통째로 변화시키는 효과가 있는지를 실감했다. 저녁이면 카페인 수치가 떨어지기 때문에 나는 자주 스탠퍼드대학교 코호라는 곳에 가서 카페라테를 마시면서 일을 마무리하곤 했다. 언젠가 나는 근처에 앉은 학생들의 활기찬 대화에 정신이 번쩍 든 적이 있다. 그 며칠 전에 나는 샌프란시스코의 카스트로, 주로 동성애자들이 모여 사는 지역에서 비슷한 장면을 본 적이 있다. 그곳에는 마침내 고향처럼 느껴지는 곳을 발견한 사람들이 있었다. 코호의 학생들은 고향에서는 주위 사람들의 경멸을 불러일으켰을 지나치게 학구적인 주제에 대해 들떠서 토론을 하고 있었다. 마침내 그들은 16진법 시스템의 번뜩이는 가능성을 알아주는 다른 사람들(그 테이블에만도 3명이 있었다)을 발견한 것이다.

카스트로에서 나는 속박으로부터 해방되어 진정한 자신의 모습을 행복하게 드러내는 동성애자들을 보면서 비슷한 감정을 느꼈다. 실제로 사람들은 사회적으로 경제적으로 어디에 살지 결정할 수 있는 자유가 주어지면 자신들에게 맞는 환경에 이끌리게 된다. 리처드 플로리다(Richard Florida)는 사회적으로 큰 영향을 끼친 그의 책 《창조적 변화를 주도하는 사람들(*The Rise of the Creative Class*)》에서 사람들(특히 창조적인 사람들)이 집값에 대한 걱정이나 가장 많은 급료를 주는 직장 따위의 경제적인 고려는 해보지도 않고, 단지 그곳이 잘 맞을 것 같다는 생각에 무작정 어떤 지역에 이끌리게 되는 사례를 소개한다. 설득력 있는 한 사례에서 플로리다는 온몸에 피어싱과 문신을 하고 색색으로 머리를 물들인 어떤 청년을 카네기멜론대학교에서 만났던 경험을 묘사하고 있다. 그 학생은 졸업반이었는데 피츠버그에 있는 최첨단 기술회사들의 좋은 제안을 거절하고 텍사스 오스틴의 일자리를 받아들였다. 도대체 왜? 플로리다는 그 학생이 어째서 수많은 박물관과 미술관을 비롯한 문화의 도시를 떠나 텍사스의 작은 도시로 이사를 하는지 궁금했다.

이유는 간단했다. 오스틴이야말로 자기가 고향처럼 편하게 느낄 수 있는 곳이라는 것이었다. 피츠버그에 훌륭한 심포니와 오페라가 있는 건 분명하지만 그는 그곳이 편치 않았다. 그는 생각과 성향이 비슷한 사람들 사이에서 반사회적으로 보이는 자신의 외모나 가치관이 장애가 아니라 인정을 받을 수 있는 곳에서 살고 싶었다.

물론 그 젊은이는 새로운 직장을 시작하자마자 오스틴의 일부가 될 것이며, 고향에서 벗어나 새로운 곳으로 가고자 하는 젊은이들에게 좋은 귀감이 될 것이었다. 삐죽 머리를 한 청년이 오스틴에 끌린 것처럼 스탠퍼드는 모범생들을 위한 곳이고, 게이나 레즈비언들이 속속 새롭게 샌프란시스코로 이주하는 것은 부분적으로 새로운 환경에 영향을 받길 원하기 때문이다. 삶에 대한 견해는 여러분이 어디에 살고 있느냐에 따라 달라질 수 있다. 길에서 마주치는 모든 사람이 태어나면서부터 알고 지냈던 이웃인 작은 마을보다, 위험한 시카고 지역에서 낯선 사람에 대한 경계가 심한 것은 지극히 당연한 일이다.

다양한 사람들과 문화가 공존하는 환경은 대부분 동종의 사람들로만 이루어진 지역에 사는 것보다 다른 사람들에 대한 견해를 넓힐 수 있다. 이런 2가지 과정(특정한 사람들이 특정한 장소에 더 이끌리게 되는 것과 사람들이 환경에 의해 영향을 받는다는 것)을 통해 사람들의 성향과 사는 지역과의 연관성이 형성된다. 그래서 만약 그 사람에 대해 아무것도 모른다 해도 그 사람이 어디 사는지를 보는 것만으로 어느 정도의 기본적인 성격을 짐작할 수 있는 것이다.

지역적인 정형화가 어느 정도 근거가 있어 보인다고 할지라도 정확한 패턴을 구분해내기가 언제나 쉬운 것은 아니다. 그 지역의 5대 성격 유형의 각 3가지 특성에 대한 성향의 분포를 비교한 다음의 3가지 지도를 보라. 색이 진하게 표시된 지역일수록 그 지역에 살고 있는 사람들이 어떤 성격적 특성을 강하게 보이고 있는 것이다. 지도가 보여주는 3가지 성격적 성향이 무엇인지 짐작할 수 있겠는가?

동서로 나뉘는 경계를 보면 첫 번째 지도가 보여주는 성격적 특성을 아마 가장 쉽게 판별할 수 있을 것이다. 바로 '신경성'이다. 우디 앨런 같은 신경쇠약적인 뉴욕 사람들과 듀드(p. 97 참조)같은 캘리포니아 사람들의 차이를 보여준다. 그리고 이런 차이는 그저 고정관념들을 확인하는 것보다 훨씬 더 많은 것을 시사한다.

(이 새로운 연구를 진행한) 내 연구 협력자 제이슨 렌트프로는 지역에

::**지도** 7-1

최상위 10개 주   제2오분위수   제3오분위수   제4오분위수   제5오분위수

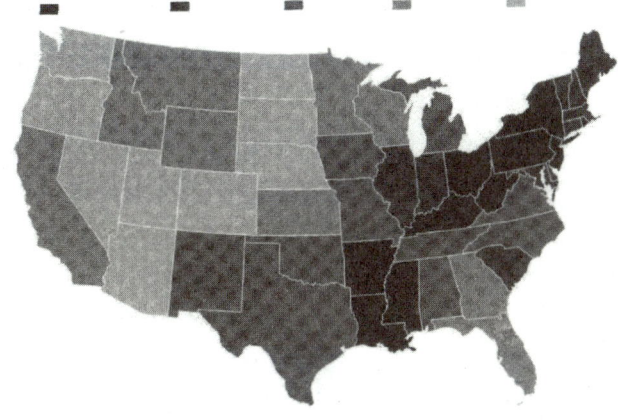

::**지도** 7-2

최상위 10개 주   제2오분위수   제3오분위수   제4오분위수   제5오분위수

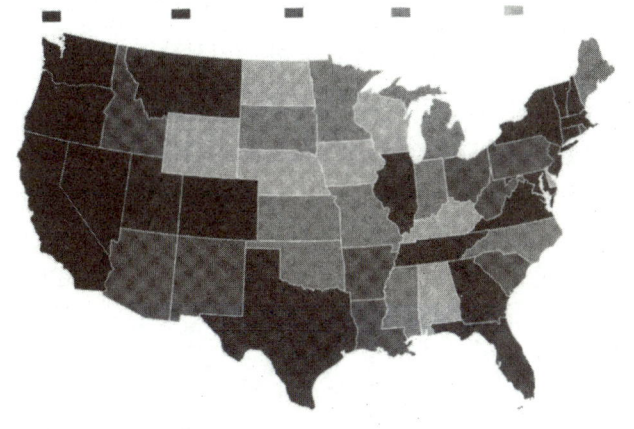

::: **지도** 7-3

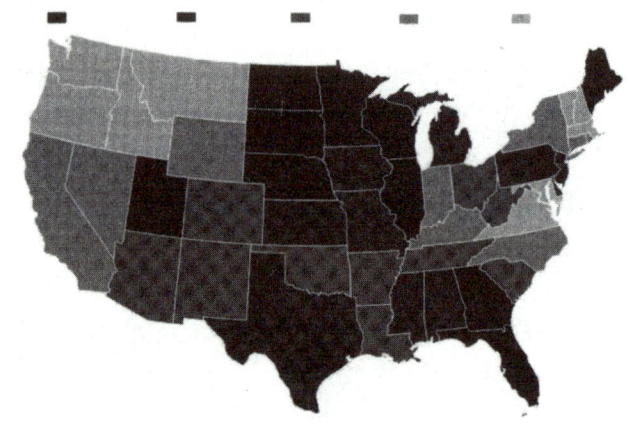

따른 성격적 차이와 관계된 것들이 무엇인지 더 깊게 파고들어 몇 가지 놀라운 패턴을 발견했다. 예를 들어 신경성이 높은 지역에 거주하는 사람들은 다른 주에 사는 사람들보다 담배를 더 많이 피우고 암, 심장질환, 당뇨의 발생률이 높았고 비만인 사람들이 많았다. 그리고 태평한 주, 즉 신경성 수준이 낮은 것으로 나타난 지역에는, 어떻게 휴식을 취할지 아는 사람들과 조깅을 하고 집에서 규칙적인 운동을 하는 사람들이 주로 살고 있는 것처럼 보였다. 물론 정확한 인과관계를 알 수는 없다. 신경성이 높은 것이 건강에 문제를 일으킨 것인지 알 수는 없다. 불안한 사람들은 흡연을 할 가능성이 높고 흡연이 심장

질환이나 암을 유발시키는 것인지, 아니면 건강에 영향을 미치는 다른 원인이 있어 건강상태가 안 좋기 때문에 더욱 불안해지고 스트레스를 받고 걱정을 많이 하게 되는 것인지 알 수 없다. 5대 성격 유형의 하위 특성들을 보이게 되는지 말이다. 신경성과 건강문제 양쪽 모두를 야기하는 '제3의 요인'이 있을 가능성도 있다.

두 번째 지도는 각 주의 평균적인 '개방성'을 표시한 것으로 창조적이고 상상력이 풍부하며 철학적이고 관념적인 생각을 하는 사람들은 여기저기 조금씩 분포하고 있지만, 주로 동북지역의 서부 해안가에 모여 있다는 것을 보여준다. 신경성의 경우에서처럼 렌트프로는 이런 성격의 차이가 실제로 존재한다는 것을 보여준다. 개방성이 높은 지역에 사는 사람들은 독서량이 더 많고, 도서관이나 미술관에 가는 횟수도 더 많으며, 다른 문화에 대한 관심도 높은 것으로 나타났다. 교회에 가는 사람은 더 적은 편이고 특허출원율도 높으며 섹스와 마약에 있어 진보적인 태도를 갖고 있다.

세 번째 지도는 '외향성' 분포도를 보여주고 있는데 이 특성은 중서부지역이 가장 높은 것으로 나타났다. 렌트프로의 조사는, 일리노이와 위스콘신에 사는 쾌활하고 건전한 사람들은 내성적인 경향을 가진 사람들이 많이 사는 메릴랜드, 뉴햄프셔, 알래스카와 같은 지역들보다 더 많은 사회활동을 즐기는 것으로 나타났다. 그들은 클럽미팅에 참석하고 술집에 다니며 다른 지역 사람들보다 친구를 더 자주 방문했다. 또한 종교가 삶의 중요한 부분을 차지하고 있다. 렌트프로는 동조성이 낮은 지역(살인사건 등의 잔혹범죄율이 높은 지역)이나 성실성이 높은 지역(사람들이 장시간 근무하고, 게으른 지역보다 더 종교적인 하와이, 알래스카, 메인과 같은 지역)에서도 비슷한 발견을 했음을 보고하고 있다.

한 국가 안에서도 이러한 실제적인 지역적 차이를 만들어내는 과정은 이보다도 더 작은 규모로도 나타날 수 있다. 여러분이 일하는 직장과 그 안에서 여러 가지 다른 업무를 하는 사람들을 한번 생각해보라. 대부분의 사람들은 자기의 본성에 어울리는 일에 끌리는 성향이 있다. 활발하고 외향적인 사람이 도서관의 자료실 책상을 지키고 앉아 있다면 아마 답답해서 미칠 지경일 것이며, 끊임없는 지껄임으로 동료들과 상사를 괴롭게 할 것이다.

외부적인 요소도 작용할 수 있다. 대부분의 사람들은 사회적으로 서투르고 침울하며 적대적인 동료와 어울리고 싶어 하지 않는다. 그러므로 이런 사람들은 자연적으로 서서히 다른 사람들이 그들을 피할 수 있는 곳으로 이동하게 마련인 것이다. 실제로 우리 연구결과는 성미가 까다로운 사람들은 사무실에서 사람들이 많이 지나다니지 않는 장소에 앉게 되는 경향이 있다는 것을 보여준다. 전체 조사를 통틀어 가장 까다로운 것으로 점수가 나온 사람은 시끌벅적한 사무실에서 멀리 떨어진 곳으로 사라져 우리 조사팀 멤버들이 찾는데도 애를 먹을 정도로 외진 곳에 사무실이 있었다.

정치적 성향과 고정관념

렌트프로와 나는 미국인의 성향 분포 지도를 보면서 그것이 우리 눈에 익은 정치적 성향별로 분류된 주의 분포도, 즉 공화당이나 민주당이 우세한 주별로 분류해놓은 지도와 비슷하다는 점을 발견했다. 우리는 해당 주의 우세한 성격적 특성이 그 지역 사람들의 투표 성향과 관계가 있는지 궁금해졌다.

결국 정치적인 견해는 그 사람의 기본적인 가치관과 태도와 밀접한 관련이 있는 것이다. 자유주의자들은 전통적인 제도(경찰이나 정부)에 더 지지를 보내는 보수주의자들보다 평등을 중요시하며, 사회적 다양성에 더 많은 관심을 기울인다. 그리고 그들은 점진적인 변화를 원한다. 뉴욕대학교의 존 조스트(John Jost)와 데이빗 아모디오(David Amodio)는 최근 조사를 통해 이를 입증해줄 인간의 뇌구조를 발견했다. 전두대상피질(anterior cingulated cortex)이라고 알려진 부분에서 사람들의 습관적인 패턴을 바꾸도록 하는 과제에 어떤 반응을 보이는지 측정한 결과, 보수주의자들은 자유주의자들보다 신경학적으로 변화에 대해 저항이 큰 것으로 나타났다.

존 조스트, 다나 카니(Dana Carney), 제프 포터(Jeff Potter)와의 협력을 통해 렌트프로와 나는 정치와 지역과의 관계를 보다 자세히 살펴보기 위한 일련의 연구들을 시작했다. 놀랍게도 민주당 또는 공화당 후보에 대한 투표율은 그 주의 개방성 및 성실성과 큰 연관성을 보였고, 그보다는 덜하지만 외향성과도 관계가 있는 것으로 나타났다. 밥 돌(Bob Dole)보다는 빌 클린턴(Bill Clinton), 조지 W. 부시(George

H.W. Bush)보다는 앨 고어(Al Gore), 조지 W. 부시보다는 존 캐리(John Kerry)에 투표한 사람들이 많은 주는 개방성과 외향성이 높고 성실성이 더 낮았다.

이러한 발견들은 예측을 위해 일반적으로 사회통계학적인 요소에 의지하던 전통적인 상식에 도전하는 것이다. 또한 이런 발견들은 투표를 하는 사람이 누구에게 투표를 할 것인가를 결정하는 데 성격도 매우 중요한 역할을 한다는 것을 보여준다. 대중의 투표 성향을 예측할 때 사람들의 일반적인 통계학적 조건들(교육 수준, 미국 흑인, 생활수준, 도시에 살고 있는지의 여부 등)을 분석하는 것이 사람들의 성격적인 성향(개방성, 성실성, 외향성 등)을 분석한 자료보다 더 정확하고 효율적인 자료는 아니라는 의미다.

이런 발견을 통해 우리의 관심은 더욱 고조되었다. 만약 민주당원이나 공화당원들의 성격이 다르다면 우리는 일상생활에서 그 사람들의 행동에 차이점을 발견할 수 있을까? 그리고 그들이 살아가는 공간에서 그에 대한 증거들을 확인할 수 있을까? 자유주의자들과 보수주의자들이 다른 사람들과 1 대 1로 대면하는 상황에서 어떻게 다르게 행동하는지를 알아보기 위해, 우리는 2인 영화토론회를 가장한 실험을 기획했다. 2인 영화토론회의 참가자 중 한 사람은 사실 연구보조원이었고 자유주의 성향의 참가자와 보수주의 성향의 참가자가 각각 연구보조원을 상대로 영화에 대한 토론에 참가했다.

이 상황에서 자유주의자들과 보수주의자들은 어떤 미묘한 비언어적 행동들을 보일까? 비디오테이프를 분석한 결과 자유주의자들은 보수주의자들보다 외향적인 것으로 나타났다. 이 결과는 각 주별로 다른 투표 성향에 대한 연구결과와 동일한 것이었다. 그들은 미소를 짓는 듯 감정표현을 더 자주했으며 상대방과의 대화에 집중했다. 반면에 보수주의자들은 전반적으로 상대에게 거리를 두고 겉도는 듯한 태도를 보였다. 즉, 보수주의자는 수줍고 조용하며 내성적인 대화 스타일을 드러냈다.

외향성과 투표 성향의 관련성을 생각해볼 때 자유주의자들과 보수주의자들이 1 대 1 대면 상황에서 보인 차이점은 타당해 보였다. 하지만 개방성과 성실성 그리고 정치적 성향 사이의 연관성에 대한 발견들은 그들이 사는 공간에서 어떤 차이점을 발견할 수 있다는 가능성을 시사했다. 보수적인 사람들의 방에는 분명 달력이나 우표를 포함해 준비성이나 계획성을 보여주는 물건들이 더 많은 경향이 있었다. 또한 운동도구나 여러 가지 깃발, 특히 미국 국기와 술병, 도자기들을 포함해 보다 보수적인 장식들이 많았다. 전반적으로 보수주의자들의 침실은 높은 성실성, 낮은 개방성이라는 성격적 특성을 보여주고 있었다. 그들의 방은 정리가 잘되어 깔끔하고 밝았으며 청량한 분위기를 풍겼다.

반면 자유주의자들의 침실에는 높은 개방성을 보여주는 흔적들이 많았다. 그들은 눈에 띄게 많은 책을 갖고 있었다. 여행, 소수민족의 문제, 여성학, 음악에 관한 책들을 비롯해 다양한 종류와 다수의 음악 CD들도 갖고 있었다. 세계 여러 나라의 음악을 비롯한 포크 뮤직, 클래식, 모던록 그리고 흘러간 팝송을 포함해서 말이다. 뿐만 아니라 자유주의자들의 침실에는 여러 미술도구, 문방용품, 영화티켓, 세계 지도와 문화적 기념품들이 있었다.

직감의 이면

처음으로 내가 타인에 대한 인상이 구축되는 과정을 연구할 때만 해도 나는 고정관념이나 정형화가 부정적인 것이라 여겼다. 하지만 침실연구와 방주인들에 관한 자료를 분석하면서 이러한 심리적인 단정의 역할이 중요하다는 사실을 깨닫게 되었다. 침실연구에서 드러난 수많은 발견들이 직관적인 감각과 맞아떨어졌다. 최소한 지나고 나서 돌아보니 그랬다. 목적 지향적이며 시간관리에 신경 쓰는 사람들이 자신의 방을 시간 엄수를 위한 장비들(다수의 달력, 시계, 스케줄 리스트, 탁상용 다이어리 등)로 꾸민다는 것은 당연해 보였다.

하지만 우리가 발견한 것들 중에는 알쏭달쏭한 부분이 매우 많았다. 우리는 관찰자들이 그저 침실을 둘러보는 것 외에는 아무것도 하지 않는데도 방주인의 신경성 지수를 예측하는 데 발군의 능력을 보여준다는 사실을 발견했다. 이는 예상치 못한 발견이었다. 그리고 추후 규명을 위해 행해진 분석들은 신경성이 높은 사람들과 느긋한 사람들의 방 사이에서 일관적인 차이를 보이는 어떤 특성도 발견하지 못했다. 우리는 어찌할 바를 몰랐다.

그렇게 머리만 긁적이고 있을 때 나는 우리 관찰자들 중 가장 정확한 판단을 내렸던 애덤 클링어(Adam Klinger)가 어떤 방을 분석하고 나오면서 한 말을 떠올렸다. 작고 꽤 깔끔하게 꾸며진 방으로 봉제 동물인형들이 침대 위에 놓여 있고, 별 두드러질 것 없는 장식물들과 포스터로 꾸며져 있었는데, 애덤은 "이 방은 방주인이 신경성이 높다는 것을 보여준다"고 분석한 참이었다. 분석표를 건네주며 그는 고개를 저으며 자신의 분석표가 너무 단순하게 보이는 것에 당혹스러워하면서 이렇게 말했다.

"시간이 지날수록 단지 정형화된 유형들을 평가하는 것처럼 느껴집니다."

이것이 신경성을 정확하게 측정할 수 있는 열쇠가 될 수 있을까? 나는 혹시 성별에 대한 정형화에 대해 뭔가를 배울 수 있지 않을까 하고 생각했다.

과거의 연구결과들은 다른 성별 사이의 성격적 특성의 차이에 대해 많지는 않지만 매우 일관적인 특성들이 있다는 사실을 보여준다. 그 중 가장 일관적인 특성은 여성이 남성보다 5대 성격 유형 중에서 신경성 항목에 높은 점수를 보였다는 것이다. 여성은 남성보다 더 불안해하고 덜 차분하며 느긋하지 못한 경향이 있다. 또한 여성은 남성보다 더 감정적이고 쉽게 스트레스를 받는다.

그러므로 애덤의 말이 맞을지도 몰랐다. 아마도 관찰자들이 방에 들어서면서 방주인의 성별을 추측하고 그 추측을 바탕으로 고정관념에 의해 방주인의 신경성 수준을 분석했을 것이다. 관찰자들은 방주인의 성별을 추측하는 데 매우 뛰어났다. 남성의 방은 여성의 방과는 달랐다. 일반적으로 장식이 덜했고 색감이나 밝은 분위기, 안락함과 청결 면에서도 떨어졌다. 남성의 방은 여성의 방에 비해 특색이 부족하고 스타일이 세련되지 않았으며 방문객이 환대받는 기분을 느낄 수도 없었다.

남성은 아기나 친구, 가족사진을 놓아두는 경향이 덜했으며 달력이나 거울도 두드러지게 많지 않았다. 여성들에 비해 책이나 패션 잡지는 많이 갖고 있지 않았지만 더 많은 CD를 갖고 있었고 보다 성능이 좋은 스테레오 기기들을 구비하고 있었다. 또 로션은 별로 많지 않았지만 모자는 많이 갖고 있었다. 여성들의 방에서 두드러지게 눈에 띄는 봉제 동물인형, 촛불, 꽃 장식보다는 영수증, 눈에 띄는 빨래 바구니들, 운동기구들이 훨씬 많았다. 남성들의 옷장은 주로 문이 열린 채였고 여성들보다 고리에 무언가를 걸어두는 경향이 높았다.

우리의 통계적 분석은 애덤의 직감을 확인해주었다. 방의 내용물을 살펴봄으로써 얻는 직접적인 단서들보다 성별에 대한 정형화된 고정관념들이 방주인의 신경성 수준을 짐작하는 데 있어 열쇠를 쥐고 있는 것 같았다. 관찰자들은 실수를 저지르기도 했는데 이를 통해 성별에 함축된 의미가 얼마나 중요한지를 드러냈다. 어떤 방을 살펴보니 방주인 페르난도(가명)가 '밤을 보내고 간 손님'을 맞이한 게 분명한 듯 여성의 스틸레토 힐이 아직 침실 바닥에 굴러다니고 있었다. 그 구두를 보고 우리 관찰자 중 한 사람은 곧바로 방주인이 여자라고 단정 짓고는 모든 다른 단서들을 무시했다. 안락의자에 걸쳐져 있는 남자 청바지와 티셔츠, 면도용 크림 등 남성적인 상징을 무시한 것이다. 이 단순한 실수로 인해 우리 관찰자는 그 방에 있는 구체적인 단서들과는 상관이 없는 다양한 성격적 특성들을 짐작해냈다. 바로 눈앞에 있는 정보들에 주의를 기울이기보다는, 자신이 갖고 있는 성별에 대한 고정관념에 더 의지했던 것이다.

이렇듯 정형화는 신경성을 판단하는 데 높은 정확도를 보이는 것 같지만 동시에 정확한 성격분석에 걸림돌이 될 수도 있다. 예컨대 여성에 대한 흔한 고정관념 중 하나는 여성이 남성보다 더 친절하고 동정심이 많다는 것이다. 5대 성격 유형의 관점에서 보면 이런 고정관념은 여성의 동조성이 높을 것이라는 점을 시사한다. 그리고 실제로 우리 관찰자들은 여성들의 방을 관찰한 경우에 남성들의 방을 봤을 때보다 방주인의 동조성이 높을 것이라고 평가했다. 문제는 현실에서는 남성과 여성 사이에 차이점이 없다는 것이다. 동조성을 기준으로 했을 때 남성과 여성의 위치는 같다. 여기에서 볼 수 있듯이 고정관념이 성격에 대한 평가의 정확성을 떨어뜨리고 있다.

이런 성별에 대한 관찰들은 우리가 다른 종류의 고정관념들에 대해 생각해볼 수 있게 해주는 계기가 되었다. 몇 년 전 디트로이트에서 아파트를 얻으려고 할 때 나는 분명히 인테리어 디자인에 신경 쓴 흔적, 다수의 작은 개의 그림과 조각상, 막대한 양의 남성 잡지들을 보고 집주인이 분명히 게이일 것이라고 생각했다. 집주인이 게이임을 상징하는 단서가 전혀 없었는데도 고정관념에 의해 판단을 내린 것이다. 그렇다면 인종은 어떨까? 우리의 침실연구는 동양계가 많은 샌프란시스코에서 진행되었으며 연구 참가자의 80퍼센트가 서양인 반 동양인 반으로 구성되어 있었다. 사람들은 흔히 동양인의 관심 분야가 서양인보다 좁고 구체적이라고 생각한다. 조용하고 눈에 띄지 않으며 열심히 공부하고 준법정신이 투철한 동양인 학생의 캐리커처를 떠올려 보라. 이런 정형화는 여러 성격적 특성 중에 동양인이 서양인보다 개방성과 관련된 특성이 낮을 것이라는 점을 제시하고 있다.

개방성이 낮은 사람들은 추상적인 생각보다는 좁고 구체적인 개념에 집중하기를 좋아한다. 그리고 전통적인 관습에 의문을 품지 않고 대체로 이를 따른다. 우리의 표본 집단 속에서 동양인은 실제로 서양인보다 개방성에서 낮은 점수를 받았다. 그리고 침실평가단은 방주인의 인종을 구분하는 데도 매우 뛰어났다(비록 성별을 구분하는 것보다는 덜 정확했지만).

우리의 분석은 다시 한번 애덤이 맞았다는 사실을 확인해주었다. 인종적 고정관념은 적어도 관찰자들 중 일부 사람들에게 있어 방주인의 개방성을 평가하는 정확성에 영향을 준 것으로 나타났다. 정형화의 단점을 떠나 우리 연구결과는 다른 사람에 대한 인상을 구축하는 과정에서 고정관념이 매우 중요한 역할을 한다는 점을 분명하게 보여주었다. 대부분의 사람들은 남들에게 외모보다는 행동이나 성격으로 판단을 받고 싶어하기 때문에 우리들이 고정관념을 통해 남을 판단하게 된다는 이런 결론을 쉽게 받아들이지 못한다.

| 고정관념의 지뢰밭

고정관념이 어떤 식으로 쓸모가 있는지 그리고 그것이 특별히 나쁜 의도를 갖고 있는지의 여부와는 상관없이 고정관념이라는 주제는 그 자체로 논란의 여지가 다분하다. 내가 처음으로 성격과 침실과의 상관관계에 관한 논문을 발표하고 얼마 지나지 않아서였다. 디자인 학부의 동료가 자신의 대학원 과정 수업에서 내 연구에 대한 발표를 해달라고 요청했다. 그의 수업을 듣고 있는 학생들은 과학 분야에 대한 사전 지식이 별로 없었지만, 내가 발표를 시작하자 매우 집중해서 경청하는 모습을 보였고 발표 내용에 큰 관심을 가지는 듯했다.

그런데 내가 강의를 절반쯤 진행한 시점부터 수업 분위기가 미묘하게 바뀌었다. 학생들이 어쩐 일인지 어색하게 움찔거리기 시작했다. 적극적으로 관심을 보이던 학생들의 표정이 의구심에 찬 찡그림으로 바뀌었다. 이런 표정의 변화는 상황을 더 나쁘게 만들 수 있는 주제, 바로 고정관념에 대한 내용에 이르러 극에 달했다. 앞에서 논의한 바와 같이 나는 사람들이 제한적인 정보에 의해 다른 사람을 판단할 때, 예를 들면 침실을 둘러보는 것만으로 그 사람을 판단해야 하는 경우 흔히 고정관념에 근거해서 판단한다고 했다. 나아가 내 발표가 학생들 사이에 더 물의를 일으킨 이유는 내가 이렇게 고정관념을 적용해 보는 것이 바람직하다고 덧붙였기 때문이다. 불만에 찬 학생들이 내 의견에 반박하려고 속속 손을 드는 것을 보면서 나는 이미 예상하고 있었던 학생들의 반응, 즉 내 발표 때문에 일어난 분노의 물결에 맞서기 위해 마음을 다잡았다.

디자인과 학생들이 특별히 고정관념이라는 주제에 민감하게 군 것은 아니었다. 사람들은 일반적으로 고정관념이 나쁜 것이라고 생각한다. 그리고 자신이 고정관념을 갖고 있다고 지적당하면 부정적이고 방어적인 태도를 보인다. 내가 이번 일에서 겪은 것처럼, 그저 고정관념에 대해 이야기를 꺼내는 것만으로도 잠잠한 군중을 돌변하게 할 수 있는 것이다. 사람들이 정말 불편하게 느끼는 것은 고정관념이 어느 정도는 사실이라는 생각이다. 그러니 만약 여러분이 여러 사람 앞에서 발표할 기회가 있다면 그리고 별 탈 없이 그 발표를 잘 마치고 싶다면 "고정관념은 잘못된 것이다"라고 해야 한다. 사실 이런 주장은 매우 미묘하고 복잡한 고정관념이라는 현상을 설명하기에는 너무 단순하고 편협한 것이다. 하지만 타당한 이유를 갖고 여러분의 이런 주장에 반대할 사람은 거의 없을 것이다.

고정관념 때문에 오랜 세월 동안 많은 사람들이 불공평한 대우를 받고 부당하게 박해받았다. 최악의 경우에는 돌이킬 수 없을 만큼 비극적이고 치명적인 결과를 가져오기도 한 것은 분명히 사실이다. 오랫동안 고정관념 때문에 여성들은 투표권을 박탈당했고, 인종적인 편견 때문에 미국 흑인들은 시민으로서의 정당한 권리를 가질 수 없었다. 또한 인류는 오랜 세월 동안 고정관념 때문에 수많은 사람들이 기회와 권리를 박탈당했고, 권력을 가진 사람들은 편견을 휘둘러 특권을 남용했다. 현대 언론 매체들은 일반적으로 어떻게 편견이나 고정관념이 인종차별이나 국적, 성별에 대한 불공정한 차별을 가져오는지 지속적으로 보도하고 있다. 그래서 대부분의 사람들은 고정관념이란 당연히 나쁜 것이라고 생각한다.

사회심리학 분야의 저명 잡지들을 한번 훑어보는 것만으로도 고정관념이 사회심리학 분야에서 얼마나 중요한 주제인지 알 수 있다. 그래서 여러분은 사람들이 언제 어떻게 편견을 가지는지, 그리고 고정관념이 정확히 들어맞을 때가 과연 어떤 경우인지를 연구한 결과가 많이 있을 거라고 기대할지도 모르겠다. 하지만 대부분 고정관념에 대한 연구는 단 한 가지 측면, 고정관념이 다른 사람들을 판단하는 데 얼마나 방해가 되느냐에 집중되어 있다.

한 고전적인 연구에서는 사람들에게 8자리 숫자를 암기하게 하면, 아무런 과제도 없이 방해 받지 않았을 때보다 인종적인 편견을 적용하게 되는 확률이 더 높은 것으로 나타났다. 이를 포함한 다른 여러 연구결과들은 우리가 어떤 상황을 다양한 각도로 생각해볼 수 있는 충분한 시간이나 여지가 없을 때 고정관념이라는 순간적인 판단에 의지하게 된다는 점을 보여준다.

그러나 앞으로 살펴보겠지만, 어떤 사람들은 자신의 의견이 합리적이라 해도 그것이 남에게 인종적인 편견을 갖고 있다는 인상을 줄 수 있다고 생각하면 의견을 말하기를 주저한다. 하버드대학교 경영대학원의 마이클 노튼(Michael Norton)과 그의 동료들이 실행한 독창적인 일련의 연구결과는, 우리가 얼마나 고정관념에 민감하게 반응하는지를 알려주는 놀라운 증거를 제시한다. 그들은 사람들이 다른 사람의 특징을 묘사할 때 흥미롭게도 한쪽으로 치우친 표현들을 사용한다는 것을 발견했다. 만약 여러분이 근무하고 있는 회사에 직원의 10퍼센트가 붉은 머리를 갖고 있고 또 다른 10퍼센트가 흑인이라고 가정해 보자. 이 중 한 사람을 동료에게 설명하고 싶은데 그 사람의 이름을 모른다고 치자. 여러분이 말하고자 하는 사람에 관해 구체적으로 설명하려면 붉은 머리든 흑인이든 당연히 이 특징(머리카락 색깔이나 인종)을 묘사해야 한다. 하지만 이 연구결과에 의하면 사람들이 "그 흑인 남자"라고 말할 확률은 "그 붉은 머리의 남자"라고 말할 확률보다 훨씬 더 적었다. 인종에 대한 언급을 회피하는 것이 의사소통에 있어 훨씬 불편하고 비효율적임에도 불구하고 사람들은 흑인이라고 표현하기를 꺼려한 것이다.

노튼의 실험 중 하나는 이런 것이었다. 잠깐 동안 여러분이 백인이라고 가정해보자. 여러분은 처음 보는 사람과 탁자 위에 배열된 사진들을 갖고 게임을 하게 되었다. 각각 다른 사람들의 얼굴을 찍은 사진이다. 남성과 여성, 흑인과 백인, 젊은이와 노인 등 다양한 사람들의 사진이 있다. 상대방은 자신만이 볼 수 있는 책을 갖고 있다. 그 책에는 탁자 위에 놓인 사진과 똑같은 '목표 사진'이 있다. 게임은 각 목표 사진별로 한 번씩 진행된다. 여러분은 예 또는 아니오로 대답할 수 있는 질문을 던져 목표 사진을 알아맞혀야 한다. 목표 인물은 남자입니까? 예. 그 사람은 푸른 배경 앞에서 사진을 찍었습니까? 아니오. 이런 식의 질문들을 통해 어떤 사진이 그 사람이 갖고 있는 사진인지 서서히 좁혀나가 설명에 맞는 목표 사진을 찾아내야 한다.

이 게임은 성별이나 인종에 대해 질문하는 것이 문제를 해결하는 데 유용하도록 특별히 고안되었다. 논리적으로 하면 사람들은 성별에 대해 질문하는 만큼 인종에 대해서도 질문하는 것이 당연했다. 그럼에도 불구하고 대부분의 사람들은 인종에 대한 질문은 되도록 피하려했고 성별에 대한 질문을 훨씬 더 많이 했다. 이렇게 인종에 대해 언급하기를 꺼려하는 거부감은 게임 상대가(실제로는 실험자와 한패인 공모자) 흑인일 경우 더욱 심했다. 또한 사람들은 2가지 다른 방식으로 인종을 물어볼 수 있다. 목표 인물이 흑인이냐고 묻거나 그 사람이 백인이냐고 물을 수 있다. 게임 상대가 흑인일 경우 그리고 어쩔 수 없이 인종에 대해 질문을 해야만 할 때 사람들은 "그 사람이 백인입니까?"라고 물을 확률이 훨씬 더 높았다. 사람들은 마치 누군가가 흑인이라는 것을 눈치 채는 것만으로도 인종차별주의자로 보일까봐 아예 흑인이란 단어 자체를 언급하길 두려워하는 듯했다. 그들은 차라리 색맹으로 보이길 바라는 것 같았다.

"아, 그 사람이 흑인이었나요? 미처 못 알아봤네요."

게임을 조금 더 변형시키면 이야기는 더욱 흥미로워진다. 만약 이 게임의 제목을 'FBI 현상수배범'이라고 바꾸면 어떤 일이 벌어질까? 이 미묘한 변화는 큰 효과가 있었다. 사진들이 범죄자라고 가정했을 때, 사람들은 더더구나 인종에 관한 질문을 하지 않으려 했다. 여기에는 중요한 조건이 있었다. 오직 백인 참가자들만이 흑백 인종에 관련된 정보에 대해 엄청나게 민감했다. 흑인 참가자들을 대상으로 실험했을 때는 성별에 관한 질문과 거의 비슷하게 인종에 관한 질문을 했고 백인들에게 영향을 미쳤던 위의 조건에 별로 영향을 받지 않았다. 분명히 흑인들은 남들이 나를 인종차별주의자로 보면 어떻게 할까 두려워하지 않았다. 백인들은 이 실험에서 누가 흑인인지를 몰랐던 것이 아니라 단지 인종차별주의자라는 사회적 오명을 쓸까봐 두려워한 것이다.

만약 아주 충분한 보상을 지불하면 백인들도 흑인들과 마찬가지로 효과적으로 적절하게 인종에 대한 질문을 했다. 한 실험에서 노튼은 참가자에게 두 사진 중에 하나를 선택하도록 했다. 누가 대학에서 더 우수한 성적을 받을까? 어느 쪽이 우수한 평균학점을 받았을까? 폭력적인 범죄를 저지를 것 같은 사람은 누굴까? 2개의 사진이 같은 인종의 사람일 때, 즉 2명의 백인 남성이거나 2명의 흑인 남성일 때 실험 대상자는 곧바로 둘 중에 한 사진을 택해서 질문에 응답할 수 있었다. 그들은 심지어 자신의 직감을 실험해보는 것이 즐겁다고 말하기까지 했다.

그러나 백인 남성과 흑인 남성의 사진 2장 중에 하나를 골라야 하자 그들은 반발하면서 질문에 대답하기를 거부하기 시작했다. 이것은 사람들이 선택을 할 수 없었다는 뜻일까 아니면 그저 대답을 하고 싶지 않았다는 뜻일까? 노튼의 연구결과는 이에 대한 답이 후자라는 것을 보여준다. 실험 대상자들은 정확한 답에 대한 보상으로 5달러씩을 받을 수 있을 때는 대답을 했지만 상금이 고작 1달러였을 때는 대답하기를 거부했다. 다시 말해 그들은 인종차별주의자라는 인상을 줄지도 모르는 대답을 하기보다는 1달러를 포기하는 편을 선택했던 것이다. 하지만 보상이 5달러로 올라갔을 때는 그런 위험을 무릅쓸 가치가 있다고 생각했다.

섹스와 마약 그리고 로큰롤

나는 강의 시간에 학생들에게 자기가 가장 좋아하는 노래 10곡을 순서대로 적어보라는 과제를 내준다. 이때 서로 자신의 순위 목록을 보여주지 말고 바로 나에게 직접 제출하게 한다. 그리고 그 다음 주에 무작위로 강의 인원을 세 그룹으로 나눈다. 한 그룹이 강의실 앞에 서 있는 동안 나는 그들의 톱 10 목록을 크게 읽는다. 나머지 학생들의 과제는 각 목록이 누구 것인지를 맞추는 것이다. 놀랍게도 학생들은 노래 목록을 듣는 것만으로 그것을 적은 사람이 누구인지 굉장히 정확하게 맞혔다. 도대체 어떻게 그렇게 잘 맞힐 수 있었던 걸까?

어떤 학생들은 앞에 서 있는 사람들의 몸짓을 주의 깊게 살폈다. 누가 얼굴이 빨개지는지, 바닥을 보는지 아니면 리스트가 발표될 때 미소를 짓는지를 관찰한 것이다. 하지만 나머지 학생들 대부분은 목록에 적힌 노래의 음악 스타일을 생각할 때 떠오르는 정형화된 이미지에 따라서 목록을 적은 사람이 누구인지 짐작했다. 예를 들면 카우보이 부츠를 신고 있는 남학생은 컨트리 음악 팬일 거라는 식이다. 나는 이 실습을 여러 번 했는데 매년 음악에 대한 고정관념을 바탕으로 평가한 학생들이 앞에 서 있는 학생들의 행동이나 몸짓을 관찰한 학생들보다 훨씬 더 정확한 판단을 내렸다.

이 비공식적인 연구는 그 사람이 어떤 음악을 좋아하는지를 알면 그 사람에 대해 최소한 약간의 단서를 얻을 수 있다는 꽤 놀라운 결과를 보여준다. 그러나 과연 음악적 기호가 그 사람의 성격에 대한 단서도 제공해줄 수 있을까? 음악적 선호도에 대한 흥미로운 사실 중 하나는 그것이 평범한 일상적인 관계에서는 알아낼 수 없는 정보들을 제공해줄 수 있다는 것이다. 존 슈워즈(John Schwarz)가 《뉴욕타임스》에 기고한 아이팟(iPod)에 관한 칼럼을 살펴보자.

> 나는 내가 언제나 남들에게 악의 없는 모습, 어느 누구도 나의 사회성에 대해 걱정할 필요가 없는 바람직한 모습을 보여준다고 생각한다. 그러나 여러분이 만약 내가 몹시 귀에 거슬리는 4부합창의 급진파 뮤지션인 캐나다 밴드 목시 프라보우스(Moxy Frauvous)를 좋아한다는 사실을 알고 있다면, 내게도 다른 면이 있다는 사실을 깨닫게 될 것이다. 여러분은 새로운 정보를 얻은 것이다. 그리고 내가 어떤 음악들을 좋아하는지 모두 안다면 이 새로운 정보들을 종합해서 내가 어떤 사람인지에 대해 다른 이미지를 그려볼 수 있을 것이다. 일반적으로 다른 사람들에게 보여주는 모습, 내 대외적인 페르소나와는 사뭇 일치하지 않지만, 여러분만이 알 수 있는 아주 친밀하고 개인적인 이미지 말이다.

그의 말이 무슨 뜻인지 좀더 잘 이해하기 위해 우리가 음악선호도 연구에서 모은 애청곡 10곡의 목록을 살펴보자.

올리비아의 애청곡 톱 10

1. 브리트니 스피어스(Britney Spears): Oops! I Did It Again(어머나, 내가 또 이러고 말았네요).
2. 브리트니 스피어스: I'm a Slave 4U(나는 당신의 노예예요).

3. 개스 브룩스(Garth Brooks): The Dance(춤).

4. 데이브 매튜스 밴드(David Matthews Band): Crash(파멸).

5. 딕시 칙스(Dixie Chicks): Wide open spaces(활짝 열린 공간들).

6. 뮤지컬 그리스 사운드 트랙(Grease Soundtrack): Summer Lovin(그 여름의 사랑).

7. 엔싱크(N' Sync): Bye Bye Bye(안녕 안녕 안녕).

8. 페이스 힐(Faith Hill): Breath(숨결).

9. 데스티니스 차일드(Destiny's Child): Survivor(생존자).

10. 크리스 라이스(Chris Rice): Smell the Color 9(컬러 9의 향기).

새디의 애청곡 톱 10

1. 마일즈 데이비스(Miles Davis): Kind of Blue(어떤 우울).

2. 존 콜트레인(John Coltrane): Giant Steps(거대한 발자국).

3. 데이브 브루벡(Dave Brubeck): Take Five(5분의 휴식).

4. 글렌 고울드(Glenn Gould): Goldberg Variations(골드버그 변주곡).

5. 덜로니우스 몽크(Thelonius Monk): Straight No Chaser(체이서 없이 스트레이트로).

6. 닉 드레이크(Nick Drake): Fly(비상).

7. 레이 찰스(Ray Charles): Ray's Blues(레이의 블루스).

8. 허비 핸콕(Herbie Hancock): Maiden Voyage(처녀여행).

9. 스티비 레이 바흔(Stevie Ray Vaughn): Texas Flood(텍사스의 홍수).

10. 요요마(Yo Yo Ma): Six Suites for Cello-Suite 1(첼로를 위한 6가지

모음곡 중 첫 번째).

여러분이 시끌벅적한 파티를 열어야 한다면 일반적인 고정관념을 근거로 생각했을 때 이 중 누가 여러분을 도와주었으면 싶은가? 장거리 비행을 해야 한다면 올리비아와 새디 중 누구 옆에 앉았으면 좋겠는가? 위 목록의 작성자가 어떤 사람일지 한번 평가해보라고 했을 때 평가자들(이 연구에서 평가자들은 내 친구와 동료들이었다)은 전반적으로 올리비아가 통속적이고 별로 창의성이 없을 거라고 생각했다. 그것은 아마도 그녀가 주로 일반적인 유행곡들을 꼽았기 때문일 것이다. 그리고 그녀가 선택한 노래들이 모두 활기찬 노래들임을 눈치 챈 평가단은 그녀가 사교적이고 사회적인 사람일 것이라 생각했다.

반면에 주로 클래식이나 재즈로 구성된 음악을 선택한 새디는 심사단들에게 우아하고 교양 있는 사람일 것이라는 인상을 주었다. 그리고 그녀가 차분한 연주 음악들을 주로 골랐기 때문에 아마도 차분하고 내성적인 사람일 것이라고 판단했다. 이런 사람들의 반응을 통해 우리는 사람들이 어떤 음악을 좋아하느냐에 따라 그 사람에 대해 이미 고정관념을 갖고 있다는 것을 알 수 있다. 그러나 이런 추측들은 과연 정확한 걸까?

데이트를 주선해주는 회사들이 가입자들에게 자기가 좋아하는 책, 영화나 음악 등을 적으라고 하는 이유는 이런 내용들이 그 사람의 다양한 관심사, 가치관과 경향을 효과적으로 파악할 수 있다고 생각하기 때문이다. 하지만 인터넷 데이트 소개 사이트에서 데이트 후보 대

::**차트** 7-1 클래식, 록뮤직, 종교음악, 랩뮤직 애호가들에 관한 5대 성격
유형별 고정관념

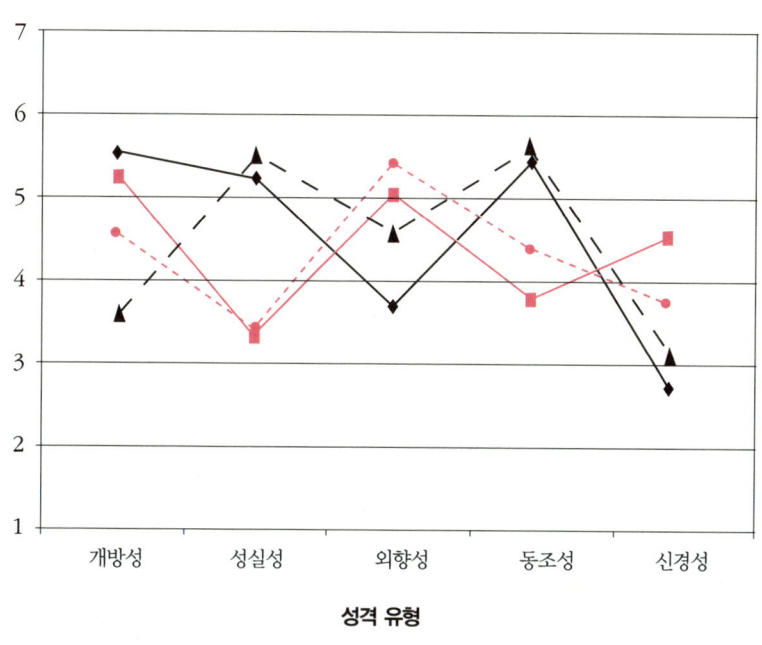

상자들의 프로필을 훑어보다가 펑크 로커를 삭제해버리고 컨트리 뮤직 팬을 북마크 해둔다면 이것이 정말 타당한 판단일까? 이에 대한 답을 알아보기 위해 제이슨 렌트프로와 나는 음악을 즐기는 젊은이들이 다양한 음악 장르의 애호가들에 대해 어떤 고정관념을 갖고 있는지 살펴보았다. 사람들은 그 사람이 어떤 음악을 즐겨듣는지를 통해 그 사람의 성격을 어떻게 추측하고, 만약 그 추측 중에 정말로 맞는

것이 있다면 과연 무엇일까?

[차트 7-1]은 클래식, 록뮤직, 현대 종교음악, 랩뮤직의 애호가들에 대한 5대 성격 유형의 성격 특성별 고정관념들에 대한 분포도를 보여준다. 어떤 그래프가 어떤 장르를 조사한 결과인지 짐작할 수 있겠는가? 해답은 다음 문단에 있다. 그러니 지금 한번 맞혀보자.

차트에서 볼 수 있는 것처럼, 학생들은 클래식 애호가들(다이아몬드와 검정색 선)과 종교음악 애호가들(삼각형과 검정색 점선)의 성격 특성이 비슷할 거라고 생각했다. 동조성과 성실성은 높으나 신경성은 별로 높지 않을 것이라고 말이다. 하지만 클래식 애호가들은 종교음악 애호가들보다는 덜 외향적일 거라고 생각했다. 또한 학생들은 록뮤직 애호가들(사각형과 분홍색 선)과 랩뮤직 애호가들(동그라미와 분홍 점선)도 어딘가 성격이 비슷할 거라고 봤다. 외향성이 높고 동조성은 중간 정도이며 성실성은 낮을 것으로 말이다.

그러나 록뮤직 애호가들이 랩뮤직 애호가들보다는 더 신경성이 높고 개방적일 거라고 생각했다. 정치적 견해, 지성, 종교성, 매력도, 운동경기에 대한 열정과 예술적 재능처럼, 데이트 상대를 고르는 데 영향을 끼칠 수 있는 다른 특성들은 어떨까? 어떤 음악을 좋아하는지를 보고 이런 특성들도 짐작할 수 있을까? [차트 7-2]는 동일한 4가지 음악장르(클래식, 록뮤직, 종교음악, 랩뮤직)의 애호가들에 대해 사람들이 갖고 있는 이런 특성들과 관련된 고정관념을 정리한 것이다. 마찬가지로 아래의 힌트를 보기 전에 어떤 특성이 어떤 음악장르와 연관되어 있을지 예상해보기 바란다.

::**차트** 7-2 클래식, 록뮤직, 종교음악, 랩뮤직 애호가들의 특성에 대한 고정관념

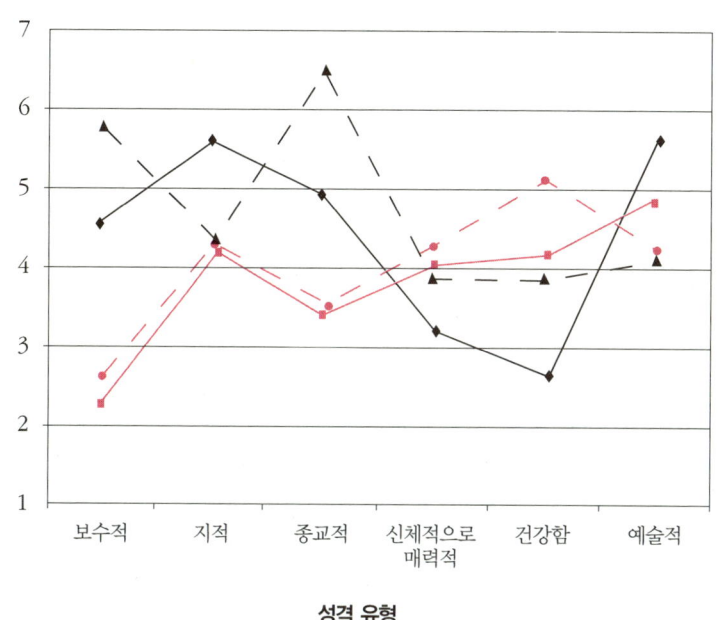

성격 유형

 이 차트는 이런 특성들에 대한 고정관념이 5대 성격 유형에서보다 현저하게 차이가 난다는 것을 보여준다. 대학생들은 클래식 애호가들(다이아몬드와 검정색 선)이 보다 지적이고, 신체적으로 매력적이지 않으며 건강하지 않고 예술적일 것이라고 생각했다. 종교음악 애호가들(삼각형과 검정색 점선)은 2가지 측면에서 다른 그룹들과는 가장 확연히 차이를 보였는데, 사람들은 종교음악 애호가들이 정치적으로 보수

::**차트** 7-3 클래식, 록뮤직, 종교음악, 랩뮤직 애호가들의 가치관에 대한 고정관념

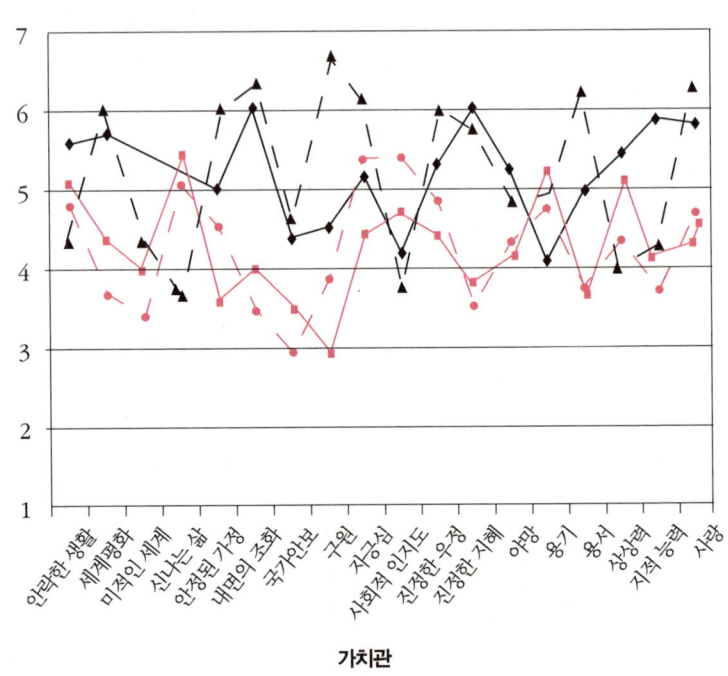

적이며 당연히 더 종교적일 것이라고 생각했던 것이다. 록뮤직 애호가들(사각형과 분홍색 선)과 랩뮤직 애호가들(동그라미와 분홍 점선)에 대한 학생들의 고정관념은 거의 구분하기 어려웠지만, 랩뮤직 애호가들이 록뮤직 애호가들보다 더 건강할 것으로 봤고, 록뮤직 애호가들이 랩뮤직 애호가들보다 더 예술적일 것이라고 생각한 약간의 차이를

::**차트** 7-4 클래식, 록뮤직, 종교음악, 랩뮤직 애호가들의 술과 마약 선호도에 대한 고정관념

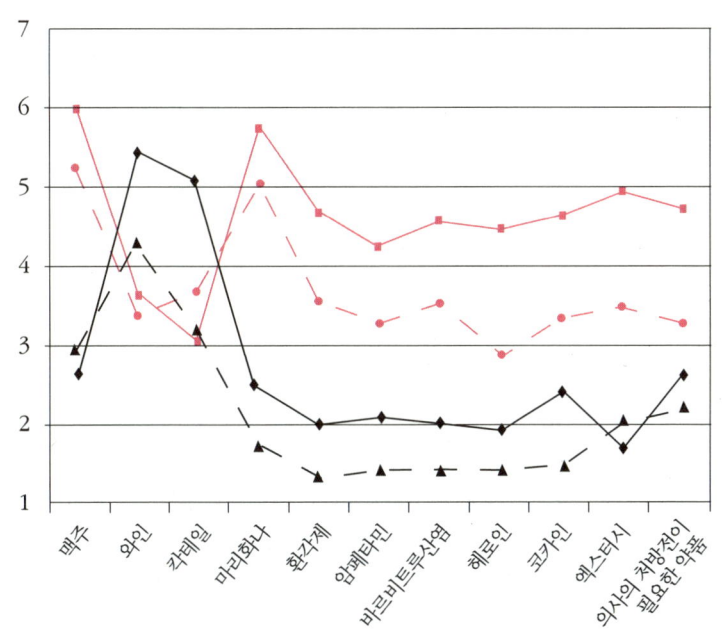

술과 마약에 대한 선호도

보인 부분도 있었다. 그렇다면 이러한 고정관념은 가치관처럼 더 차원이 깊은 특성들을 판단하는 데는 어떻게 영향을 미칠까? 사람들은 4가지 다른 장르 중에 어떤 음악장르를 즐겨 듣는 사람들이 세계평화를 가장 중요하게 여긴다고 생각할까? 우정이나 지혜, 사랑에 대해서는 어떨까? [차트 7-3]은 18가지 가치관에 대해 사람들이 4가지 음악

장르 애호가들에게 갖고 있는 고정관념을 보여준다.

학생들은 클래식 애호가들(다이아몬드와 검정색 선)이 안락한 생활, 아름다움, 지혜, 상상력, 지적 능력, 사랑을 중요하게 여길 것이라고 생각했다. 그리고 종교음악 애호가들(삼각형과 검정색 점선)은 평화, 안정된 가정, 용서, 사랑, 구원을 소중히 여길 거라고 생각했다. 랩뮤직 애호가들(동그라미와 분홍색 점선)은 자긍심과 사회적인 인지도를, 록뮤직 애호가들(사각형과 분홍색 선)은 신나는 생활과 용기를 가장 가치 있게 여길 것이라고 추측했다. 학생들이 종교적인 음악 애호가들이 가장 높은 가치관들을 갖고 있다고 생각한 사실을 눈여겨보자. 삼각형은 많은 항목에서 가장 위에 있다. 또 학생들은 록뮤직 애호가들과 랩뮤직 애호가들의 가치관 수준이 낮다고 생각했다. 일반적으로 그들의 표는 종교음악이나 클래식 애호가들보다 낮은 위치에 있다.

[차트 7-4]는 술과 마약 선호도에 대한 고정관념을 4가지 음악 장르의 애호가들 별로 평가한 것이다. 와인보다 맥주를 마실 것 같은 사람은 누구인가? 전체적으로 마약을 가장 많이 사용할 가능성이 있는 그룹은 어떤 그룹인가?

이 차트는 음악적 고정관념에 대한 몇 가지 흥미로운 차이점들을 드러내준다. 대학생들은 록뮤직(사각형)과 랩뮤직(동그라미) 애호가들은 맥주를 마실 것으로, 클래식(다이아몬드) 애호가들은 맥주보다는 와인이나 칵테일을 마실 것으로 생각했다. 종교음악(삼각형) 애호가들은 술을 마시지 않을 것으로 봤는데, 하지만 만약 그들이 술을 마신다고 가정한다면 아마도 영성체를 위한 와인을 마실 것이라고 예상했다. 마약에 대한 선호도에서는 록뮤직 애호가들은 모든 종류의 마약을 남용할 것이라는 편견을 갖고 있었다. 랩뮤직 애호가들은 록뮤직 애호가들보다는 마약 사용에 대한 편견이 1점 정도 낮게 나왔다. 학생들은 반대로 클래식이나 종교음악 애호가들은 불법적인 마약을 사용할 가능성이 매우 낮을 것이라고 예상했다.

그러니 여러분이 어떤 음악을 좋아하는지 사람들과 이야기를 나눌 때 조심하기 바란다. 여러분은 어쩌면 의도하지 않게 자신의 성격과 가치관에 대한 온갖 정보와 마약 선호도까지 상대에게 암시를 줄지도 모른다. 그러나 과연 이런 정보들은 정확한 걸까? 종교음악 애호가들이 랩뮤직 애호가들보다 정말 실제로 동조성이 높은 걸까? 우리의 분석결과들은 특정 음악 장르의 애호가들에 대한 여러 가지 고정관념이 꽤 효과적인 단서들이라는 사실을 보여주었다. 록뮤직 애호가들은 실제로 동조성이 더 낮았고, 덜 보수적이며, 덜 종교적이고 종교음악 애호가들보다 예술성과 신경성이 높았다. 그들은 상대적으로 안정된 가정, 내면적 조화, 구원에 대해 낮은 가치관을 갖고 있었고, 와인과 칵테일에 대한 약간의 취향을 보이긴 했어도 다른 그룹보다 훨씬 많은 술과 마약을 소비했다.

이는 별로 놀라운 결과가 아닐지도 모른다. 특히 결과를 이미 알고 돌아보면 말이다. 하지만 다른 음악에 대한 고정관념들은 별로 타당성이 없었다. [표 7-2]는 가장 정확했던 고정관념의 순서대로 목록을 만든 것으로, 가장 정확한 편견이 맨 위에, 가장 부정확했던 편견이 맨 아래에 순서대로 나열되어 있다. 그러므로 고정관념에 의한 판단

::표 7-2 음악 성향에 관한 고정관념 중 보다 정확한 것은?

음악 장르	가수/작곡가/영화의 사례
정확도 가장 높음	
종교음악	프래이즈 밴드(Praise Band), 포힘(4Him), 서드데이(Third day)
컨트리	클린트블랙(Clint Black), 더 쥬드(The Judds), 샤니아 트웨인(Shania Train)
클래식	바흐(Bach), 드뷔시(Debussy), 바그너(Wagner)
재즈	듀크 엘링턴(Duke Ellington), 존 콜트레인(John Coltrane), 마일즈 데이비스(Miles Davis)
록	롤링스톤즈(Rolling Stones), 지미 핸드릭스(Jimmy Hendrix), 에어로스미스(Aerosmith)
포크	닉 드레이크(Nick Drake), 인디고 걸스(Inigo Girls), 밥 딜런(Bob Dylan)
블루스	B. B. 킹(B. B. King), 무디 워터스(Muddy Waters), 로버트 크레이(Robert Cray)
헤비메탈	슬레이어(Slayer), 매릴린 맨슨(Marilyn Manson), 블랙 새바스(Black Sabbath)
일렉트로닉	폴 오큰폴드(Paul Oakenfold), 모비(Moby), 크라프트워크(Kraftwerk)
사운드트랙	펄프 픽션(Pulp Fiction), 드림걸스(Dreamgirls), 워크 더

	라인(Walk the Line)
얼터너티브	블러(Blur), 스매싱 펌킨스(Smashing Pumpkins), 제인스 애딕션(Jane's Addiction)
팝	브리트니 스피어스(Britney Spears), 엔싱크(N'Sync), 더 치타 걸스(The Cheetah Girls)
랩	피프티센트(50 Cent), 퍼블릭 애너미(Public Enemy), 팀버랜드(Timbaland)

정확도 가장 낮음

을 내릴 때 상위 절반 이상의 고정관념들, 즉 점선 위에 있는 사항들만이 고려할 사항들이다. 그 외의 항목들은 전혀 타당성도 근거도 없었다.

이러한 고정관념들이 자연스럽게 떠오르는 것을 막을 수는 없다 하더라도 스누퍼로서 여러분은 이런 고정관념들에 따라 쉽게 결론을 내리고 싶은 충동을 이겨내야만 한다.

진실의 사육장

이 장의 대부분은 이제까지 학자들이 고정관념이 위험한 것이라고 지나치게 강조해온 데 대해 항변한 것으로 볼 수 있다. 그렇지만 고정관념을 지나치게 나쁘게 생각하지 않는 동시에 그 반대 극단으로 치우치지 않도록 주의해야 한다. 최근 내 연구실에서 행해진 실험의 연구 대상자들인 브래드와 댄(모두 가명)의 행동은 고정관념에 지나치게 얽매일 경우에 발생할 수 있는 위험요소들을 잘 보여주었다.

　브래드의 유전적 혈통에 근거할 때 그가 댄보다 더 공격적일 것이라는 예상은 당연해 보였다. 그러나 댄은 과거에 폭력전과가 있었다. 그는 몇 명의 사람들을 공격했었고 경찰과 문제를 일으킨 적까지 몇 번 있었다. 브래드와 댄이 우리를 방문했을 때 우리는 일련의 테스트를 통해 댄의 공격적인 성향을 다시 한 번 확인할 수 있었다. 댄은 위협을 받으면 굉장히 흥분했으며, 그를 테스트하는 대학원생에게 퉁명스럽게 굴었다. 게다가 그녀가 그의 음식을 치우자 손을 물려고까지 했다.

　아, 내가 브래드와 댄이 개라는 사실을 말했던가? 개과 동물에 대한 실험에서 우리는 어떤 견종인지를 아는 것이 맨 처음에 아무 정보가 없을 때는 유용할지 모르지만, 단지 혈통만으로 개의 성향을 예측하기에는 다른 정보가 엄청나게 많이 필요하다는 사실을 배웠다. 이 실험에서 핏불 테리어(Pit Bull Terrier, 일반적으로 사납고 공격적인 성향이 강한 것으로 알려진 견종)인 브래드가 래브라도 리트리버(Labrador Retriever, 순하고 얌전하다고 알려진 견종)인 댄보다 훨씬 덜 공격적이었다.

견종이 그 개의 행동양식에 대해 짐작할 수 있는 유용한 사전정보(만약 여러분이 갖고 있는 정보가 이것이 전부라면 적용하라)라 할지라도, 개와 직접 접촉해봐야 알 수 있는 훨씬 많은 정보들이 있다. 그러므로 만약 스누핑을 한다면 적절하고 현명하게 고정관념을 적용해야 한다는 것을 명심하라. 고정관념을 적용할 때는 특히 다음의 4가지 사항에 유의해야 한다.

- 1. 고정관념은 소지품을 보고 그 주인이 어떤 사람인지 추측할 수 있는 2가지 방법 중 하나일 뿐이다. 우리는 관찰 대상자에 대해 추측한 사항을 확신할 수 있는지 고정관념에 따라 섣불리 판단(침대 옆에 놓인 중국어책이 동양인에 대한 고정관념을 일깨운다든지)할 수도 있지만, 주의 깊게 정리된 탁상달력처럼 신뢰할 수 있는 직접적인 단서들을 근거로 판단할 수도 있다.
- 2. 우리의 침실연구에서 여성이 남성보다 신경성이 높다는 편견은 근거가 있는 것으로 나타났다. 하지만 여성이 남성보다 동조적이라는 것은 사실이 아니었다. 그러므로 일부 고정관념들이 판단을 내리는 데 도움을 줄지 몰라도 다른 근거가 없는 고정관념들은 잘못된 판단을 내리게 할 수 있다.
- 3. 차이점에 대한 경향에 있어서는 고정관념이 맞을 수도 있지만(여성이 남성보다 신경성이 높다든지 하는), 그 차이가 얼마나 큰 것인지에 대해서는 여전히 틀릴 수 있다. 어쩌면 남성과 여성의 차이점에 대한 고정관념은 실제 남녀 간에 차이가 있는 정도보다 훨씬 크게 느껴질 수도 있다.

4. (그 지역에 사는 사람들에 대한 타당한 고정관념에 근거해서) 워싱턴DC에 사는 주민들을 아직 그들이 저지르지도 않은 폭력범죄로 체포하기 전에, 고정관념에 의한 일반화는 그룹 안의 다양한 변수들을 고려하지 않는다는 사실을 기억하라. 워싱턴DC에 사는 사람들이 동조성 부분에서 50위에 머무른 것은 사실이지만 거기 사는 사람 모두가 나쁜 사람인 것은 아니다.

위의 4가지 사항을 종합해보면 어째서 고정관념이 어느 정도의 타당성이 있다 하더라도 종종 특정한 요건과 개별적인 이유로 틀릴 수 있는지를 알 수 있다. 침실연구를 예로 들면 우리는 관찰자들이 타당성 있는 고정관념을 적용한다 할지라도 그들이 여전히 선반에 있는 물건들처럼 어떤 특정한 단서를 제공하는 보다 유용한 정보를 참고했다는 것을 발견했다. 그러므로 고정관념을 적절히 사용하기 위해서 가장 중요한 핵심은 고정관념을 여러 가지 가설 중의 하나로 생각하는 것이다. 그리고 정확한 다른 정보들을 알게 되면 그 가설을 버릴 준비가 되어 있어야 한다.

따라서 여러분이 누군가의 아이팟 플레이 리스트에 주로 종교음악만 들어 있다는 이유로, 그 사람이 규칙을 존중하고 전통적이며 정치적으로 보수적이라는 추측을 할 때면 조심하기 바란다. 하지만 솔직히 말해서 나는 영국인이기 때문에 어쩔 수 없이 유럽의 해변에서 가장 좋은 자리를 차지하고 일광욕을 하는 사람들은 영국인이 아니라 독일인이 분명하다고 생각할 수밖에 없다.

08 chapter

옳은 판단이
잘못된 판단이 되는 이유

When Good
Judgments Go Bad

몇 년 전 동료들과 나는 심리학 박사 과정에 응시한 접수원서들을 심사했었다. 내가 앞으로 캐시라고 부를 한 학생이 우리가 추려낸 후보 학생의 명단 중에서 거의 최고 순위에 올랐다. 1차 심사를 통과한 다른 모든 지원자들처럼 캐시는 뛰어난 자격요건을 구비하고 있었다. 최고로 권위 있는 교수들에게서 받은 여러 장의 추천서와, 철저한 조사를 바탕으로 한 연구계획서를 비롯해 심리학과 아주 적합한 관심사를 갖고 있었다. 이에 더해 대학 학점은 거의 만점이었고 대학원 입학 자격시험은 최고점에 가까웠다. 동료들과 나는 그녀와 다른 최종 8명의 후보들을 직접 만나게 될 인터뷰 주간을 손꼽아 기다렸다.

그러나 놀랍게도 내가 직접 만난 캐시의 면접결과는 별로 좋지 않왔다. 그녀는 뭐랄까, 아무것에도 관심이 없는 것처럼 보였다. 나는 충격에 빠졌다. 나는 그녀의 연구계획서에 적혀 있는 주제들에 대해 몇 가지 질문을 던졌지만, 그것조차 활발한 토론을 끌어내지 못했다. 게다가 그녀는 불쾌하고 뭔가 오만한 태도를 취하고 있었다. 면접 후에 나는 혼란에 빠졌다. 쟁쟁한 추천서들을 생각해볼 때 이는 나의 예상과 전혀 동떨어진 결과였다.

나는 단지 우리의 성격이 전혀 맞지 않는 것뿐인지 궁금해졌다. 하지만 다른 동료들의 면접결과를 비교해보니 캐시의 다른 면접결과 또한 처참했다. 그리고 이것은 캐시가 우리 과정에 대해 별 관심이 없었기 때문에 아무렇게나 면접을 봤기 때문은 절대 아니었다. 왜냐하면 불합격 통지서를 받고 나서 그녀는 이루 말할 수 없을 만큼 실망했으며, 혹시 자리가 생길지 모르니 대기학생 명단에 올려달라고까지 했기 때문이다. 그녀는 다른 박사과정에 합격했고 우리 모두는 참 다행스럽게도 이상한 학생을 우리 과에 받아들일 뻔한 위기를 모면했다고 안도의 한숨을 내쉬었다.

그러나 곧 우리가 완전히 잘못된 판단을 내렸다는 사실을 알게 되었다. 캐시는 대학원에서 박사과정 과제를 매우 성공적으로 수행해냈다. 학위를 마치고 대학에서 일자리를 구하고자 할 때 그녀는 최고로 잘나가는 후보가 되어 있었고, 지금은 신참내기 교수로 벌써 학계에 파장(좋은 의미에서)을 불러일으키고 있으며, 여러 흥미로운 연구 프로젝트들을 통해 이 분야에서 큰 반향을 일으키는 중이다.

도대체 우리는 어떻게 그녀를 잘못 판단했던 걸까? 심리학자로서 우리는 더 현명하고 정확한 판단을 내렸어야 마땅했다. 수많은 심리학 연구결과들은 이미 치밀하고 체계적으로 기획되지 않은 경우 면접시험은 지원서에 적혀 있는 정보들을 근거로 판단하는 것보다 오히려 면접자에 대한 올바른 판단을 내리는 데 별 도움이 되지 않는다는 사실들을 보여주고 있었다. 그럼에도 불구하고 심리학자들로 구성된 우리 면접관들은 완전히 잘못된 판단을 내리고 만 것이었다. 격의 없는 인터뷰가 올바른 판단을 내리는 데 별 쓸모가 없다는 것은 대부분의 사람들이 면접 시의 인상에 확신을 가진다는 사실과 마찬가지로 널리 알려진 연구결과였다. 하지만 우리는 계속해서 면접을 보기 위해 후보학생들을 오스틴으로 불러들였다. 이런 면접이 올바른 판단을 내리는 데 그다지 효율적이지 않다는 것을 보여주는 수많은 연구결과들에 대해 잘 알고 있었음에도 말이다.

어째서 면접이 별 쓸모가 없는 걸까? 한 가지 가능한 대답은 면접을 하는 동안에 우리에게 필요한 정보가 제공되지만 우리는 그 정보를 어떻게 적용해야 할지 제대로 알지 못하기 때문이라는 것이다. 빅토리아대학교의 로버트 기포드(Robert Gifford) 교수는 중요한 연구과제를 통해 우리가 '얼마나 올바른 정보를 잘 골라내는지' 그리고 더 중요한 것으로 우리가 '잘못된 정보를 얼마나 잘 무시해버리는지'를 측정했다. 이를 위해 그는 60여 년 전에 공상적인 심리학자 이곤 브런스윅(Egon Brunswik)이 개념화한 모델을 지침으로 삼았다. '렌즈 모델(Lense Model)'이라고 알려진 이 개념은 어떻게 옳은 판단이 잘못된 판단으로 바뀌어버리는지를 설명해준다.

스누핑 예술의 정수를 찌르는 브런스윅의 모델은 정확한 판단을 내릴 수 있는 2가지 방법(타당한 단서를 이용하고, 무용한 단서를 무시해 버리는 것)과 잘못된 판단을 내리게 되는 2가지 방법(타당한 단서들을 적용하지 않고, 타당성 없는 근거들을 잘못 적용하는 것)에 대해 설명하고 있다. 지나치게 간단해 보이는 브런스윅의 이 시스템은 어떤 상황에라도 거의 적용할 수 있다. 세관 심사대에서 과연 이 사람이 밀수품을 숨기고 있는지 아닌지를 판단할 때에서부터, 주식시장이 바닥을 칠지 말지의 여부, 어떤 동네가 밤에 안전한지 아닌지에 대한 직감적인 판단, 박사학위 과정의 후보자가 실제로 미래에 성공가도를 달릴지 아닐지를 판단해야 하는 경우에도 적용할 수 있다.

이 각각의 시나리오 안에서 우리는 직접적으로 확인할 수 없는 사실(밀수품, 주식시장의 미래, 그 동네의 안전, 연구원으로서의 역량)에 대해 직접 확인해볼 수 있는 단서들(지나치게 서두르는 발걸음, 금융계 거물의 언급, 그 동네에 가로등이 있는지의 여부, 면접 후보와의 눈맞춤)에 근거해서 판단을 내린다.

구직면접은 여러분의 커리어에 가장 중요한 30분이 될 수도 있다. 면접 중에 고용주는 여러분의 지극히 제한적인 행동거지를 보고 고용계약서를 제시할지 아니면 경비원을 불러 회사 밖으로 끌어내야 할지를 판단해야 한다. 잘못된 선택은 큰 불행을 초래할 수도 있다. 비즈니스에서 좋은 인상을 주는 행동에 대해 수많은 연구들이 진행된 사실은 놀라운 일이 아니다. 이러한 연구결과들은 일자리를 구하기 위해서는 면접관과 눈을 자주 마주치고 계속 미소 지으며 고개를 끄덕여야 한다고 알려준다. 이런 행동을 하는 사람들은 긍정적인 요소들을 갖고 있어 마땅히 채용해야 할 사람으로 보인다. 하지만 이런 연구결과들은 핵심적인 요소를 놓치고 있다. 시선을 응시하고 미소를 지으며 고개를 끄덕이는 행동들은 그 사람이 실제로 그 일을 수행할 수 있는 이상적인 자격을 갖고 있는지 알려줄 수 있을까?

구직자들을 판단하는 것은 브런스윅의 시스템에 완벽하게 어울리는 상황이다. 그리고 이것이 바로 기포드와 그의 동료들이 실행한 연구였다. 그들은 연구조수를 뽑기 위해 실제로 실시된 34건의 면접을 분석(면접자가 말한 시간, 면접관의 눈을 똑바로 마주보는지 여부, 미소, 몸짓, 몸을 앞으로 내미는지 뒤로 젖히는지를 포함한)해서 각각의 특정 행동들을 부호화했다. 면접 대상자들이 머리를 꼬거나 손가락을 만지는지, 아니면 펜을 딸각거리는지도 기록했다. 나이와 성별, 격식을 차린 옷차림인지의 여부와 외모적인 매력도 분석했다.

그 다음에 기포드는 경험이 풍부한 면접관들에게 인터뷰 비디오들을 보여주고 면접 대상자들의 사회성 기술이나 일에 대한 의욕을 평가해보게 했다. 기포드는 각 행동 양식적 단서들이 2가지 중요한 사항을 평가하는 데 있어 어떻게 영향을 끼치는지를 분석했다. 연구결과는 보다 많은 시간을 이야기하고 다양한 몸짓을 취하며 더 격식을 차린 정장을 입은 면접 대상자들이 사회성이나 일에 대한 의욕에서 높은 평가를 받았다는 것을 보여준다. 이러한 발견들은 과거에 실행된 많은 연구결과들과 일치했다.

하지만 기포드와 협력연구원들이 브런스윅 모델의 다른 면(사람들의 행동이 실제로 그들이 어떤 사람인지를 보여주는 연관성)을 살펴봤을 때 예상치 못했던 결과가 주목을 끌었다. 브런스윅 식의 분석에 의하면 사회성 능력을 평가할 때는 이야기, 몸짓, 옷차림이 모두 타당한 단서였지만, 면접자가 그 일에 얼마나 의욕을 갖고 있는지를 짐작할 수 있는 옷차림이 얼마나 격식을 차린 정장 차림인가 하는 항목뿐이었다. 이 발견은 앞에서 언급한 피터 보르케나우와 아네트 라이블러의 연구에 참가한 사람들이 정장 차림을 했는지 아닌지가 그 사람의 성실성을 판단할 수 있는 단서였다는 연구결과와도 일치한다.

기포드는 또한 심사자들이 면접을 통해 면접 대상자의 사회성을 평가하는 데는 뛰어났지만, 일에 대한 의욕을 판단하는 데는 형편없었다는 사실을 보여준다. 기포드는 면접관들이 면접 대상자들을 올바로 평가하기 위해서는 그들이 얼마나 몸짓을 많이 하는지를 보기보다는 상대가 얼마나 몸을 앞으로 내밀고 있는지를 보는 편이 더 바람직하다는 것을 알려준다. 그 사람이 더 앞으로 몸을 내밀수록 그 일자리에 더 의욕을 갖고 있는 것이다. 스누퍼의 관점에서 브런스윅의 모델은 매우 중요하다. 그 이유는 브런스윅의 모델이야말로 우리가 올바른 판단을 내리고 있는지 아니면 전혀 틀린 판단을 내리려고 하는지를 알 수 있게 해주기 때문이다.

| 단서가 숨겨진 방

우리가 연구를 통해 침실 주인들의 동조성에 대해 어떻게 판단을 내렸는지 한번 살펴보자. 동조성은 미스터 로저적인 요소라는 사실을 다시 한번 떠올려보라. 동조성이 높은 사람들은 배려심이 있고 따뜻하며 동정심이 많다. 이 특성이 낮은 사람들은 가혹하고 비판적이며 걸핏하면 싸우려 든다. 관찰자들은 방주인들의 동조성을 잘 판단해내지 못했다. 왜 그랬을까? 그들은 무엇을 잘못한 걸까? 관찰자들은 우연히 실수를 한 것뿐일까 아니면 동조성에 대해 잘못된 판단을 내리게 하는 뭔가 조직적인 현상이 일어나고 있는 걸까?

브런스윅 식의 분석을 이용해서 이 의문에 해답을 제시할 수 있다. 연구 분석결과는 관찰자들이 일관적으로 어떤 특정한 단서를 보고 방주인이 동조성이 높은지 아닌지 판단을 내린다는 것을 보여주었다. 구체적으로 말하면 그들은 더 깔끔하게 정리정돈되어 있고 청결하며 편안한 분위기의 방을 보고 그 방주인이 동조성이 높을 것이라고 생각했다. 실제로는 이런 단서들은 동조성과 아무런 관련도 없는 정보들이었다.

깨끗하고 깔끔하게 정리된 방이 방주인의 행동에 대해 무엇을 알려줄 수 있는지 한번 생각해보자. 아마도 목표 지향적이며 체계적이고 자기관리가 뛰어난 사람이 떠오를 것이다. 즉, 성실성이 높은 사람(로보캅 요소, 질서정연하고 시간을 엄수하는 사람들)이다. 실제로 연구 분석 결과들은 관찰자들이 근본적으로 성실성과 동조성에 대한 단서들을 혼돈했기 때문에 잘못된 평가를 내리게 되었다는 사실을 보여준다. 관찰자들은 성실성을 판단하는 데 사용해야 하는 단서들을 동조성을 판단하기 위해 잘못 적용한 것이다. 왜 그랬을까? 한 가지 가능성을

::: 표 8-1 침실 현장지침서

판단하는 특성	관찰자들이 추론을 하는데 실제 적용하는 단서들	관찰자들이 추론을 하는데 적용해야 타당한 올바른 단서들
개방성	실내장식, 어수선함, <u>특색 있는 공간</u>, 다양한 책, 음반의 수, <u>다양한 잡지</u>.	<u>특색 있는 공간, 다양한 책과 잡지</u> 그리고 음반. 예술과 시에 관한 책, 미술 도구.
성실성	명랑한 분위기와 컬러풀한 색감 쾌적한 상태, 청결함, 정리정돈되어 있음, 깔끔함, 어질러져 있지 않음, <u>밝은 조명</u>, 옷가지가 치워져 있음, <u>안락함</u>, <u>정돈된 책과 음반</u> 그리고 문방용품.	<u>밝은 조명, 어질러져 있지 않음, 정리정돈되어 있음, 깔끔하고 안락함</u>. 정돈된 책과 잡지 그리고 <u>음반</u>.
외향성	실내장식.	
동조성	명랑한 분위기와 컬러풀한 색감, 정돈되고 깔끔하며 청결한 상태, 옷가지가 치워져 있음, 쾌적한 상태, 안락함, 손님을 맞이하는 듯한 분위기.	
신경성	퀴퀴한 실내 공기.	고무적인 메시지를 강조하는 포스터들.

생각해볼 수 있다. 관찰자들은 엉망진창이고 지저분하며 뒤죽박죽된 방들이 불쾌하다고 느꼈고, 그래서 그 방주인들은 배려심이 없는 사람들일 거라고 생각했다는 것이다.

브런스윅 식 분석법을 통해 우리는 사람들이 흔히 명랑하고 밝은 색으로 꾸며진 방의 주인들이 동조성과 성실성이 높은 사람들일 것이라고 판단하는 것이 잘못된 생각임을 알 수 있다. 이번에도 역시 이것이 사실이라는 증거는 없다. 관찰자들은 ([표 8-1]의 침실 현장지침서에서 볼 수 있듯이) 방주인이 얼마나 정리정돈을 잘하고 계획성 있는 사람인지를 판단할 수 있는 다른 단서들이 많이 있는데도 불구하고 이런 실수를 저지른다. 나는 사람들이 브런스윅 모델을 적용해서 방의 벽 색깔이 무엇이냐 때문이 아니라, 그 사람이 달력에 빼곡히 메모해놓은 것을 보고 방주인이 성실성이 높다고 판단하게 되기를 바란다.

이런 발견들은 우리가 다른 사람들에 대해 내린 판단이 얼마나 옳은 것인지를 평가할 수 있게 해주기에 매우 유용하다. 이런 사실들을 알고 있다면 깔끔하게 정리정돈된 청결한 방을 보게 되면 사람들은 자연스럽게 방주인이 동조성이 높은 사람이라고 생각하는 경향이 있다는 사실을 의식하고 그렇게 쉽게 판단을 내리지 않도록 주의할 수 있을 것이다. 반대로 내가 관찰당하는 입장이 될 때 남들에게 자신의 방이 어떤 인상을 주는지도 알 수 있기 때문에 이런 사실들을 꼭 명심해야 한다. 어쩌면 여러분은 사무실이 뒤죽박죽 어질러져 있어서 사람들이 여러분이 계획성 없고 정리정돈에도 형편없다고 생각할지 모른다는 사실에 별로 신경을 쓰지 않을 수도 있다. 그리고 실제로 그

뒤죽박죽된 어질러진 사무실을 어떻게 할 수 없을지도 모른다. 하지만 여러분을 보는 많은 사람들이 부당하게도 여러분이 불친절한 사람이라고 생각할 수도 있다는 점에 유의하자.

브런스윅 모델에 의거해서 우리는 [표 8-1]과 같은 현장 지침을 세울 수 있다. 이것은 다양한 특성에 대해 판단을 내릴 때 사람들은 어떤 단서를 근거로 판단을 내리는지 그리고 실제로는 어떤 단서를 적용했어야 옳은지를 보여준다. 굵은 글씨로 표시된 단서들이 사람들이 적용해야 하고 실제로 적용하는 단서들이다. 다른 것들은 판단을 내리는 기준으로 흔히 생각하지만 잘못된 단서이거나, 올바른 단서임에도 불구하고 고려해보지 않는 단서들이다.

이 현장 지침은 사람들의 방을 보고 가장 확실하게 알 수 있는 5대 성격 유형의 2가지 특성이 '개방성'과 '성실성'임을 보여준다. 만약 여러분이 어떤 집에 들어가서 너무 독특하게 꾸며진 분위기에 깜짝 놀란다면, 예컨대 오래된 보트의 틀을 이용해 만든 소파가 놓여 있다든가, 그림이 거꾸로 걸려 있다든가, 그림이나 거실 탁자 위에 스프레이로 그린 그라피티 낙서가 되어 있다든가 하는 식이라면 그 집주인이 높은 개방성을 갖고 있으리라는 강력한 단서를 발견한 것이다. 연구결과들은 개방성을 판단하기 위해 장식의 패턴, 물건이 놓여 있는 위치나 그 물건 자체를 포함해 뭔가 평범하지 않고 구태의연하지 않은 독특한 면이 있는지를 살펴보는 것이 좋다는 사실을 보여준다.

우리 침실연구 대상자 중에서 개방성이 가장 높았던 한 참가자는 보드카 병과 프로작(Prozac, 우울증치료제—옮긴이)의 오래된 포장지들로 만든 탁상 램프를 갖고 있었다. 개방성의 다른 단서들은 다양한 책, 잡지, 음악의 종류다. 개방성이란 폭넓고 다양한 관심사와 여러 가지 다른 생각들에 대해 존중하는 게 매우 중요함을 강조한다. 기억해야 할 가장 중요한 것은 책, 잡지, 음악 종류의 다양성이지 그 수량이 아니라는 점이다. 책을 많이 갖고 있다면 분명히 더 다양한 책들을 구비하고 있을 가능성이 높을지도 모른다. 하지만 10가지 다른 주제의 책을 갖고 있는 사람이 '다리를 고정시키는 리벳의 구조적 특성'에 대한 50권의 책을 갖고 있는 사람보다 개방성이 높을 것이라는 뜻이다.

사람들의 책, 잡지, 음반 수집을 살펴볼 때, 그것들이 어떻게 정리정돈되어 있는지도 눈여겨보기 바란다. CD나 다른 음반 매체들이 작곡가나 가수 이름별 또는 알파벳순으로 정리되어 있는가? 아니면 주제별, 제목별, 장르별로 정리되어 있는가? 책들은 줄을 맞춰 가지런히 꽂혀 있는가? 책 제목이나 음악 장르에 상관없이 이렇게 물건들이 정리되어 있는 상태는 방주인이 얼마나 성실성이 높은 사람인지에 대한 단서를 제공해준다. 반드시 주의를 기울여 신중하게 살펴보도록 하자. 왜냐하면 자신의 물건을 정리하는 특별한 방식을 갖고 있다는 것과 실제로 정리정돈을 하고 있는지는 다른 문제이기 때문이다.

내 CD 컬렉션을 보면 겉으로 얼핏 보기에는 내가 성실성이 굉장히 높은 사람처럼 보일 것이다. 모든 CD들은 장르별로 '댄스', '클래식', '록' 식으로 라벨이 붙여진 작은 서랍에 차곡차곡 정리되어 있다. 하지만 전문 스누퍼들은 이런 가식적인 단서에 속지 않는다. 어떤 사람이 CD를 한번 정리해보겠다고 하는 것은 어쩌다 일어나는 일일 수도 있다. 정말로 성실한 사람은 지속적으로 정리 작업을 한다. 성실한 삶을 산다는 것은 그런 정리 시스템을 매일 활용한다는 뜻이다. CD를 제 케이스에 넣고, 또 그 케이스를 제 상자에 넣고, 그 상자를 서랍 속 제자리에 돌려놓으며, 서랍 속에 충분한 여유 공간을 남겨두는 등의 작업들 말이다.

표면적으로는 사뭇 감탄스러운 내 정리정돈 시스템을 조금만 주의 깊게 살펴보면 내가 거기에서 다음 단계로 더 나아가지 못했다는 것을 알 수 있다. CD들은 올바른 서랍에 들어 있지 않고 심지어 일부는 엉뚱한 케이스에 있다. 그리고 서랍 속에 CD를 빽빽하게 잔뜩 넣어두 었는데 그 장르의 CD를 앞으로 더 구입하게 될 것이라는 생각을 미처 하지 못했기 때문이다. 내 사무실에 꽂힌 책들을 조사해도 비슷한 결과가 나올 것이다. 겉으로 보기에는 잘 정리되어 있는 것처럼 보이지만, 주의 깊게 살펴보면 책들은 해당 분야별로 줄맞춰 꽂혀 있지도 않고, 책 위에 책이 가로로 마구 쌓인 모습은 내가 앞으로 책이 더 늘어나게 되리라는 생각을 하지 않았다는 사실을 보여준다. 일반적으로 성실성이 높은 사람들은 매우 깔끔하게 정돈된 공간에 살고 있다. 그리고 어쩌면 더 놀라운 것은, 그런 사람들의 방 조명은 대개 무척 밝다는 사실이다.

과유불급의 딜레마

이제까지 살펴봤듯이, 깔끔함을 타고 난 사람이 있는가 하면 어떤 사람들은 주위가 지저분하게 어질러진 것에 신경 쓰기는 하지만 도무지 그걸 어떻게 치워야 할지 모른다. 어떤 사람들은 자기가 사는 공간에 쓸데없는 물건들이 좀 쌓여 있어도 아무렇지 않게 그냥 넘어갈 수 있다. 그리고 또 어떤 사람들 중에는 물건을 마구 쌓아두는 수집가들도 있다. 물건을 모으는 행위를 언제 멈출지 모르는 사람들이다.

2006년 워싱턴 주의 한 작은 시의 경찰서장은 어떤 남자로부터 62살인 자신의 부인(그녀를 엘리스라 부르기로 하자)이 실종되었다는 전화를 받았다. 그는 수사팀을 파견했다. 집 안으로 한 발짝 딛자마자 경찰들은 놀라운 광경과 마주쳤다. 옷가지, 접시, 책, 상자와 신문지 꾸러미 등이 첩첩이 쌓여 집안에 작은 산을 이루고 있었다. 엘리스는 15년 동안 닥치는 대로 잡동사니들을 모아온 것이다. 그 결과 몇 톤이나 되는 잡동사니 더미가 너무 높이 쌓여 있어서 경찰들은 머리가 천장에 닿은 채로 엉금엉금 기어 집안을 뒤져야 했다.

어떤 보고서에 의하면 그들은 전자레인지처럼 보이는 물체의 윤곽만 보고 겨우 자신들이 부엌에 있다는 것을 알 수 있었다고 한다. 경찰들은 불안한 가능성을 떨쳐버릴 수 없었다. 엘리스가 여전히 집안에 있으며 무너진 종이 꾸러미에 깔려 있다는 가능성 말이다. 그들은 계속 엘리스의 흔적을 찾아 헤맸지만 아무것도 발견하지 못하고 떠났다. 그러나 그녀는 여전히 실종상태였고 그들은 다시 돌아와 이번에는 10시간의 수사 끝에 엘리스가 옷가지 꾸러미 밑에 파묻혀 있는 것을 발견했다. 오래된 전화번호부를 찾다가 굴러 떨어져 잡동사니가 눈사태처럼 쏟아지자 거기에 파묻혀 질식사한 것이 분명했다.

집 안에 위험한 산더미를 이루게 될 정도까지 물건을 쌓아두고 사는 사람은 소수에 불과하다. 하지만 정상적인 사람들 사이에서도 얼마나 물건들을 쌓아놓고 참아낼 수 있는지에는 엄청난 차이가 존재한다. 물론 다른 수많은 정신장애에서 볼 수 있듯이, 엘리스의 증상은 우리 대다수가 갖고 있는 가벼운 경향의 아주 극단적인 형태였다. 실제로 나는 병적인 수집증에 대해 조사하면서 극단적으로 물건을 쟁여두는 사람들의 집에서 자주 볼 수 있는 물건들을 내 집에서도 여러 개 발견하고 살짝 불안했다.

내 책상 위 컵에 꽂혀 있는 20자루도 넘는 펜 중에 내가 사용하는 것은 반도 채 되지 않는다. 그런데도 나는 그것들을 버리지 못한다. 나는 친구들이 친절하게 내 옷장이나 캐비닛을 열고 이제 저것 좀 내다 버리라고 말해줄 때까지 기다리다가 마침내 1990년대 중반에 유통기한이 끝난 머스터드 병을 버린다. 그리고 우리 집에 갑자기 하룻밤 머무르게 된 손님이 비행기에서 받아 나에게 준 칫솔세트와 눈가리개, 양말이 든 주머니가 한 가득이다. 거기에 내가 비행기에서 받아온 위생용품만 해도 15개나 된다(아, 이걸 언제 다 쓰지).

하지만 다행스럽게도 다람쥐처럼 뭔가를 모아두는 성향이 있는 대부분의 사람들처럼 나 역시 이런 물건들에 특별히 집착하지는 않는다. 나는 그것들을 버릴 수 있다. 우리 조상들에게는 물건을 저장해두는 것, 특히 식량을 저장해두는 것이 매우 합리적인 행동이었고, 여전히 많은 동물 종에게 있어 그런 습성을 볼 수 있다. 이렇게 식량을 저장해둠으로써 식량이 부족한 때를 대비하는 것이다. 다람쥐, 갈까마귀, 들쥐, 햄스터에 대한 연구 그리고 사람들에 대한 연구에서도 마찬가지로, 우리는 본능적으로 물건을 모으는 기질이 있음을 알 수 있다.

우리는 물건을 숨겨둔다. 만약 여러분이 다람쥐라면 물건을 숨겨두는 능력에 생존이 달려 있다. 가능한 한 많은 도토리, 피칸(pecan) 열매, 개암 열매를 모으는 동시에 눈 오는 겨울에 대비해 이를 비축해두어야 한다. 물론 음식과 다른 소모품을 1년 내내 언제라도 구입할 수 있는 현대사회에서는 이렇게 식량을 쌓아 쟁여놓을 필요가 없다. 그러나 이러한 성향은 여전히 그대로 남아서 수백만 년이라는 세월이 지난 후에도 우리의 대뇌에 각인되어 있다. 이 본능적인 성향은 현대 문화 속에 흡수되고 다듬어져서 골동품부터 우표, 핫소스 병, 열차 티켓에 이르기까지 모든 종류의 수집 취미 속에 남아 있다.

그러나 이런 수집과 은닉을 그만두어야 할 때가 있다. 그렇기 때문에 우리는 물건을 모으려고 하는 성향을 갖고 있지만 적당한 수준에 이르면 멈추게 된다. 정상적인 사람들에게서는 뭔가를 모으고자 하는 성향이 신경학적인 중립성에 의해 조절된다. 대뇌의 특정 부분은 물건을 모으도록 이끌고, 다른 부분, 특히 중간의 전두엽 부분이 물건을 지나치게 모으지 않도록 멈추게 하는 역할을 한다. 이 부분이 손상된다면 우리의 수집 성향은 걷잡을 수 없게 된다. 이 부위가 손상되면 사람들(다른 동물들도 마찬가지로)은 계속해서 뭔가를 모으고 또 모은다.

아이오와대학교의 신경학자 스티븐 앤더슨(Steven Anderson)이 뇌

손상을 입은 환자들을 대상으로 실행한 연구결과에 따르면 병리학적인 수집증 환자들은 그렇지 않은 사람들(분석의 비교 대상군)과 비교했을 때 여러 가지 일반적인 능력 면에서는 차이를 보이지 않았다. 하지만 모든 극단적인 수집증 환자들은 뇌의 중간 전두엽 부분이 손상되어 있었다. 대뇌의 이 부분은 오토바이 사고 등으로 쉽게 손상될 수 있다. 그러므로 만약 여러분이 오토바이를 탈 때 헬멧을 쓰지 않는다면 집 안에 물건을 쌓아둘 공간을 마련하기 위해 청소를 좀 해야 할지도 모르겠다.

사람들은 엄청나게 다양한 물건들을 모아둔다. 영수증과 청구서, 신문, 잡지, 편지, 카드, 오래된 옷가지, 오래된 약품, 오래된 음식, 볼펜, 종이백, 비누, 상자, 빗 등 집안에 우겨넣을 수 있는 것이라면 무엇이든 모은다. 극단적인 경우, 병적인 수집증 환자들은 이미 사용한 휴지마저도 모은다. 이러한 물건 쟁여놓기는 집 밖에서도 마찬가지다. 흔히 뒷마당에는 고장 난 유아용 그네나 오래된 기름 버너들이 뒹굴고 있기 일쑤다.

극단적인 수집증은 그다지 많이 연구되어온 증상은 아니다. 종종 강박장애와 연관되어 있기도 하다. 수집증의 극단적인 15가지 사례를 집중적으로 연구한 남아공 스텔렌보쉬대학교 정신학과의 소라야 시댓(Soraya Seedat)과 댄 스테인(Dan Stein) 박사는 "수집증이란 거의 또는 전혀 가치가 없는 물건들을 지나치게 많이 반복적으로 수집하며 시간이 지나도 이 물건들을 버릴 수 없는 증상"이라고 설명한다. 시댓과 스테인은 이런 수집증 환자들이 가장 흔하게 대는 핑계는 "아직도 쓸모 있는 물건을 버리기 싫다"는 것이라고 한다. 수집증 환자들은 스스로 자신들의 행동을 제어할 수 없다고 보고된 바 있다. 그들은 아마 이렇게 말할 것이다.

"하지만 만약에 언젠가 이게 필요하면 어떻게 하죠? 언젠가 정말 이 물건이 유용하게 쓰일지 어떻게 알겠어요. 만약 이 물건을 버린 다음에 그게 필요하면 그때는 버려버린 게 얼마나 후회스럽겠냐고요."

《완벽한 무질서(A Perfect Mess)》의 저자이자 콜롬비아대학교 교수인 에릭 에이브러햄슨(Eric Abrahamson)은 수집증 환자들이 물건들에 대해 집착하게 되는 여러 가지 각기 다른 이유가 있다는 것을 포착했다. 그는 시댓과 스테인의 연구결과에서 나타난 "언젠가는 그 물건을 사용할지도 모르니까"라고 말하는 수집가들을 '실용주의적 수집증 환자'라고 명명했다. 수집증 환자들을 대상으로 한 인터뷰를 바탕으로 에이브러햄슨은 실용주의적 환자들이 "이것이 필요하게 될지도 모르는 확률은 얼마일까?"라고 셈해보는 합리적 계산가이거나, "저 옛날 신문기사를 꼭 읽을 때가 있을 거야. 그러니까 버리지 말아야지"라고 어떤 물건이든 재사용할 수 있다고 과대평가하는 사람이거나, 아니면 "이건 정말 소중한 물건이야"라고 여기는 뿌리 깊은 애착심을 갖고 있는 사람들이라는 사실을 발견했다.

만약 여러분이 어떤 사람의 집을 살펴보았을 때 대부분 오래된 편지나 영수증 등이 잔뜩 쌓여 있다면 바로 에이브러햄슨이 '자아도취적 수집증 환자'라고 부르는 종류의 사람을 찾아낸 셈이다. 이런 사람들은 참으로 사려 깊게도 언젠가 자신의 전기나 회고록을 쓸 때 필요할지도 모른다며 이런 자료들을 보관한다. 일설에는 팝아트의 거장 앤디 워홀(Andy Warhol)이 이렇게 후세에 쓸모가 있을 거라며 매일 나오는 쓰레기를 후손을 위해 상자에 넣어두었다는 이야기가 있다.

또한 에이브러햄슨이 '감상적 수집증 환자'라 부르는 사람들은 자신의 삶에서 중요했던 순간들이나 사건들 또는 사람들을 떠올리게 하는 물건들을 보관한다. 어린 시절의 장난감이나 8년 전 그린빌에서 휴가를 보낼 때 끊었던 버스 티켓, 존경했던 할머니가 쓰셨던 컵 등 말이다. 집안 구석구석 겹겹이 쌓인 물건들을 보고서 집주인이 병적인 수집가라는 결론을 내리기는 너무나도 쉬운 일이다. 하지만 에이브러햄슨은 전문적인 스누퍼들이 이런 결론을 내리는 데서 한 걸음 더 나아가도록 이끌어주는 통찰을 제시한다. 병적인 수집증 환자들이 모으는 물건이 어떤 것인지를 관찰해 그 사람이 실용적인 이유로 물건을 모으는지, 아니면 자신에게 도취된 사람인지 또는 추억에 잠기는 감상적인 사람인지 말이다.

사람들이 어째서 물건들에 집착하는지 여러 가지 이유들을 구분하는 것은 매우 과학적으로 보인다. 하지만 정말 이렇게 다양한 병적 수집증의 종류가 있다는 과학적인 증거가 있는 걸까? 미시건대학교의 신경학자이자 병적 수집증 전문가인 스테파니 프레스턴(Stephanie Preston)은 많은 사람들이 이런 병적인 수집증에 여러 가지 종류가 있다고 그 차이점에 대해 이야기하지만, 실제로 이런 차이를 검증한 과학적인 연구결과는 없다고 말한다. 그녀가 진행한 연구결과들을 보면, 엘리스처럼 천장까지 물건을 쌓아두는 진짜 병적인 수집증 환자들은 자신들이 물건을 쌓을 수밖에 없는 온갖 이유를 댄다.

그녀는 이런 실용주의적·자아도취적·감상적 수집가들 말고도 '환경주의적 수집증 환자'와 '병적인 구두쇠 수집증 환자'도 있다고 덧붙인다. 노던일리노이대학교의 임상심리학자이자 병적 수집증 전문가인 케빈 우(Kevin Woo) 교수도 프레스턴의 의견에 동의한다. 그는 여러 가지 수집증 종류가 실재한다고 뒷받침해주는 어떤 자료도 본 적이 없다고 말한다. 실제로 그는 '실용주의적인' 종류와 '감상적인' 종류의 수집증에 대해서는 어느 정도 납득할 수 있을지 몰라도 '자아도취적인' 수집증에 관한 설명은 자신이 직접 환자들을 대상으로 한 연구결과와는 정반대라고 말한다. 그에 따르면 병적인 수집증을 가진 사람들은 일반적으로 권리의식이나 자아도취적 성향이 매우 낮다.

내가 병적인 수집증과 일반적인 수집의 차이가 무엇인지 우에게 묻자 그는 둘 사이의 중요한 차이점을 말해주었다. 수집가들은 자신들의 수집품을 즐긴다. 그들에게 수집이란 즐거움을 주는 행위이며 수집품들을 음미하는 것이다. 반대로 병적인 수집증 환자들은 자신들의 상황을 비참하게 느낀다.

대부분의 사람들은 병적인 수준의 수집증 환자를 만나게 될 확률이 별로 없지만, (그가 수집한 자료들과 함께) 우가 지적한 차이점은 병적 수집증 환자들과 일반적인 수집가들이 서로 다른 성향을 갖고 있음을 알려준다. 지나치게 물건을 쌓아두는 것은 신경성과 관련되어 있지만, 완벽하게 어떤 물건들을 수집하는 능력은 성실성을 나타내는 경우가 많다. 그러므로 스누핑을 하다가 뭔가 잔뜩 쌓여 있는 것을 발견한다면, 그것이 특별한 골프꽂이에 각각 잘 보관된 여러 개의 골프 클럽처럼 치밀하게 정리된 수집 활동의 일환인지, 아니면 주차장에 잔뜩 쌓여 굴러다니는 오래된 골프 클럽처럼 뭔가를 버리지 못하기 때문에 발생한 결과인지를 살펴보기 바란다.

거주 공간과 근무 공간

물건을 마구 쌓아둔다면 다른 어느 곳보다 사람들의 주목을 받게 되는 장소 중 하나가 바로 사무실 책상이다. 난장판의 대가 에릭 에이브러햄슨은 어떤 사람의 책상을 분석할 때 2가지 요인을 고려할 필요가 있다고 주장한다. '혼잡을 만들어내는' 요인, 예를 들어 빠듯한 마감에 맞추기 위해 정신없이 일을 했다든지 하는 요인들과 '혼잡을 줄이는' 요인, 즉 책상을 정리했다든지 하는 행동을 고려해야 한다는 것이다. 그러니까 여러분의 책상이 깨끗하다면 청소를 했기 때문이든지 아니면 평소에 하는 일이 거의 없어서 처음부터 어질러진 적이 없었든지 둘 중 하나일 것이라는 뜻이다.

안타깝게도 청소하는 순간에 딱 맞춰서 사무실을 방문하지 않고는 단 한 번의 방문을 통해 이 2가지 이유 중 무엇 때문에 사무실이 정리되어 있는지 구별해내기란 어려운 일이다. 한 가지 예외적인 상황을 생각해보면 사무실 주인이 막 청소를 끝내자마자 사무실을 방문했다고 가정할 수 있다. 이 경우에는 운 좋게도 깔끔하게 정돈된 사무실과 이와 대조적으로 휴지통은 넘쳐나고 있다는 사실을 눈치 챌 수 있을지도 모른다. 에이브러햄슨은 만약 할 수만 있다면 좀더 능동적인 관찰을 시도해보라고 제안한다. 시간이 지나면서 어질러진 물건들이 늘어나고 줄어드는지를 (또는 그렇지 않은지) 관찰하라는 것이다.

초절정이라고 해도 좋을 만큼 정리정돈에 철저한 사람들이 무엇 때문에 그렇게 철저히 정리정돈을 하게 되는지 제각기 다른 잠재적인 심리적 이유가 있다. 에이브러햄슨은 이 차이를 살펴보면 정리정돈에 대한 의식을 분석하는 데 도움이 된다고 덧붙인다. 전에 언급한 내 동료를 생각해보라. 그녀를 멜로디라고 부르겠다. 그녀는 매우 똑똑하고 독서도 많이 하며 뛰어난 글솜씨를 자랑했지만 자기가 세운 계획을 끝까지 해내는 능력이 없었다. 그녀의 사무실에는 언제나 여러 가지 단계에 걸쳐 있는, 결코 끝나지 않은 12개 정도의 프로젝트들이 항상 있었다.

멜로디는 뭐든지 뒤로 미루기 선수였다. 그녀는 주어진 과제들을 미루는 방법 중의 하나로 늘 정리정돈을 했다. 한번은 내가 그녀에게 파일 캐비닛 안의 모든 참고자료를 분류해 정리하는 파일링 카드 시스템을 만드는 데 3일이나 허비하지 않았더라면, 그렇게 신경 쓰던 프로젝트를 벌써 마쳤을 것이라고 따끔하게 충고한 적이 있다. 하지만 그녀는 지난 3일 동안은 앞으로 일의 효율을 높이기 위한 투자였고, 이제 참고자료들을 훨씬 빨리 찾을 수 있게 되었기 때문에 잃어버린 3일의 시간은 금방 보충할 수 있다고 대꾸했다. 효율적으로 일하기 위해서는 대개 어느 정도의 정리체계가 필요하다. 하지만 거기에는 적당한 한도가 있다. 여러분의 보고서에 인용하는 한 단락을 추가하기 위해, 각기 다른 3가지 사이즈로 인용 부분에 표시할 수 있는 강아지 모양 클립을 구입하고자 문구점으로 달려간다면, 그런 정리 정돈 체계가 정말 그럴 만한 가치가 있을까? 나는 결단코 아니라고 생각한다.

    몇 년 전 한 대학을 방문했을 때였다. 교무처 직원 중 루이자가 내 연구에 대해 듣고는 그녀 옆자리에 앉은 동료가 하는 행동의 이유가 무엇인지 물으러 나를 찾아왔다. 그 동료는 회사판 '존슨네 가족 따라잡기(사촌이 땅을 사면 배가 아프다 또는 남에게 지고는 못산다는 뜻—옮긴이)' 게임을 하고 있는 듯 보였다. 루이자는 매번 자기 자리를 정돈할 때마다 옆자리 직원이 그녀보다 한 단계 수위를 높인다고 말했다. 루이자가 일정관리를 위해 큐비클 칸막이에 종이 달력을 붙이면, 옆자리 동료는 바로 다음날 아침 일정별로 다르게 표시할 수 있는 색색의 별표·동그라미·사각형의 접착용 마크를 구비한 화이트보드형 달력을 붙인다. 루이자가 백업용 CD를 정리하기 위해 작은 플라스틱 상자를 사면 그 동료는 바로 층층으로 나뉘어 라벨이 붙은 멋진 CD용 선반을 구입하는 식으로 말이다.

    에릭 에이브러햄슨은 이러한 독선적인 사람들을 '정리하는 체 하는 사람들'이라고 부른다. 이런 사람들의 목적은 집단에서 가장 계획성 있고 정리 잘하는 사람이 되는 것이다. 그는 상사가 마감날짜에 대해 이야기를 꺼내면 의기양양하게 전자수첩을 꺼내들고는 소란스럽게 눌러대는 자신의 동료를 예로 들었다. 정리정돈을 잘하는 사람들은 주변을 깨끗하게 하려는 욕구 때문에 정리정돈을 하는 반면, 정리정돈의 달인인 척하는 사람들이 정리정돈을 하는 이유는 마치 사람들을 공격하려는 것 같다. 그들의 행동은 며느리 앞에서 보란 듯이 싱크대를 닦는 시어머니의 행동 같은 것이다.

당연하게도 우리는 주거공간에서 집주인의 성격을 보여주는 여러 가지 단서들을 사무실에서도 찾아볼 수 있다. 뒤에 나올 사무실 현장 지침에서 보여주는 것처럼, 깔끔하게 정돈되어 청결하며 어질러진 구석 하나 없는 사무실 주인들은 대개 성실성이 높다. 그리고 사무실에서도 마찬가지로 눈에 띄는 독특한 개성은 사무실 주인의 개방성을 나타낸다. 대부분의 직원들이 뛰어나게 창의적이고 풍부한 상상력을 갖고 있는, 즉 개방성 특성이 높은 광고 에이전시 사무실을 방문해보면 사무실 인테리어가 평범하지 않다는 것을 알 수 있다. 책상은 피라니아 봉제인형으로 꾸며져 있고, 스케이트보드로 만든 책장이 놓여 있거나 표범가죽 무늬 영수증 상자가 걸려 있기도 하다.

그러나 거주 공간과 근무 공간 사이에는 중요한 차이점들도 있다. 관찰자들은 침실과 마찬가지로 장식이 된 사무실의 주인들이 그렇지 않은 사람들보다 외향적일 것이라고 생각했다. 하지만 침실과는 달리 장식이 많고 적음을 따지는 것은 잘못된 생각이었다. 사무실에서는 장식의 유무 자체가 외향성을 상징하는 지표였다.

사무실에서는 손님을 환영하는 듯한 분위기도 외향성을 나타낸다(침실에서는 그렇지 않다). 외향적인 사람들은 다른 사람들과 어울리는 것을 좋아한다. 그래서 자신의 공간에 사람들을 끌어들일 수 있고 사람들이 머물고 싶어 하게끔 꾸민다. 외향적인 사람들은 사람들을 끌어들이기 위한 미끼로 사무실 문을 열어둔다든지, 책상 위에 사탕을 가득 채운 그릇을 놓는다. 누구라도 안락한 의자가 놓여 있고 아름답게 장식된 사무실에 좀더 머물고 싶어질 것이다.

반면 내성적인 사람들은 다른 사람들이 자신의 공간에서 맴도는 것을 그리 달가워하지 않는다. 그들의 사무실에 갈 때는 아무 기대도 하지 않는 편이 좋다. 우울한 분위기의 텅 빈 벽에 둘러싸여 딱딱한 의자 위에 몇 분 걸터앉아 있다가 적당한 변명을 꾸며대고 도망쳐라. 그 편이 그와 여러분 모두에게 편할 것이다.

환대하는 사무실 분위기가 사무실 주인의 외향성을 나타내는 것은 사실이지만 이 분위기만 보고 지나치게 많은 것을 판단하려고 하지는 말기 바란다. 연구결과들을 보면 초보 스누퍼들은 보통 이런 환대하는 분위기가 높은 동조성, 높은 성실성과 낮은 신경성, 높은 개방성과 외향성을 보여준다고 판단하는 경향이 있다. 여러분이 정말 노련한 스누퍼라면 환대하는 분위기는 단지 외향성만을 나타내는 지표라는 사실을 알 수 있을 것이다.

어째서 환대하는 분위기가 사무실에서는 외향성을 나타내지만 침실에서는 그렇지 않은 걸까? 이를 이해하기 위해서는 사무실과 집은 근본적으로 대조적인 다른 목적을 가진 환경이라는 사실을 생각해보면 된다. 사무실은 집보다 훨씬 공공에 개방된 장소이며 낯익은 사람들이 보고서를 전달하거나 복사를 하기 위해 오간다. 만약 여러분이 외향적인 사람이라면 자신의 사무 공간을 매력적으로 꾸며서 이렇게

::: 표 8-2 사무실 현장지침서

판단하는 특성	관찰자들이 추론을 하는 데 실제 적용하는 단서들	관찰자들이 추론을 하는 데 적용해야 타당한 올바른 단서들
개방성	실내장식, 명랑한 분위기, 풍부한 색감, 환대하는 분위기, 어수선함, 방이 꽉 참, 특색 있음, 세련됨, 전통적이지 않음, 다양한 책.	특색 있음, 세련됨, 전통적이지 않음, 다양한 책.
성실성	쾌적한 상태, 청결함, 정리정돈되어 있음, 깔끔함, 어질러져 있지 않음, 안락함, 환대하는 분위기, 널찍함, 전통적임.	쾌적한 상태, 청결함, 정리정돈되어 있음, 깔끔함, 어질러져 있지 않음.
외향성	실내장식, 명랑한 분위기, 풍부한 색감, 혼잡함, 방이 꽉 참, 환대하는 분위기, 특색 있음, 세련됨, 현대적임, 전통적이지 않음.	실내장식, 명랑한 분위기, 환대하는 분위기.
동조성	환대하는 분위기.	사람이 많이 지나다니는 위치.
신경성	환대하지 않는 분위기.	실내장식.

지나가는 사람들을 불러들일 수 있다. 하지만 주거 공간의 목적은 다르다. 아무리 외향적인 사람일지라도 누군가 자신의 편안한 안락의자를 보고자 지나가는 길에 들를 것이라고 기대하지는 않는다. 그러므로 환대하는 분위기는 2가지 경우에서 서로 전혀 다른 기능을 하고 있으며 결과적으로 이 둘 중에서 한 공간, 즉 사무실에서만 외향성을 나타내는 지표가 되는 것이다.

내가 이전에 주목한 바와 같이 사무실 주인의 동조성을 나타내는 단서 중 하나는 그들의 사무공간이 어디에 위치하고 있느냐이다. 동조성이 높은 사람들은 사람들이 많이 지나다니는 위치에 자리 잡게 되고, 동조성이 낮은 사람들은 다른 사람들과 멀리 떨어진 곳에 앉게 되는 경향이 있다. 이것은 관찰자가 놓치기 쉬운 중요한 단서다. 외향적인 사람들과 마찬가지로 신경성이 높은 사람들도 자신의 사무실을 꾸민다. 하지만 우리가 지금까지 살펴본 것처럼 방을 꾸미는 장식물이 조금 다르다. 외향적인 사람들은 주로 자신이나 주위 사람들의 사진을 즐겨 장식하고 신경성이 높은 사람들은 스스로를 진정시키기 위해 격려성 포스터 같은 것을 주로 장식한다.

이스턴켄터키대학교의 메레디스 웰즈(Meredith Wells) 교수는 사람들이 사무공간을 개인화하는 것에 대해 방대한 연구를 진행했다. 다양한 환경의 230명이 넘는 근무자들을 대상으로 한 연구를 통해, 여러 가지 장식을 하는 것과 사무공간을 개인화하는 것이 사무실 주인의 외향성을 보여주며, 이보다 덜하긴 하지만 개방성도 반영하고 있다는 결과가 나타났다. 외향적인 사람들은 대개 친구 혹은 동료와 연대감을 느낄 수 있는 장식을 비롯해 성취와 가치관에 관련된 읽을거리로 사무실을 꾸몄다. 또한 화분과 아이팟이나 오디오 같은 음향기기 등을 설치해 안락한 공간을 만들었다. 개방성이 레오나르도적 요소(p. 79 참조)라는 사실에서 짐작할 수 있듯이 개방성이 높은 사람들은 예술품으로 사무실을 꾸미고 읽을거리들을 놓아두었으며 음악과 공연에 관련된 장식으로 사무실을 꾸몄다.

웰즈는 여성들은 일반적으로 남성보다 더 많은 물건들로 방을 장식하는 경향이 있으며, 또한 남자들이 방을 꾸미는 데 쓰는 물건과 여자들의 물건이 서로 종류가 다르다는 사실도 발견했다. 여러분이 보고 있는 사무실이 화분과 사소한 장식품들, 친구, 가족, 애완동물과의 개인적인 관계를 상징하는 장식물들로 꾸며져 있다면, 아마도 사무실 주인은 여성일 가능성이 높다. 남성들은 스포츠에 관련되거나 자신의 성취를 나타내는 물건으로 사무실을 꾸미는 경향이 있다.

웰즈의 연구는 고용주나 직원 양쪽 모두에게 이런 사무공간의 개인화가 일반적으로 좋은 영향을 준다는 것을 알려준다. 자신의 사무실을 꾸미는 사람들은 직업에 크게 만족하며 심리학적으로 안정되고 행복한 경향이 있다. 그러므로 직원들이 근무공간을 개인적으로 꾸밀 수 있도록 장려하는 회사는 직원들이 더 의욕적으로 일하게 되고 이직율도 더 낮아지는 효과를 얻는다. 실제로 웰즈의 연구는 사무실을 얼마나 개인적으로 꾸미는지를 보면 사무실 주인이 얼마나 조직에 충성하는지를 알 수 있기에, 사무실의 개인화가 조직 충성도에 대한 척도가 될 수 있다는 것을 알려준다. 다른 사람들보다 직장에 더 충실한 직원들은 동료나 가족, 친구들과의 관계를 나타내는 물건들로 사무실을 장식하는 경향이 있었고, 그다지 충성도가 높지 않은 직원들보다 더 많은 예술품, 자질구레한 장식품과 기념품들로 장식했다. 달리 말해 이렇게 직장에 헌신하는 직원들은 개인사와 업무를 엄격하게 구분하기보다는, 개인적인 생활과 직장생활이 곧 하나라고 생각하는 경향이 있다.

자신의 업무공간과 개인적인 주거공간이 전혀 다르다고 말하는 사람들을 자주 본다. 예를 들어 내 친구인 카메론은 언제나 내게 "내 아파트는 엉망진창으로 어질러져 있지만 사무실은 그야말로 흠잡을 데 없이 완벽하다"고 주장하곤 한다. 그러나 실제로 들여다보면 대부분의 경우가 그렇듯 카메론이 생각하는 것보다 그의 아파트와 사무실은 비슷한 점이 많다. 그의 사무실은 집보다는 아마 조금 더 잘 정리가 되어 있을지도 모르나 크게 다르지는 않다.

그의 아파트와 사무실 양쪽 다 모든 책들은 책장에 꽂혀 있었고, 책 위의 공간도 거의 깨끗하게 비워져 있었으며, 마루 위도 깨끗했다. 카메론의 사무실에서는 책이 가지런히 열을 맞춰서 꽂혀 있었지만 집에서는 아무렇게나 꽂혀 있기는 했다. 카메론에게는 이것이 커다란 차이로 보일지도 모른다. 하지만 사실 그 정도의 차이는 다른 친구 에이미와 비교해보면 아무것도 아니었다. 에이미의 집에서는 책들이 책장에 꽂혀 있기 보다는 책상 밑이나 마룻바닥에 굴러다니거나 화분에 기대어져 있는 경우가 더 많았다.

그럼에도 불구하고 여전히 사람들은 어떤 장소에서는 다른 곳에서

보다 더 정리정돈을 잘하고 또 다른 장소에서는 그다지 신경을 쓰지 않는다. 그리고 이는 당연한 일이다. 사람들은 상황에 따라 아주 다른 모습을 보일 수 있다. 그러므로 이런 차이가 개인적인 공간에도 반영된다는 것은 어쩌면 당연하다.

운 좋게도 한 사람이 쓰는 2개의 다른 공간 사이의 이런 차이를 양쪽 모두 살펴볼 수 있다면 그 사람의 성격과 행동양식에 대해 중요한 정보를 얻을 수 있다. '권위주의적인' 성격의 사람들은 지위에 민감하기 때문에 일반적으로 자신보다 지위가 높은 사람에게 아부하는 경향이 있다. 따라서 권위주의적인 사람은 윗사람에게 잘 보이기 위해 근무공간을 매우 깨끗하게 정돈해둘 가능성이 높다. 하지만 집에서는 잘 보여야 할 이유가 없기 때문에 정리정돈에 별로 신경 쓰지 않을지도 모른다.

이런 식의 패턴은 스누퍼들에게 매우 유용하다. 이 패턴을 이해하고 있다면 권위주의적인 사람의 사무실이 깨끗하게 정리되어 있는 이유가 그 사람이 원래 정리정돈을 좋아해서라기보다 사실은 권위주의 성격이 강해서 그렇다는 사실을 알 수 있기 때문이다. 만약 이렇게 집과 직장이 전혀 딴판이라면 우리는 사무실 주인의 다른 행동양식도 예측할 수 있다. 사무실 주인은 아마 최근에 진행하고 있는 프로젝트는 제시간 안에 마치겠지만 이번 주말에 과연 홈통에 쌓여 있는 낙엽들을 치울지는 아무도 장담할 수 없다.

얼룩점에 담긴 지혜

이제까지 우리는 다양한 스누핑 장소들을 살펴봤고 장소마다 각기 다른 성격적 특성이 드러난다는 사실도 알게 되었다. [그림 8-1]의 '얼룩점 분석'은 다양한 영역에서 분석한 성격적 특성들이 얼마나 정확한지 보여준다. 나는 관찰자들이 침실, 웹사이트, 사무실 등 다양한 영역을 관찰해서 그 사람에게서 받은 인상과 실제로 그 사람의 성격을 서로 비교했다. 우리가 앞서 살펴본 스누핑의 영역들은 '인터넷 커뮤니티 사이트인 페이스북의 프로파일', '개인 홈페이지', '침실', '사무실', '가장 좋아하는 음악 10곡', '며칠 동안 휴대용 녹음기를 장착해 매일매일의 사회적 행동을 기록한 자료', '간단한 1 대 1 면담' 등이다.

[그림 8-1]은 관찰자들이 이처럼 다른 상황과 영역에서 그 사람의 성격에 대해 얼마나 정확한 판단을 내렸는지를 보여준다. 얼룩점이 크면 클수록 그 사람의 성격에 대해 정확히 판단한 것이다. 이 얼룩점 분석은 각각의 연구를 따로 떼어놓고 봤을 때는 그냥 지나칠 수 있는 총괄적이고 전체적인 판단들을 내릴 수 있도록 도와준다.

첫째로, 우리는 한 장소나 제한적인 단서에 근거한 추론만으로 어떤 최종적인 결론을 내리는 것은 위험하다는 사실을 명심해야 한다. 심리학 분야에서는 이제까지 엄청나게 많은 인상 형성 연구들이 대부분 1 대 1 면담 상황에만 기초해 진행되어왔다. 그리고 심리학자들은 개방성이라는 특성을 정확하게 파악할 수 없다는 결론을 내린 바 있다. 하지만 이 그림은 이런 결론이 틀렸다는 사실을 보여준다. 개방성

::**그림** 8-1 얼룩점 분석: 각기 다른 스누핑 영역에서 형성된
인상의 정확도

	페이스북	개인 홈페이지	침실	사무실	애청곡 톱 10	사회적인 행동양식	간단한 면담
개방성	●	●	●	●	●	•	
성실성	•	●	●	•		•	●
외향성	●	●				●	●
동조성	•					•	•
신경성		●	●	·		●	

은 여러 가지 영역에서 정확하게 판단할 수 있다. 사람들이 인상 형성 분야에서 지나치게 1 대 1 면담방식에 치중한 것이 문제였을 뿐이다.

둘째로, 우리는 다른 특성들보다 쉽게 간파할 수 있는 특성들이 있다는 것을 알 수 있다. 얼룩점 분석은 다양한 영역에 걸쳐 사람들이 동조성보다는 개방성을 쉽게 파악할 수 있다는 것을 보여준다. 셋째로, 우리는 어떤 영역은 다른 영역보다 더 많은 정보를 제공한다는 것을 알 수 있다. 웹사이트는 개인에 대해 풍부한 일반적인 정보를 제공한다. 반면 사무실에서는 상대적으로 제한적인 정보밖에는 찾아볼 수 없

다. 그러나 이런 사실들보다 더 넓은 의미에서 중요한 사실이 있다. 바로 다른 영역들은 제각기 다른 성격적 특성들을 드러낸다는 점이다.

이것은 스누퍼들에게 있어 중대한 의미를 갖는 내용이다. 이는 어떤 사람의 성격을 정확히 파악하기 위해서는 여러 가지 다른 정황들을 살펴봐야 한다는 뜻이다. 또한 그 사람의 성격적 특성 중 어떤 특정한 부분을 알고 싶은지에 따라 어느 곳을 더 주의 깊게 살펴봐야 할지 결정할 수 있다는 뜻이기도 하다.

얼룩점 분석을 바탕으로 우리는 거주공간이 어떤 사람의 개방성과 성실성을 비롯해 가끔은 신경성 성향을 알아보기에도 매우 좋은 장소라는 사실을 알 수 있다. 하지만 그 사람의 외향성이나 동조성에 대해 알아보고 싶다면 침실을 방문하는 것보다 아이팟에서 '가장 많이 틀었던' 음악들의 목록을 살펴보는 게 더 효과적이다. 어떤 특성을 알아보기 위해 어디를 살펴보아야 할지 결정해야 할 때 이 얼룩점들을 꼭 참고하기 바란다. 이 소중한 정보를 좀더 일찍 알았더라면 나와 내 동료들이 몇 년 전 캐시를 면접하고 성급하게도 그녀의 개방성과 동조성에 대해 잘못된 판단을 내리지 않았을 텐데 하는 아쉬움이 남는다.

09 chapter

올바른 통찰을 가로막는 5가지 함정

Like a
Super Snooper

최고의 스누핑은 비록 과학에 뿌리를 두긴 했지만 그 자체로 예술이라 할 수 있다.

그런데 스누핑에 통달하기 위해서는 먼저 몇 가지 주의해야 할 함정들을 구분할 수 있어야 한다. 충분히 훈련받지 않은 사람들을 혼란스럽게 하거나 잘못된 판단을 내리게 할 수 있는 함정들 말이다. 초보자들이 빠지기 쉬운 5가지 함정이 있다. 이 함정들은 수준급의 숙련된 스누핑을 더욱 흥미로운 도전으로 만들어준다. 그럼 이제부터 이 함정에 대해 살펴보도록 하자.

함정 1: 첫인상은 강력한 최면이다

이 질문의 답을 한번 맞혀보라.

"미시시피 강의 길이는 8,000킬로미터보다 짧을까, 길까?"

그리고 이 질문에도 답해보라.

"미시시피 강은 얼마나 길까?"

내가 이 질문을 수업시간에 던졌을 때 대다수의 학생들은 (정확하게) 미시시피 강이 8,000킬로미터보다 짧다고 대답했다. 그리고 실제 길이가 얼마인지 물었을 때는 대부분이 약 5,500킬로미터 정도일 거라고 대답했다. 하지만 나는 가끔 이 질문을 약간 변형해서 이렇게 묻기도 한다.

"미시시피 강은 800킬로미터보다 짧을까, 길까?"

"미시시피 강은 얼마나 길까?"

이번에도 대부분의 학생들은 첫 번째 질문은 잘 맞혔다. 하지만 두 번째 질문에 대한 학생들의 답은 평균 2,000킬로미터 내외로 무척 다양했다. 무슨 일이 일어난 걸까?

사람들은 첫 번째 질문을 기준으로 두 번째 질문에 대한 답을 추측한다. 비록 대부분의 사람들이 첫 번째 문제가 정답과는 너무 거리가 먼 예라는 것을 알고 있다고 할지라도 말이다(이런 첫인상 효과가 얼마나 강력한지를 알아보려면 직접 시험해보기 바란다. 5명의 친구들에게 처음 2가지 질문을 하고 다른 5명의 친구들에게 나중의 2가지 질문을 한 다음 이 두 그룹의 대답이 얼마나 큰 차이가 나는지 보라).

또 다른 사례를 보자. 먼저 여러분이 직접 해보고 주위의 친구들에게 실험해보자. 물론 친구들이 여러분이 뭘 하고 있는지 눈치를 채서는 안 된다. 이제 내가 2가지 곱하기 문제를 내겠다. 하지만 답을 계산하지 말고 2~3초 동안 대강의 짐작만으로 즉시 대답해보라.

"$1 \times 2 \times 3 \times 4 \times 5 \times 6 \times 7 \times 8$은?"

"$8 \times 7 \times 6 \times 5 \times 4 \times 3 \times 2 \times 1$은?"

만약 이 문제를 함께 나란히 놓고 읽는다면 답은 서로 같다는 것을 알 수 있다. 그러므로 만약 사람들이 정말 논리적인 존재라면 두 문제의 답은 "같다"라고 대답해야 한다. 그러나 사람은 컴퓨터처럼 순수한 논리나 광범위한 정보처리시스템이 없는 심리적 존재다. 그렇기에 우리는 심리적인 지름길을 사용한다. 내가 우리 반 학생들에게 첫 번째 질문을 했을 때 평균적인 대답은 약 500 정도였다. 그러나 내가 숫자를 반대로 해서 질문을 하자 평균 답은 2,000이 훨씬 넘었다. 첫 번째 문제의 답보다 무려 4배나 높은 숫자다. 이번에도 역시 사람들은 처음에 나온 몇 개의 숫자를 바탕으로 추측해 대답했다. 두 번째 문제에서는 처음 3개 숫자의 곱이 336으로 매우 높은 단위의 숫자다. 그리고 첫 번째 문제의 처음 세 숫자의 합은 6으로 매우 낮은 숫자다. 이런 식으로 처음 세 숫자를 본 직관적인 판단이 사람들이 답을 예측할 때 큰 차이를 가져오는 것이다. 양쪽 문제 모두에서 사람들은 곱셈의 답을 실제 정답보다 훨씬 낮게 추정했다. 문제의 답은 40,320이다(아, 그리고 미시시피 강의 길이는 3,700킬로미터).

이런 사례들은 '닻 내리기'라고 불리는 법칙을 보여준다. 닻 내리기, '사고의 기준화'라는 이 법칙은 우리가 처음 접하게 되는 정보가 그 후에 일어나는 일들에 대해 지나칠 만큼 큰 영향을 끼친다는 논리이다. 우리는 다양한 실제 생활환경 속에서 이런 사고의 기준화를 적용한다. 여러분이 100만 달러는 족히 나갈 거라는 사실을 알고 있는 집을 60만 달러에 팔겠다는 제안을 한다면, 아마도 여러분이 원하는 범위 안에서 협상을 할 수 있으리라 기대할 것이다. 그리고 10대인 딸이 전화를 걸어 자동차 사고를 당했다고 심각하게 말한 뒤 잠시 말을 멈춘다면, 여러분은 분명 여러 가지 끔찍한 상상들을 떠올릴 것이다. 그리고 나서 딸이 단지 차문에 약간의 흠집을 낸 것뿐이라고 말한다면 갑자기 그 사실은 끔찍한 상상과 비교했을 때 아무것도 아닌 일처럼 느껴질 것이다. 여러분의 딸은 위기를 모면하기 위해 닻 내리기 법칙을 이용하고 있는 것이다.

이러한 사고의 기준화는 우리가 다른 사람에 대해 인상을 구축하는 데 중요한 역할을 한다. 사회심리학의 선구자 중 한 사람인 솔로몬 애시(Solomon Asch)는 앞에 나왔던 곱셈 문제와 비슷한 실험을 했다. 실험 참가자들에게 어떤 사람을 설명하는 '지적인', '부지런한', '충동적인', '비판적인', '고집 센', '시기심 강한'이라는 6개의 단어를 제시했다. 그 다음에 참가자들에게 이 6개 단어를 기준으로 그 사람에 대해 떠오르는 이미지를 자세하게 설명해보라고 했다.

우리가 알 수 있듯이 애시는 부정적인 표현들과 긍정적인 표현을 모두 포함시켰다. 그러나 한 그룹에는 긍정적인 단어를 먼저 보여주고 다른 그룹에는 반대로 부정적인 단어를 먼저 보여주었다. 양쪽 모두에게 보여준 단어는 똑같았다. 그럼에도 불구하고 애시는 첫 번째 보여준 단어가 긍정적인 표현이었는지 부정적인 표현이었는지에 따라 두 그룹의 사람들이 이미지를 연상하고 설명하는 데 큰 차이를 보인다는 것을 발견했다. 다음은 긍정적인 단어를 먼저 보여준 참가자들의 반응이다(지적인, 부지런한, 충동적인, 비판적인, 고집 센, 시기심 강한의 순서로 보여주었을 때).

■ 그는 자신이 무엇을 원하는지를 알고 그것을 달성하기 위해 매진하는 사람이다. 자신의 길을 가로막는 재능도 없고 야심 있는 사람들을 잘 참아내지 못한다.

그는 설득력 있는 사람으로 자신만의 확신을 갖고 있으며 대부분의 사물을 정확하게 판단한다. 그는 자기중심적이고 자신만의 방식을 고집한다.

이 사람은 지적이고 그 지성을 실제로 잘 활용한다. 고집스럽고 충동적인 면이 있는 것은, 아마도 자기 의견이 확실하기 때문에 다른 사람의 의견을 쉽게 수긍하거나 받아들이지 않기 때문일 것이다.

부정적인 단어를 먼저 본 참가자들의 반응은 현격한 차이를 보였다.

■ 부지런하거나 지적이라든지 하는 이 사람의 장점은 시기심 많고 고집이 센 성격 때문에 한계에 부딪힌다. 이 사람은 감정적이다. 지나치게 심약하다는 단점이 장점을 가리고 있어서 성공하지 못했다.

이 사람은 감정조절을 못하는 사람일 것이다. 왜냐하면 시기심이 강하고 충동적이기 때문이다.

단순히 단어들의 순서를 살짝 바꾼 것만으로도 참가자들이 이 사람에게서 받은 최종적인 인상을 드라마틱하게 바꾸기에 충분했던 것이다. 첫 번째 단어가 그 사람을 설명하기 위한 기준점이 되어버리고 사람들은 나머지 단어들을 이에 맞춰서 편향되게 해석해버린다. 침실이나 사무실, 심지어 개인 홈페이지에서조차 우리는 이와 동일한 현상을 발견한다. 페르난도의 침실을 떠올려보라. 관찰자는 마루에 놓인 스틸레토 힐을 보고 방주인이 여자라고 단정해버렸다. 그리고 이런 단정에 근거해서 다른 모든 단서들을 해석했다. 일부 단서들은 분명히 방주인이 남성이라는 것을 보여주고 있었는데도 말이다.

눈에 확 띄는 물건들은 스누퍼들에게 축복인 동시에 덫이다. 그런 물건들은 핵심적인 단서를 제공해줄 수도 있지만 잘못된 판단을 내리도록 혼란을 줄 수도 있다. UC버클리에서 처음 실행한 침실연구에서 40번 방의 물건들과 방의 전체적인 배치는 방주인이 책임감 있고, 전통적이며 똑똑한 학생이라고 말해주었다. 책들은 모두 정리정돈이 잘되어 있었다. 밝은 조명이 비추는 책상 근처는 깔끔하고 방주인이 지속적으로 책상을 사용한다는 것이 분명했다. 게시판에 붙어 있는 일정표, 유용한 전화번호(도서관이나 정전 시에 대비한 비상 전화번호 등) 그리고 해야 할 일 리스트 등은 우리의 이런 첫인상을 다시 한번 확인해주었다. 벽의 장식들이나 책장의 자료들은 방주인이 화끈하거나 무

책임한 것과는 거리가 먼 사람이라는 것을 보여주고 있었다. 밴 모리슨(Van Morrison), 스팅(Sting), 조앤 바에즈(Joan Baez) 등의 건전한 음악 CD들이 이런 인상을 지지해주었다.

하지만 이 일관적이고 전체적인 분위기와 일치하지 않는 한 가지 요소가 눈에 띄었다. 책장 뒤의 오래된 우유 상자 안에 마리화나를 피우는 데 쓰는 물파이프가 있었다. 이것은 전통적이고 책임감 있으며 우수한 학생이 소지할 물건이라고는 볼 수 없는 것이다. 우리의 부지런한 관찰자들은 이 물파이프를 모른 척하고 넘어가지 않았다. 하지만 실은 그냥 무시하고 넘어갔어야 했다. 왜냐하면 물파이프는 전체적인 방의 다른 부분들이 전하고 있는 이미지와는 너무나 다른 의미를 가진 단서였기 때문이다. 그리고 더 분명한 이유는, 그 물파이프의 주인이 다른 사람이었기 때문이다. 나는 나중에 그 물파이프가 잠시 맡긴 친구의 것이라는 사실을 알게 되었다(방주인이 책임감 있는 사람이라는 것을 확인해주듯, 그녀는 친구의 물건을 우유 상자 안에 잘 넣어 책장 뒤에 보관하고 있었다).

이런 특이한 단서들은 우리가 과연 상대방이 어떤 사람인지를 추측하려고 할 때 방해가 되기 쉽다. 만약 우리가 성격에 관심을 갖고 있다면 우리는 행동양식, 태도, 감정 그리고 일관적인 생각들에 대한 단서를 살펴봐야 한다. 그리고 기존의 추세를 거스르는 단서에 현혹되어선 안 된다. 분명히 일관성 없이 눈에 도드라지는 물건들은 일시적으로 지나간 취향이나 어쩌다 한 번 일어난 행동에 대해서는 소중한 정보를 줄 수도 있다. 그러나 아마도 십중팔구는 스틸레토 힐이나 마리화나 물파이프처럼 방주인의 성격에 대한 추가적인 단서를 제공할 수는 없다. 안타깝게도 그들의 본질적인 속성상 이렇게 일관성을 거스르는 단서들은 눈에 확 띄게 마련이다. 그렇기 때문에 노련한 관찰자일지라도 이런 단서들을 그냥 무시하고 지나치기가 어렵다.

보다 정확한 판단을 내릴 수 있는 노련한 스누퍼가 되기 위해서는, 이렇게 주의를 끄는 특징들을 어느 정도 희석해주고 다른 단서들에 주의를 기울일 수 있는 방법을 찾아야 한다. 내가 침실연구 프로젝트를 처음 시작했을 때 나는 직업적으로 이런 일을 하는 사람들의 조언을 듣기로 했다. 나와 연구팀은 비록 우리가 관찰하는 방을 막아버리고 FBI의 범죄 수사 현장처럼 지문을 채취하거나 할 수는 없었지만, 여전히 FBI로부터 무언가 배울 수 있을 것이라고 생각했다. 그리고 내 생각은 틀리지 않았다. 물론 정확히 내가 기대했던 것은 아니었지만 말이다.

우리 지역의 FBI 지부 수사관이 연구팀에게 증거수집팀의 업무에 대해 설명해주겠다고 응했다. 그가 말한 대부분의 내용은 매우 실질적이고 유용한 것들이었다. 그는 수사관들이 방을 어떻게 촬영하며 수사공간을 도식화하는지 비결을 설명해주었다(다행스럽게도 우리는 그가 조언해준 혈흔 측정법을 실제로 활용할 일은 없었다). 그러나 그가 말한 것 중 아리송한 부분이 있었다. 그는 개인적으로 범죄현장을 수사하기 전에 잠시 그곳에 앉아 있는 것을 좋아한다고 했다. 그때 그 수사관은 왜 그런지 이유를 말하지 않았지만 나는 나중에야 그것이 처음에 눈을 사로잡는 단서들을 충분히 파악해 다른 단서들이 드러날 수 있게 하는 그만의 방법이었다는 사실을 깨달았다.

여러분이 최고의 스누퍼라면 현명하게 그의 조언을 따를 것이다. 어떤 장소를 관찰할 때 약간의 시간을 두고 그 방이 어떤 메시지를 주는지를 차분히 생각해보라. 잠시 동안 곰곰이 방을 둘러보면 그 방에서 받는 인상은 처음으로 방에 발을 디뎠을 때 받은 인상이나 마룻바닥 한가운데 놓여 있는 눈에 확 들어온 스텔레토 힐과는 조금 다른 것일지도 모른다.

함정 2: 엉뚱한 단서에서 의미를 유추한다

매일매일의 일상에서 다른 사람들에 대한 인상을 형성할 때 우리는 각자의 단서를 분리된 요소로 보지 않고 전체적인 인상을 구성하는 통합된 정보로 바라본다. 내가 여러분을 내 친구 베니와 엮어주려 한다고 가정해보자.

나는 여러분에게 베니가 '재빠르고 솜씨가 좋으며 도움이 되는 사람'이라고 말한다. 그리고 여러분의 동료가 자신의 친구인 비욘과 여러분을 연결시켜주고 싶어 한다고 치자. 그녀는 비욘이 '서투르긴 하지만 재빠르고 도움이 되는 사람'이라고 말한다. 여러분은 베니와 비욘이 어떤 사람일지 약간은 다르게 예상할 것이다. 그리고 여러분은 하나의 다른 표현, 솜씨가 좋은지 서투른지의 부분에 대해서만 두 사람이 다르다고 생각하는데 그치지 않고, 이 표현을 바탕으로 다른 단어들을 해석하고 받아들이게 될 것이다.

이런 현상은 애시의 실험으로 재확인되었다. '재빠른'이라는 설명을 '솜씨 좋은'과 '도움이 되는'이라는 말들과 함께 제시했을 때는 실험 참가자 중 한 사람이 설명한 것처럼 "행동이 부드럽다는 증거의 하나"거나, 또 다른 이가 설명한 것처럼 "재빠르고 부드럽게 거침없이 움직이는"이라고 사람들은 받아들였다. 그러나 '재빠른'이라는 설명을 '서투른'과 '도움이 되는'이라는 말들과 함께 제시하자, 실험 참가자들은 "도움이 되고자 하는 마음에 무리하게 서두름"이나 "떠들썩하고 부산한 재빠름", "부탁을 받고 당장 서두르다가 램프를 엎지르는" 등의 전혀 다른 식으로 받아들였다. '재빠른'이라는 단어의 의미가 '솜씨 좋은'과 '서투른'이라는 단어에 의해 변형된 것이다. 그래서 각각의 경우에서 '재빠른'은 다른 의미를 가지게 된다.

한 단어가 다른 단어에 의해 다르게 왜곡되는 이 함정은 우리의 첫인상이 그 다음에 일어나는 사고에 어떻게 영향을 끼치는지 하는 '사고의 기준화(함정 1)'와는 또 다른 것이다. 대부분의 생물 종에 있어 다른 대상을 정확하게 판단하는 능력은 매우 중요하다. 가젤(gazelle)의 경우를 예로 들어보면 가젤들에게는 자신에게 해를 끼치는 사자 같은 동물들에 대해 정확한 판단을 내릴 수 있는 능력이 특히 중요하다(저 사자가 배가 고파 보이는가, 아닌가). 사람들도 마찬가지다. 우리 인간들은 주로 다른 사람들로부터 위협을 느낀다. 그렇기에 우리에게 짝짓기의 기회라든지 대화 상대가 되어준다든지 하는, 중요한 도움을 제공하기도 하는 다른 인간들의 행동에 특히 민감하게 동조하도록 발전되어왔다. 그리고 우리는 또 쉽게 알 수 있는 정보들을 신속하게 흡수하도록 진화되어왔다.

사람들에 대해 판단을 내리는 것은 말하자면 생존 기술이라고 할 수 있으며 우리는 매일매일의 일상에서 만나게 되는 사람들에 대해 여러 가지 단편적인 정보들을 모아 통합적인 이미지(그 사람 전체)를 구축하기 위한 많은 노력을 기울인다. 이것은 너무나 자연스럽게 이뤄지는 것이기 때문에 우리는 이런 과정에 대해 생각조차 해보지 못하고 지나칠 때가 많다. 그러나 이 과정을 주의 깊게 살펴본다면 이것이 얼마나 교묘하고 독창적인 능력인지를 알 수 있다. 비록 무의식적으로 일어나는 일이기는 하지만.

우리가 본능적으로 각 요소들을 종합해 한 사람에 대한 통합된 인상을 구축하는 방법에 대해 처음으로 체계적인 관심을 끌어낸 것은 솔로몬 애시의 인상 형성에 대한 연구였다. 내가 지난밤 파티에서 만난 어떤 여성의 성격에 대해 설명하려 한다고 상상해보자. 그녀를 아그네타라고 부르자. 나는 아그네타가 사교적이고 외롭다고 설명한다. 일반적인 사람이라면 이렇게 분명하게 상반되는 정보들을 종합해 하나의 심리학적 인상을 구축하려 할 것이다. 아마도 아그네타는 많은 사람과 안면이 있는 사교적인 성격이지만 진정한 친구는 없는 사람이라는 식으로 말이다.

성격에 대한 상반된 표현들을 짝지으면 다음과 같다. '재기가 뛰어난'과 '바보스러운', '적개심을 가진'과 '의존적인', '명랑한'과 '우울한', '엄격한'과 '친절한', '인정 많은'과 '복수심 강한' 등을 연결시킬 수 있다. 한 사람 속에 이러한 상반된 특성이 공존한다고 상상해보자. 여러분은 이 상반된 특성을 연결 지어 설명할 수 있는 이야기를 창조해내려 할 것이다. 이 실험은 사람들이 다른 사람들의 인상에 대해 종합적인 정보를 통합해내기 위해 얼마나 풍부하고 유연하게 생각을 조절할 수 있는지를 보여준다. 가끔은 스누퍼들도 자신이 관찰하는 공간에서 볼 수 있는 여러 가지 다른 단서들로부터 어떤 결론을 도출해내기 위해 이런 과정을 거쳐야만 한다.

침실연구 활동 중에 우리는 조화되지 않는 물건들이 함께 놓여 있는 방을 조사한 적이 있다. 창틀 위 선반에는 슬픈 눈으로 아래를 내려다보는 성모마리아의 작은 석고상이 있었고 침실 옆에는 밝은 색의 플라스틱 파인애플이 놓여 있었다. 그럼 이 방주인은 진지하고 정적인 사람일까, 아니면 경박하고 얼빠진 사람일까? 우리는 그 방에 있는 다른 물건들을 보고 해답을 얻을 수 있었다. 성모마리아 상과 플라스틱 파인애플을 엘비스 프레슬리가 그려진 모조침대 덮개와 크리스마스 전구 줄로 만든 산타 모자를 쓴 소 모형을 함께 모아놓고 보니, 장난스러운 심미안을 갖고 있는 키치(kitsch, 저속한 작품 — 옮긴이) 수집가라는 전체적인 인상이 떠오르기 시작했다.

침실, CD 컬렉션 그리고 다른 장소에서 얻은 정보들을 종합해서 보는 데 관심이 있는 우리 같은 사람들에게 매우 중요한 깨달음은, 사람들이 어떤 사람에 대한 인상을 그려낼 때 각기 다른 여러 가지 정보를 단순히 합쳐놓고 보는 게 아니라, 그것을 통합적으로 일관되게 분석해낸다는 사실이다. 어떤 정보를 판단할 때 정황을 고려하지 않는다면 아주 중요한 의미를 갖고 있을 수도 있는 다른 사회적 정보를 무시하고 넘어가는 것이다. 만약 이 키치 수집가의 성모마리아 상이 다른 물건들 대신에 성경, 벽에 걸린 십자가, 교황 베네딕토 16세의 자서전 등과 함께 있었다면, 성모마리아 상이 가지는 의미는 전혀 다를 것이다. 이 경우에는 방주인이 독실한 가톨릭 신자임을 말해주는 단서가 된다.

이와 비슷하게 실제 크기의 사람 해골 모형이 침대 탁자에 놓여 있고, 주석이 잔뜩 달린 의학 서적과 사회적 문제들에 대한 보고서도 함께 놓여 있다고 생각해보자. 또 그 방에는 최근 남아프리카의 자원봉사 활동과 관련된 자료집이 펼쳐진 채로 있고, 봉사 활동 중에 찍은 행복해 보이는 사진들도 함께 놓여 있다면, 이 모든 단서들을 종합해 볼 때 우리는 헌신적이고 바쁘게 활동하는, 머리가 좋고 좌파적 경향이 있는, 낙관적인 사람의 모습을 떠올릴 것이다. 하지만 이 해골 모형이 T. S. 엘리엇(T. S. Eliot)의 〈황무지(The Waste Land)〉가 새겨진 벽이나 검은색 옷으로 채워진 옷장과 함께 놓여 있다면 이 단서들은 이전의 이미지와는 전혀 다른 이미지를 떠오르게 할 것이다.

1장에서 살펴본 것처럼, 모순된 단서들은 내적인 자아정체성 주장과 외적인 자아정체성 주장이나 앞마당과 뒷마당의 차이처럼, 방주인의 성격에 대한 근원적인 동기를 알 수 있는 유용한 정보를 제공해준다. 어떤 사람의 사무실은 깨끗해 보일지 모르지만 그 사람은 얼마나 깊이 있는 정리정돈 습관을 갖고 있는 걸까?

정리정돈이 그저 보여주기 위한 것이 아니라 정말 그 사람의 원래 성격인지를 확신하기 위해서는 책상 서랍 안을 확인해봐야 한다. 종종 완벽하게 깔끔해 보이는 책상이나 침실이 겉보기에만 그럴싸한 허울뿐이라는 사실을 확인할 수 있을 것이다. 책상 서랍 속에 혼잡스럽게 펜과 연필, 포스트잇, 클립, 접착테이프, 우표, 계산기가 마구 뒤섞여 있고, 옷장 서랍 안은 겨울 외투, 바지, 스니커즈, 지갑, 장갑이 어수선하게 들어 차 있다는 식으로 말이다. 방주인은 지저분한 것을 치워보려고 노력했지만 그런 정돈은 그저 표면적인 것일 뿐이다. 뼛속까지 정리정돈이 깊게 밴 사람은 눈에 보이지 않는 것일지라도, 제자리에 놓지 않는 이상 마음이 불편해서 견딜 수가 없는 것이다.

노련한 스누퍼는 정보를 종합해서 관찰 대상에 대한 풍부한 초상을 그려낸다. 난장판 전문가 에릭 에이브러햄슨은 이런 사람들을 '정리정돈하는 척하는 사람'이라고 부른다. 난파선처럼 어지러운 혼잡을 숨기면서 겉으로는 정리정돈된 모습을 보여주는 사람들을 말하는 것이다.

1장에서 나왔던 스릴을 추구하는 프리다의 방을 다시 한번 떠올려보자. 그 방에는 스노보드, 서핑보드, 스케이트보드가 전부 한쪽 벽에 세워져 있었다. 그녀가 자극을 추구하고 에너지가 넘치는 활동적인 사람이라는 증거다. 캐비닛에서 우리 관찰자들은 귀중한 획득물로 다량의 술을 발견했다. 여러 병의 데킬라, 보드카, 진이 있었다. 방 안에 있는 다른 물건들로 미뤄볼 때 우리는 방주인이 떠들썩하게 열광하고 에너지를 끌어올리기 위해 술을 마신다고 추리할 수 있었다. 만약 방 안에 각종 보드들 대신 편안한 안락의자와 독서등, 잔뜩 쌓인 책이 있었다면, 명상적인 재즈 음악이 스테레오에서 흘러나오고 있었다면, 우리는 방주인이 술을 마시는 목적이 사뭇 다를 것이라고, 즉 편안히 진정하려는 목적이라고 예상했을 것이다.

함정 3: 상관없는 단서를 활용한다

내가 침실연구에서 수집한 자료들을 처음으로 분석했을 때, 나는 우리 관찰자들이 방에 들어선 지 몇 분도 되지 않아 방주인의 외모가 매력적인지 아닌지를 놀랄 만큼 정확하게 판단할 수 있다는 것을 발견했다.

그들은 방주인을 한 번도 만나거나 본 적이 없었다. 그러므로 어떤 식으로든 방주인의 외모를 직접 본 것은 아니었다. 그리고 우리는 모든 사진을 가려놓았기 때문에 사진을 보고 알 수도 없었다. 그렇다고 방주인의 나이를 바탕으로 짐작했다고 생각할 수도 없었는데 우리 연구에 참가한 지원자들이 모두 비슷한 나이였기 때문이다. 그럼 도대체 관찰자들은 어떻게 그런 사실을 알 수 있었을까? 더 읽어나가기 전에 먼저 관찰자들이 방주인의 외모가 매력적인지 아닌지를 어떻게 알아냈을지 짐작해보자.

관찰자들은 서랍이나 옷장을 열어볼 수 없었다. 하지만 종종 방안에서는 옷가지들을 볼 수 있었는데, 옷들이 의자 위에 걸쳐져 있거나 마룻바닥에 굴러다니거나 선반에 쌓여 있거나 혹은 옷장 문이 열려 있거나 했기 때문이다. 그러니 그 옷가지들을 보고 방주인의 사이즈나 스타일, 옷매무새 등을 바탕으로 매력도를 추리할 수 있었을 것이다. 그러나 그것이 전부는 아니었다. 해답은 우리가 사진을 가린 방법과 심리학자들이 인간의 섹스 패턴에 대해 발견한 사실에 근거하고 있었다.

우리는 단순히 사진을 모두 치워버리고 싶지는 않았다. 왜냐하면 사람들은 얼마나 많은 사진이, 또 어떤 종류의 사진이 어디에 장식되어 있는지를 바탕으로 많은 정보를 얻을 수 있기 때문이다. 액자에 들어 있는 방주인이 부모와 함께 찍은 어린 시절의 사진은 한쪽 벽을 가득 채운 매력적인 본인의 사진과는 매우 다른 신호를 보내고 있는 것이다. 사진의 주제는 매우 쓸모 있는 정보다. 예를 들어 안개가 자욱한 인도의 산꼭대기에서 평화롭게 명상을 하고 있는 사진은, 친구들과 무리를 지어 도심에서 장난스런 밤을 보내는 순간을 찍은 사진과는 전혀 다른 모습을 표현하고 있는 것이다.

우리는 사람들이 다른 사람들에 대한 인상을 판단할 때, 순전히 외모로만 판단한다는 것을 알고 있었기에 관찰자들이 방주인이 어떻게 생긴 사람인지를 보게 할 수는 없었다. 문제는 관찰자들에게 방주인들이 어떻게 생겼는지 직접 보지 못하게 하면서, 그들이 사진 속에서 무엇을 하고 있는지에 대한 정보를 제공해야 하는 데 있었다. 우리가 생각해낸 해결 방법은 사진은 그대로 두되 방주인의 모습을 꼼꼼하게 가려두는 것이었다. 스누퍼들은 여전히 사진 속의 다른 사람들은 볼 수 있었다. 또한 그들은 사진 속의 다른 사람들의 포즈나 활동을 보고 누가 방주인과 이성관계에 있는 사람인지 쉽게 알 수 있었다. 하트 모양의 액자에 끼워진 사진이나 (가려진) 방주인이 다른 사람과 키스하고 있는 사진 따위는 너무도 확실한 증거였다.

관찰자들은 방주인이 어떤 사람과 교제하고 있는지의 여부와 우리가 익히 알고 있는 인간의 섹스 패턴을 함께 종합했을 때 방주인의 매력도를 쉽게 예상할 수 있었던 것이다. 사람들은 매력도 면에서 자신과 비슷한 상대와 섹스를 하는 경향이 있다는 것은 모두가 아는 사실이다. 우리 침실 관찰자들이 단순하게 방주인의 남자친구나 여자친구의 사진을 보는 것만으로 방주인이 매력적인지 아닌지를 아주 쉽게 추리해낼 수 있었던 것은 이 때문이라고 생각한다. 만약 사진 속에서 방주인의 애인이 브래드 피트처럼 생겼다면, 방주인인 그녀도 꽤 예쁠 것이라는 사실은 충분히 짐작할 수 있다.

이런 생각들은 실험을 통해 증명할 필요가 있지만 무척 흥미로운 사례다. 왜냐하면 이 사례들은 (사진 속의 정보 같은) 미묘한 단서들이 어떻게 사람들이 자신과 매력 수준이 비슷한 사람을 섹스 상대로 찾는지, 또 다른 함축적인 지식과 자연스럽게 결합해 다른 사람에 대한 인상을 구축하는지 보여주기 때문이다. 다른 사람의 매력도에 관해서는 사람들의 짐작이 매우 정확한 경향이 있다. 그러나 노련한 스누퍼들이 얻을 수 있는 보다 넓은 의미에서의 교훈은 만약 여러분이 뛰어나게 재치가 있다면 이런 종류의 간접적인 단서들을 잘 활용해서 정확한 판단을 내릴 수 있다는 것이다.

앤서니 리틀과 데이빗 페렛의 얼굴 연구를 다시 생각해보자. 이 심리학자들은 사람들이 합성된 얼굴을 보고 성격에 대해 일반적으로 정확한 판단을 내린다는 것을 발견했다. 특히나 여성의 얼굴일 경우 사람들은 더 정확히 판단했다. 평가단은 15명의 외향적인 사람들의 얼굴을 합성한 사진을 보고, 15명의 내성적인 사람들의 얼굴을 합성한 사진보다 더 외향적이라고 평가했다. 그들은 또한 어떤 특성은 정확한 판단을 하기가 어렵다는 것을 발견했다. 예를 들면 남성의 경우 외모만 보고 동조성을 판단하기는 어려웠다.

그럼에도 불구하고 뛰어나게 재치 있는 평가자들은 얼굴에 나타나는 다른 단서들에 근거해서 성격에 대한 그럴싸한 추리를 해낼 수 있었다. 표면상으로는 성격과 전혀 관계없어 보이는 특징들이 그 사람에 대한 판단을 내리는 데 비밀스런 방법으로 활용된 것이다. 리틀과 페렛은 나중에 실제로 남성적인 특성이 별로 없는 얼굴을 보고 남성들의 동조성(낮은 외향성과 더불어)을 알 수 있다는 사실을 발견했다. 그러나 대부분의 심사자들은 이런 연관성을 생각하지 못했다. 이와 비슷하게 여성의 동조성은 얼굴이 얼마나 매력적인지와 연관되어 있었지만 평가자들은 이를 알지 못했다.

함정 4: 틈새에 맹점이 있다

2가지 다른 면에서 사람들에 대한 정보에는 큰 차이가 있다. 그리고 노련한 스누퍼로서 여러분은 이 양쪽 모두를 다 고려해야 한다.

첫 번째로 사람들이 쉽게 제어할 수 있는 환경이 있고 그렇지 못한 환경이 있다. 여러분은 개인 홈페이지, 이메일 서명란의 인용구, 음성

사서함 메시지, 선호하는 책의 종류, 블로그, 지갑 속 내용물, 속옷의 재단 모양까지 많은 부분을 통제할 수 있다. 그러나 국적, 말투, 꿈 같은 것들은 마음대로 통제할 수 없다.

두 번째로 사람들에게는 대외적으로 보이는 모습과 개인적이고 내면적인 모습이 공존한다. 그 사람의 외모와 매력도, 사는 곳, 자동차 범퍼 스티커, 개인 홈페이지 같은 것들은 누구나 볼 수 있는 외부로 드러나는 모습들이다. 그러나 꿈, 생각, 일기, 암호, 속옷 같은 다른 정보들은 훨씬 더 개인적인 것들이다.

단서가 되는 물건들이 이 2가지 다른 차원 중에 어디에 속하는지를 안다면 어디를 살펴봐야 올바른 단서를 찾을 수 있는지 결정할 수 있다. 예를 들어 그 사람이 남에게 어떻게 보이고 싶어 하는지를 알고 싶다면, 그 사람이 마음대로 조종할 수 있고 외부에 공개된 대외적인 단서들을 살펴봐야 한다. 홈페이지 프로필과 자동차 범퍼 스티커가 좋은 예가 될 것이다. 그러나 만약 관찰대상자가 여러분을 속이려 하는 게 아닐까 신경이 쓰인다면, 그 사람이 외부에 공개하는 메시지들과 그 사람이 갖고 있는 은밀한 개인적인 물건들을 비교하고 싶을 것이다(그런 은밀한 개인적인 소지품을 살펴볼 수 있을 만큼 운이 좋다면).

만약 여러분이 마치 그 사람이 오랫동안 고전 예술이나 음악 그리고 문학의 애호가였던 것처럼 보이는 홈페이지를 발견했는데, 그 집 책장에는 시시하기 짝이 없는 소설밖에 꽂혀 있지 않다면 홈페이지에 뭔가 눈속임이 있는 것은 아닌지 경계해야 한다.

이런 일반적인 스누핑 전략(보통 자아정체성 주장이나 감정 조절 장치

경향이 있는)으로 통제하기 쉬운 물건들(흔히 행동양식의 흔적인)을 마음대로 조종하기 어려운 물건들과 비교하는 것은 우리가 이제까지 살펴본 여러 가지 특정 사례들을 통해 그 효과를 알 수 있다. 앞마당과 뒷마당을 비교한다든지, 사무실과 거실 탁자에 놓여 있는 책과 침실에 있는 책을 서로 비교한다든지 하는 식으로 말이다. 이런 양동작전은 이렇게 서로 다른 정보들을 비교할 때 아주 중요한 자문을 할 수 있기 때문에 매우 유용하다. '이 물건은 공개적인 것인가 아니면 개인적인 것인가?', '관찰 대상자는 이 물건에 대해 얼마나 통제력을 갖고 있는가?' 하는 식으로 말이다.

초보 스누퍼는 그저 관찰 대상자의 CD 컬렉션을 살펴보지만, 노련한 스누퍼는 그 음악이 공개적인 것(거실에 놓여 있는 CD 컬렉션)인지 개인적인 것(직장 컴퓨터의 플레이 리스트)인지를 구별할 수 있어야 한다. 초보 스누퍼는 방주인의 사진과 그림을 눈여겨보겠지만, 숙련된 스누퍼라면 방주인이 통제할 수 있는 미술품(냉장고 문에 테이프로 붙여둔 그림)과 특별히 방주인의 취향과 상관없는 그림(사무실 벽에 걸려 있는 다른 사무실의 그림들과 비슷한 그림)의 차이를 구별할 것이다.

숙련된 스누핑을 위해서는 동일한 상황일지라도 통제할 수 있는 사항이 있고 통제할 수 없는 사항이 있다는 사실을 인식해야 한다. 페이스북 프로필이 좋은 예다. 페이스북 사용자는 자신의 프로필에 공개할 수 있는 정보를 완전히 통제할 수 있지만, 그 프로필에 대해 다른 사람들이 남긴 메시지나 다른 사람들이 올린 사진은 통제할 수 없다. 기술적으로는 프로필 주인이 이상한 메시지나 사진을 삭제해버릴 수 있다. 하지만 계속해서 올라오는 악플을 겪어본 사람이라면 알겠지만 그것은 문제를 근본적으로 해결해주지 못한다. 진정한 스누퍼라면 이렇게 인증된 내용과 인증되지 않은 내용 간의 차이와 불일치를 찾아내기 위해 적극적으로 나설 것이다. 예를 들면 날카로운 안목을 가진 스누퍼들은 내가 페이스북 프로필에 묘사해놓은 분별력 있고 안정적인 내 대외적 인격이, 친구들이 업로드해놓은 까불거리는 모습의 사진 때문에 어느 정도 훼손된 것을 눈치 챘을 것이다.

함정 5 : 아는 만큼만 보인다

내 침실연구는 언제나 나와 연구팀들에게 자신의 개인 공간을 둘러볼 수 있게 허락해준 지원자들의 호의에 의지해왔다. 그래서 나는 첫 번째 침실을 둘러보기 전에 총 8명의 관찰자들을 확실하게 훈련시키고 준비시켜야만 했다. 나는 연구를 본격적으로 시작하기 전에 먼저 내 집을 '연습용 방'으로 제공하기로 했다.

연구팀에게는 그것이 내 방이라는 사실을 말하지 않았다. 그리고 나는 통상적인 사전 준비를 미리 해두었다. 내 사진이나 이름을 표시한 것은 전부 가렸다. 훈련은 잘 끝났다. 그러나 우리가 관찰 훈련을 다 마쳤을 때 남자 연구원들 두어 명이 나에게 다가와 자기들은 이 방이 내 방이라는 사실을 눈치 챘다고 했다. 정말이에요? 나는 그들이 어떻게 그 사실을 알아챘는지 물었다. 그 학생들은 내가 어떤 차를 모는지 알고 있는데 그 차의 매뉴얼이 내 책장 위에 놓여 있는 것을 보고 알아챘다고 했다.

　몇 분 후 여자 연구원들이 몇 명 다가와 자기들도 내 방인 것을 알았다고 했다. 정말요? 이번에도 나는 어떻게 그걸 알았는지 물었다. 그들은 마루에 놓여 있던 옷이 내 옷이라는 것을 알아봤다고 했다. 이 초기의 경험은 그 후로 내가 반복적으로 배울 수 있었던 교훈의 예고편에 불과했다. 그 교훈은, 관찰자가 얼마나 전문적인 지식을 갖고 있는지가 성격을 판별해내는 능력에 너무도 중요한 역할을 한다는 점이다.

　여성이 사는 아파트를 둘러보다가 립스틱 튜브를 발견했다면 내가 보는 것은 그저 립스틱 튜브일 뿐이다. 같은 단서를 본 많은 여성 관찰자들이 보는 것은 그냥 립스틱이 아니다. 그것은 맥 립스틱 튜브나 커버걸 립스틱 아니면… 아 뭐더라, 화장품에 대한 내 얄팍한 지식을 반영하듯이 벌써 내가 아는 립스틱 브랜드는 동이 나버렸다. 여성들은 나보다 립스틱 브랜드에 더 예민할 뿐만 아니라 각 화장품이 의미하는 바를 더 잘 알고 있다. 그것이 비싼 화장품인지 싼 화장품인지 그리고 그 화장품이 어떤 이미지와 관련이 있는지 말이다. 그녀는 립스틱의 농담이나 그것이 어떻게 사용되었는지를 보고 립스틱 주인에 대한 사실을 추측해낼 수 있을지도 모른다. 립스틱이 아무렇게나 막 사용되었는지 아니면 조심스럽게 사용되었는지 하는 패턴을 통해서이다. 이런 종류의 정보들을 그 방의 다른 단서들과 종합하면 여성들은 나보다 훨씬 풍부하고 정확한 분석을 내릴 수 있을 것이다.

　이와 비슷하게 우리 학생 관찰자들은 기숙사 방의 단서들을 해석하는 데 전문가였다. 그들은 내가 눈치 채지 못하고 지나친 차이점을 보거나 내가 혼란스러워 하는 단서를 보고 쉽게 결론을 도출해내곤 했다. 한 관찰자는 내가 잘 알지 못하는 엄청나게 종교적인 캠퍼스 그룹의 문장이 그려져 있는 단추를 발견해, 이를 근거로 방주인이 동성애자의 권리나 임신중절 합법화에 반대한다고 추리해냈다. 다른 방에서 나는 침대 위에 있는 포스터의 밴드가 누구인지 전혀 몰랐다. 그러나 관찰자들은 현대 록 뮤지션임을 즉시 알아봤고 이 때문에 방주인의 개방성 레벨은 확 올라갔다. 함정 5가 제기하는 질문은 이것이다.

"보다 뛰어난 스누퍼가 되기 위해 어떻게 전문성을 연마할 것인가?"

이에 대한 답은 스누핑이라는 예술에 열정을 갖고 헌신해보라는 것이다. 우선 여러분은 관찰 대상자의 언어에 대해 전문가가 되어야 한다. 나는 TV를 갖고 있지 않은데 이것은 학생들의 방을 스누핑할 때 크게 불리한 조건이다. 그래서 나는 자연스럽게 전문가들의 도움을 구했다. 즉, 다른 학생들에게 조언을 구한 것이다. 하지만 만약 내가 혼자서 기숙사 방을 조사해야 한다면 미리 사전준비를 해야 한다. 어떤 프로그램들이 인기가 많은지 알아봐야 하는 것이다. 또한 학생들이 요새 즐겨 듣는 음악이 무엇인지 최신 정보를 확인해야 한다.

낯선 영역에서 전문가가 되기란 쉽지 않다. 그러나 지름길이 있다. 스누핑을 시작하기 전에 미리 비슷한 장소를 사전에 잠시 둘러보는 것이다. 나는 사무실을 분석하기 전에 비슷한 기관의 다른 사무실들을 먼저 둘러봄으로써 그 장소의 언어가 어떤 것인지를 관찰한다. 예를 들어 내가 만약 회사 규정상 컴퓨터 디스플레이 세팅을 바꿀 수 없다는 것을 알게 된다면, 나는 그 회사의 컴퓨터 디스플레이에는 개인화에 한계가 있다는 사실을 깨닫게 된다. 직원들이 컴퓨터 스크린 세이버에 사랑하는 사람의 사진이나 특이한 색깔분류표를 띄울 수 없다는 사실은, 방주인의 성격보다는 회사가 어떤 방침을 선호하는지를 말해준다.

언젠가 나는 사무실을 조사할 때 컴퓨터 모니터 아래의 책상 위에 파일로팩스(Filofax, 영국의 메모용 노트 브랜드―옮긴이)가 놓여 있는 것을 눈치 채고 방주인의 정리정돈 수준에 대한 점수를 좀더 높게 고쳐 매긴 적이 있다. 다음 방에서 나는 똑같은 파일로팩스가 빈 책장 위에 놓여 있는 것을 발견했고, 세 번째 사무실에서도 마찬가지였다. 나는 곧 그 회사에서는 모든 직원들에게 파일로팩스를 지급한다는 사실을 깨달았고, 다른 사무실에서 파일로팩스 찾기 놀이에 빠져 있는 나를 발견했다. 더 중요한 사실은, 그 메모용 노트가 처음에 생각했던 것만큼 방주인에 대해 많은 것을 알려줄 수 없다는 사실을 깨닫고, 정리정돈 점수를 높게 매겼던 첫 번째 사무실의 점수를 다시 낮춰서 매겼다는 것이다.

여러분의 전문성을 높일 수 있는 두 번째 방법은 가이드를 데려가는 것이다. 만약 여러분이 칵테일파티 중에 은밀하게 여성의 집을 둘러보려고 하는 남성이라면 다른 여성에게 도움을 청하라. 여러분의 지시하에 그녀는 여기저기 흩어져 있는 비밀스런 단서들을 해석해줄 것이다. 그녀의 도움을 통해 벽장 안의 구두 한 켤레가 그냥 구두가 아니라 마크 제이콥스의 최신 컬렉션이며, 구두 뒤가 구겨지고 발등의 구두끈에 긁힌 자국들이 있는 것으로 봐서 다음 외출을 위해 꼼꼼하게 잘 벗어둔 게 아니라 급하게 발을 빼서 벗었다는 것도 알 수 있을 것이다. 언젠가 한번 나는 만나자마자 순식간에 매력을 느낀 어떤 여성의 욕실을 훔쳐본 적이 있다. 그런데 수건 위의 선반에 놓여 있는 수상한 약병을 보고 불안해졌다. 그 약이 뭔지 전혀 알 수 없었기에 나는 전문가 친구에게 문자를 보냈고, 그 친구는 그 여성에게 정신적인 문제가 있는 게 아니라 알레르기가 심할 뿐이라는 사실을 알려주었다.

여러분의 무기를 갈고 닦기 위해 할 수 있는 마지막 일은 단순하다. 그리고 이는 모든 면에서 스누핑을 하는 데 도움이 된다. 바로 '질문'을 던지라는 것이다. 나는 처음으로 어떤 곳을 방문하면 방주인에게 방에 있는 물건들에 대해 이것저것 묻는다. 그로 인해 얻은 사전 지식들은 특히 다른 정보들과 결합해서 생각했을 때 다른 단서들을 이해하는 데 큰 도움이 된다. 그래서 나는 계속 물을 것이다. 어째서 맥주를 전자레인지 안에 보관하죠? 어째서 저 목각 갈매기가 책상에 그렇게 가까이 매달려 있나요? 헤밍웨이의 책은 당신에게 어떤 의미인가요? 냉장고에 붙은 사진 속의 사람들은 누구예요?

여러분이 스누핑을 하지 않는 때라 할지라도, 질문을 던지는 것이 좋다. 왜냐하면 매번 여러분이 질문을 던질 때마다 전문성을 가질 수 있는 영역이 (아주 조금씩이지만) 확대되기 때문이다. 시간이 지날수록 여러분은 더 뛰어난 스누퍼가 될 것이다. 10장에서는 내가 이 장의 '함정 수업'을 실제로 사용해야 했던 특별한 기회에 대해 설명하겠다.

chapter 10

그 사람의 참모습을 알아간다는 것

An Office and
a Gentleman

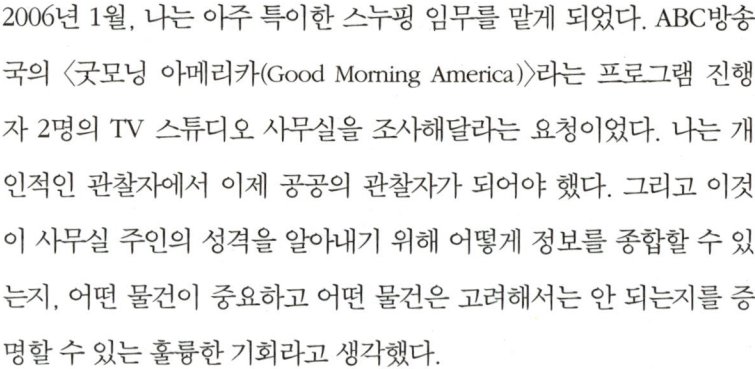

2006년 1월, 나는 아주 특이한 스누핑 임무를 맡게 되었다. ABC방송국의 〈굿모닝 아메리카(Good Morning America)〉라는 프로그램 진행자 2명의 TV 스튜디오 사무실을 조사해달라는 요청이었다. 나는 개인적인 관찰자에서 이제 공공의 관찰자가 되어야 했다. 그리고 이것이 사무실 주인의 성격을 알아내기 위해 어떻게 정보를 종합할 수 있는지, 어떤 물건이 중요하고 어떤 물건은 고려해서는 안 되는지를 증명할 수 있는 훌륭한 기회라고 생각했다.

스누핑이 준 선물

나는 생방송 중에 내가 발견한 사실들을 소개해야 했다. 하지만 일정상 직접 사무실을 방문해 사전조사를 하는 것이 불가능한 탓에 프로듀서들은 대신 사무실을 촬영한 사진들을 내게 보내왔다. 내가 관찰할 대상자들은 오랫동안 뉴스 앵커를 해온 찰스 깁슨과 마이크 바즈라는 젊은 통신원으로, 그들은 최근에 이 쇼에서 일기예보 및 인간적이고 흥미 있는 기사의 보도를 담당하고 있었다.

내가 TV 시청을 통해 그들에 대해 여러 가지 사실을 알고 있다면, 그것이 내 판단에 영향을 끼치지나 않을까 우려하는 것은 당연했다. 그러나 다행스럽게도 나는 TV를 갖고 있지도 않을 뿐더러 야행성 인간이었기 때문에 그 프로그램을 본 적이 한 번도 없었다 (내가 분석하게 될 사무실 주인들에 대해 내가 얼마나 무지한지를 방송에서는 말하지 않는 게 좋겠다는 부드러운 충고를 받긴 했지만 말이다).

내가 직접 보고 만지고 냄새를 맡을 수 있는 실제 사무실이 아니라 사진에만 의지해서 스누핑을 한다는 것은 지극히 제한적인 조건이었다. 하지만 이보다 더 어려운 문제가 있었다. 내가 해야 할 일은 같은 방송국 같은 프로그램을 진행하는 두 사람 사이의 차이를 비교하는 것이었다. 그런데 모닝쇼는 프로그램의 특성상 활달하고 열정적이며 사회성이 뛰어나고 유창한 달변에 자기 분야에서 최고의 기량을 가진 사람들을 채용하게 마련이다. 그리고 대부분의 분야에서 성공한 사람들은 모두 체계적으로 자신을 관리하고 계획을 세우며 계획 세운 바를 실행하는 능력을 갖추고 있게 마련이다.

그러므로 이 두 사람은 일정 부분에 있어 비슷한 성격을 공유하고 있을 수밖에 없을 것이다. TV 앵커와 도서관 사서 또는 건축가의 성격 차이를 비교하거나, 아니면 저녁시간 대의 다른 방송인의 성격과 비교하는 것보다 둘의 성격이 훨씬 더 비슷하리라는 것은 뻔했다. 그래서 이 제안을 받아들였을 때 나는 이 둘 사이에서 얼마나 차이점을 찾아낼 수 있을지 염려스러웠다. 그러나 두 사람의 사무실을 찍은 사진을 받자마자 이런 내 걱정은 눈 녹듯이 사라졌다.

나는 찰스 깁슨의 사무실을 먼저 살펴봤다. 사진 속의 그의 사무실은 이랬다. 문 오른쪽에 TV가 놓여 있는 낮은 책장이 있다. TV 옆 책장 첫 단에는 플러시(Plush, 천의 종류―옮긴이)로 만든 작은 호랑이 상과 열쇠가 놓여 있다. 책장 아래 칸에는 꽤 많은 책이 있었다. 그 책들을 검토하는 일부터 시작하는 것이 좋을 것 같았다. 책은 여러 가지 사실을 말해준다. 가장 분명한 점은 그 책들은 깁슨의 관심사에 대한 단서를 제공해줄 수 있다는 것이다. 책들의 제목은 정확히 무엇인가? 군대에 관한 책, 과학에 관한 책, 종교 서적? 아니면 아이슬란드의 아방가르드 예술에 관한 책인가?

사진으로 보니 대부분의 책들은 톰 클랜시(Tom Clancy)나 댄 브라운(Dan Brown) 같은 인기 작가들의 책인 듯했다. 대개의 경우 이는 상투적인 취향을 나타내는 것이지만 혹시 그 책들은 작가들을 인터뷰해야 한다든지 하는 깁슨의 업무 때문에 놓여 있는 것일지도 몰라서 성급한 판단은 잠시 보류하기로 했다. 하지만 그런 이유만으로 책에 대해 그냥 넘어가버릴 수는 없었다. 어쨌든 인터뷰는 그의 직업이다.

만약 그런 작가들의 책이 마음에 와닿지 않았다면 그가 어떻게 성공적으로 인터뷰를 할 수 있을까? 그리고 만약 그가 이런 책들에 관심이 없었다면 굳이 그 책들을 갖고 있었을까?

얼마나 폭넓은 주제의 책들이 있는지를 살펴보는 일은 특히 중요하다. 8장에서 설명한 것처럼 다양한 주제의 책(그 수가 많지 않더라도)은 새로운 경험들에 대한 그 사람의 개방성을 알려주는 강력한 단서다. 어떤 사람의 책장에 꽂혀 있는 책들은 그 사람의 전반적인 지적 스타일 및 견해를 보여준다. 개방성이 높은 사람들은 추상적인 사고를 즐기고 폭넓은 사고를 하며 창조적이고 상상력이 풍부하며 철학적이다(결국 개방성이 레오나르도적 요소라는 것을 기억하라). 따라서 깁슨의 책장에 눈에 띄게 다양한 책들이 꽂혀 있다는 사실에 나는 그의 개방성에 점수를 약간 높게 매겼다. 몇 권의 책들이 제시하듯이, 그의 성격이 그렇게 인습적이지 않을 수도 있었다.

책 종류의 다양성이나 주제 외에도 책이 배열된 방식에서도 정보를 얻을 수 있다. 또는 깁슨의 경우에서처럼 책들이 체계적으로 배열되어 있지 않다는 사실에서도 마찬가지다. 깁슨의 책들은 특별한 순서 없이 꽂혀 있는 것으로 보였다. 어떤 것은 세로로, 어떤 책들은 단정치 못하게 아무렇게나 쌓여 있었으며 어떤 책들은 가로로 눕혀져 있었다. 제목이나 작가의 이름순이라든지 겉표지 색깔 및 크기에 따라 정리되어 있거나, 어떤 식으로든 뭔가 정해진 규칙에 따라 정리되어 있는 것처럼 보이지는 않았다. 나는 깁슨이 혹시 책을 구입한 순서대로 가장 최근의 책을 가장 위에 놓은 것은 아닌가 싶었다.

책은 가지런히 꽂혀 있지는 않았지만 최소한 거의 모든 책이 책장에 꽂혀 있었는데, 이는 대부분 어느 사무실에서나 마찬가지다. 여러 사무실을 둘러본 스누퍼로서 나는 일단 깁슨의 질서정연한 정도는 중하위 수준이라고 판단했다.

이 시점에서는 그 책들이 얼마나 깁슨의 관심사를 많이 반영하고 있는지 알 수 없었다. 전에 내가 스누핑을 위해 책들을 조사할 때는 직접 책을 펼쳐 내용을 살펴보고 좀더 자세하게 검토를 할 수 있었다. 오랫동안 읽은 흔적이 있는지, 손댄 흔적 없이 깨끗한지 등을 파악할 수 있다면 깁슨이 실제로 그 책들을 읽었는지 아닌지 알 수 있었을 텐데 말이다. 그리고 책장 사이에 떨어져 있는 머핀 부스러기라든지 가장자리에 적어놓은 메모 같은 다른 단서들(그의 생각을 알 수 있고, 책 읽기에 집중하지만 책을 깨끗하게 보관하는 것에 대해서는 그다지 신경 쓰지 않는다는 사실을 알려주는 단서들)도 알 수 있었을 것이다.

만약 이렇게 직접 확인해보고 깁슨이 실제로 책을 읽은 것 같지는 않다고 생각된다면 어째서일지 궁금해할 것이다. 여기에 대해서는 다양한 가능성을 떠올릴 수 있다. 아마도 내가 사전에 생각했듯이 그 책들은 그저 업무 때문에 거기 쌓아놓은 것일지도 몰랐다. 다른 사무실도 비슷한지 한번 훑어보는 것이 이 질문에 대한 해결책을 제시해줄지도 모른다(함정 5를 떠올려보라).

아니면 깁슨은 원래 이 책들을 다 읽으려고 했는데 미처 읽지 못했을 수도 있다. 만약 그렇다면 이것은 그가 지나치게 낙관적이고 비현실적인 계획을 세우는 경향이 있다는 가능성을 보여준다. 그는 굉장히 바쁠지 모르지만 자신이 바쁘다는 사실을 스스로 알고 있을 것이므로 만약 현실적이라면 스케줄에 맞춰 계획성 있게 책을 구입해야 마땅했을 것이다. 혹은 남들에게 좋은 인상을 주기 위해 책장에 읽지도 않은 책들을 꽂아 두었을지도 몰랐다. 정확한 분석을 위해서는 책들이 어떻게 정리되어 있는지를 살펴볼 필요가 있었다. 방문객들이 볼 수 있도록 인상적인 책들이 전면에 배치되어 있는가(함정 4를 기억하라). 사람들은 종종 이런 방법으로 다른 사람들에게 좋은 인상을 심어주려 하지만 6장에서 설명한 것처럼, 이런 인상을 꾸며내기란 생각보다 훨씬 어려운 일이다.

깁슨의 사무실을 찍은 사진을 마이크 바즈의 사무실 사진과 비교했을 때, 나는 가장 먼저 바즈의 사무실이 텅 비어 있는 것을 보고 깜짝 놀랐다. 이는 방주인이 심미적이라기보다는 지극히 기능적인 관점을 가진 사람이라는 사실을 알려주는 것이었다. 만약 기능과 외형 둘 중 하나를 선택해야 한다면, 깁슨과 비교할 때 마이크는 깁슨보다 기능을 선택할 확률이 높을 것으로 생각되었다. "이거 제대로 작동되나요? 그럼 이걸로 하죠. 아뇨, 보기 흉하든 말든 상관없어요" 하는 식으로 말이다.

그 증거로 예를 들자면, 바즈의 전등 밑에는 보기 흉한 (그러나 매우 효율적인) 긴 전선이 마구 엉켜 있었다. 사무실을 꾸미려 한 흔적을 볼 수는 있었다. 그리고 책장은 텅 비어 있었는데 아마도 바즈는 깁슨보다 좀더 구체적이고 일반적인 성향을 가진 사람인 것 같았다.

깁슨의 책상 위에서 그의 정리정돈 스타일에 대해 처음 받은 인상을 더욱 확고하게 해주는 증거들을 발견했다. 고무줄은 고무줄 통에 들어 있지 않았고, 책상 위 물건들은 혼란스럽게 흩어져 있었다. 매일 넘기는 방식의 탁상 달력은 20일이 넘도록 넘기지 않아 그대로 방치되어 있었고, 연필꽂이에는 펜 몇 개가 꽂혀 있을 뿐이었다. 아무렇게나 책을 꽂아둔 것과는 다른 일관성 있는 정황으로 미루어볼 때, 그 책상은 그의 삶에서 정리정돈이 중점적인 사항이 아니라는 것, 적어도 마이크 바즈와 비교했을 때 상대적으로 그렇다는 것을 보여주고 있었다.

하지만 객관적인 기준으로 보면, 깁슨의 사무실은 꽤 괜찮아 보였다. 만약 이런 정리정돈 상태(또는 정리정돈이 되지 않은 상태)의 근본적인 이유가 무엇인지를 파고 들 수 있다면, 그의 성격에 대해 조금 더 많은 사실을 알아낼 수 있을 것이다. 아마도 그가 정리정돈에 대해 별로 신경 쓰지 않아서 그럴 수도 있다. 아니면 신경은 쓰지만 정리정돈된 상태를 유지할 수 없어서 그런 것일 수도 있다. 깁슨의 사무실에 물건들이 배치된 모습은 아마도 후자의 가능성이 높지 않을까 하는 생각이 들게 했다. 그는 다른 사무실에서 흔히 볼 수 있는 것보다 훨씬 많은 정리정돈을 위한 도구들을 갖고 있었다. 탁상 다이어리, 탁상 달력, 연필꽂이, 기타 등등. 그러므로 정리정돈에 대한 계획을 갖고 있음이 분명해 보이지만 체계적인 사람들이 하듯이 그런 계획들을 제대로 실행하지는 못했다. 달력을 제때 제때 넘길 만큼 시간관리 지향적이지도 않았다(본질적으로 체계적인 사람은 다른 날짜, 또는 결코 그럴 일은 없지만 다른 달에 머물러 있는 달력이란 질서가 무너지는 경고라고 생각한다. 오늘 달력 날짜가 틀렸다면 마치 내일 거리에서 폭동이라도 일어날 것처럼 말이다).

책상의 파일 서랍은 제대로 닫혀 있지 않았다. 만약 깁슨이 정리정돈에 집착하는 스타일이라면 주변 시야에 반쯤 열린 서랍이 놓여 있으면 하는 일에 절대로 집중할 수 없을 것이다. 책상에 포스트잇이 놓여 있었지만, 상당히 멀리 떨어져 있어서 손에 닿지 않았다. 이 모든 상황들이 그가 심적으로는 체계적으로 정리하고 관리하고 싶은 욕구를 갖고 있다는 것, 즉 정리정돈이 중요하다고 생각한다는 것을 보여주었다. 그러니까 그가 만약 산발적인 정리정돈가(계속 손을 놓고 있다가 도저히 참을 수 없는 지경이 돼서야 대대적인 정리를 하는 사람)라고 해도 나는 별로 놀라지 않았을 것이다. 나는 또한 책상 위에 놓여 있는 상자 몇 개를 봤다. 만약 상자 안에 문방용품이 있다면 그것은 정리정돈을 하겠다는 깁슨의 고매한 의도를 보여주는 또 다른 단서가 될 것이었다.

책상 위에는 또 미결 서류함도 있었다. 그곳에는 초록색 야구 모자가 놓여 있었는데 모자 외엔 아무것도 없었다. 이것은 모든 일들이 처리되었다는 의미이거나, 또는 상자 밑의 먼지 자국을 보면 깁슨이 이 미결 서류함을 아예 사용하지 않는다는 것을 보여주는 증거일 수도 있었다. 서류함이 모자 보관용으로 쓰이고 있다는 점과 방안의 다른 정황으로 미루어볼 때 나는 이 서류함이 사용되지 않는다고 짐작했다.

그렇다면 깁슨의 정돈되지 못한 부분들에 대해 가능한 이유들이 무엇인지 구별하는 것은 어떤 의미가 있을까? 양쪽 모두 정리되지 않은 흐트러진 책상이라는 결과는 똑같다. 하지만 그 이유가 무엇인지를 알 수 있다면 그 사실을 통해 그가 다른 상황에서 어떤 가치를 소중히 여기는지를 이해하고, 그와 관계를 맺어나가는 데 있어 도움을 받을 수 있을 것이다. 예를 들어 나는 깁슨이 정리정돈과 체계성을 중요하게 생각한다는 분명한 인상을 받았다. 그러므로 만약 누군가 그에게 무엇을 부탁하고 싶다면, 회사에서 보고서를 마치라든지 아니면 차고를 청소하라든지 하는 체계나 정리정돈을 중요하게 생각하는 그의 성격에 호소하는 것이 합리적일 것이다. 정리정돈에 전혀 신경을 쓰지 않기 때문에 책상이 엉망인 사람들에게는 이런 호소력이 전혀 먹히지 않는다.

모든 사람이 체계적으로 정리정돈을 하고 싶어 하는 것은 아니다. 더욱이 정리정돈을 하고 싶어 하는 모든 사람들이 언제나 정리정돈에 실패하는 것도 아니다. 우리는 체계적이고 정돈되기를 원하지만 그렇지 못한 사람들과 아예 정리정돈에 무관심한 사람들을 구별하기 위해 '동경하는 자아'라는 관념을 적용할 수 있다.

이런 점을 이해하는 것은 일상에서 매우 유용하다. 예를 들어 이 사실은 자신이 그다지 체계적으로 정리정돈을 하지 못하지만 정리정돈을 굉장히 중요하게 생각하는 사람을 여러분의 사무실에 초대해야 할 일이 있을 때, 자신의 사무실을 미리 청소해두어야 한다는 동기부여를 해줄 수 있다. 그 사람이 정리정돈이나 체계에 전혀 신경을 쓰지 않는 사람이라면 자연스럽게 진행되는, 보다 즉흥적이고 자연스러운 회의방식을 선호할지도 모른다.

내 동료 중의 한 사람은 이렇게 정리정돈에 신경 쓰지 않는 부류에 속한다. 그녀의 사무실은 언제나 폭격을 맞은 것 같다. 그러나 하루는 내가 사무실의 상태에 대해 가볍게 언급을 하자 그녀는 곧 사무실을 옮길 것이기 때문에 그냥 그렇게 방치해두는 것뿐이라고 말했다. 새로운 사무실로 이사하면 훨씬 깨끗하고 좋아 보일 거라고 덧붙였다. 나는 그 말을 믿을 수 없었는데, 사무실 정리정돈이 그녀에게는 전혀 중요한 일이 아니라는 사실을 알 수 있었기 때문이다. 그리고 확실히 나중에 그녀의 새 사무실의 상태는 예전과 별반 다르지 않았다.

내 동료와 달리 찰스 깁슨은 정리정돈에 대해 부정적이지 않았다. 내가 그의 성격에 대해 구체적인 내용들을 그려감에 따라 나는 그가 "나는 반드시 언젠가 그것을 해야만 해" 하는 유의 성격을 갖고 있다는 사실을 깨달았다. 즉, 훌륭한 의도를 갖고 있지만 행동이 생각을 따라가지 못한다는 것이다. 이 성격적 윤곽은 책상이나 책장이 정돈되어 있는 상태(아마도 좀더 자세히 관찰해보면 책장 위의 책들도 아직 읽은 것은 아니지만 다른 사람에게 좋은 인상을 주려고 거기 둔 것은 아닐 것이다)가 암시하고 있었다. 그럼 이런 가설을 뒷받침해주거나 부정하는 다른 증거들은 무엇일까?

한쪽 벽을 따라서 식품상자들이 줄지어 놓여 있었는데 파일들과 종이로 가득 차 있는 듯이 보였다. 이것은 깁슨이 지금 정리정돈 중이라는 사실을 알려주는 걸까? 물건들이 상자 속에 들어 있다는 것은 정리정돈을 하기 위한 좋은 출발이지만 진정으로 정리정돈에 강한 사람이라면 그것들을 장기적으로 보관할 적당한 장소를 이미 찾았을 것이다. 그리고 어쩌면 색인표로 분류된 특별한 정리 상자들을 갖고 있을지도 모른다. 우리 대부분은 상자까지에서 멈춘다. 그러나 까다로운 성격을 가진 사람들은 그것을 볼 때마다 아직 제자리에 정리되지 않은 물건들을 정리해야 한다는 압박을 느낄 것이다.

나는 그의 사무실에 걸린 그림들에서 '언젠가 반드시 그것을 해야만 해' 라는 깁슨의 성격에 대한 다른 단서를 찾았다. 구체적으로 그림들이 놓여 있는 위치에서였다. 사진 속 그의 사무실에는 두 점의 그림이 있었는데 (나중에 알게 된 사실이지만) 한 장은 그의 집에 있는 그림을 확대한 정밀화였고, 다른 하나는 액자에 넣어진 프린스턴대학교 건물 그림이었다. 흥미롭게도 두 그림 다 벽에 걸려 있지 않았다. 확대된 복사판 그림은 벽에 기대어져 있었고 프린스턴대학교 그림은 프린터 위에 놓여 있었다. 대부분의 사람들과 마찬가지로 깁슨에게는 그것으로 충분했다. 하지만 정리정돈에 있어 철저히 심미적이거나 굉장히 신경 쓰는 사람들에게는 결코 그렇지 않을 것이었다. 만약 내가 직접 그곳을 방문할 수 있었더라면 나는 다른 사무실들을 살펴보고 혹시 벽에 그림을 건 사람이 있는지 재빨리 확인함으로써 회사 정책상 벽에 무엇을 걸 수 없다는 규정을 파악할 수 있었을 것이다. 함정 5를 다시 한번 생각해보라.

| 좋은 의도가 제대로 실행되지 못했을 때

깁슨의 사무실처럼, 나는 때때로 흐지부지된 훌륭한 의도를 엿볼 수 있는 증거들을 발견하곤 한다. 우리가 언젠간 반드시 할 거라고 다짐하지만 성격 때문에 결코 하지 못하는 모든 일들 말이다. 실현되지 않은 모든 욕구들은 대부분 우리가 진심으로 그렇게 하고 싶어 하는 일들이다. '날씬해지기', '정리정돈 잘하기', '편안하게 쉬는 시간 가지기' 등.

뛰어난 스누퍼는 실패한 결심들의 증거를 찾아낼 것이다. 책상 뒤에 놓여 있는, 먼지가 쌓이고 열어보지도 않은 수영 고글 상자, 날짜가 지난 워터 에어로빅 수업계획표, 얼마 전에 만료된 헬스클럽 회원증 등. 지극히 낙관적인 (그러나 비현실적인) 사무실 정리계획들은, 보기에는 멋지지만 사용하지는 않는 온갖 문방용품들을 통해 드러난다. 이런 포부들을 증명할 수 있는 물건들을 쌓아나가는 것은 쉬운 일이지만, 계획한 일들을 실제로 실천한다는 것은 어려운 일이다.

우리 대부분은 새롭게 바뀌는 상황, 예컨대 새 직장 또는 새 사무실로 이사한다든지 하는 상황을 큰 변화를 가져올 수 있는 계기라고 생각한다. 몇 년 전 텍사스대학교 심리학과가 새로운 건물로 이사를 하게 되었을 때였다. 나는 사람들이 사무실을 멋지게 꾸미고자 하는 열망을 실제로 실천하는지 보기 위해 간단한 연구를 기획했다. 우리는 이사 가기 전 옛 사무실들을 조사하고, 이사한 후에 새로운 사무실들을 조사했다. 이것은 사람들에게 혼잡하고 무질서한 사무실을 새롭게 단장할 수 있는 절호의 기회였다.

나는 동료들이 "이봐, 이 사무실은 정리정돈의 새 장을 열어줄 거야"라고 말하는 것을 상상할 수 있었다. 그러나 물론 현실은 그렇지 않았다. 그들의 포부와 원래 성격에 의해 형성된 생활방식 사이의 균열은 너무 깊고 넓었다. 그 증거들은 새 사무실 여기저기에 널려 있었다. 아무렇게나 무질서하게 꽂힌 색인 파일, 아직도 포장을 뜯지 않은 노트, 언제인지 알 수 없지만 알파벳순으로 정리될 날을 하염없이 기다리고 있는 명함들. 예전 사무실만을 관찰했던 사람들과 새로운 사무실만 관찰했던 사람들이 사무실 주인의 성격적인 특성에 대해 받은 인상이 매우 비슷했다는 것은 전혀 놀라운 일이 아니었다. 그리고 만약 1~2년 후에 다시 비교해봤다면 이런 상관관계는 더욱 강해졌을 것이라고 예상할 수 있다. 대부분의 사람들은 새로운 사무실에서 정리정돈 면에 있어 약간의 개선을 보이기는 했다. 그들은 폴더와 라벨 그리고 박스를 좀더 합리적으로 사용하기 시작했다. 하지만 얼마 지나지 않아 그런 정리 체계는 붕괴되기 시작했다. 이번에도 나는 동료들의 목소리를 상상할 수 있었다

"이런 젠장, 빨간색 폴더가 모자라는구먼. 어쩔 수 없지 노란색 폴더를 쓰는 수밖에."

실패한 포부에 대한 증거를 보여주는 것은 비단 사무실뿐만은 아니다. 어떤 사람의 집을 살펴봐도 좋은 의도가 실패한 수많은 흔적을 볼 수 있다. 예를 들어 긴장을 풀고 편안한 시간을 가지려 결심했지만 실천에 옮기지 못한 사람은 향기 나는 양초, 발마사지 크림, 입욕용 오일을 쌓아두었으며 그의 아이팟에는 '마음을 진정시키는 음악'이라는 폴더가 있을지도 모른다. 하지만 마사지 크림병은 아직 가득 차 있고, 양초도 거의 사용한 흔적이 없으며, 아이팟의 '가장 많이 들은 음악 리

스트'에는 조용한 음악을 찾아볼 수 없을 것이다. 그 사람이 고독과 명상의 순간을 꿈꾸지만 실제로 그런 시간을 가질 수 없는 것은, 우리는 끊임없이 성격이 이끄는 대로 생활습관을 만들기 때문이다.

진정한 변화는 물론 가능하다. 하지만 그런 변화를 성공적으로 달성한다는 것은 어려운 일이다. 왜냐하면 그러기 위해서는 자신의 근본적인 생리학적 경향에 맞서 싸워야 함은 물론 자신이 쌓아온 생활습관과 일상의 책임에 대해서도 압박을 받기 때문이다. 이제까지 해온 생활습관을 크게 바꾸지 않고서는 매일 자신을 위한 시간을 만들어내기란 어려운 일이다. 이것이 어째서 생활에 큰 변화가 생길 때 성격의 변화가 가장 뚜렷하게 나타나는지를 설명해준다. 부모가 된다든지 직업적으로 더 큰일을 맡게 되어 더 높은 수준의 책임감이 요구될 때는 성실성이 높아지는 경향이 있다.

이는 그것이 실천되었든지 실천되지 못했든지 간에 특정 단서들을 성격적 요소와 단순히 동일하게 생각할 수 없다는 사실을 다시 한번 상기시켜준다. 우리가 함정 2에서 배운 것처럼, 어떤 단서가 뜻하는 바의 일부는 다른 단서들로부터 깨달을 수 있다. 양초 자체만으로는 방주인이 편안하게 쉬는 시간을 좋아한다는 결론을 내리기에 충분치 않다. 예리한 스누퍼는 편안한 휴식과 관련된 물품들이 정말 쓰였는지 하는 상태와 그것들이 어디에 놓여 있는지까지 고려해야 한다. 그리고 관찰 대상자의 욕실에 있는 주변 환경과 특징들도 살펴야 한다. 만약 욕실 선반에서 다 타버린 초를 발견한다면, 게다가 비슷한 상태의 다른 초들과 입욕용 소금병, 아이 마스크, 오래 써서 닳은 목욕용

때수건, 욕실 주변에 왁스의 흔적 등을 볼 수 있다면, 이것은 집주인이 느긋하게 긴장을 푸는 시간을 소중히 생각한다는 그리고 실제로 그런 시간을 많이 보내고 있다는 훌륭한 단서들일 것이다.

또한 여러분은 이 사실을 바탕으로 더 많은 것을 알아낼 수 있을 것이다. 이 관찰 대상자는 또 어떤 다른 방식들로 자기위안을 얻는 걸까? 유명인사의 가십 기사가 실린 잡지나 미식가를 위한 요리책, 이국적인 나라들에 대한 여행기나 에로틱 소설을 발견했는가? 이번에도 각 항목들은 여러분이 방주인과 관계를 형성하는 데 있어 도움이 되는 정보들을 제공할 것이다. 밸런타인데이 전에 꼼꼼한 스누핑을 하는 것은 별 4개짜리 식당에 예약하는 것이 좋을지 아니면 잔지바르(Zanzibar, 아프리카 동해안의 섬―옮긴이)로의 여행을 계획해서 그곳에 관심을 갖고 있던 애인을 깜짝 놀라게 해주어야 할지 결정하는 데 큰 도움이 될 것이다.

| 스누핑으로 그린 성격 그림

찰스 깁슨의 사무실로 돌아가보자. 나는 그의 사무실에 있는 그림들에서 그의 가치관이나 정체성에 대한 단서를 찾아봤다. 수많은 다른 이미지들 중에 어째서 그는 하필 그 2가지 그림을 골랐을까? 프린터 위에 올려 있는 프린스턴대학교 그림은 특히 흥미로웠는데, 주위에 (플러시로 만든 호랑이 상을 포함해서) 프린스턴대학교의 다른 기념물들이 있었기 때문이다. 나는 이런 장식들이 이 엘리트 대학이 깁슨의 모교라는 의미일 것이라고 짐작했다. 그리고 아이비리그 출신이라는 그의 정체성 주장에 근거해 단정을 내릴 뻔했다. 하지만 내가 전에 언급한 바(스테파니의 목각 갈매기를 떠올려보라)와 같이 훌륭한 스누퍼는 섣부른 단정을 내리기 전에 그 물건이 왜 거기에 있는지 출처를 확실히 해야만 한다. 어쩌면 그의 딸이 프린스턴대학의 학생일지도 모른다. 혹시 그의 TV 프로그램에 출연했던 초대 손님이 그 그림을 깁슨에게 선물했을지도 모르는 일이었다. 다른 정보들이 깁슨 자신이 프린스턴의 명성을 자랑스럽게 여기고 있음을 알려주었다. 나중에 내가 출연한 프로그램이 방송되는 것을 봤을 때 그는 자신이 프린스턴에서 보낸 시절을 두 번이나 언급했었다.

더 흥미로운 점은 이런 경험에 대한 그의 기억이 자신이 누구인가 하는 그의 생각과 지속적인 융화를 이루고 있음이 분명하다는 점이었다. 성인 남성(찰스 깁슨은 60대였다) 중에 대학의 학연을 지속적으로 광고하는 사람은 그리 많지 않다. 분명히 그는 프린스턴 출신이라는 것을 매우 자랑스러워하고 있었으며 이 사실이 내 스누핑 레이더에 걸렸던 것이다. 프린스턴에서의 어떤 경험이 그가 이렇게 지속적으로 모교에 애착을 가지게 했을까? 높은 지위, 더 뛰어난 학문적 수준, 아니면 그의 애착이 중요했던 삶의 전환기에 대한 것이었을까? 내가 깁슨을 좀더 잘 알 수 있었더라면 그의 아이비리그 출신 경력과 그 경력이 성격 형성에 미친 영향에 대해 확인해보고 싶었다.

깁슨처럼 우리는 이러한 여러 가지 연관고리들을 통합해 내가 누구인지 하는 스스로의 인식을 만든다. 내가 이주해온 오스틴에서는 엄청나게 많은 사람들이 텍사스 출신이라는 것을 자랑스럽게 생각한다. 그리고 그들은 지나칠 정도로 이런 자긍심을 표현하는 데 열성이다. 자동차 범퍼 스티커, 깃발, 티셔츠, 가게 이름, 드레스, 문신 등을 통해서 말이다. 실제로 한 방문객은 나에게 자기가 어떤 주에 와 있는지를 한시도 잊을 수 없게 만드는 곳은 한 번도 본 적이 없다고 말하기도 했다.

이런 종류의 단서들을 스누핑의 시각으로 보면, 사무실에서 우리는 그곳에 어떤 순간이나 장소 그리고 과거에 관련 있었던 그룹과의 연관성에 대한 풍부한 상징적 연결고리들이 있다는 것을 알 수 있다. 한 사무실에서는 책상 위에 작은 헝가리 국기가 핀으로 꽂혀 있었다. 다른 사무실에서는 여학생회에 대한 지속적인 충성심을 알려주는 3개의 그리스 문자 심벌이 새겨진 크리스털 구(球)가 있었다.

또한 깁슨의 프린터 위 사무실 벽에는 다른 나라의 지도가 걸려 있었다. 우리 연구 조사 결과를 보면 다양한 관심사를 가진 사람들이 지도를 갖고 있는 경우가 많았고 이것은 개방성을 알려주는 단서였다. 그러나 이 경우에는 그 지도가 깁슨의 지적인 관심사를 만족시키기 위한 것인지가 분명치 않았다. 그것은 프린터 바로 옆에 핀으로 꽂혀 있었는데 그곳은 쉽게 지도를 볼 수 있는 장소였다(찰스가 즐겨 앉는 자리 또는 그곳을 여행하면 얼마나 즐거울지 하는 공상 속에 빠져들 수 있을 만한 장소 대신에).

지도의 위치로 볼 때는 사업적인 목적으로 거기 있는 것이 아닌가 하고 생각되었다. 아마도 깁슨이 방송 스토리를 위해 지리를 파악해야 한다든지 하는 이유 때문이 아닐까 싶었다. 만약 그렇다면 이것은 개방성에 대한 단서라고 보기 어려울 것이다. 확실히 그 지도는 아프가니스탄의 지도였다. 그 당시 뉴스에서 중요하게 다루어지고 있는 곳이었다. 깁슨은 뉴스 보도를 하는 사람이므로 자신이 보도하는 장소들의 관계를 알아야 할 필요가 있었다.

예술품들도 내가 깁슨의 사무실에 있는 책들에서 받았던 인상을 지지해주는 단서였다. 그림들은 조금 독특했지만 진품이 아닌 복제품이었다. 이것은 예술에 관한 관심과, 개방적인 특성이 약간만 높음을 상징했다. 하지만 전반적으로 깁슨의 사무실 벽은 텅 비어 있었다. 그리고 그것은 근본적인 스누핑에 관한 사실 하나에 주목하게 했다. 바로 거기에 무엇이 없느냐 하는 것도 거기에 무엇이 있느냐는 것만큼 중요한 사실이라는 점이다. 텅 빈 벽, 아무것도 없는 창틀, 사진이 올려 있지 않는 맨틀피스 같은 사실들 말이다.

텅 빈 벽의 중요성이나 파일 캐비닛 위의 빈 공간들이 얼마나 중요한지를 고려하기 위해서는 판단의 척도가 될 수 있는 비슷한 공간들을 살펴봐야 한다. 예를 들어 우리가 살펴본 사무실 중 하나에서 우리는 몇몇 스티커와 포스터 두어 점과 함께 넉 장의 엽서가 나란히 벽에 붙어 있는 것을 봤다. 이것이 은행 사무실이었다면 아마 우리가 분석한 은행 사무실 중에 가장 장식이 많은 사무실이었을 것이다. 하지만 그것은 광고 에이전시의 사옥 안에 있는 사무실이었고 다른 사무실들의 공들여 꾸민 수많은 장식에 비하면 분명 빈약한 사무실이었다.

▍감정이 만들어낸 성격

깁슨의 작품을 비교대상인 마이크 바즈의 사무실과 비교했을 때 사무실 장식의 한 가지 특징이 그 둘을 뚜렷이 구분하고 있었다. 바로 가족사진이었다. 바즈의 사무실은 그와 자녀들 그리고 부인 사진들로 장식되어 있었다. 바즈의 사무실과는 대조적으로 깁슨의 사무실에는 가족사진이 한 장도 없었다. 이것은 바즈가 깁슨보다 직업적인 자신과 집에서의 자신에 대한 구분이 덜하다는 사실을 제시한다.

바즈의 사무실에서 가장 흥미로웠던 점 중 하나는 그가 사진을 배치한 방식이었다. 창틀에는 아주 멋진 액자에 넣어진 가족사진이 있었으며 모두가 환하게 미소를 짓고 있었다. 그러나 이 사진들은 누가 볼까? 그의 책상에서는 사진을 보기 위해 뒤를 돌아봐야 한다. 그러나 바즈의 건너편에 앉은 방문객들은 바즈 옆의 사진이 자연스럽게 눈에 들어온다. 이것은 외부지향적인 자아정체성 주장의 고전적인 사례이다. 바즈의 가족사진은 그의 가치관을 말해주고 있을 뿐만 아니라 개인적인 사생활도 살짝 엿볼 수 있게 해준다. 그리고 이 사실 자체가 그가 사생활과 직장생활에 확실하게 선을 긋고 있지 않다는 것을 알려준다.

그러나 모든 사진들이 다른 사람에게 보여주기 위한 것은 아니었다. 그의 왼쪽에 있는 게시판에는 자녀들의 사진이 12장 정도 붙어 있었다. 사진들은 게시판 오른쪽에 세로로 나란히 줄지어 핀으로 붙어 있었는데 불균형한 모양새였다. 이 특이하게 불균형한 장식의 의미는 무엇일까? 나는 바즈가 사진들을 그곳에 붙여놓은 이유가 일하는 위치에서 잘 보이기 때문이라는 것을 깨달았다. 그리고 이 사실은 바즈에 대해 중요한 사실을 알려주었다. 그는 군것질쟁이였다. 하지만 주전부리 음식을 먹는다는 뜻이 아니다. 그는 가족과의 애착에 굶주려 있었다. 이 사진들은 그가 실제로 가족들을 다시 보는 순간까지 참을 수 있게 해주는 사회적인 군것질거리였다.

노스웨스턴대학교의 웬디 가드너(Wendi Gardner) 교수는 사회적인 군것질에 대해 연구했는데 심리학적인 군것질거리(지갑 속 사진, 애인에게서 받은 편지 등)가 사회적인 고립감의 고통을 완화해준다는 주목하지 않을 수 없는 증거들을 보여주고 있다. 영리하게 계획된 일련의 실험에서 가드너와 그의 동료들은 연구 참가자 그룹에게 친구의 사진을 가져오게 하고, 다른 그룹에게는 가장 좋아하는 유명인의 사진을 가져오라고 했다. 참가자들은 책상 위에 사진들을 올려놓고 다른 사람들에게 거부당한 경험들에 대해 생생한 세부적인 상황들을 떠올려 봐야 했다. 보통 이런 기억을 떠올리면 기분이 나빠진다. 그리고 바로 그것이 유명인의 사진을 가져온 사람들에게 일어난 현상이었다. 하지만 친구의 사진을 보고 있던 그룹의 사람들은 이러한 갑작스럽게 침체되는 감정을 느끼지 않았다. 가드너는 이 사회적 군것질거리의 버퍼링 효과가 특히 다른 사람들과 분리되어 있다는 감정을 완화하는데 효과가 있다는 것을 보여주었다.

그녀가 이것과 똑같은 실험을 했을 때, 그러나 이번에는 사람들에게 거부당했던 기억 대신 실패한 기억을 떠올리도록 했을 때는 모든 참가자들이 거의 동일한 정도로 기분이 나빠졌다. 유명인의 사진을 보던 참가자이든지 친구들의 사진을 보던 참가자이든지 마찬가지였다. 가드너에 의하면 이런 효과가 아마도 85퍼센트에 이르는 수많은 성인들이 사무실 책상이나 지갑에 사랑하는 이의 사진이나 사랑하는 이를 떠올릴 수 있는 기념품을 장식하는 이유일 것이라고 한다. 그리고 이렇게 하는 것은 매우 유익한 일인데 외로운 감정은 불면증, 심장 혈관성 질환에서부터 면역력을 약화시키고 혈압을 높이는 등 심각한 건강 문제를 야기하는 원인들과 관련되어 있기 때문이다.

사진이나 결혼반지, 친밀한 사람이 보내온 이메일 같은 기념품들은 외로운 감정에 대한 방패막이가 되어줄 수 있고 행복감과 생산성을 증대시킨다. 바즈의 사무실에서는 모든 사진과 포스터 속에 사람이 들어 있었다. 이것은 그가 외향적인 사람이라는 것을 알려준다. 내성적인 사람들은 사람이 묘사된 장식을 잘 하지 않는 경향이 있다. 그들은 조용한 풍경 사진이나 정물화를 더 선호한다. 내성적인 사람이 만약 초상화를 장식한다면 그것은 대부분 침착하고 조용한 사람의 초상일 경우가 많다. 우리 대학원생들 중 내성적인 학생 한 명은 벽에 문을 그린 그림들을 붙였다. 나는 상대적으로 외향적인 사람이기에 그녀의 사무실에서 그 문 그림들을 쳐다보면서 그 문이 열리고 진짜 사람이 들어오는 것은 아닐까 하고 기대를 했다(외향적인 사람들은 다른 사람들에게 끌리는 성향이 많기 때문에 내성적인 사람들보다 보컬이 있는 음악을 선호하는 경향이 높다). 바즈의 외향성을 한번 더 확인해준 것은 편안해 보이는 의자와 쿠션들이 놓여 있는 소파였다. 이것이 특별히 의식적으로 계획된 전략은 아닐지라도 8장에서 설명한 것처럼 환대하는 분위기를 가진 사무실은 함축적으로 사람들을 끌어들이고 머무르게 하기 위해 설계된 것이다.

바즈의 사무실에 있는 사진들과 그것들이 배치된 모습은 그가 사회적인 소속관계에 특히 신경 쓰고 있음을 시사해주었다. 이렇듯 '어디엔가 속하고 싶은 욕구'가 얼마나 강한지는 사람마다 다르다. 하지만 우리는 누구나 어느 정도 소속에 대한 욕구를 갖고 있다. 사회적인 종족으로서 우리는 오랫동안 집단에 의지해서 살아왔다. 무리의 숫자가 제공하는 보호체계(경계하는 눈의 숫자)에서부터 무리를 이루어 하는 사냥의 효율성까지 말이다. 그러므로 진화론적인 과거 속에서 우리는 개인이 다른 사람들과 가까이 지내게 만드는 메커니즘이 필요했다. 그룹의 결속력이 없는 사람들(혹은 얼룩말들이나 하이에나들)은 제각기 길을 잃어버리고 그룹의 단단한 결속력을 약화시켜 그룹원들의 안전을 위협할지도 모르는 일이었다.

우리 조상들은 다른 이들과 함께 지낼 수밖에 없었다. 각자 도태되지 않거나 단일 종족의 조상이 된 사람들이라면 말이다. 그들을 결속하게 한 이 메커니즘은 의식적인 전략이 아니었다. 그들은 단지 그룹 안에 함께 있는 것을 혼자인 것보다 더 기분 좋게 느꼈던 것이다. 아마 이런 비슷한 행동을 연못에서 함께 조용히 물장구치고 있는 오리 한 쌍에게서도 볼 수 있을 것이다. 한 마리가 조금 저쪽으로 움직이면 얼마 지나지 않아 다른 한 마리도 더 가까이 움직인다. 함께 물장구를 치면서 그들은 친근함을 유지하는 느긋한 춤을 출 것이다. 가끔 한 마리가 리드를 하면 다른 한쪽이 따라가기도 하고, 가끔은 역할을 바꾸기도 한다. 이것을 의인화한다면 '사랑'이라고 설명될 수 있을 것이다. 하지만 아주 기본적인 수준에서 우리는 오리들이 떨어져 있는 것보다 서로 가까이 있는 것을 더 편안하게 느낀다고 짐작할 수 있다.

이 오리들처럼 오랫동안 함께 지낸 우리 조상들도 집단생활의 장점을 축적해나갔다. 그들은 자신들의 유전자를 여러분과 나에게 남길 수 있도록 살아남았다. 그 결과는 "우리 인간들은 다른 사람들과 함께 있는 것과 서로 교감하는 것을 좋아한다"는 법칙이다. 인간들이 문어나 오랑우탄보다 사회적이기는 하지만 인간들 사이에서도 여전히 큰 차이들이 존재한다. 어떤 사람들에게는 혼자 있는 것이 아주 잠시라 할지라도 참을 수 없는 일이다. 하지만 어떤 사람들에게는 1~2주 정도 사람을 만나지 않는 것은 아무렇지도 않게 생각될 것이다.

이런 친교에 대한 욕구는 명백하게 외향성과 관계가 있다. 외향성이 높은 사람들은 사회적이고 다른 사람과 어울리는 것을 즐기는 경향이 있으며, 친교에 대한 욕구가 낮은 사람들보다 가까운 친구들이 더 많고 사회 활동도 더 활발하다. 이들은 또한 동조성도 더 높고 자신에 대해 더 많은 것을 드러내는 경향이 있다(나는 아주 짧은 만남을 통해서도 바즈와 깁슨 사이에 이런 차이를 느낄 수 있었다). 그리고 핵심적으로 친교의 욕구가 강한 사람들은 이러한 욕구가 낮은 사람들보다 혼자 있어야 할 때 훨씬 불행한 감정을 느낀다. 5장을 떠올려보자. 조지 W. 부시의 취임사에 대한 데이빗 윈터의 분석에 의하면, 부시는 일반적인 수준보다 이런 욕구가 훨씬 강했다. 일반적으로 바즈처럼 친밀감에 대한 욕구가 강한 사람들은 이런 욕구가 낮은 사람들보다 다른 사람들에게 의지하는 경향이 더 강하다.

다른 사람과 함께 있고 싶은 욕구는 더 구체적인 욕구를 낳는다. 소속에 대한 욕구다. 듀크대학교의 마크 레어리(Mark Leary) 교수는 이에 대해 광범위한 연구를 진행했다. 그는 소속에 대한 욕구가 강한 사람들은 쉽게 사회적인 유대감을 형성하며 이런 유대감을 깨뜨리려 하지 않는다는 사실을 발견했다. 이런 유대감이 더 이상 필요하거나 심지어는 그들에게 고통스러운 것이 될지라도 그렇다. 또한 그들은 관계가 끝나버렸을 때 다른 사람들보다 더 괴로워했다. 다른 사람들보다 "안녕"이나 "잘 가" 같은 인사를 꼬박꼬박 할 가능성이 훨씬 더 높았으며 특별히 실질적인 목적이 없더라도 그저 다른 사람과 어울리는 것 자체를 좋아한다.

"그냥 안부 인사나 하려고 전화했어."

그리고 그들은 자신들의 관계에 대해 생각하느라 많은 시간과 에너지를 쏟는다. 소속에 대한 욕구가 강한 사람들은 또한 사회적인 신호나 주어진 역할에 세심하게 반응한다. 자, 그럼 그들의 사무실에 있던 단서들에 근거해 바즈와 깁슨 둘 중에 어떤 사람이 내 손을 잡고 악수를 할 때 나를 쳐다봤는지 아니면 다른 쪽을 봤는지 짐작해보라. 이 문제의 답이 아주 쉬워 보인다면 그것은 이제 여러분이 숙달된 스누퍼가 되었기 때문이다.

바즈는 나를 쳐다봤고 깁슨은 다른 쪽을 봤다.

***

우리가 지금까지 살펴본 대부분의 사람들, 찰스 깁슨, 마이크 바즈,

내 연구에 참여한 기숙사생들은 자신들이 장식한 공간을 예전 사용자에게서 물려받았다. 그들에게는 표준적인 공간이 주어졌고 성격이 그렇게 이끌었기 때문에 할 수 있는 만큼 자기 나름대로 방을 꾸몄다. 만약 그들이 완전히 무(無)에서 시작했다면 어땠을까? 예전 방주인이 남기고 간 것이나 건축가가 설계한 방을 나름대로 바꾸는 게 아니라, 아예 자신이 원하는 대로 방을 설계하고 꾸밀 수 있었다면 어땠을까 말이다. 만약 방주인의 성격에 맞게 공간을 바꾸는 대신 방주인의 성격이 어떤지를 알아내는 것부터 시작한다면, 그리고 그 사람의 성격에 맞게 공간을 설계한다면? 이 흥미진진한 제안이 바로 마지막 장의 주제다.

11 chapter

스누핑의 진정한 매력

Bringing It Home

사진을 찍고 싶다는 영감을 주는 주방기기는 별로 없을 것이다. 하지만 내 아파트를 방문한 사람들 중 적지 않은 사람들이 내 냉장고 안에 있는 것을 발견하고는 흥미로워하며 앞 다투어 폰 카메라를 꺼내들었다. 냉장고 안에 끔찍하게 토막 난 시체조각이나 희귀한 와인이 들어 있었던 것은 아니다. 그들의 시선을 사로잡은 것은 식품들이 배열된 모양이었다. 냉장고 문을 열면 완벽하게 줄을 맞추어 정렬되어 있는 음료수 병들로 가득 찬 선반들을 볼 수 있다. 맨 밑의 선반에는 맥주와 소다가 있고 몇 가지 다른 종류들이 완벽하게 줄맞추어 맨 뒤까지 꽉 채워져 있다. 다음 칸에는 칵테일 혼합용 음료들이 있다. 작은 병에 든 토닉워터, 소다, 진저에일, 토마토주스, 오렌지 주스 등이 있다.

꼭대기 칸에는 물, 레드 불(Red Bull, 음료 브랜드—옮긴이), 내가 좋아하는 레모네이드와 기네스 맥주가 있다. 이 칸은 맨 뒤까지 꽉 차 있지 않은데, 선반 한 칸 중에서 반 정도는 다른 사람들이 일반적으로 냉장고에 넣어두는 다른 것들을 저장할 장소로 남겨두어야 하기 때문이다. 냉장고 문 칸은 와인, 샴페인, 사과주, 큰 물병과 맥주 여유분으로 가득 차 있다.

이런 음료들은 보여주기 위한 것이 아니다. 음료들은 손님들과 내가 다 마셔버린다. 하지만 냉장고 안이 가득 차 있지 않을 때는 거의 없는데, 왜냐하면 냉장고 바로 옆의 커다란 찬장 속에 언제나 여유분의 비축품이 가득 들어 있어 비상시 보급에 대비하고 있기 때문이다. 나는 아무렇지도 않게 누군가에게 마실 것을 권하고 침착한 태도를 가장한다. 진저에일이 한 병 줄어들었다고 눈에 띄게 당황하지는 않는다. 하지만 손님이 잠시 화장실에 가고자 자리를 비우자마자 비축용 찬장으로 달려가 냉장고에 있는 음료 병들의 잔고량을 맞춰놓는다. 이런 내 행동이 특히 유별난 점은 나의 강박적인 성향이 냉장고에만 한정된 것이기 때문이다. 내 책상은 전형적으로 무질서하게 흐트러져 있으며, 욕실 선반의 물건들은 넣어진 순서에 따라 위치가 정해진다. 그래서 나는 언제나 냉장고에 대한 내 유별난 행동이 왜 그런 것인지 알 수 없어 의아했다.

스누핑에 관해 연구하고 이 책을 쓰는 동안에도 나는 내 이상한 음료수 보관 습관에 대한 해답을 찾을 수 없었다. 내 냉장고 속 작은 우주에 대한 미스터리를 풀 단서를 제공한 것은 크리스 트라비스(Chris

Travis)라는 사람을 만나고 나서부터였다. 트라비스를 통해 나는 우리가 물리적 공간에서 구하고자 하는 만족감에 대한 특별한 욕구가 어떻게 과거의 경험에 깊이 뿌리를 내리고 있는 것인지를 깨닫게 되었다.

트라비스는 건축가이자 디자이너로 건축 사무실을 운영하고 있는데 내 스누핑 연구에 대한 이야기를 듣고 자신이 하는 작업과 내 연구 사이의 연관성을 깨닫고 연락을 했다. 나는 사람들의 성격이 어떻게 그들이 사는 공간에 흔적을 남기게 되는지에 관심이 있었고 트라비스는 고객들의 성격에 완벽하게 들어맞는 집을 창조해내는 데 관심이 있었다.

나는 트라비스가 보통의 건축가들과는 다르다는 것을 곧 발견할 수 있었다. 지난 12년 동안 그는 트루홈 워크숍(True Home Workshop, 진정한 집을 위한 공동연구회)이라고 부르는 혁신적인 시스템을 개발해왔다. 그것은 사람들이 공간과 관계된 자신의 감정적, 심리학적 욕구를 자각하고 자신의 집을 설계하는 데 반영할 수 있도록 도와주는 시스템이었다. 어떤 의미로서는 트라비스는 내가 연구해온 과정(자기정체성 주장, 감정 조절 장치, 행동양식의 흔적 등)에 중점을 두고 그것을 최종적인 형태로 끌어갔다. 나는 사람들이 어떻게 의도적으로 또는 무의식적으로 자신의 성격을 반영해 주어진 공간을 변화시키는지를 연구했다. 포스터를 걸거나, 감상적인 재즈음악을 듣거나, 마루 위에 잡지들을 여기저기 흩어놓거나 기타 등등.

트라비스는 전혀 새로운 단계로 나아갔다. 그는 반대로 설계 과정 초기에 사람들의 성격을 사전에 파악해서 집주인에게 맞는 집을 디자인했다. 이런 기술을 위해서는 사람들과 공간 사이의 특유한 심리학적 관계를 파악하는 것이 필요한데, 이는 일반적으로 전혀 고려되지 않고 넘어가는 사항이다. 공간과 사람의 심리학적 관계는 어째서 어떤 사람들은 음료수들을 잔뜩 넣어두어야 안심하는지에 대한 단서를 준다. 실제로 트라비스가 공간에 대한 우리의 감정이 과거에 깊이 뿌리내리고 있다는 것을 깨닫고 충격을 받게 된 것은 순전히 우연이었다.

❙ 성격을 반영한 공간 설계

1992년 겨울의 일이다. 트라비스는 막다른 끝에 다다랐었다. 재앙과도 같았던 벤처사업을 경험한 후 그는 파산했다. 그리고 이쯤에서 자기가 가장 잘 아는 분야로 돌아가기로 결정했다. 오래된 집을 개조하는 일이었다. 그는 라운드 탑(Round Top)이라는 텍사스 타운 중심가에 사무실을 정했다. 여전히 막대한 손실을 떠안고 있고 가족들과 멀리 떨어져 있어야 하는 아픔에 트라비스는 우울할 수밖에 없었다. 그럼에도 불구하고 어느 저녁 자신이 재건하고 있던 집 발코니에서 안락의자에 몸을 맡기고 흔들거리며 기타를 튕기면서 따뜻함과 건강함, 평화로운 감정을 느끼고 자신이 우울함을 극복했음을 깨닫고는 깜짝 놀랐다.

트라비스는 사려 깊은 사람이었기에 기대하지 않았던 마음의 평화가 어디에서부터 시작된 것인지를 생각하기 시작했다. 현재의 느낌을 과거의 경험들과 연관지어 생각해보기로 했다. 오래 지나지 않아 그는 증조할아버지의 집을 떠올렸다. 트라비스와 어머니, 누이가 힘들 때마다 도망칠 수 있는 성역처럼 찾던 곳이었다. 그는 증조할아버지의 무릎에 앉아 할아버지가 앞뒤로 몸을 흔들며 낮은 소리로 노래를 흥얼거려주시던 기억을 떠올렸다. 지금 30년도 더 지난 후에 라운드 탑의 발코니에서 트라비스는 흔들의자에 앉아 앞뒤로 몸을 흔들면서 이 어린 시절의 기억, 즉 사랑받고 소중히 여겨졌던 기억을 떠올린 것이었다. 행복한 어린 시절의 기억과 현재 기분과의 연관성에 관한 깨달음은 트라비스의 통찰력을 일깨웠다. 장소에 대한 감정적인 연관성을 발전시켜나가고 그것이 나중에 우리가 주위 환경에 반응하는 것에 영향을 끼친다는 게 분명해보였다. 결과적으로 장기적인 감정적 행복은 근본적으로 우리의 주변 환경이 우리 안에 각인되어 있는 심리적 욕구와 얼마나 일치하느냐에 달려 있다는 것이다.

'혹시 사람들의 심리적인 욕구와 필요를 집을 설계하는 데 반영할 수 있는 방법은 없을까?' 하고 트라비스는 생각했다. 10년도 넘게 이런 조합을 이뤄내는 것이 그의 트루홈 프로젝트의 목적이자 삶의 목적이 되었다. 트라비스의 방법은 전통적인 질의응답보다 훨씬 깊게 파고들어 간다. 전통적인 질의응답 방식으로는 아마도 집주인이 '나무를 좋아한다'는 사실 정도는 알아낼 수 있을 것이다. 하지만 트루홈 시스템은 '어째서 나무를 좋아하는 걸까?' 하는 이유를 알아낸다. 나무들이 은둔처 같은 느낌을 주기 때문인지, 나뭇잎 사이로 지나가는 바람 소리를 좋아하기 때문인지, 어린 시절 살던 집을 떠올리게 해주기 때문인지 말이다. 나무를 좋아하는 이러한 각기 다른 이유는 서로 다른 건축학적인 해결책을 제시한다.

트루홈 방식은 맥애덤스가 제시한 성격 묘사의 3단계 중 다른 단계보다 어떤 특정 단계들에 더 중점을 둔다. 1단계의 특성인 사회성이나 호기심처럼 가장 표면적인 특성을 떠올려보라. 그리고 우리가 사람들을 알게 되면서 그들의 개인적인 관심사(2단계)에 대해 알게 되고, 정체성(3단계)까지도 엿볼 수 있을지 모른다. 정체성은 사람들이 자신의 삶의 목적과 살아온 서사에 대한 이야기다. 트라비스의 시스템은 맥애덤스의 1단계보다 훨씬 근본적인 것을 추구하고 있었다. 그는 2단계를 구성하는 역할이나 목표, 가치관을 파고들었고 나아가 더 근본적인 3단계의 정체성까지 파고들었다.

언젠가 실습 과정에서 트라비스는 고객들에게 "삶을 거쳐 오면서 계속 함께 해온 특별한 가구나 장식품들의 목록"을 적어보라고 했다. 모든 이가 이런 특별한 장식품들을 갖고 있었다. 그것은 다 헤진 포스터처럼 단순한 것일 수도 있었고 조부모의 유품인 혼수용 장농처럼 의미 깊은 것일 수도 있었다. 휴가지에서 찍은 사진들이 담긴 앨범도 '특별한 비품'이었다. 그 외에도 상장, 메달, 종교적 상징물, 오래된 도구, 캠페인용 푯말, 카우보이용품도 있었다. 내 침실에는 내가 태어난 집 복도에 놓여 있던 탁자와 어머니께서 내 오래된 작업용 부츠와 산업용 수지로 만들어주신 램프가 놓여 있다. '특별한 장식품들'은 과거의 자신을 지속적으로 현재의 나 자신과 이어주는 상징적인 끈이자 미래로 이끌어주는 역할을 한다. 그러니까 만약 트라비스가 나를 위한 집을 디자인한다면, 내 소중한 탁자와 램프의 정확한 크기를 측정해 집의 어디쯤에 놓을지 확실하게 설계에 반영할 것이었다.

트라비스를 방문해서 그가 고객들의 집을 설계한 몇 개의 도면을 봤을 때, 나는 그가 거실의 기능을 어떻게 일반적인 건축가들과는 달리 이해하고 있는지를 재빨리 알아차렸다. 한 설계도면이 긴 탁자 위에 펼쳐져 있었다. 일반적인 건축가들은 가족실, 후문 현관, 부부용 침실 등으로 표기하는 것에 반해 트라비스의 라벨은 집주인에게 각 공간이 일깨워야 하는 감정들에 따라 표기되어 있었다. 주방공간는 '온기와 교제', 식당에는 '화목', 식료품 저장실에는 '풍족함', 주 욕실에는 '원기회복', 세탁실에는 '생산성', 총기보관실에는 '안전과 모험', 뒤 베란다에는 '화목', 앞 베란다에는 '공동체', 거실에는 '편안한 휴식과 가족' 그리고 침실에는 '개인적인 열정과 숙고' 하는 식이었다.

물론 트라비스가 붙이는 이런 호칭들은 각 고객들에 맞추어진 것이었다. 내가 본 다른 설계도는 공간들에 붙은 라벨 표시가 사뭇 달랐다. 부엌은 '중심적이고 기능적인', 뒤 베란다는 '아름다운 조망으로의 초대', 침실에는 '평온한 천국' 이라고 적혀 있었다.

분명 트라비스는 집을 그저 먹고 자고 일하는 장소로 생각하지 않았다. 그보다는 집이라는 공간이 사람들에게 어떻게 안정감과 편안함 같은 감정을 제공하는 데 이바지하는지에 주목했다. 그의 고객인 제니와 산제이 부부의 경우 어떻게 트라비스의 특별한 심리학적 관점이 설계의 특성에 반영될 수 있는지를 보여준다. 트라비스가 이 부부를 처음 만났을 때 둘은 계속 새로운 집 설계에 관해 말다툼을 하고 있었다. 그 이유는 산제이는 집에 지하실을 만들고 싶어 했는데 제니는 이 의견에 비이성적으로 보일만큼 부정적인 반응을 보였다. 그들은 트라비스가 지하실에 관한 그들의 기억을 파헤치기 전까지 완전히 교착상태에 빠져 있었다.

제니는 옷장이나 작은 방처럼 닫힌 공간에 부정적인 반응을 보였고, 밀실공포증이 있다는 사실이 명백해졌다. 이상하게도 그녀 자신뿐 아니라 산제이마저도 이것을 깨닫지 못하고 있었다. 그녀가 옷 방에 들어가야 할 때 말 그대로 숨을 꾹 참아야 했는데도 말이다. 그 부부가 트루홈에서 내집 설계에 관한 토론을 했을 때 제니가 어린 시절 옷장과 관련해 정신적인 충격을 받은 경험이 있다는 사실이 드러났다. 트라비스는 이렇게 설명했다.

"그녀는 어둡고 닫힌 공간을 견딜 수 없었을 뿐만 아니라, 이런 공간을 만들고 싶어 하는 남편의 욕구가 그녀를 배려하지 않고, 그녀의 희망을 무시하는 처사라고 받아들였습니다. 그녀의 입장에서는 남편이 과거의 아픈 기억 속에서 다시 살아야 한다고 강요하는 것처럼 느껴진 것이지요."

이런 곤경은 그들의 결혼생활에 커다란 불화를 가져왔다. 제니와 산제이가 불화의 심리학적인 원인을 이해할 수 있게 되자, 건축학적인 해결책을 내놓는 것이 가능해졌다. 트라비스는 폭이 좁지만 충분한 공간이 있는 옷장들을 많이 배치했고 창을 여러 곳에 냈다. 그리고 제니가 자신만의 '특별한 가구와 장식품'에 둘러싸여 있을 수 있도록 공간을 디자인해서 안전하고 안정된 느낌을 가질 수 있도록 했다. 산제이가 혼자 시간을 보낼 수 있는 개인적인 공간을 갖고 싶어 하는 욕구는, 어렸을 때 엄마와 함께 보낸 애정 어린 기억을 떠올리게 하는 커다란 뒤 베란다를 만드는 것으로 해결되었다.

일상적으로 일어나는 상호관계 속에서 오랜 세월을 함께 보낸 부부라 할지라도 각자가 좋아하는 것과 싫어하는 것에 대해 모르고 지나칠 수도 있다. 스누핑 작업에서 공동으로 사용하는 공간을 분석하는 것은 매우 어려운 작업 중 하나다. 왜냐하면 누가 무엇에 대한 책임이 있는지를 알기가 어렵기 때문이다. 거실에 걸린 저 소름끼치는 오싹한 그림은 부인의 취향일까 아니면 남편의 취향을 반영한 걸까? 어쩌면 둘 다 좋아하지 않는데도 불만인 채로 합의한 결과일지도 모른다. 그래서 우리는 스누핑을 할 때 주로 서재나 지하실처럼 한 사람이 우선적으로 사용하는 영역을 골랐다.

▮ 나만의 비밀 상자

나는 사람들과 주위 환경과의 관계에 대한 내 연구에 생기를 부여한 '비밀 상자'에 대한 이야기로 이 책을 시작했다. 그러나 크리스 트라비스를 만나고 나서야 비로소 나만의 비밀 상자인 '냉장고'에 대한 수수께끼를 풀 수 있었다. 트라비스와 그의 고객들이 어떻게 부모의 집이나 조부모의 집에 영향을 받았는지를 토대로 나는 우리 할머니 집에서의 경험을 떠올려봤다. 형과 정원에서 뛰놀던 여름, 우리는 언제든 거실에 있는 음료수 캐비닛으로 달려가 토닉워터나 비터레몬

(Bitter Lemon, 칵테일용 주스―옮긴이)을 원하는 대로 꺼내 마실 수 있었다.

갈증을 참지 않아도 된다는 것이 너무나 멋진 일로 여겨졌다. 위대한 토닉 분수는 결코 마르는 법이 없었다. 이것은 지금 현대의 독자들에게는 특별히 사치스럽거나 호사스럽게 생각되지 않을지 모르지만, 우리 부모는 제2차 대전 이후의 가혹한 배급제도 속에서 자라셨다. 지나친 소비(또는 목을 축이는 것조차)는 금물이었다. 가난하지는 않았다. 하지만 아버지는 케첩이 거의 떨어지면 거기에 우유를 넣기로 유명했다. 그래서 우리가 마지막 한 방울까지 소중한 토마토 맛의 황금 방울을 짜낼 수 있도록 말이다. 나와 형이 마음껏 누릴 수 있었던 할머니의 음료수 저장고는 우리에게는 달콤한 도락(道樂)의 정점으로 느껴졌었다.

이제 성인이 되어 제대로 자각하지도 못한 채 나는 마르지 않는 나만의 샘을 재창조했던 것이다. 내가 일반적인 건축가를 통해 집을 설계하려고 했다면, 이 뿌리 깊은 풍족함에 대한 욕구를 떠올리지 못했을 것이다. 그러나 트라비스의 전문적인 탐색을 통해서라면 이런 나의 욕구를 발견할 수 있었을 거라고 확신한다. 그리고 그는 분명히 기막히게 훌륭한 해결책을 제시했을 거라고 믿는다. 아마도 나만의 유리문이 달린 '믹서 냉장고'와 말라리아 돌발 사태도 너끈히 감당해낼 수 있을 만큼 넉넉한 토닉을 저장할 수 있는 저장용 캐비닛 세트를 구비한다든지 해서 말이다.

트라비스의 작업은 스누퍼들에게 황홀한 새로운 차원의 장을 연다.

물론 모든 사람이 자기에게 맞춤 디자인된 집을 가질 수 있거나 자신의 집을 짓는 과정에서 무의식적인 관념들을 표면으로 끄집어낼 수 있는 것은 아니다. 하지만 이런 함축적인 관련성들 중 많은 부분이 여러분이 창조하는 공간에 반영될 수 있다. 설사 여러분이 선호하는 것이 정확히 어떤 이유 때문인지 확실히 알지 못한다 할지라도 말이다. 트라비스의 고객 중 한 사람이 어린 시절 어른 의자에 앉아 발이 땅에 닿지 않았던 기억을 그리운 듯 회상하자 트라비스는 부엌에 높은 스툴이 딸린 조리대 겸 식탁을 만들어 그녀가 어린 시절처럼 허공에서 발을 저을 수 있도록 화답했다.

트라비스가 아니었다면 그 고객은 자신이 선호하는 것의 근본적인 이유가 무엇인지를 결코 발견하지 못했을 터였다. 그리고 그 조리대 겸 식탁은 그렇게 중요한 설계의 일부분이 되었을지도 알 수 없는 노릇이다. 그러나 높은 스툴이나 지나치게 큰 의자에 대한 그녀의 선호는 어떤 방식으로든 그녀의 공간에서 표출되었을 것이다. 트라비스가 사용하는 법칙을 기억해두면 그것이 여러분을 이끌어준다. 내 냉장고의 경우에서 나를 이끌어준 것처럼 말이다. 그 공간들이 제공하는 심리적인 기능에 대해 올바른 질문을 던져보자.

내가 원하는 모습의 나

자, 이제 우리는 한 바퀴를 돌아 제자리에 왔다. 우리가 어떻게 우리가 사는 공간에 성격의 흔적들을 남기는지부터 시작해, 어떻게 우리의 성격을 반영하는 공간을 창조할 수 있는지까지, 그리고 이런 과정에 대해 알고 있다는 게 어떻게 스누핑에 도움을 주는지 말이다.

내가 이 책에서 논증한 바와 같이 우리 성격의 가장 핵심적인 정수(친밀감에서부터 정리정돈에 대한 유연함과 독창성에 이르기까지)에 대해 스누핑은 다른 어떤 방법으로도 발견하기 어려운 우리 자신에 관한 진실을 폭로하는 능력을 갖고 있다. 이런 관찰이 중요한 것은 그 사람이 어떤 사람인지를 아는 것이 삶을 성공적으로 살아나가는 데 있어 매우 중요하기 때문이다. 그것이 어째서 우리가 다른 사람이 어떤 사람인지를 알아내고자 하는 근본적인 욕구를 갖고 태어났는지에 대한 이유다.

내 연구를 통해 그리고 트라비스의 집 설계에 대한 특별한 접근 방법을 통해, 나아가 내가 이 책에서 언급한 다수의 심리학 연구들을 통해 확실하게 알 수 있는 사실은, 우리의 성격이 우리를 둘러싸고 있는 공간들과 떼려야 뗄 수 없을 만큼 연결되어 있다는 점이다. 매번 포스터를 벽에 걸 때나 커피컵을 휴지통에 버릴 때, 아이튠에서 음악을 다운로드할 때 우리는 나 자신이 누구인지에 대한 단서를 남기고 있는 것이다. 우리는 우리의 특성과 가치관, 목표와 자아정체성을 남들이 보고 어쩌면 판단할 수 있도록 널리 알리고 있는지도 모른다. 진정한 우리 자신의 성격은 의심할 여지없이 외부로 드러나고 특히 날카로운 눈썰미를 가진 탐정의 정밀조사를 피해갈 수는 없다.

이 책의 가장 중요한 목적은 여러분을 평범한 관찰자에서 노련한 스누퍼로 바꿔줄 수 있는 도구들을 제공하는 것이었다. 만약 여러분이 이를 달성했다면 한 세기도 넘는 동안 심리학 연구들이 간과해온 사실들을 배웠을 것이다. 스누핑이 우리 모두에게 스스로에 대한 독특한 통찰력을 제시하고 다른 사람들에 대한 우리의 안목을 날카롭게 해준다는 것 말이다.

 여기에는 또 다른 혜택들도 있다. 사람들이 어떻게 공간과 연결되어 있는지에 대한 여러분의 풍부한 지식은, 의도적이건 무의식적이건 아직 과학적으로 연구되지 않은 다른 표현의 영역들을 살펴보는 데 도움이 된다. 지갑이나 수트케이스의 내용물에서부터, 페이스북의 배경화면, 좋아하는 애완동물의 종류, 문신, 칵테일, 휴가지에 이르기까지 여러 영역에서 말이다. 그러므로 다음번에 친구의 약품 선반을 뒤적이거나 냉장고 안에 무엇이 있는지를 은밀하게 검사해볼 때, 자신이 지금 인간의 행동양식을 이해하는 최전방의 언저리에 있다는 사실을 깨닫고 기뻐하길 바란다. 그 약간의 기쁨을 만끽한 후 여러분이 바로 진지한 스누핑에 임하리란 것을 믿어 의심치 않는다.

주

인트로: 당신의 흔적이 당신의 모든 것을 말해준다
- 내 침실연구는 사무공간에 대한 연구와 함께 다음과 같이 보고되었다. Gosling, S. D., Ko, S. J., Mannareli T., & Morrison, M. E.(2002) 단서가 있는 방: 사무실과 침실에 근거한 성격 판단. "Journal of Personality and Social Psychology" 82, 379-398.
- 정치적 견해에 대한 우리의 연구는 다음에서 찾을 수 있다. Carney, D. R., Jost, J. T., Gosling, S. D., & Potter, J. 민주당원과 공화당원의 비밀스런 삶. 성격 프로파일, 사람들을 대하는 스타일과 그들이 뒤에 남기는 것들. "Political Psychology."

제1장: 타인의 흔적을 알아채는 기술
- 주거공간에 관한 내 연구는 다음에 설명되어 있다. Gosling, S. D., Ko, S. J., Mannareli T., & Morrison, M.E.(2002) 단서가 있는 방: 사무실과 침실에 근거한 성격 판단. "Journal of Personality and Social Psychology" 82, 379-398.
- 나는 직원들의 편안함과 작업집중도에 관해 《갤럽매니지먼트저널(Gallup

Management Journal》을 포함해 사무공간의 개인화에 대한 몇몇 연구에서 주목을 하게 해준 조 맥카시에게 감사한다. 조의 생각들에 대해 더 자세히 살펴보고 싶다면 그의 블로그를 확인해보라. http://gumption.typepad.com.

- 20가지 문장을 완성하는 "나는 …이다" 테스트는 처음으로 다음과 같이 출간되었다. Kuhn, M. H. & McPartland, T. S.(1954). 자신에 대한 태도에 관한 실험 연구. "American Sociological Review" 68-76. 이 실험의 사진 버전은 훨씬 후에 개발되었으며 다음 문헌에서 설명되었다. Comb, J. M & Ziller, R. C.(1977) 상담 대상자의 사진으로 표현된 자기인식. "Journal of Counseling Psychology" 24, 452-455.

- 아이팟에 관해 더 자세한 사항을 보려면 다음 문헌을 참고하라. Levy, S.(2006). "The Perfect Thing: How the iPod shuffles commerce, culture and coolness" New York: Simon & Schuster.

- 크리스마스 장식이 집주인에 대한 인식에 미치는 효과에 대한 연구는 다음 문헌에서 찾을 수 있다: Werner, C. M., Peterson-Lewis, S., & Brown, B. B.(1989). 집주인의 사회성에 대한 추론: 크리스마스 장식과 다른 단서들의 효과. "Journal of Environmental Psychology" 9, 279-296.

- 행동의 겸손함 측정에 대한 고전적 연구는 다음 문헌에서 찾아볼 수 있다. Webb, E. J., Campbell, D. T., Schwartz, R. D., Sechrest, l., & Below Grove, J.(1981) "Nonreactive measures in the social sciences" Boston: Houghton Mifflin.

- 쓰레기 프로젝트는 다음 문헌에 설명되어 있다. Rathje, W. L.& Murphy, C.(1922). "Rubbish! The archaeology of garbage" New York: HarperCollins.

- 음악은 감정에 너무도 강력한 영향을 끼치기 때문에 가끔 심리학연구에서 다양한 기분을 불러일으키는 데 사용된다. 이 연구를 다시 검토하려면 다음의 문헌들을 참고하라. Västfjäll D.(2002). 음악을 통한 감정 유도: 음악을 이용한 감정 유도 과정에 대한 재고. "Musicae Scientiae" 6, 특별판 2001/2002, 173-203.

제2장: 오션즈 파이브: 5가지 성격 유형

- 5대 성격 유형을 훌륭히 요약해놓은 소개글을 보려면 산제이 스리바스타바의 웹사이트를 방문하라. http://darkwing.uoregon.edu/~sanjay/bigfive.html. 보다 자세한 설명을 위해서는 John, O. P & Srivastava, S.(1999). 5대 성격 유형별 특성에 대한 분류법: 역사, 측정법 그리고 이론적 견해들. L. A. Pervn & O. P. John(Eds.), "Handbook of personality: Theory and research"(2nd ed., pp.102-139). New York: Guilford Press. 또는 McCrae, R. R. & John, O. P(1992). 5대 특성 모델의 소개와 적용 "Journal of Personality" 60, 175-216.
- 5대 성격 유형을 위한 간단한 테스트에 관한 자세한 내용은 다음에서 찾아볼 수 있다: Gosling, S. D., Rentfrow, P. J., & Swann, W. B., Jr.(2003) 5대 성격 유형 영역들에 대한 매우 간단한 측정. "Journal of Research in Personality" 37, 504-528.
- 여러분의 5대 성격 유형 점수가 넓은 모집단에서 어느 위치쯤인지를 계산해보고 싶다면 점수를 'T-스코어'로 변환할 수 있다. T-스코어는 각 항목별로 성격 유형 테스트를 한 다른 사람들과 비교해서 여러분의 점수가 어느 정도인지를 비교평가 할 수 있게 해준다. 한 가지 고려해야 할 점은 여기에 제시된 비교집단의 샘플이 전체적인 집단을 대표하는 것은 아니라는 사실이다(그러므로 만약 다른 비교집단 샘플과 비교했을 때는 점수에 약간의 차이가 나타날 수 있다).
- [표 2-2]에서 측정한 점수를 T-스코어로 바꾸기 위해서는 다음과 같은 공식대로 계산하면 된다.

여성의 경우:

개방성 T-스코어 = 50 + [{(본인의 개방성 점수-10.8) ÷ 2.12} × 10]

성실성 T-스코어 = 50 + [{(본인의 성실성 점수-11.0) ÷ 2.22} × 10]

외향성 T-스코어 = 50 + [{(본인의 외향성 점수-9.1) ÷ 2.94} × 10]

동조성 T-스코어 = 50 + [{(본인의 동조성 점수-10.6) ÷ 2.22} × 10]

신경성 T-스코어 = 50 + [{(본인의 신경성 점수-6.7) ÷ 2.90} × 10]

남성의 경우:

개방성 T-스코어 = 50 + [{(본인의 개방성 점수-10.7) ÷ 2.18} × 10]
성실성 T-스코어 = 50 + [{(본인의 성실성 점수-10.4) ÷ 2.30} × 10]
외향성 T-스코어 = 50 + [{(본인의 외향성 점수-8.5) ÷ 2.82} × 10]
동조성 T-스코어 = 50 + [{(본인의 동조성 점수-10.1) ÷ 2.20} × 10]
신경성 T-스코어 = 50 + [{(본인의 신경성 점수-5.7) ÷ 2.62} × 10]

- T-스코어를 해석하기 위해서는 아래의 그래프를 참조하라. 가로 축(50점으로 표기) 중간지점이 비교집단의 평균점수다. 곡선의 모양은 거의 대부분의 사람이 평균점수 가까이에 속하고(중간지점의 곡선이 가장 높고), 소수의 사람이 점수가 아주 높거나 낮음(곡선이 중간지점에서 멀어질수록 낮아짐)을 반영하고 있다.
- 5대 성격 특성 각각의 점수를 다른 사람들과 비교하려면 여러분의 해당 특성에 대한 T-스코어를 그래프의 가로축에 배치해보라. 만약 외향성에서 T-스코어가 50이라면 이것은 비교집단 중 반(50%)이 여러분보다 외향성이 높게 나왔고 반은 낮게 나왔다는 의미이다. 만약 T-스코어가 60이라면, 비교집단의 약 84.13%가 여러분보다 외향성이 낮게 나왔다는 뜻이다(표준점 이하의 50%에 50%

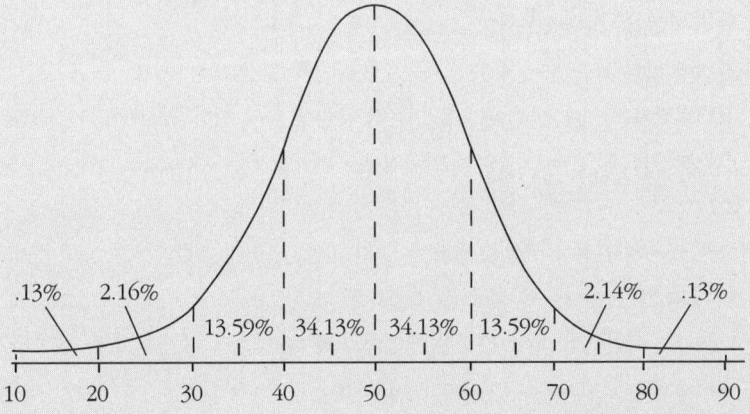

와 60% 사이의 34.13%를 더한 것). 만약 T-스코어가 55라면 비교집단의 50%에서 84%의 사람이 여러분보다 외향성이 낮음을 알 수 있다(표준정의상으로 T-스코어는 평균치 50에 표준편차가 10임을 참조하라). 그렇기 때문에 대부분의 사람들 (68.26%)이 평균점에서 표준편차 10 이상이나 이하 안에 속한다. 그러므로 여러분 대부분의 점수가 40과 60 사이에 속할 것이다.

- 5대 성격 유형의 설명과 각 특성의 다양한 단면들은 John A. Johnson's의 각 성격차원에 대한 훌륭한 설명에서 발췌한 것이다. http://www.personal.psu.edu/faculty/j/5/j5j/IPIPNEOdescription.html.

- 성격이 삶의 중요한 결과들과 어떻게 연관되어 있는지 재고하고 싶다면 다음 논문을 참고하기 바란다. Ozer, D. J., & Benet-martinez, V.(2006). 성격과 필연적인 결과에 대한 예측. "Anuual Review of Psychology" 57, 401-421. 그리고 Roberts, B. W., Kuncel, N. R., Caspi, A., & Goldberg, L. R.(2007). 성격적 특성과 SES 및 인생의 중요한 삶의 결과에 대한 지각 능력에 대한 상대적 예측의 타당성. "Perspectives on Psychological Science" 2, 313-345.

제3장: 스누핑이 필요한 순간

- 린에 대한 맥애덤스의 설명과 성격의 3단계에 대한 내용은 다음의 문헌에서 찾아볼 수 있다. McAdams, D. P.(1995) 사람을 안다고 할 때 우리가 아는 것은 과연 무엇인가? "Journal of Personality" 63, 365-396.

- 사전에 나와 있는 모든 성격 묘사와 관련된 단어들을 조사하려고 한 올포트와 오드버트의 시도에 대한 내용은 다음의 문헌에 나와 있다. Allport, G. W., & Odbert, H. S.(1936). 심리적 어휘연구. "Psychology Monographs" 47(No. 211).

- 아서 아론의 친밀감 형성을 위한 '나누기 게임' 과정에 대한 연구는 다음 문헌에 나와 있다. Aron, A., Melinat, E., Aron, E. N., Vallone, R. D., & Bator, R. J.(1997). 대인관계 속의 친밀감 형성에 대한 실험: 그 과정과 초기 발견들. "Personality and Social Psychology Bulletin" 23, 363-377.

- 리처드 슬랫처는 아론의 과정을 남녀 커플들 사이의 친밀감 형성을 위해 적용했다. 이 연구는 그의 논문을 통해 설명되었다. Slatcher, R. B.(2007). "Effect of couple friendships on relationship closeness" 몇 가지 발견 사항은 학회 발표에서 보고되었다. Slatcher, R. B.(2008. 2). 커플 사이의 우정이 관계의 친밀감에 미치는 영향. 이 논문은 성격사회심리학협회 연간회의에서 발표되었다. Albuquerque, NM.
- 제이슨 렌트프로와 내가 실행한 서로 알아가기 위한 대화 주제들에 대한 실험은 다음의 문헌에서 소개되었다. Rentfrow, P. J., & Gosling, S. D.(2006). 발라드 속의 메시지: 대인관계적인 시각에서 음악 선호도의 역할. "Psychological Science" 17, 236-242. 〈표 3-1〉은 동의를 얻어 이 문헌에서 발췌한 것이다.
- 제퍼슨 싱어의 자기 확립의 기억에 관한 좋은 참고자료는 다음의 문헌이다. Singer, J. A.(2005). "Memories that matter: How to use self-defining memories to understand and change your life" Oakland, CA: New Harbinger.

제4장: 의미 있는 단서만을 골라내는 방법

전략사무국(Office of Strategic Studies, OSS)평가 프로그램에 대한 흥미로운 설명은 다음 문헌에서 찾아볼 수 있다. OSS Assessment Staff.(1948) "Assessment of men: Selection of personnel for the Office of Strategic Services" New York: Rinehart.
- 리처드 슬랫처와 시마인 바지레의 연구는 다음 문헌에서 보고되었다. Wang, J., Slatcher, R. B., Vazire, S., & Pennebaker, J. W.(2006. 1). 커플 사이의 SMS 메시지를 통해 예측해본 관계의 만족도 및 지속성. 성격사회심리학협회 연간회의에서 포스터 소개. Palm Springs, C.A. 그리고 Slatcher, R. B., Vazire, S., & Pennebaker, J. W.(2007). "A view from the inside: Predicting relationship stability from couples' everyday interactions."

제5장: 골라낸 단서를 구체화하는 통찰의 기술

공중 도약하는 유명 인사들에 관한 책은 다음을 참조하라. Halsman, P.(1959) "Jump Book" New York: Simon & Schuster.

- 투영테스트들의 과학적 위치에 대한 뛰어난 논평들을 살펴보고 싶다면 다음 문헌을 참고하기 바란다. Lilienfeld, S. O., Wood, J. M., & Garb, H. N.(2000). 투영 기술의 과학적 현주소. "Psychological Science in the Public Interest" 1, 27-66.
- 올리버 슐타이스의 그림 이야기 훈련(PSE)에 대한 연구와 동기의 분석을 설명한 많은 연구들은 다음에서 찾아볼 수 있다: http://www-personal.umich.edu/~oschult/index.htm 및 http://www/psych2.phil.uni-erlangen.de.
- 데이빗 윈터의 조지 W. 부시의 취임사에 대한 분석은 다음 문헌에서 찾아볼 수 있다. Winter, D. G.(2001). 정치심리학의 통찰과 관찰. "International Society of Political Psychology" 및 Winter, D. G.(2005). 조지 부시의 동기에서 변화와 지속성. "International Society of Political Psychology News" 16, 10-11.
- 인류학 연구원의 루드윅 볼츠만 도시생활행동학교의 행동학자 칼 그래머의 최신 연구를 보려면 다음 웹사이트를 참조하기 바란다. http://evolution.anthro.univie.ac.at/institutes/urbanethology/staff/grammer.html.
- 개인의 걸음걸이 패턴 파악에 대한 보다 자세한 정보는 다음의 웹사이트에서 살펴볼 수 있다. http://www.cc.gatech.edu/cpl/projects/hid/ 및 http://www.cc.gatech.edu/cpl/projects/hid/#Gait_recognition.
- 보르케나우와 라이블러의 걸음걸이에 관한 연구는 1992년에서 1995년 사이에 일련의 논문을 통해 보고되었다. 연구를 통해 발견해낸 결과들은 매우 복잡하므로 전체적인 사항을 파악하고 싶다면 일련의 논문 전부를 읽어보기를 권한다.
- Borkenau, P., & Lierbler, A.(1992) 성격적 특성 추정: 안면이 전혀 없는 상태에서 유효한 정보들. "Journal of Personality and Social Psychology" 62, 645-657.

- Borkenau, P., & Lierbler, A.(1992) 최소한의 정보에 기반을 둔 자의적 · 의타적인 성격추론에 대한 합의와 일치. "Journal of Personality" 61, 477-496.
- Borkenau, P.,& Lierbler, A.(1993) 타인의 성격 및 지적수준에 대한 평가와 자신에 대한 평가, 상대 평가 및 지적 수준 측정의 집합점. "Journal of Personality and Social Psychology" 65, 546-553.
- Borkenau, P., & Lierbler, A.(1995) 성격과 지적 수준의 징후 및 단서로서 관찰 가능한 특성. "Journal of Persnolity" 63, 1-25.
- 동안(童顔)의 특성과 동조성 사이의 상관관계에 대한 초기 논문은 다음과 같다. Barry, D. S., & Brownlow, S.(1989) 인상학자들이 옳았는가? 성격과 동안과의 관계. "Personality and Social Psychology Bulletin" 15, 266-279.
- 앤서니 리틀과 데이빗 페렛의 얼굴과 성격적 특성 사이의 관련성에 대한 연구는 다음에서 찾을 수 있다. Little, A. C., & Perret, D. I.(2007) 얼굴들이 나타내는 성격적 특성의 정확도를 알아보기 위한 합성 이미지의 활용. "British Journal of Psychology" 98, 111-126. 이외에 리틀과 페렛 및 연구 협력자들이 진행한 성격과 얼굴 특징에 대한 도발적인 연구는 다음 문헌에서 살펴볼 수 있다. Little, A. C., Burt, D. M., & Perret, D. I.(2006) 얼굴에 나타난 성격적 특성에 의한 동류 짝짓기. "Personality and Individual Differences" 40, 973-984. Little, A. C., Burt, D. M., & Perret, D. I.(2006). 좋은 것이 아름답다: 희망하는 성격이 반영되는 얼굴 선호도. "Personality and Individual Differences" 41, 1107-1118. Little, A. C., Burriss, R. P., Jones, B. C., & Roberts, S. C.(2007). 얼굴이 투표결정에 미치는 영향. "Evolution and Human Behavior" 28, 18-27.
- 노인에게서 나타나는 얼굴 윤곽선과 성격 사이의 상관관계에 대한 논문은 다음 자료에서 볼 수 있다. Malatesta, C. Z., Fiore, M. J., & Messina, J. J.(1987). 노인들의 감정과 성격 그리고 표정적인 특성. "Psychology and Aging" 2, 64-69.
- 네이선슨과 그의 동료들이 진행한 문신, 피어싱, 도발적인 드레스, 다른 문화일탈적인 표현에 대한 연구는 다음 문헌에서 볼 수 있다. Nathanson, C., Paulhus, D. L., & Williams, K. M.(2006). 신체 변형과 다른 문화일탈적 표식과

연관성이 있는 성격과 비행. "Journal of Research in Personality" 40, 779-802.

- 관찰자들이 운전자와 차량을 구분할 수 있는지를 실험한 연구는 다음 문헌에서 보고되었다. Alpers, G. W., & Gerdes, A. B. M.(2006). '꼭 빼닮음'에 대해 돌아보기: 관찰자들은 소유물과 그 물건 주인을 연결시킬 수 있을까? "Journal of Individual Differences" 27, 28-41.
- 다른 종류의 차량 운전자들과 관련된 정형화에 대한 몇 가지 흥미로운 발견들은 다음 문헌에서 살펴볼 수 있다. Davis, G. M., & Patel, D.(2005) 차량 속도의 특성, 도로에서의 위치 및 교통사고 시나리오에서 유죄에 대해서 차량과 운전자에 대한 정형화가 미치는 영향. "Legal and Criminological Psychology" 10, 45-62.
- 올포트와 버논의 고전에서 악수에 대한 내용이 언급된 부분은 다음과 같다. Allport, G. W., & Vernon, P. E.(1933) "Studies in expressive movement" New York: Macmillan. 그리고 1990년대에는 스웨덴 연구 그룹에 의한 다수의 연구들이 진행되었다. Astroem, J.(1994). 소개 인사의 행동양식: 만났을 때와 헤어질 때의 인사말에 대한 연구결과. "Perceptual and Motor Skills" 83, 939-956.
- Astroem, J., & Thorell, L., Holmlund, U., & d' Elia, G.(1993). 정신병자들의 악수와 성격 및 정신병리학. "Perceptual and Motor Skills" 77, 1171-1186. 그리고 윌리엄 채플린의 연구가 있다: Chaplin, W. F., Phillips, J. B., Brown, J. D., Clanton, N. R., & Stein, J. L.(2000). 악수, 성별, 성격, 첫인상, "Journal of Personality and Social Psychology" 79, 110-117.
- 레이먼드의 하루는 바커와 라이츠의 고전에 기록되어 있다. Barker, R. G., & Wright, H. F.(1951). "One boy's day: A specimen record behavior" New York: Harper & Brothers.
- 케네스 크레이크의 하루의 생중계 분석은 다음에서 설명되어 있다. Craik, K. H.(2000). 개인의 지난 하루: 개인 환경 시점. W. B. Walsh, K. H. Craik, & R.

Price(Eds.). "Person-environment psychology: New directions and perspectives"(2nd ed., pp. 233-266). Hillsdale, NJ: Erlbaum.
- 마티아스 멜, 제임스 펜베이커와 내가 진행한 EAR를 활용한 연구는 다음 문헌에 소개되어 있다. Mehl, M. R., Gosling, S. D., & Pennebaker, J. W.(2006) 자연 거주지에서 나타나는 성격: 일상 속에 나타나는 성격의 함축적 민간이론과 징후들. "Journal of Personality and Social Psychology" 90, 862-877. Mehl, M. R., & Pennebaker, J. W.(2003). 사회생활의 소리: 학생들의 일상적인 사회 환경과 대화에 나타난 정신측정학적 분석. "Journal of Personality and Social Psychology" 84, 852-870.
- EAR에 대한 두드러짐과 참가자들의 기기 수용에 대한 더 자세한 내용을 살펴보려면 다음의 문헌을 참조하라. Mehl, M. R., & Holleran, S. E.(2007). EAR에 대한 의식과 참가자들의 기기 수용에 대한 체험적 분석. "European Journal of Personality Assessment" 23, 248-257.
- 어떻게 성격이 우리가 사용하는 단어에 반영되는지에 대한 제임스 펜베이커와 로라 킹의 연구는 다음과 같이 보고되었다. Pennebaker, J. W., & King, L. A.(1999). 언어양식: 개인적인 차이로서의 언어 사용. "Journal of Personality and Social Psychology" 77, 1296-1312.
- 제임스 펜베이커의 언어 분석을 위한 텍스트 분석 소프트웨어는 http://www.liwc.net에서 찾아볼 수 있다.
- 크리스틴 창 슈나이더의 이메일 ID에 대한 보고는 다음에서 확인할 수 있다. Chang-Schneider, C. S., & Swann, W. B., Jr.(2008. 2). 자긍심을 깃발처럼 흔들다. 성격사회심리학협회의 연간회의에서 포스터 발표, Albuquerque, NM.
- 츠카코 모리의 일본 휴대전화용 이메일 ID에 대한 연구는 일련의 포스터 발표를 통해 보고되었다. Takahira, M., & Mori, T.(2005. 9) 휴대전화용 이메일 ID를 통해 성격을 알 수 있을까?(II). 일본사회심리학 협회의 연간회의에서 포스터 발표, Hyogom Japan.
- Mori, T., & Takahira, M.(2005, 11월). 휴대전화용 이메일 ID를 통한 인상관리.

일본성격심리학협회의 연간회의에서 포스터 발표, Iwata, Japan.

제6장: 스누핑을 방해하는 가짜 단서들

- 애이미스가 쓴 교활한 찰스 하이웨이에 관한 이야기는 이 소설이다. Amis, M.(1973). "The Rachel paper" New York, Vintage International.
- 델 폴허스의 과잉주장을 판별하기 위한 기술(OCQ)은 다음 문헌에 설명되어 있다. Paulhus, D. L., Harms, P. D.,(2003). 과잉주장을 판별하는 기술: 자기향상의 독립적 능력에 대한 측정. "Journal of Personality and Social Psychology" 84, 890-904. 이 논문은 어떻게 좀더 정확한 OCQ 점수를 얻을 수 있는지 보여줄 것이다. 또한 명성 있는 사람들의 흥미로운 목록을 살펴보려면 다음 문헌을 참고하라. Paulhus, D. L.., Wehr, P., Harms, P. D., & Strasser, D. I.(2001) 지성의 함축적인 유형을 드러내기 위한 예제 설문의 활용. "Personality and Social Psychology Bulletin" 28, 1051-1062.
- 우리가 일상의 관계에서 우리 자신을 어떻게 보여주는지에 대한 고프만의 고전은 다음과 같다. Goffman, E.(1959). "The presentation of self in everyday life" New York: Doublebay.
- 다른 성격(이 경우에서는 신경성이 높은)을 가진 사람들이 어떻게 세상에 대해 다르게 반응하는지를 보여주는 사례연구는 다음에서 볼 수 있다. Schneider, T. R.(2004). 심리학적·생리학적 스트레스 반응에 있어서 신경증의 역할. "Journal of Experimental Social Psychology" 40, 795-804.
- 성격과 대인관계에 대한 시각에 관한 대니얼 애임스의 뛰어난 연구에 대해서는 다음 웹사이트에서 더 자세한 내용을 볼 수 있다. http://www0.gsb.columbia.edu/whoswho/full.cfm?id=56194.
- 빌 스완이 개발한 자기확인 이론은 다음 문헌에서 소개되었다. Swann, W. B. Jr., Rentfrow, P. J., & Guinn, J. (2002). 자기확인: 일관성 찾기. M. Leary, & J. Tagney(Eds.). "Handbook of self and identity" New York: Guilford Press. Swann, W. B. Jr., Chang-schneider, C., & Angulo, S.(2007) 적응 과정으로서

의 관계 속에서의 자기확인. J. Wood, A. Tesser, & J. Holmes(Eds.) "Self and relationships" New York: Psychology Press.

- 자긍심이 급여인상에 대한 사람들의 태도에 끼치는 영향에 대한 자세한 내용은 다음에서 볼 수 있다. Schroeder, D. G.(2002). "Self-esteem moderates the effect of wage trends on employment tenure" 텍사스대학교 박사학위 논문.
- 조작된 경쟁상황에서 자기중심적이거나 수동적인 사람들이 게임의 승패에 대해 어떻게 반응하는가에 대한 메타와 조지프의 연구는 다음을 참고하라. Mehta, P. H., & Josephs, R. A.(2006) 게임에서 진 후의 테스토스테론 수치에 근거한 재참가 여부의 예측. "Hormones and Behavior" 50, 684-692. 미스 매칭 가설은 다음에서 볼 수 있다. Josephs, R. A., Sellers, J. G., Newman, M. L., & Mehta, P. H.(2006). 미스매칭 효과: 테스토스테론과 상태가 불안정할 때. "Journal of Personality and Social Psychology" 90, 999-1013.
- 사람들이 어떻게 개임 홈페이지를 통해 자아상을 투영하는지에 대한 시마인 바지레와 나의 공동연구는 다음의 문헌에서 참고할 수 있다. Vazire, S., & Gosling, S.D.(2004) e-시각들: 개인 홈페이지에 근거한 성격적 인상. "Journal of Personality and Social Psychology" 87, 123-132.

제7장: 고정관념이라는 이름의 착각

- 로버트 레바인의 다른 나라에서의 생활 속도 차이에 대한 다양한 기준 측정연구는 다음과 같이 보고되었다. Levine, R. V., & Norenzayan, A.(1999) 31개국의 생활 속도. "Journal of Cross-Cultural Psychology" 30, 178-205.
- 가치관, 취향 및 성격이 어떻게 사람들이 살 곳을 고르는 데 영향을 미치는지에 대한 흥미롭고 중요한 리처드 플로리다의 연구는 그의 저서에 소개되어 있다. Florida, R.(2002). "The rise of the creative class" New York: Basic Books. Florida, R.(2005). "The flight of the creative class" New York: Collins. Florida, R.(2008). "Who's your city" New York: Basic Books.
- 제이슨 렌트프로와 내가 공동으로 연구한 거주 지역별로 반영된 성격적 특성에

대한 연구는 다음과 같이 보고되었다. Rentfrow, P. J., Gosling, S. D., & Potter, J. 성격의 지리학: 기본적인 성향에 따른 지역적 다양성의 표현, 발현, 지속성에 대한 이론. "Perspectives in Psychological Science."

- 지역적 성격 차이에 따른 투표 성향에 대한 예측연구는 다음과 같이 보고되었다. Rentfrow, P. J., Gosling, S. D., & Potter, J. 1996-2004. 미국 대통령 선거 관련 주별 성격적 차이에 의한 투표성향 예측. J. T. Jost, A. C. Kay, & H. Thorisdottir(Eds.). "Social and psychological bases of ideology and system justification" New York: Oxford University Press. 그리고 정치적인 성향, 성격, 행동양식과 거주공간 사이의 관련성을 설명한 논문은 다음에서 참고할 수 있다. Carney, D. R., Jost, J. T., Gosling, S. D., & Potter, J(2006). 민주당원과 공화당원의 비밀스런 삶: 성격 프로파일, 사람들을 대하는 스타일과 그들이 뒤에 남기는 것들. "Political Psychology."
- 정치적 성향과 관련된 뇌의 차이에 대한 연구는 다음과 같이 보고되었다. Amodio, D. M., Jost, J. T., Master, S. L., & Yee, C. M.(2007). 자유주의와 보수주의의 신경학적 연관성. "Nature Neuroscience" 10, 1246-1247.
- 편견의 타당성에 대한 중요한 연구는 다음 문헌에서 찾아볼 수 있다. Swim, J. K.(1994) 인지적 vs 메타 분석적 효과 측정: 성별 정형화의 정확성에 대한 분석. "Journal of Personality and Social Psychology" 66, 21-36.
- Hall, J. A., & Carter, J. D.(1999). 개인적 차이로서 성별 정형화의 정확성. "Journal of Personality and Social Psychology" 77, 350-359.
- Eagly, A. H., & Steffen, V. J.(1986). 성별과 공격적인 행동: 사회심리학적 문학의 메타 분석적 고찰. "Psychology Bulletin" 100, 309-330.
- Eagly, A. H., & Crowley, M.(1986). 성별과 도움을 베푸는 행동: 사회심리학적 문학의 메타 분석적 고찰. "Psychology Bulletin" 100, 283-308.
- Eagly, A. H., & Karau, S. J.(1991). 성별과 리더의 등장: 메타 분석. "Journal of Personality and Social Psychology" 60, 685-710.
- 남성과 여성의 방에 있는 내용물의 차이에 대한 연구는 다음을 참조하기 바란

다. Gosling, S. D., Craik, K. H., Martin, N. R., & Pryor, M. R.(2005). 개인 주거공간의 물질적 특성. "Home Culture" 2, 51-88.

- 인지적으로 '바쁜'이라는 표현의 정형화적 활용도 측정에 대한 고전 연구: Gilnbert, D. T., & Hixon, G. J.(1991). 인지적 분주함의 과제: 생각의 문제: 정형화적 믿음의 작용과 적용. "Journal of Personality and Social Psychology" 60, 509-517.

- 정형화에 대한 지나친 민감성에 대한 마이클 노튼과 그의 동료들의 연구는 다음과 같이 보고되었다. Norton, M. I., Sommers, S. R., Apfelbaum, E. P., Pura, N., & Ariely, D.(2006). 색맹과 인종 사이의 상호작용: 정치적 공정성이라는 게임. "Psychological Science" 17, 949-953.

- Norton, M. I., Vandello, J. A., & Biga, A.(2007). 색맹이 인종적 선호도에 대한 표현을 억제한다. 하지만 그 형성을 억제하지는 않는다.

- 노튼과 그의 동료들의 다른 연구는 어린이들이 10살 정도에 이런 민감성이 발달한다고 한다. Apfelbaum, E. P., Pauker, K., Ambady, N., Sommers, S. R., & Norton, M. I.(2007). 인종에 대해 말하기 학습(비학습): 사회적 유형화에 대한 어린이들의 인식 형성.

- 음악적 취향에 따른 성격적 특성 분석은 다음 문헌에 나와 있다. Rentfrow, P. J., & Gosling, S. D.(2006) 발라드 속의 메시지: 대인관계적인 시각에서 음악 선호도의 역할. "Psychological Science" 17, -Y계적-242.

- 다른 음악 애호가들의 정형화된 유형에 대한 연구는 다음의 문헌에 나와 있다. Rentfrow, P. J., & Gosling, S. D.(2007). 대학생들의 음악장르에 대한 편견의 정당성 및 내용. "Psychology of Music" 35, 306-326. [표 7-1]에서 [표 7-4]는 동의를 얻어 이 논문에서 그대로 발췌했다.

제8장: 옳은 판단이 잘못된 판단이 되는 이유

체계적으로 기획된 고용 면접의 효과(또는 비효율성)에 대한 연구는 다음에서 찾아볼 수 있다. McDamiel, M. A., Whetzel, D. L., Schmidt, F. L., & Maurer, S.

D.(1994). 면접 인터뷰의 확실성: 포괄적인 고찰 및 메타 분석. "Journal of Applied Psychology" 79, 599-616.

면접 중 행동에 대한 로버트 기포드의 연구는 다음에서 볼 수 있다. Gifford, R., Ng, C. F., Wilkinson, M.(1985). 면접 인터뷰에서 비언어적인 신호들: 면접지원자의 능력과 심사자의 판단간의 연결고리. "Journal of Applied Psychology" 70, 729-736.

- 인지에 대한 브런스윅의 고전 연구는 다음을 참조할 수 있다. Brunswik, E.(1956). "Peception and the representative design of psychological experiments" Berkeley: University of California Press.
- 병적인 수집증에 대한 문헌은 다음을 참조하기 바란다. Anderson, S. W., Damasio, A. R.(2005). 인간의 수집 행동의 중립적 기반. "Brain" 128, 201-212.
- Seedat, S., & Stein, D. J.(2002). 강박적 장애 및 관련 장애에서의 병적인 수집증. 15가지 사례에 대한 보고. "Psychiatry and Clinical Neurosciences" 56, 17-23.
- 병적인 수집증과 성격의 관련성에 대한 연구. LaSalle-Ricci, V. H., Arnkoff, D. B., Glass, C. R., Crawley, S. A., Ronquillo, J. G., & Murphy, D. L.(2006). OCD의 수집증적인 면: 심리학적 공존질환과 5대 성격 유형 모델. "Behavior Research and Theraphy" 44, 1503-1512.
- 혼잡한 어지러움에 대한 에릭 에이브러햄슨의 연구는 다음에서 참조할 수 있다. Abrahamson, E., & Freedman, D. H.(2006). "A perfect mess" New York: Little, Brown.
- 업무공간의 개인화에 대한 메레디스 웰즈의 연구는 다음 문헌에서 찾아볼 수 있다. Wells, M.(2000). 어질러진 사무실 또는 의미 있는 개인적 전시: 직원들과 조직의 안녕에 있어서 사무실의 개인화가 수행하는 역할. "Journal of Environmental Psychology" 20, 239-255.
- Wells, M. & Thelen, L.(2002). 여러분의 업무공간은 여러분에 대해 무엇을 말

해주고 있는가? 성격, 지위 그리고 업무공간이 개인화에 미치는 영향. "Environment Behavior" 34, 300-321.
- Wells, M., Thelen, L., & Ruark, J.(2007). 업무공간의 개인화와 조직문화: 여러분의 업무공간은 여러분을 반영하는가 아니면 여러분이 속한 조직을 반영하는가? "Environment Behavior" 39, 616-634.
- 짧은 접촉들에 대한 상관관계의 얼룩점 분석은 전혀 안면이 없는 상태에 대한 연구의 메타 분석에서 발췌했다. Kenny, D. A.(1994). "Interpersonal perception: A social relations analysis" New York: Guilford Press.

제9장: 올바른 통찰을 가로막는 5가지 함정

- 인상을 형성할 때 어떻게 정보들이 종합되는지에 대한 솔로몬 애시의 고전연구는 다음을 참조하기 바란다. Asch, S. E.(1946). 성격에 대한 인상 형성. "Journal of Abnormal and Social Psychology" 41, 258-290. 원래 연구에서 발전되어 온 연구조사에 대한 설명은 다음을 참조하라. Asch, S. E. & Zuiker, H.(1984). 사람에 관해 생각해보기. "Journal of Personality and Social Psychology" 46, 1230-1240.

제10장: 그 사람의 참모습을 알아간다는 것

- 이사 전과 후의 사무실 환경의 상관관계에 대한 우리의 연구는 다음에 소개되었다. Gosling, S. D., Gaddis, S., & Vazire, S. 우리가 창조하고 살아가는 환경에 대한 첫 인상. J. Skowronski & N. Ambady(Eds.), "First impressions" New York: Guilford Press.
- 사회적인 군것질에 대한 연구는 다음과 같이 보고되었다. Gardner, W. L., Pickett, C. L., & Knoles, M. L.(2005). 사회적 '군것질' 과 사회적 '차광(遮光)': 사회적 상징과 사회적 자아의 활용을 통한 소속감에 대한 욕구 만족. K. Williams, J. Forgas, & W. von Hippel(Eds.). "The social outcast: Ostracism, social exclusion, rejection, and bullying" New York: Psychology Press.

제11장: 스누핑의 진정한 매력
크리스 트라비스와 그의 트루홈 워크숍에 대해서는 다음 웹사이트에서 더 많은 정보를 얻을 수 있다. www.truehome.net

찾아보기

ㄱ

가족 43
가택침입자들 14
감정 조절 32
감정 조절 장치 47, 66
개방성 74, 85, 241
개인 홈페이지 23
개인적인 공간 32, 64
개인적인 물품 38
갤럽매니지먼트저널 33
거리무대 전략 58
게토 블래스터 42
고고학자 61
고드오어낫닷컴 168
고든 올포트 106
고정관념 249
과잉주장 설문지 198, 226
관찰자 175
구글 49
구직면접 276
권력에의 의지 34
그림 이야기 훈련 153
기드온 32
기웃거리기 20

ㄴ

나누기 게임 109
나르시시즘 56
나르키소스의 신화 57
남자다움 97
네드 존슨 52
뉴욕데일리뉴스 36

ㄷ

다나 카니 243
단서 22, 51, 65, 140
닻 내리기 307
대니얼 애임스 202
대탈주 209
댄 맥애덤스 102
댄 스테인 288
던컨 32
데이빗 아모디오 243
데이빗 윈터 154
데이빗 페렛 165
델 폴허스 198
동조성 74, 94
듀드 97
듀크 엘링턴 50
디오니소스 축제 68

ㄹ

라 호라 신 데모라 232
레오나르도 다 빈치 86
레오나르도 요소 85

레이먼드 버치 180
레이첼 보고서 192, 206, 227
렌즈 모델 275
로라 킹 184
로르샤흐 테스트 152
로버트 기포드 275
로버트 레바인 232
로보캅 요소 88
로저 바커 181
리처드 슬래처 111, 148
리처드 플로리다 236
린 102

물리적인 흔적 54
미스매칭 218
미스터 로저 요소 94
미스터 로저의 이웃들 94

ㅂ

범죄 프로파일러 6
벨기에식 해법 135
보수주의자 245
붐 박스 42
브루스 리 35
비개입적 측정법 56
비밀 상자 363
비버리 힐스 캅 요소 92
빅 파이버 84
빅 파이브 74
빌 스완 217
빌리 홀리데이 50

ㅁ

마다가스카르로 떠나는 알뜰 여행 14
마이스페이스 36
마이클 노튼 247
마조히즘 206
마켓 리서치 7
마티아스 멜 182
마틴 루터 킹 37
마틴 에이미스 192
매치닷컴 117
메노라 43
메레디스 웰즈 298
메시지 21, 36
모리 츠카코 189
모빌 133
몰래 카메라 197
묘사 107
문신 40
문화적 상징 37

ㅅ

사교적 메시지 46
사디즘 206
사이먼 코웰 96
사회성 46
상징적인 표현 41
생활 속도 233
서술어 105
서판 68
성격 152
성격 유형 70
성격 테스트 31, 210

성격묘사 131
성격사회심리학저널 177
성격심리학자 69, 71
성격요소 152
성격적 프로필 78
성격점수 78
성실성 74
성실성 88
셜록 홈즈 65
셰어 61
소라야 시댓 288
소지품 검사 132
솔로몬 애시 308
쇼핑 리스트 62
수집 287
수집증 288
수집증 환자 289
수집품 48
슈퍼 스누퍼 64
스누퍼 5, 18, 65
스누폴로지 20
스누피 22, 175
스누핑 6, 20
스무드 재즈 50
스콧 F. 키슬링, 97
스쿼팅 42
스타워즈 테마 32
스탄 게츠 50
스테파니 프레스턴 290
스티븐 레비 41
스티븐 앤더슨 287
스파이 132
스파이 테스트 133

스페이스 닥터 196
시마인 바지레 148
식습관 139, 166
신경성 74, 97, 238
신디 32
신체적 메커니즘 72
신호 30
실내 단서 64
심리상태 44
심리학 원리 130
십자가 43
쓰레기 61
쓰레기 프로젝트 62
쓰레기 분석 61

ㅇ

아네트 라이블러 159
아론 보빅 159
아메리칸 아이돌 96
아서 아론 108
아우라 62
아이팟 41
IMDB 49
악셀 폴리 92
악수 139, 176
안트예 저드 174
앙 가르드 226
애거사 크리스티 135
애덤 클링어 246
앤디 워홀 290
앤서니 리틀 165
어니스트 헤밍웨이 145

어빙 고프맨 204
언어 분석 187
얼룩점 분석 302
에디 머피 92
에르퀼 포와로 135
에릭 에이브러햄슨 289
에스트로겐 수치 158
역할 205
엿보기 14
영수증 62
영장류 156
5대 성격 유형 73, 104
오볼 68
OCEAN 테스트 74
OCQ 194
온라인 대화 115
올리버 슐타이즈 153
완벽한 것 41
완벽한 무질서 289
외부 지향적 자기정체성 34
외부 활동 64
외향성 74, 92, 241
욕실 49
우디 앨런 요소 97
워드 해리슨 61
웹스터 대사전 106
위대한 레보스키 97
윌리엄 랏제 61
윌리엄 제임스 130
윌리엄 채플린 177
유대감 122
유전적 혈통 270
유타대학교 45

은닉 287
은신처 48
음악 116
이곤 브런스윅 275
이메일 서명 124
이메일 ID 139, 187
이하모니 117
인상학 165
인용구 126
인종 248
인터넷 데이트 117
인터넷 채팅기록 148
인터뷰 120
일상생활에서의 자기연출 205
잉크 얼룩 실험 152

ㅈ

자기기만 강화 200
자기방어적인 행동 201
자기입증 이론 217
자기정체성 주장 32, 42
자기치유 51
자동차 범퍼 스티커 33
자아도취적인 수집증 291
자아도취형 사람 200
자아상 43
자아확인 66
자유주의자 244
잡담 문제지 112
장식 33
재즈 음악 51
저수지의 개들 35

전두대상피질 243
전두엽 287
전략사무국 132
절망닷컴 34
점폴로지 151
점프 북 150
정리정돈 213, 338
정체성 118
정치적 아이콘 18
정형화 230
제이슨 렌트프로 113, 238
제임스 펜베이커 182, 184
제퍼슨 싱어 118
제프 포터 243
조지 알퍼스 174
조지 W. 부시 154
존 슈워츠 258
존 스타인벡 28
존 조스트 243
존 존슨 85
종교음악 134
종교적 체험 43
종교적인 상징 43
지역적인 정형화 235
직관 148

ㅊ

찰리와의 여행 28
창조적 변화를 주도하는 사람들 236
충성심 33
친밀감 문제지 112
침실 엿보기 151

침실연구 15

ㅋ

칼 그래머 156
캐럴 맬라테스타 167
캐럴 워너 45
캘빈과 홉스 136
컬트영화 포스터 35
케네스 크레이크 181
케빈 우 291
코엔 형제 97
코코아팝스 55
코티솔 154
콜린 클러츠 36
크래이그 네이션슨 169
크리스 트라비스 356
크리스마스 장식 46
크리스틴 창 슈나이더 187
클라우디우스 갈렌 72
키치 316
킨코스 55

ㅌ

타인 100, 111
터미네이터 126
테오프라스토스 69
텍사스대학교 15
토마스 홉스 136
톰 클랜시 119
투영 테스트 152
투팍 35

투표 성향 243
트루홈 워크숍 357

ㅍ

판단 172
판단오류 17
팻 보이즈 42
페르소나 44
페이스북 16
페피치어리더닷컴 169
편견 23, 60
포스터 35
표정 167
표현방식 59
프레드 로저 94
프로작 282
피드백 31
PSE 155
피터 보르케나우 159
필리파 할스만 150

ㅎ

하루의 생중계 분석 181
한 소년의 하루 181
핫오어낫닷컴 168
해마다 날짜가 바뀌는 축제 145
행동양식 32, 53, 66, 156
행동학자 156
허버트 라이트 181
헨리 오드버트 106
혼자만의 방 14
환경 235

상대를 꿰뚫어보는 힘
스눕

제1판 1쇄 인쇄 | 2010년 5월 10일
제1판 37쇄 발행 | 2022년 12월 22일

지은이 | 샘 고슬링
옮긴이 | 김선아
펴낸이 | 오형규
펴낸곳 | 한국경제신문 한경BP

주소 | 서울특별시 중구 청파로 463
기획출판팀 | 02-3604-590, 584
영업마케팅팀 | 02-3604-595, 562   FAX | 02-3604-599
H | http://bp.hankyung.com   E | bp@hankyung.com
F | www.facebook.com/hankyungbp
등록 | 제 2-315(1967. 5. 15)

ISBN 978-89-475-2754-5   03320

책값은 뒤표지에 있습니다.
잘못 만들어진 책은 구입처에서 바꿔드립니다.